संपूर्ण नाटक–3

वाणी प्रकाशन

नयी दिल्ली-110002

फोन : 3273167, 3275710 • फैक्स : 3275710

e-mail : vani_prakashan@yahoo.com

vani_prakashan@mantraonline.com

संपूर्ण नाटक

3

डॉ. चरणदास सिद्धू

ISBN 81-7055-942-1

वाणी प्रकाशन
21-ए, दरियागंज, नयी दिल्ली-110002
द्वारा प्रकाशित

प्रथम संस्करण : 2002

मूल्य : 500.00

शुभम ऑफसेट, दिल्ली-110032
में मुद्रित

SAMPOORN NAATAK-3
by Dr. Charan Dass Sidhu

अनुक्रमणिका

अनुक्रमणिका

17

नीना महावीर

नीना जैन
तथा
रचना जैन, ज्योति जैन, संगीता जैन
के लिए
जिन्होंने यह रचना रचवाई

नाटक 'नीना महावीर' का एक दृश्य

'नीना महावीर' का एक तनावपूर्ण क्षण

नाटक 'मंगू और बिक्कर' का एक दृश्य

'मंगू और बिक्कर' की एक झांकी

'प्रेम पिकासो' का एक दृश्य

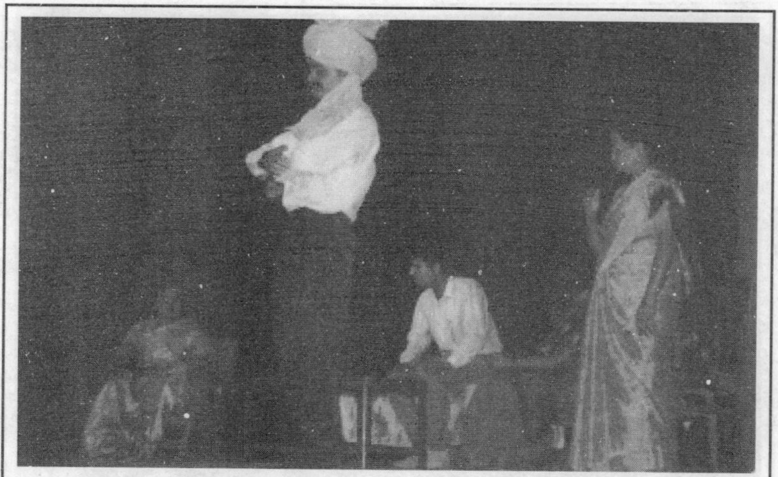

'प्रेम पिकासो' की एक झांकी

'चन्नो बाज़ीगरनी' का एक दृश्य

'चन्नो बाज़ीगरनी' की आखिरी झांकी

नाटक 'इक्कीसवीं मंज़िल' का एक दृश्य

'इक्कीसवीं मंज़िल' की एक झांकी

नाटक 'एकलव्य बोला' की एक झांकी

'एकलव्य बोला' का एक दृश्य

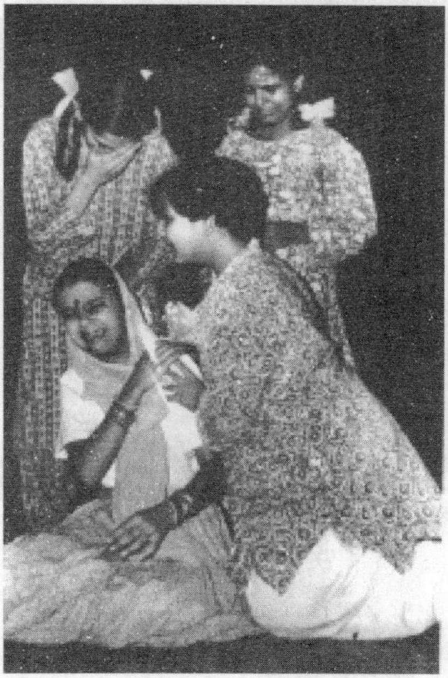

'बब्बी गई कोहकाफ' की एक झांकी

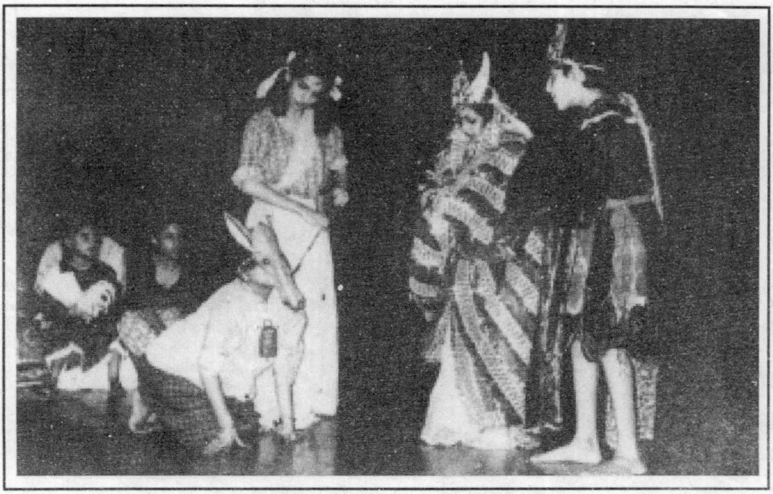

'बब्बी गई कोहकाफ' का एक दृश्य

'क़िस्सा पंडित कालू कुम्हार' का एक दृश्य

'क़िस्सा पंडित कालू कुम्हार' की एक झांकी

नाटककार की तरफ से

जैन धर्म से मेरा नज़दीक का संबंध रहा है। होशियारपुर का सबसे बड़ा जैन मंदिर शीशमहल बाज़ार में है। मेरे पिता की दुकान इसी बाज़ार में थी। जैन दुकानदारों से लाला जी का याराना था। नित्य मसख़री ठिठौली चलती रहती थी।

दिल्ली में रहते हुए मैंने जैन लोगों को और नज़दीक से ताका। मेरे अनगिनत विद्यार्थी, साथी प्राध्यापक और पड़ोसी जैन हैं। उन के रहन-सहन को, रस्मों रिवाजों को, मैंने बरसों से खोजा है।

जैन धर्म के अनुगामियों की दो विसंगतियाँ मुझे हमेशा विनोद जनक लगी हैं। पहली : वर्द्धमान महावीर धन-दौलत त्याग कर जंगलों में चले गए। नग्न साधु बन गए। पर उनके आज के पैरोकार उनसे उलट हैं। बहुत से जैनी धनाढ्य हैं। बड़े व्योपारी हैं। माया समेटने में माहिर हैं।

दूसरी : वर्द्धमान 'अहिंसा' के अवतार माने जाते हैं। फिर उनको 'वीर' क्यों कहा गया? उनकी 'वीरता' किस बात में थी? क्या उन्होंने कभी 'हिंसा' भी की थी? क्या वर्द्धमान जी के मुताबिक दुश्मन के ख़िलाफ ताकत इस्तेमाल करना जायज़ है?

मेरा नाटक सब धर्मों के बारे में है। धर्म के नाम पर हम बड़े ज़ुल्म ढाते हैं। ख़ासकर लड़कियों पर। उनका खाना, खेलना छुड़वाकर, हम कन्याओं को प्रेरित करते हैं कि वे आश्रमों के अंदर ज़िंदा दफन हो जाएँ। जान लेवा अंध-विश्वासों को हम ख़ुदायी फरमान होने का पाखंड रचते हैं। जीने को नीचा समझते हैं, मरने का गुणगान करते हैं। यह पाप हर सम्प्रदाय कमाता है। यह ज़ुल्म हर मज़हब ढाता है।

इला अपार्टमेंटस (ए 104) **चरणदास सिद्धू**
बी-7, वसुंधरा ऐन्क्लेव,
दिल्ली-110096

निर्देशिका की ओर से

बहुत कम कलाकार हैं जो आलेख पढ़कर कह सकें, नाटक मंच पर सफल होगा या नहीं। 'नीना महावीर' की पहल इसी शंका से हुई।

हमारी टोली को 'नीना' का विषय तो अच्छा लगा, पर इसकी लम्बी स्पीचों से सब घबरा गए। जैन धर्म के बारे में डैडी का लिखा वाद-विवाद नाटक का सबसे कमज़ोर पहलू जान पड़ा। नूपुर (नीना) को यक़ीन था, डिबेट के वक़्त हॉल खाली हो जाएगा। पंकजा (संगीता) को अपना रोल डूब जाने का ख़तरा खाने लगा। राजकुमार और रवि ने दोनों की हाँ में हाँ मिलाई। सब ने सलाह दी : नाटककार कांटी छांटी करे।—कुछ एक आवाज़ें सख़्त थीं : ''बुड्ढा सठिया गया है। नया लिखने के लिए पल्ले कुछ बचा नहीं है। किताबी भाषण झाड़ रहा है। हमें तंग करेगा। दर्शकों को बोर करेगा।''

बग़ावत का झंडा उठाए, राजकुमार और मैं डैडी के पास पहुँचे। वे हमारी प्रतिक्रिया सुनकर अप्पसैट्ट हुए। प्रशंसा की इन्तज़ार कर रहे थे, फटकार पल्ले पड़ी। मेरी डायरैक्टरी फुस्स हो रही थी। क्या 'नीना' ठप्प करना पड़ेगा? क्या यह कभी मंच पर पहुँचेगा?

डैडी ने टोली से मदद माँगी : ''मेरा साथ दो। रोल याद करने शुरू करो। कला के अंदर हड़बड़ी नहीं चलती। कुछ दिन ढारस रखो। ज़रूरी नहीं एक लेखक सब नाटक बढ़िया लिख सके। 'नीना' निकम्मा हो सकता है। मंच पर असफल हो सकता है। तो भी क्या हुआ? सोलह सफल नाटकों के बाद एक असफल नाटक खेलने की भी तकलीफ उठाओ। फेल तो फेल सही। मुझे फेल होने का हक़ दो। मगर पूरी कोशिश के बाद।''

वह दिन दोबारा नहीं आया। जैसे-जैसे हम रिहर्सलें करते गए, हमारी दिलचस्पी बढ़ती गई। नूपुर और पंकजा को वाद-विवाद में मज़ा आने लगा। राजकुमार को गेंदा मल से हमदर्दी हो गई। रौशन अली पर रवि तो पहले से ही फिदा था। वीणा को दोनों गीत और फैज़ अहमद फैज़ के क़ितहे बढ़िया लगे। दूसरे कलाकारों ने कहा : आख़िरी दृश्य ज़बरदस्त हैं।—ड्रैस रिहर्सल तक हर एक को विश्वास हो गया : 'नीना महावीर' दर्शकों को पसंद आएगा।

और ऐसा हुआ भी। हमारे धैर्य को फल लगा। चारों प्रस्तुतियों ने दर्शकों को बाँध कर बैठाए रखा। जैन धर्म के तथ्य बहुत से लोगों के लिए नए थे। विषय ताज़ा था। 'नीना' के नवेलेपन ने सब को कील लिया।

नाटक के मंचन के बाद कई सप्ताह तक हमें चिट्ठियों द्वारा, बातचीत से, 'नीना महावीर' की प्रशंसा पहुँचती रही। विडियो टेप देखने वालों को बारी नहीं मिल पा रही थी।

हमारे देश की हर लड़की और हर लड़का नीना और संगीता का संताप भोग रहे हैं। उसकी सृजन शक्ति का गला घोटने के लिए, समाज सदा तैयार खड़ा है। नीना किसी भी संप्रदाय की हो, पुरातनपंथी रिश्तेदार उसकी अनोखी लौ बुझाने को अपना धर्म समझते हैं। नवयुवकों का उत्साह बढ़ाने का काम 'नीना महावीर' बाखूबी करता है।

इस नाटक का चमत्कार है : "नीना का दूसरा जन्म। कमज़ोरी से ताक़त तक का सफर।"—यह चमत्कार नाटककार ने सदियों पुराने धर्म को नकार कर नहीं दिखाया। लुत्फ की बात यह है कि नीना ताक़त भी उसी जैन मत से ग्रहण करती है जिसके भोंडे अर्थ निकाल कर, उसका ताऊ नीना को जान से ख़त्म करने की स्कीम गढ़ता है।

महापुरुषों के जीवन और आदर्शों के सही अर्थ समझाने वाले 'नीना महावीर' नाटक का स्वागत है। और इस को पहली बार मंच पर जीवंत करके, हमारी टोली को और मुझे गर्व है। आशा है दूसरी टोलियाँ भी हमारा तजरबा दोहराएँगी।

प्रमिला सिद्धू साहनी

पहला मंचन

'नीना महावीर' पहली बार, 23 से 26 नवम्बर, 1989 को कॉलेजिएट ड्रामा सोसाइटी, दिल्ली, द्वारा श्रीराम सेंटर बेसमेंट, नई दिल्ली, में खेला गया। निर्देशन प्रमिला सिद्धू साहनी ने किया। कलाकार थे :

नीना जैन : नूपुर सिद्धू
रौशन अली : रवि तनेजा
गेंदा मल : राजकुमार साहनी
महंगा राम : सतीश भल्ला / शैलेंद्र जैन
संगीता : पंकजा सिद्धू
जिन्नी : संजय बंसल / नव सिंगल
तेजवंती : वीणा सिद्धू तनेजा
डॉ. प्रेमजीत कौर : प्रमिला सिद्धू
हुक्म चंद : सतीश भल्ला / संजय बंसल
संगीत : वीणा और नूपुर

परदे के पीछे

मंच सज्जा : राजकुमार साहनी
वस्तु विन्यास : ज्ञान कौर सिद्धू
शृंगार : रवि तनेजा
रौशनी : रबिंद्र नारायण माथुर, गिरधारी लाल
वस्त्र : ज्ञान कौर सिद्धू

पात्र

नीना जैन	:	उम्र 19 साल
जिन्नी	:	उसका भाई, 18
संगीता	:	उसकी बहन, 16
तेजवंती	:	उसकी माँ, 34
हुक्म चंद	:	उसका बाप, 40
गेंदामल	:	उसका ताऊ, 50
डॉ. प्रेमजीत कौर	:	उसकी प्रिंसीपल, 32
महँगा राम	:	सफाई करने वाला, 45
रौशन अली	:	कशीदाकार, 28

× × × ×

जगह	:	होशियारपुर शहर, पंजाब
ज़माना	:	आजकल

× × × ×

दृश्य 1

(गली। सुबह। मन्दिर से शंख और घंटियों की आवाज़ें। मस्जिद से अज़ान।)

नीना : रौशन अली जी?

रौशन अली : मुझे बुलाया?

नीना : जी।

रौशन : अच्छा, नीना है। मंदिर जा रही हो?

नीना : हाँ, जी। आप?

रौशन : मस्जिद। हुक्म?

नीना : डैडी?⋯दिल्ली गए हैं। मामा उनको हार्ट स्पेश्यलिस्ट को दिखाएँगे। माल भी ख़रीदना होगा।

रौशन : **(हँसकर)** नीना, मैंने लाला हुक्म चंद के बारे में नहीं पूछा। मैं ने तो कहा था, हुक्म करो मुझे। कैसे बुलाया?

नीना : ओह! मुआफ करना। मैं ग़लत समझी।

रौशन : ख़ैर सल्ला। मेरे लायक ख़िदमत?

नीना : आज थोड़ा वक़्त निकाल सकेंगे?

रौशन : ज़रूर। साड़ी है या सूट?

नीना : कढ़ाई का काम नहीं है।

रौशन : और क्या काम हो सकता है किसी लड़की को मेरे जैसे दर्ज़ी से?

नीना : इतने बड़े आर्टिस्ट हैं। दर्ज़ी बना रहे हैं अपने को?

रौशन : एम्ब्रायडरी वाले भी दर्ज़ी होते हैं। मेरे अब्बा दर्ज़ी ही थे। पाँच साल मैंने उनके साथ सिलाई का काम किया। मलेरकोटला। कशीदाकारी तो तुम्हारे शहर में आकर सीखी।

नीना : अब तो आप सब से बड़े कारीगर हैं।

रौशन : कारीगरी काहे की। रिज़्क बख़्श रहा है अल्लाह।

नीना : ज़नानियाँ कहती हैं : "रौशन अली से साड़ी ब्लाऊज़ पर कढ़ाई

करवानी हो तो तीन महीने इंतज़ार करना पड़ता है।"

रौशन : इस्कूल में ड्राइंग मास्टर अच्छे मिल गए। ज्ञानी गुरुदित्त सिंह ने उंगलियों पर रूल मार मार के, नए नए डीज़ाइन बनाने सिखा दिए।

नीना : बस, यही शागिरदी मैं करूँगी आपकी।

रौशन : मेरी शागिरदी! मज़ाक़ खरा सूझा तुम्हें।

नीना : मज़ाक़ नहीं। सचमुच उस्ताद धारूँगी।

रौशन : महावीर कॉलेज की सबसे ज़हीन लड़की। ज़हीन और ख़ूबसूरत। मुझ अनपढ़ डांगर को किस वास्ते उस्ताद बनाएगी?

नीना : कॉलेजों की डिगरियों की कलाकार को क्या ज़रूरत? अपने हुनर में आप होशियारपुर के सबसे बढ़िया फनकार हैं। आपका हर डीज़ाइन एक-दूसरे से अलग होता है।

रौशन : वक़्त मिले की मेहनत है। अगर कोई ज़नानी हड़बड़ी मचाए, मैं तेज़ी से अनगढ़ काम माथे मारता हूँ।

नीना : मेरे वास्ते ज़रूर वक़्त निकालिए। सरकार ने लड़कियों के लिए फुलकारी की कढ़ाई का कम्पीटीशन अनाऊँस किया है। मैं उसमें हिस्सा लेना चाहती हूँ।

रौशन : मेरे से ख़ाका खिंचवाना है?

नीना : ख़ाका तो मैंने चार्ट पेपर पर स्केच कर लिया है। आप ख़ामियाँ दूर कर दीजिए।

रौशन : अगर मैं ख़ामी न ढूँढ़ सका?

नीना : आप मशवरा दें। डीज़ाइन बेहतर कैसे बनाऊँ? पंद्रह मिनट से ज़्यादा ख़राब नहीं करूँगी।

रौशन : मिनटों घंटों की कौन सी आफत आई है मुझे। मैं कोई चाकरी करता हूँ किसी की? नमाज़ पढ़कर लौटता हूँ। दुकान की सफाई कर लूँ। आठ बजे आ जाना।

नीना : मुझे कॉलेज जाना है।

रौशन : जब फुरसत मिले आ जाना। नहीं तो मैं आ जाऊँ? जहाँ कहो। तुम्हारी दुकान पर, या ऊपर, तुम्हारे घर।

(गेंदामल आता है)

नीना : नहीं, रौशन जी। मैं ही आ जाऊँगी, आपकी दुकान पर। फुलकारी के कपड़े के रंग के बारे में भी सलाह लेनी है। आप सयालकोट वालों से ख़रीदवा देना।

रौशन : जैसे तेरी मनशा।

गेंदामल : नीना???

नीना : हाँ, ताऊ जी।

रौशन : आदाब, लाला गेंदा मल जी।

गेंदा : तू यहाँ क्या कर रही है? अँधेरे में? गली में खड़ी? धुनियों जुलाहों से फुसर-फुसर करती? लाज शरम सिर से उतार फेंकी?

रौशन : नीना, ख़ुदा हाफ़िज़। **(जाता है)**

गेंदा : ज़ात बदज़ात तो देख लिया कर। चली है तू घुसर मुसर करने। कोनों में छिपी।

नीना : **(आँसू रोकती)** ताऊ जी, हम तो यूँ ही···

गेंदा : तड़के ही मुलाकातें शुरू हो गईं तेरी।

नीना : फुलकारी का डिज़ाइन सीखना है।

गेंदा : जानता हूँ मैं इस म्लेच्छ के डिज़ाइनों को। और तेरे डीज़ाइनों को। **(महँगा राम आता है)**

नीना : ख़ामख़ाह आप तो···

महँगाराम : राम राम, लाला जी।

गेंदा : अब किधर को थूथनी उठा ली?

नीना : मंदिर जा रही हूँ।

गेंदा : मुड़ पीछे। माँ को ले कर जा साथ। आज से अकेली गलियों में दुड़की नहीं लगाना।

नीना : मम्मी नहा रही हैं। मुझे देर हो रही है। पहला पीरियड है।

महँगा : मंदिर कौन सा दूर है। जाने दीजिए बच्ची को।

गेंदा : अकेली नहीं जाने दूँगा। चढ़ सीढ़ी। **(आँसू पोंछती हुई नीना जाती है)** लौट आने दे तेरे जनने वाले को। चोंडा काटते हैं तेरा शताबी से।

महँगा : दिल्ली इसी वास्ते गए हैं लाला हुक्म चंद? लड़का ढूँढ़ने गुड़िया के लिए?

गेंदा : क्या फैसला किया है तुम्हारी पंचायत ने? मैं ने कहा था, कमेटी की अपील का इश्तहार अम्बेडकर बसती की हर दीवार पर चिपकाना।

महँगा : अपीलों से क्या बनता है, गेंदा मल जी? आप के परचे तो शहर की सब दीवारों पर टँगे हैं। जब तक आप लोग बदमाश लड़कों को सज़ा नहीं दिलवाते, हमारी बहनें, बेटियाँ, घरों के अंदर घुसकर, सफाई नहीं करेंगी।

गेंदा : अड़ मत करो, महँगा राम। मैं ने ख़ुद पूछा दुनी चंद के बेटे से।

बोला, मैं ने घुद्दू की बेटी को हाथ नहीं डाला। झूठी तोहमत लगा रही है।··जा, मना महल्ले कूचे को। मैं प्रेज़ीडेंट हूँ कमेटी का। मैं गारंटी देता हूँ। तुम्हारी बहू बेटी को कोई नहीं छेड़ेगा।

महँगा : जैन साहिब, अकेले आपके कहने से क्या फायदा? पूरी कमेटी बैठो। बुला भेजो हमारी पंचायत को भी। दोनों तीनों गुंडों को भी। लड़की के कपड़े फाड़े जिन्होंने।

गेंदा : लोगों के बेटे बदनाम करने से पहले, अपनी लड़कियों की करतूत भी बंद करवाओ।

महँगा : तो आपकी हड़ताल खुलवाने की नीयत नहीं है। हैज़ा फैलेगा जब शहर में, तभी माँगें मानोगे। **(जाता है)**

(तेजवंती और नीना आती हैं)

तेजवंती : आपने नीना को क्यों रुला दिया?

गेंदा : हड़ताल कभी किसी पक्ष को रास नहीं आई। न ज़िद करो, ओए। ··साली निचली ज़ातों ने मार डाला। धर्म ईमान तो पंख लगाकर उड़ गया है जगत से। हर बंदा सिर के बाल नोचने उछल रहा है।

तेजी : क्या किया है नीना ने?

नीना : रौशन अली को फुलकारी के बारे में पूछा था। एक मिनट हुआ था।

गेंदा : सुन, तेजवंती। अगर इस लड़की को, मैंने, आवारा मर्दों के साथ गिटमिट गिटमिट करते हुए पकड़ लिया, मैं ज़िंदा नहीं छोड़ूँगा।

तेजी : आज तक तो नीना ने पराए मर्द को बुलाया नहीं।

गेंदा : उम्र चढ़ती है जब लड़की पर, वो क्या माँ बाप को पूछती है?

नीना : ताऊ जी, सच मानिये। मैं··

गेंदा : देख लो। भंगियों ने इंतहा उठा रखी है। सात दिन हो गए। शहर की गंदगी नहीं उठाई। ऐसी छेड़छाड़ का नतीजा है। लौंडी लौंडों ने शहर का बेड़ा ग़र्क कर रखा है।

तेजी : मगर नीना तो मंदिर तक चली थी।

नीना : मम्मी, रौशन अली और मैंने ऐसी वैसी कोई बात नहीं की।

गेंदा : चल जाएगा पता तुम्हें बातों का। आ रहा है रात की गाड़ी से हुक्म चंद। हमारे कुनबे के लिए, यह मुसीबत नई नहीं है। बाप हमारा मर गया था। इसी वजह से। दिल का दौरा पड़ा था। शरम ने मार गिराया था।

तेजी : आपकी बहन तो शुरू से बेलगाम थी। मेरी नीना क्या ज्ञानमती हो गई?

गेंदा : जाओ मंदिर। इस लौंडिया के पढ़ने के तौर तरीक़े नहीं हैं। माड़ा मोटा लौंडा मिले तो इसे घर से बाहर निकालें। ख़ानदान की लाज ढकें।

नीना : इतनी बहादुरी ज़रूर बख़्शी है मुझे, महावीर स्वामी ने। बी.ए. पास करने से मुझे देव दानव भी नहीं रोक सकता!

(गेंदा मल नीना की आँखों में ज़हर उंडेल रहा है)

(अँधेरा)

दृश्य 2

(नीना का घर। बैठने का कमरा। संगीता बाल बना रही है। बाहर जाने की तैयारी। जिन्नी चाय पी रहा है।)

संगीता : गुरु जी गुस्से होते हैं। मम्मी, देर मत कराओ।

जिन्नी : ट्यूशन के पैसे लेता है जब टनका कर, गुड्डू तेरा, गुस्से होने का क्या मतलब?

संगीता : मैं अकेली देती हूँ पैसे?

जिन्नी : ऐशी पट्ठा लगता है।

संगीता : बकवास नहीं करना, मेरे गुरु जी के ख़िलाफ।—मम्मी, बर्फ ज़रूर डालना।

जिन्नी : मुफ्त में नाच सिखाए तो बेशक उसे आचार्य जी बुला।

संगीता : वे कलाकार हैं। तेरे जैसे सुनार नहीं! दिन रात साधना करते हैं। पंजाब में उन से बड़ा कत्थक का ऐक्सपर्ट नहीं है।

जिन्नी : कलाकार! लीद गधों की! लड़कियों को इकट्ठी करके उलटी पढ़ाता है।

संगीता : तेरे जैसे नहीं सब।

जिन्नी : मैं ने कंजरख़ाना खोला है? नचनियों वाला?

संगीता : सराफ और क्या करते हैं? ज़नानियों को फँसा कर, सोने में खोट डाल देते हैं। ग़रीब किसानों को लूटते हैं।··मम्मी, मेरा दूध सोडा।

जिन्नी : तू कहाँ से खाती है? सब से ज़्यादा घर में तू ख़र्चती है।

संगीता : भौंक मत। कमाई खाती हूँ मैं, अपने पापा जी की। तेरी कमाई पर मैं थूकती नहीं।

जिन्नी : एक महीने में जितनी फीस मैं और नीना स्कूल को दिया करते थे, उससे चौगुने रुपए अकेला तेरा गुड्डू झाड़ लेता है।

संगीता : जिस इन्सान के अंदर कला होगी, वही कलाकार बनेगा। और क्या तू बन सकता है? या नीना घड़ीना बन सकती है? चले मेरे साथ

आज। करे डांस। पाँच मिनट में पसीना पसीना हो जाएगी। दूसरे दिन बैठी हाड़ सेंकेगी।

(तेजवंती दूध सोडा लाती है)

तेजवंती : मिक्सी ने बड़ा तंग किया। फिर घरड़ घरड़ करने लगी।

जिन्नी : सन्मती स्टोर वाले चोर हैं। ताऊ जी कहते हैं, उनसे कभी कुछ मत ख़रीदो।

संगीता : बर्फ नहीं डाली?

जिन्नी : सगे बाप को ठग लेते हैं।

तेजी : फरिज भी ख़राब हो गया।

जिन्नी : फरिज भी सन्मती वालों से ख़रीदा था। पापा हमेशा धोखा खा जाते हैं। ताऊ जी मना भी करते रहे।

तेजी : अपनी बिरादरी से चीज़ें न ख़रीदें, तो और किस से ख़रीदें?

जिन्नी : बिरादरी है तो हमारा फायदा सोचें। ठगना है तो अपनों को?

संगीता : बिज़नसमैन होते हैं, पैसे के पूत। कमा कमा के बैंक भरे जाओ। सोना चाँदी अंदर दबाए जाओ। खाओ पिओ कुछ नहीं। तभी तो मैंने फैसला किया, फनकार बनूँगी। हिंदुस्तान की सबसे बड़ी कत्थक डांसर!

जिन्नी : बड़ी आई हेमामालिनी।

तेजी : नाचने वाली बड़े पैसे कमावें। मेरे बड़े भैया ने पिछली महावीर जयंती पर सोनल मानसिंह को बुलाया। लाल किले के सामने। पच्चीस हज़ार कमाया सोनल ने, एक शाम में।

जिन्नी : पच्चीस हज़ार! मैं नहीं मानता। हमारी दुकान की साल की कमाई है।

संगीता : गुरु जी कहते हैं, अमरीका वाले, फ्रांस वाले, हिंदुस्तानी नाच पर करोड़ो लुटाते हैं।

तेजी : हमारी संगीता भी जाएगी विदेश, डांस करने।

जिन्नी : यह? थोबड़ा देखा? विजयंती माला की पूँछ!

संगीता : देखना, बच्चू, कहाँ पहुँचाएँगे मुझे मेरे गुरु। तू सुनार बना रहना, सारी उम्र। खोट डालना। सोने की जगह पीतल बेचना।

जिन्नी : टर्र टर्र क्यों बके जाती है? ताऊ जी को बताऊँगा।

संगीता : जा, बता दे। मुझे किसी का डर नहीं। सच बोल। सोना चुराएँ कि नहीं, गहने वाले? तेरा ताऊ "लाला गंदा मैला जैन!" बाहर कुछ, अंदर कुछ।

तेजी : लेट क्यों होती है?

जिन्नी : तेरी क्रीम और शैम्पू और स्कर्ट और जीन्ज़! सब इसी सराफी की कमाई है।

तेजी : चुप, जिन्नी। रोज़ बिल्लियों की तरह फँसते हैं।

जिन्नी : लो फिर सुनो, मम्मी, मेरी स्कीम। इसका गुड्डू शायद इसे लंडन न पहुँचाए। मेरा गुरु ज़रूर मुझे न्यूयॉर्क भेज देगा।

तेजी : तुम ने किसे गुरु धार लिया?

संगीता : महँगे मेहतर को।

जिन्नी : चुप!

संगीता : जादू टोना नहीं सीखता तू उससे?

जिन्नी : मम्मी, आजकल मैं वर्द्धमान आईवरी मार्ट वालों के धंधे की ख़बर खोज ले रहा हूँ। बड़ा तेज़ है काम उनका। ऐक्सपोर्ट करते हैं, हाथी दाँत की चीज़ें। लकड़ी का सामान। मूर्तियाँ।

संगीता : समग्लर हैं। मंदिरों से पुरानी मूर्तियाँ चुराकर बाहर भेजते हैं।

जिन्नी : तुझे ख़ाक पता है?

संगीता : सोना स्मग्ल करते हैं। छापा नहीं मारा पुलिस ने, इस महावीर जयंती पर ? उनकी अर्चना मेरे साथ कत्थक सीखने जाती है। मुझ से क्या छिपा है?

तेजी : पुश्तैनी काम सीख, अपने ताऊ और पिता से।

जिन्नी : पुश्तैनी काम सदियों तक करते रहना बेवकूफी है। बदलते ज़माने के साथ बदलो। वर्द्धमान आईवरी वालों ने ओबराय होटल में ब्राँच खोली है। मैं भी सोच रहा हूँ। आज पापा दिल्ली से लौटे तो सलाह करूँगा। दिल्ली जाऊँ। मामा को मिलूँ। ऐक्सपोर्ट का बिज़नस शुरू करें।

संगीता : वाह बेटा बिड़ला! वाह बेटा टाटा! दसवीं मुश्किल से पास हुई। थर्ड डिवीयन में।··आठ बजे लौटूँगी।

जिन्नी : चार घंटे तू वहाँ क्या करेगी?

संगीता : तू कौन होता है पूछने वाला? **(चलती है)**

(नीना और डॉक्टर प्रेमजीत कौर आती हैं)

नीना : मम्मी, मैडम आई हैं।

प्रेमजीत : संगीता, कहाँ चली?

संगीता : कत्थक की कलास।

प्रेमजीत : रुकना एक मिनट।

नीना : मैडम, शरबत या चाय?

प्रेमजीत : परसों दीवाली है। शरबत की रुत गई।

तेजी : मैं चाय बनाती हूँ। बैठो, बहन जी।

प्रेमजीत : संगीता, मैं तुम्हारे पास एक काम से आई हूँ। इन्कार मत करना।

संगीता : कैसा काम?

तेजी : डांस कराना है?

प्रेमजीत : डांस भी कराएँगे। इनाम बाँटने के वक़्त। पहले तो दीवाली की प्रॉबलम हल करनी है।

जिन्नी : भूतनी बनाना है इसे? काला जादू चलाना है किसी दुश्मन पर? अमावस की रात को?

नीना : मैडम सच्चे सिक्ख हैं। नित्य नियम पाठ करती हैं। तेरे जैसी वहमी नहीं।

प्रेमजीत : महावीर निर्वाण का फंक्शन ख़तरे में पड़ गया है। और अगर फंक्शन फेल हो गया, आप के ताऊ जी, मुझे नौकरी से निकाल देंगे।

जिन्नी : यह सुनो! दस हज़ार पोसटरों की दीवारों पर अभी लेई नहीं सूखी। ताऊ जी भँगियों के लड़कों से लड़ रहे हैं, मज़दूरी पर। और आप फंक्शन कैंसल करने चली हैं।

नीना : गीत संगीत वाली लड़कियाँ तैयार हैं। मेरी अहिंसा पर स्पीच भी याद हो गई।

संगीता : गाना नहीं गा सकती मैं। कत्थक कहो, तो—झनाझन!

प्रेमजीत : तेरी ज़रूरत है डिबेट में।

संगीता : टॉपिक क्या है?

नीना : अहिंसा परमो धर्मः।

संगीता : ख़िलाफ कौन बोल रहा है?

प्रेमजीत : तुम ख़िलाफ बोलना चाहोगी?

नीना : मैं फ़ेवर में बोलूँगी।

संगीता : बोलूँगी तो मैं ख़िलाफ ही। लेकिन मेरे गुरुजी कहते हैं, एक कला पर कन्संटरेट कर।

प्रेमजीत : संगीता, प्लीज़ मान जाओ। प्रधान जी के सामने मेरी बेइज़्ज़ती मत करवाओ। ऐक्टिंग प्रिंसीपल बनाने से पहले, उन्होंने मुझे चैलंज दिया था।

नीना : मैं लिख देती हूँ तेरा पहलू।

संगीता : बिलकुल नहीं। मैं खुद लिखूँगी। मेरे गुरुजी मुझे सब कुछ सिखा सकते हैं।

जिन्नी : आपके कॉलेज की लड़कियों को कौन सी चुड़ैल चिमट गई?

तेजी : स्कूल में हुई तो क्या है? अगले साल पहुँच जाएगी कॉलेज।

प्रेमजीत : अर्चना को कहा था—

जिन्नी : हाथी दाँत वालों की लड़की?

नीना : हाँ। वो डर गई।

प्रेमजीत : ऐमरजँसी है। मेरा आईडिया था डिबेट का। अहिंसा के दोनों पख पेश करें, तो स्टूडैंटस ज़्यादा दिलचस्पी लेंगी।

तेजी : अर्चना है ही डरपोक। हमारी संगीता को चाहें तो लाख लोगों के सामने बुलवा लो। नीना तो दसवीं ग्यारहवीं में पहुँच कर बोलने लगी। संगीता पहली दूजी में थी जब से इनाम जीत रही है।

प्रेमजीत : कर सकोगी तैयारी?

संगीता : एक शर्त पर।

नीना : कौन सी?

संगीता : पहले तू बोल। अहिंसा के पक्ष में। बाद में मैं, विरोध में।

प्रेमजीत : मन्जूर है।

नीना : लेकिन, मैडम, मैं इसकी दलीलों को काटूँगी किस वक़्त?

संगीता : बोलूँगी मैं तो नीना के बाद ही। नहीं तो आप दूसरी लड़की तैयार कर लें।

प्रेमजीत : इट्स ऑल राईट, नीना। तुम दोनों के बाद, तुम्हारे ताऊजी प्रधानगी भाषण देंगे। वे तुम्हारी हिमायत करेंगे। संगीता, तैयारी कर। कल शाम मैं आऊँगी सुनने।

संगीता : ओ के। मम्मी, दो रुपए। झटपट।

जिन्नी : किस वास्ते?

संगीता : रिक्शे के लिए। देर करा दी। गुरु जी नाराज़ होंगे।

तेजी : पकड़। पिछली गली से जा। मसजिद के पास से लेना रिक्शा। तेरे ताऊ ने देख लिया, तो कहेंगे, पैसे बरबाद करती है।

जिन्नी : मैं बताऊँगा ताऊजी को।

संगीता : **(मुँह चिड़ाकर)** शिकायती टट्टू! मैडम, बाई बाई। **(जाती है)**

प्रेमजीत : बड़ी होशियार है आपकी बेटी। झिझकती नहीं ज़रा भी।

तेजी : नीना जैसी नहीं, घर घुसड़ू।

जिन्नी : बिगाड़े चल। निर्लज्ज बनी, पूरे शहर के अंदर दुड़ंगे लगाती है।

नीना : अपना अपना स्वभाव है। मुझे नहीं अच्छा लगता ख़ामख़ाह लोगों के घरों में घूमना।

प्रेमजीत : देहात में तो तुम ख़ूब हिलमिल रही थी। लड़कियों से। औरतों से।—बहन जी, दूसरे दिन सारा अनंदगढ़ गाँव नीना जैन नीना

जैन की रट लगा रहा था।

नीना : सोश्यल सविस कैंप की और बात है। वहाँ तो हम गए ही इसलिए थे। हर तबके को जानने।

प्रेमजीत : अगर आप देहाती लड़कियों का नाच देखतीं! गिद्धा, भंगड़ा। इतनी बेझिझक! ऐक्टिंग देखो उनकी। शहरी लड़कियों का क्या हौसला है उनके मुकाबले में!

नीना : गले भी, समझो, कोयलें कुहक रही हों। टप्पे, बोलियाँ, मैं सब नोट करके ले आई। गीत भी पूरे रिकॉर्ड कर लिए थे।

जिन्नी : यह बंदरी भी नाची थी?

नीना : नाचना क्या पाप है?

तेजी : अकेली लड़कियाँ चाहे जो मरज़ी करें। आपस में।

प्रेमजीत : लड़के मैं ने कैंप के पास नहीं फटकने दिए। प्रधान साहिब की सख़्त हिदायत थी।

नीना : लड़कियों के गीत सुनकर ही तो मुझे फुलकारी का डिज़ाइन सूझा। आप कोई सलाह दें मुझे। **(ख़ाका दिखाती है)**

जिन्नी : ताऊजी का यह भी तो हुक्म है, नंगे सिर कोई लड़की न घूमे।

प्रेमजीत : कॉलेज के अंदर मैं किसी स्टूडैंट को चुन्नी नहीं उतारने देती।

जिन्नी : फायदा क्या है? गेट के बाहर क़दम रखते ही दोपट्टा पटक देती हैं।

तेजी : हमारी दिल्ली चल के देखो। लड़के लड़कियों में रत्ती फर्क़ नहीं रहा। बाल कटा लेती हैं लड़कियाँ भी।

जिन्नी : ताऊजी सही फरमाते हैं। हिंदुस्तान की जन्मकुंडली के मुताबिक, राहू केतू की दशा चालू है।

नीना : बूझो, मैं ने फुलकारी के लिए कौन सा थीम चुना है?

प्रेमजीत : **(ग़ौर से देखकर)** वाह! आईडिया कमाल है। देखो, बहन जी।

जिन्नी : देहात के सीन हैं। लड़कियों की ज़िंदगी। यह देखो। झाड़ू बुहार करतीं। उपले थाप रहीं। दीवारें लीप रहीं। बेल बूटे बनातीं।

नीना : बस! हो गया मेरा डिज़ाईन कामयाब। अगर हमारे जिनेंद्र जैन सराफ को समझ आ गया, तो कंपीटीशन के जज ज़रूर समझ जाएँगे।

प्रेमजीत : नया ख़्याल है।

तेजी : दुलहन की डोली दिखे यह तो।

नीना : लोक गीत 'चिड़ियों का चंबा' के कुछ हिस्से खींचे हैं मैंने।

प्रेमजीत : रंग कौन से सोचे तुम ने?

तेजी : हाँ, रंगों का उठाव चोखा चाहिए।

नीना : इसी मुसीबत करके तो मुझे डाँट खानी पड़ी ताऊ की। सुबह सवेरे।

जिन्नी : ठीक किया ताऊ जी ने। रौशन अली को अकेले मिलने का क्या मतलब?

प्रेमजीत : लेकिन, जिन्नी, फुलकारी के बारे में मशवरा लेने में हर्ज क्या है?

नीना : रौशन अली अगर कहीं पेंटर बन जाता, हुसैन का मुकाबला करता।

जिन्नी : गलियों में मुलाकातें करने के लिए तुझे किसने कहा? अँधेरे में?

नीना : शट अप, जिन्नी। तू भी ताऊ बन रहा है : "लाला गंदा मैला जैन।"

तेजी : घर बुला ले। हमारे सामने बैठके पूछ ले जो पूछना हो।

जिन्नी : नहीं। घर के अंदर नहीं बुलाना कभी भी। ताऊ जी को सख़्त नफरत है उससे।

नीना : नफरत? क्यों? रौशन अली ने कौन सी सोने की ईंट चुरा ली है ताऊ की?

जिन्नी : अभी संभल जा। फिर मत कहना, बताया नहीं।

नीना : हद हो गई। ख़ाका दिखाना है, दो मिनट के लिए। खाने तो नहीं चला रौशन अली मुझे?

जिन्नी : अपनी दुकान पर बुला ले।

प्रेमजीत : वहाँ प्रधान जी बुलाने देंगे?

जिन्नी : मैं हूँ साथ। शाम को ताऊ कमेटी के दफ्तर जाएँगे। मीटिंग है।

तेजी : भंगियों की हड़ताल टूटी कि नहीं?

प्रेमजीत : राधी बता रही थी—

जिन्नी : महँगे मेहतर की भौजाई?

प्रेमजीत : हाँ। हड़ताल नहीं टूटी।

जिन्नी : हड़ताल का समझौता कराने के लिए मीटिंग है।—मैं बुला दूँगा रौशन अली को।

प्रेमजीत : अच्छा, नीना। संगीता और तुम डिबेट सफल करो।

(गेंदामल आता है)

गेंदा : सुनी तूने अपनी छोकरी की करतूत?

तेजी : हाय, क्या हुआ?

प्रेमजीत : नमस्कार, जी।

गेंदा : रौशनअली और नीना के इश्क़ की पींघ सातवें आसमान में हिलोरे

ले रही है।

नीना : झूठ की इंतहा है।

गेंदा : झूठ? सारा शहर क्या फ़र्ज़ी किस्से सुना रहा है तुम्हारे कल्लोलों के?

जिन्नी : हुआ क्या?

तेजी : अब क्या किया इसने?

गेंदा : तू दुकान सूनी छोड़कर यहाँ क्यों बैठा है? माँ की गोद में?

जिन्नी : चाय पीने चढ़ा था।

गेंदा : अगर किसी कारीगर ने एक रत्ती सोना चुरा लिया, पता कितने का है आज?

जिन्नी : **(दरवाज़े से मुड़कर)** रूलदू की मुरकियों के लिए सोना किस से लाऊँ? कपिल देव से?

गेंदा : रुक अभी। शाम तक ले आएगा हुक्म चँद।·· अगर दोबारा मैं ने तुम्हें उस मुसलमान से आँखें मटकाते पकड़ लिया, टाँगें तोड़ दूँगा।

नीना : वजह भी हो कोई, कि ज़बरदस्ती?

प्रेमजीत : नीना तो है ही बड़ी भोली भाली।

गेंदा : मोतीलाल ने बुलाया मुझे।

तेजी : आढ़ती ने?

जिन्नी : अर्चना के ताऊ ने?

गेंदा : कहने लगा, रौशन अली सियाल कोटियों के यहाँ कपड़े चुन रहा था। रंग बरंगे। मोती ने पूछा, कपड़ा किस काम के लिए चाहिए? मुसला बोला, फुलकारी बनेगी।—मोती ने मज़ाक़ किया, "रौशन अली, निकाह ब्याह कर रहे हो? लड़की कौन है?"—म्लेच्छ ने जवाब दिया, "सराफों की नीना जैन के लिए कपड़ा चुन रहा हूँ।"—दुकान में बैठे लोग हँस पड़े।·· मैं पानी पानी हो गया।

प्रेमजीत : नीना मुक़ाबले में हिस्सा ले रही है।

तेजी : बताया तो था आपको।

नीना : मेंडक का मगरमच्छ बना दिया।

तेजी : मोती लाल बदनाम कर रहा है हमें। जानबूझ कर।

जिन्नी : उनकी अर्चना का भी तो असग़र रंगरेज़ से चक्र चल रहा है।

प्रेमजीत : छोड़िए, जैन साहिब। मामूली बात है। दीवाली का फंक्शन, मैं—

गेंदा : उलटी पट्टी मत पढ़ा हमारी बेटियों को। तुम्हारे मज़हब में यह मामला मामूली होगा। हमारी ज़ात बरादरी बदफैली को मामूली नहीं समझती। लड़की का क्या काम, मर्दों से चुहलबाज़ी करे?

लाज-हया के बग़ैर, कन्या कैसी? इसी प्लेग से बेटियाँ बचाने के लिए तो हमारी जैन समाज ने कॉलेज खोला है। मर जाऊँगा, लेकिन जब तक जान है, होशियारपुर में बदचलनी नहीं फैलने दूँगा।—तेजवंती, इस चिंगारी को अभी बुझा दे। नहीं तो? तेरी नीना और सामने वाला लुच्चा, हमारा ख़ानदान जलाकर राख कर देंगे। लग्न का शुक्र तो देवी-देवताओं को काम की अग्नि में भस्म कर देता है। ज्ञानमती को बचा लिया था आचार्य जी ने। साधुनी बना लिया था।—पंख काट इसके। मैं बेइज़्ज़ती नहीं बरदाश्त कर पाऊँगा। हुक्मचंद को दिल की बीमारी है। बदमाश बच्चे पालना मेरे बूते से बाहर है। भगवान महावीर मुझे शक्ति दें। मैं अन्न-जल त्याग दूँगा। शरीर छोड़ दूँगा। संभालती रहना, तू अकेली, इस·· इस··वेश्या को!

(अँधेरा)

दृश्य 3

(दुकान : गेंदामल हुक्मचंद जैन, सराफ)

महँगा : मंत्र परे से परे। लाला, तुम सीखने वाले बनो।

जिन्नी : लड़की बस में करने का मंत्र सिखा दो।

महँगा : बसीकरण? सीख लो।

जिन्नी : ज़्यादा मुश्किल तो नहीं?

महँगा : मुश्किल कोई काम नहीं। करने वाले घोर तपस्या करते हैं।

जिन्नी : कितने दिन लेगा टोटका?

महँगा : चालीस दिन। अमावस की रात को शुरू करते हैं। परसों कर दो शुरू। काले जादू के वास्ते दीवाली से ज़्यादा सख़्त रात कोई नहीं होती।

जिन्नी : अच्छा। सामग्री बता।

महँगा : सौ का नोट खुलेगा। है हौसला?

जिन्नी : सौ? ठग्गी मत मार। उस्ताद धार रहा हूँ तुझे। सौ में तो बंदा दिल्ली चंडीगढ़ जाके काम बना सकता है। कबूतरी जैसी बुला ले चाहे। होटल के बैरे को कहके। पूछ ले हाथी दाँत वाले शील सागर से।

महँगा : वाह लाला जिनेंद्र। पहाड़िन भी फँसाना चाहते हो। प्यार भी माँगते हो। पल्ले से धेला ख़र्चना भी नहीं।

जिन्नी : यार जमादार, पहाड़िन ने सचमुच मेरा सोना खाना हराम कर दिया। जब निकलती है दुकान के सामने से, कलेजा निकाल कर ले जाती है।

महँगा : प्यार मुहब्बत तुम जैसों की क़िस्मत में कहाँ? सोने चाँदी को छाती से लगा तू, अंदर घुसकर। ताऊ की तरह।—प्रधान लौटा ही नहीं। कहाँ गया? उधर कमेटी हाल में बंदे हमारी राह देख रहे होंगे।

जिन्नी : दुनीचंद से सलाह करने गए हैं।—चलो, मान ली तेरी शरत। परसों

सौ रुपए मिल जाएँगे। मगर किसी के कानों ख़बर न हो।

महँगा। : तुम लोगों की परदादारी तो रोज़ी रोटी है मेरी।

जिन्नी : पहाड़िन ज़रूर मेरे बस में करना।

महँगा : धागे से बँधी आएगी। सात समुंद्र पार करके।—दीवाली की रात पहुँच जाना, मेरी कोठड़ी। कब्रसतान के पास। चुँगी के पीछे। तेरी जगह गोश्त मैं खा लूँगा। शराब पी लूँगा। चेले के लिए गुरु कुर्बानी कर सकता है।

जिन्नी : गोश्त! शराब! महावीर माफ करें! ताऊ ने सुन लिया, तो जूतों से सिर मूँड देगा।

महँगा : तेरा ताऊ कौन सा कम हुआ करता था? अब नाक पर मक्खी नहीं बैठने देता। जवानी के हमाम में सब साधु संत नंगे।

(ख़ाका पकड़े नीना आती है)

जिन्नी : किधर चली?

नीना : रौशन अली की दुकान।

जिन्नी : तुझे मना किया था।

नीना : जो काम मैं ने शुरू कर दिया, पूरा करूँगी।

जिन्नी : ताऊ देख ले तो?

नीना : देख ले।

महँगा : सुबह देखा था दोनों को इकट्ठे।

जिन्नी : चार्ट पकड़ा। मैं दिखा दूँगा। तू ऊपर चल। ताऊ जाएगा, तो दोनों को बुलाता हूँ।

नीना : ध्यान से। मेरी सात दिन की मेहनत है। **(जाती है)**

महँगा : बुआ भतीजी में रत्ती फर्क़ नहीं। मैं हक्का बक्का रह गया। जैसे बीस बरस पीछे पहुँच गया हूँ। तेरा बाबा बैठा करता था तब गद्दी पर। —सुना, बढ़िया प्रचार करती है। क्या दीवाली पर आ रही है, भई? तेरी साधुनी बुआ?

जिन्नी : नहीं। दूर रहते हैं। लाडनू, राजस्थान।—एक बात बता, सच सच। अगर तू दूसरों को मंत्र सिखा सकता है, छल्ले, धागे, तावीज़, दे सकता है, तू ख़ुद क्यों नहीं बस में कर लेता, एक हूर परी? छड़ा क्यों घूमता है?

महँगा : लाला, तू छड़ों को क्या समझता है? छड़े तो बल्कि ब्याहे हुओं से ज़्यादा मौजें मारते हैं।

जिन्नी : सुना है, तेरी ज़नानी भाग गई थी? ड्राईवर के साथ?

महँगा : गंदा पड़ोस! अपने आप को तो बंदा सुधार ले। बदमाश पड़ोसी से

कैसे पीछा छुड़ाए? **(रुआँसा)** मोरांवाली का था। ट्रक चलाता था। मैं बाज़ार में सफाई करने आ जाया करता था, तड़के। वो बदकार, पीछे से, ड्राईवर के पास चली जाया करती थी। औरत ज़ात का अल्लाह बेली। तबाह कर देती है मर्द को।

जिन्नी : उसके भागने के बाद सीखा जादू टोना?

महँगा : हाँ। बाबा औघड़ से।

जिन्नी : महँगा उस्ताद, पहाड़िन मिलने में तो देर लग सकती है· ·साथ में· ·शीलसागर ने बताया, तुम ने एक साहरी काहरी गाँव का पंछी पिंजरे में डाल रखा है?

महँगा : जेब हलकी कर। पंछी बहुतेरे।

(गेंदा मल आता है)

जिन्नी : ख़ामोश!

गेंदा : दुनी चंद नहीं माना। बोला, मेरा बेटा भंगी के पाँव को हाथ नहीं लगाएगा। **(जिन्नी चुपके से ख़ाका लेकर जाता है)**

महँगा : तो हड़ताल नहीं टूटेगी।

गेंदा : शहर सड़ांध से गल रहा है। सात दिन हो गए। तुम दोनों धड़े ज़िद पकड़े बैठे हो। कलेक्टर ने मेरी जान खा ली, सुलह कराओ जल्दी।

महँगा : हमारी तरफ से इन्कार नहीं। लौंडा माफी माँग ले। लड़की के बाप के पैर छू ले। उसी वक़्त हम झाडू पकड़ लेंगे। सवेरे उठ कर देखना। शहर शीशे की तरह चमकेगा।

गेंदा : दुनी चंद कहता है, मेरे बेटे की सगाई की बात चल रही है। भंगियों की छिनाल के पीछे, रिश्ता न रुक जाए।

महँगा : तो आप की मरज़ी। मैं ने अपना ज़िम्मा निबाह दिया। हमारी पंचायत गुंडे का गुनाह बख़्शने के लिए तैयार हो गई।

गेंदा : लड़के ने बताया, घुद्दू की छोरी लक्ष्मी टॉकीज़ वाले के साथ विसकी पी चुकी है? **(जिन्नी आता है)**

महँगा : अपनी मरज़ी से लड़की जो चाहे करे। जवान लड़के लड़कियों को बेड़ियों से बाँध कर कौन रख सकता है? लेकिन ज़ोर जबर करना? नीची ज़ात समझ के? यह किधर का क़ानून है?

गेंदा : अच्छा, चल। दुनी चंद को मनाने की कोशिश करें। भगवान का निर्वाण दिवस तो ढंग से मना सकें।—उठना मत दुकान से।

(दोनों जाते हैं)

जिन्नी : नीना!· ·रौशन अली! **(दोनों आते हैं)** अंदर बैठ कर।

रौशन : मुबारिक हो, नीना।

नीना : गुज़ारा हो जाएगा?

रौशन : सिर्फ गुज़ारा? इस स्केच से तो पाँच फुलकारी बन सकती हैं।

नीना : आप एक ही बनवा दें तो मेहरबानी होगी।

जिन्नी : इनाम है लाख दो लाख?

रौशन : बलिहारी तेरी कल्पना पर! अभ्यास जारी रख। अज़ीम फनकार बनोगी।

जिन्नी : कौन से इस ने गधे के सिर पर सींग उगा दिए?

रौशन : गाँव की ग़रीब लड़कयों की ज़िंदगी। यही मुद्दा है तेरा?

नीना : हाँ। ख़ासकर, वो ख़ुशियाँ, वो ग़म, जो देहाती लड़की ने अपने गीतों में पिरोए हैं।

रौशन : नया नज़रिया है। ख़ूबसूरत ख़्याल है।

नीना : हम सोश्यल सर्विस कैंप में गईं। आनंदगढ़, मनणहाना, मल्लमज़ारा। इन देहात की औरतों से जो सीखा, मैं ने खींच दिया। इस में कल्पना कहीं नहीं। असली ज़िंदगी है।

रौशन : ख़ूब! पुराने मज़मून बदलने चाहिए।

नीना : यही मैंने सोचा। बीत चुकी सदियों के कीचड़ में धंसे रहने से क्या फायदा? महाभारत और रामायण के ज़माने से आगे नहीं बढ़ सके हम। लेखक हो चाहे कलाकार। किसी को आज के लड़की लड़के के मसले नज़र ही नहीं आते। तसवीरें देख लो। कशीदा देख लो। वही कृष्ण और गोपियाँ। वही राजे रानियाँ। वही हाथी घोड़े।

रौशन : या मुग़लों का ज़माना।

नीना : जहांगीरी जूते, पगड़ी और पायजामा!

रौशन : और गुलाब का फूल!

नीना : बड़ी छलाँग लगाई, तो मिर्ज़ा ग़ालिब तक पहुँच गए।

रौशन : और वहीं रुक गए। जैसे इस ज़मीन ने ग़ालिब मियाँ के रुख़सत होते ही, घूमना बँद कर दिया हो।

नीना : आज की ज़िंदगी नहीं। सवाल नहीं। बोली नहीं।

रौशन : मज़दूरों की मुसीबतों नहीं।

नीना : मेहनतकशों की रोज़ मर्राह की जद्दो जिहद नहीं।

जिन्नी : जल्दी निपटाओ। ताऊ लौट आया, तो इसके साथ मेरी भी मुरम्मत होगी।

नीना : तो फिर ज्यों की त्यों कढ़ाई कर दूँ?

रौशन : नहीं, नीना। ख़्याल तेरा नया ज़रूर है। लेकिन इस ख़ाके की हूबहू नक़्ल नहीं चलेगी।

नीना : क्यों?

रौशन : इसलिए कि, मुआफ करना, फनकार मैं भी नहीं। मगर तेरी एक ग़लती साफ नज़र आ रही है।

नीना : कौन सी?

रौशन : देखो। ख़ाली जगह दिखती है तुम्हें कहीं? काग़ज़ नाकों नाक भरा है।

जिन्नी : राईट, रौशन अली। इस गडमड गडमड में से किसको पता चलेगा, एक सीन कहाँ से शुरू होता है? कहाँ ख़त्म होता है?

नीना : मैंने सोचा, अगर दृश्य खींचूं, पूरे का पूरा हो। हर डिटेल हो।

रौशन : मेरे उस्ताद कहा करते थे, हद से ज़्यादा व्याख्या नौसिखिए का काम है। सब कुछ को बाजुओं में मत जकड़ो। एक ख़ाके में इतना कुछ समेटने की कोशिश न करो। बहुतात में माअनी मारे जाते हैं। केंद्रीय विषय खो जाता है। कला गुम हो जाती है।

नीना : फिर⋯कैसे करूँ?

रौशन : मैं तो मामूली सा दर्ज़ी हूँ। दाज दहेज के साड़ी ब्लाऊज़ सजाने वाला। मैं चित्रकार नहीं। लेकिन ज्ञानी गुरुदित्त सिंह ने जो पेंटर बनने की बात समझाई थी, वो तुम्हारे साथ साझी कर लेता हूँ।

नीना : बताइये।

रौशन : चित्रकार को वही करना चाहिए, जो शायर करता है।

नीना : क्या?

रौशन : फ़ैज़ अहमद फैज़ साहिब अपने वतन के लिए मुहब्बत का इज़हार करते हैं। कैसे? सुनो—

सुबह फूटी तो आसमान पे तेरे
रंगे रुख़सार की फुआर गिरी।
रात छाई तो रुए आलम पर
तेरी जुलफों की आबशार गिरी।

जिन्नी : जुल्फों की आबशार! वाह! रात हुई जुलफ़ों की तरह। लेकिन सुबह क्या थी?

रौशन : रंगे रुख़सार।

जिन्नी : यानी?

रौशन : गालों की लाली। मेरे देश की सुबह महबूब के गालों का रंग लिए है। शायर ने सिर से पैर तक महबूब की तसवीर नहीं खींची।

जिन्नी : सिर्फ गाल⋯और जुलफें।

रौशन : रंगे रुख़सार की फुआर।

जिन्नी : ज़ुलफों की आबशार।

रौशन : चंद लफ़्ज़ों में फ़ैज़ ने अपनी माशूक़ा को हमारे सामने ला खड़ा किया।

जिन्नी : वाक़ई।

नीना : आप का मतलब है, मैं चुनाव करूँ?

रौशन : हाँ। सिर्फ कुछ एक ज़रूरी हिस्से। मिसाल के तौर पर, ये कीकली नाचती लड़कियाँ।

नीना : दो काफी हैं? भीड़ काट दूँ?

रौशन : बेशक। अग़ल-बग़ल ख़ाली जगह होगी तो यह सीन निखर जाएगा।

नीना : बढ़िया तरीक़ा सिखाया आप ने। ऐसे, यहाँ तीन उपले काफ़ी हैं।

रौशन : अकेला नाक, और नथ।

नीना : महँदी वाले हाथ और चूड़ा।

रौशन : भैंस का सिर और खूँटा।

नीना : खुर्पा, घास और हाथ।

रौशन : चरख़ा, रूई, धागा।

नीना : समझ गई। थैंक यू।

रौशन : रंगों का उठाव भी तीखा हो जाएगा अगर कपड़ा जामनी रंग का हो।

नीना : आपने कौन-कौन से रंग देखे? सियालकोटियों की दुकान में?

रौशन : मैंने देखे?·· तुम्हें कैसे पता चल गया?

जिन्नी : तू भाग अब। मैं रौशन अली के साथ जाकर, ख़रीद लाता हूँ कपड़ा।

रौशन : मैं टुकड़े लाया हूँ, चार पाँच। **(दिखाता है)**

नीना : क्या पहले यह फैसला ज़रूरी नहीं कि हर सीन में धागों का रंग क्या हो?

रौशन : सही कहा। उन से कपड़ा हर रंग का मिल जाएगा।

नीना : चलिए, मैं आपके साथ चलती हूँ।

जिन्नी : मैं सब नमूने यहाँ लाके दिखा देता हूँ।

नीना : मैं ख़ुद जाऊँगी। इनाम मिले या न मिले। काम मेरी मनमरज़ी का होना चाहिए।

जिन्नी : तेरे ब्याह का ख़र्च निकल आएगा इनाम से?

(हुक्मचंद आता है)

नीना : पापा जी! **(सूटकेस पकड़ती है)**

हुक्म : जिन्नी, गोली ला। झटपट।

नीना : क्या हुआ?

हुक्म : ब्लड प्रेशर बढ़ गया है शायद।

रौशन : सफर की थकावट होगी।

जिन्नी : दिल्ली वाली गाड़ी तो नौ बजे आती है?

हुक्म : अमृतसर चला गया था कल। ग़लती की। सौदा था एक। तबीयत ख़राब थी।

रौशन : आराम करो, लाला जी। ठीक हो जाओगे।

नीना : हम अभी लौटे।

हुक्म : कहाँ चली?

रौशन : सियालकोटियों से फुलकारी के वास्ते कपड़ा चुनना है।

हुक्म : रौशन अली, निकाह की तैयारी है?

रौशन : हुक्मचंद जी, मुझ मज़दूर के साथ कौन निकाह पढ़वाएगी? **(जाते हैं)**

हुक्म : बेटा, मेरे में सीढ़ी चढ़ने की हिम्मत नहीं।

जिन्नी : नीचे लगा दें बिसतरा? डॉक्टर को दिखाया था मामा ने?

हुक्म : हाँ। मगर ब्लड प्रेशर से ज़्यादा बुरी बीमारी तो हैं बेटियाँ।

जिन्नी : नीना के लिए मिला लड़का दिल्ली में?

हुक्म : खेल है कोई लड़का ढूँढ़ना? अपनी बिरादरी के लौंडे दस दस लाख दहेज माँगते हैं। ऐ भगवान महावीर, किसी बदनसीब के घर, बेटी मत पैदा करना।

(अँधेरा)

दृश्य 4

(महावीर गर्लज़ कॉलेज का हॉल। सजधज।)

गेंदामल : महावीर भगवान की—

आवाज़ें : जय!

गेंदा : णमोकार मन्त्र— **(सब मिलकर गाते हैं)**

णमो अरिहंताणं, णमो सिद्धाणं, णमो आइरियाणं।
णमो उवज्झायाणं, णमो लोए सव्वसाहूणं।।

प्रेमजीत : नीना और उसकी टोली।

नीना : जब कभी बिकता है बाज़ार में मज़दूर का गोश्त
शाहराहों पे ग़रीबों का लहू बहता है।
आग सी सीने में रह रह के उबलती है, न पूछ,
अपने दिल पर मुझे क़ाबू ही नहीं रहता है।

गीत

महावीर आओ, महावीर आओ
हिंसा से, नफरत से,
दुनिया बचाओ। महावीर आओ

(1) मैं धन उसका चाहूँ
वो ज़र मेरा चाहे।
यह चाँदी समेटे,
वो सोना छिपाये।
माया के अँधों को, रसता दिखाओ। महावीर आओ

(2) इच्छा तृष्णा के, मारे ये बँदे।
पापों के बोझों, लताड़े ये बंदे
पापों की गठड़ी को,

सिर से हटाओ। · ·महावीर आओ· · ·

(3) काम अग्नि जले, लोभ चाहत सताए।
बहन भाई जुदा, बीवी बच्चे पराये।
भूलों को प्यार का सबक सिखाओ।
महावीर आओ· · ·

प्रेमजीत : 'अहिंसा परमो धर्मः' पर डिबेट। नीना पक्ष में बोलेगी। उसकी बहन संगीता, विपक्ष में। कुमारी नीना जैन।

नीना : मान्यवर प्रधान जी! आज के पवित्र दिन, भगवान महावीर की शिक्षा दोहरा कर, मुझे बेहद ख़ुशी होगी। अहिंसा सब धर्मों का निचोड़ है। सार है। अढ़ाई हज़ार बरस पहले, इन्सान को इस शिक्षा की सख़्त ज़रूरत थी। ज़ालिम पुजारी जानवरों की बलि देते थे। अश्वमेध यज्ञ में घोड़े जलाते थे। काली माता जैसे देवी देवताओं के आगे बंदे क़ुरबान करते थे। राजा महाराजा क़त्ले आम मचाते थे। दौलत वाले ग़रीबों को पशुओं की तरह बेचा और ख़रीदा करते थे। सती चंदन वाला की कथा आप सब जानते हैं।—चंदनबाला को डाकू उठाकर ले गए। बोली लगाई। चंदनबाला को एक सेठ ने ख़रीद लिया। मगर सेठ की बीवी ने ईर्ष्या की। बेचारी के हाथ पाँव बाँध कर क़ैद में बंद कर दी। केश काट दिए। कुरुप बना दी। उबले हुए माश के सिवा, खाने को कुछ नहीं दिया। देखो, महावीर भगवान की महानता! बारह बरस तपस्या करने के बाद, 'केवल' ज्ञान प्राप्त करने के बाद, अतीवीर जी ने क़सम खाई : ''मैं तब तक अन्न स्वीकार नहीं करूँगा, जब तक चंदनवाला के चिह्नों वाली लड़की, मुझे, छाज में से, उबले हुए माश की भिक्षा नहीं डालती।''—साढ़े पाँच महीने भगवान ने कुछ नहीं खाया। क्यों? वे चंदनबाला जैसी देवी को मुक्ति दिलाने आए थे। अमीरों के खीर पूरी उन्हें स्वीकार नहीं थे। वे निर्बलों के बल थे। चंदनबाला अतिवीर जी की 'आर्यिका' बनी। छत्तीस हज़ार साध्विओं की अगुआ बनी। काश! भगवान मुझे भी अपनी चंदनबाला बना लें!

गेंदा : महावीर स्वामी की—

आवाज़ें : जय!

प्रेमजीत : टॉपिक पर बोल।

नीना : अहिंसा ही हमें बचा सकती है। आज जंगबाज़ देश ऐट्म और हाइड्रोजन बमों से लैस हैं। हमारी धरती को मीज़ाइलों से जलाकर

राख बना देने पर उतारू हैं। अहिंसा के चरणों में गिरे बग़ैर, संसार जीवित नहीं रह सकता।—अहिंसा के अर्थ क्या हैं?—किसी जानदार प्राणी को मत मारो। बंदे ही नहीं। भगवान छोटे से छोटे कीड़े को बचाने के लिए भी उतने ही यत्नशील थे। इसी कारण भगवान सदा नंगे पैर चलते थे। च्यूंटी मकौड़ा भी जूते तले दब कर कुचला न जाए। पक्के जैनी सूर्य छिपने के बाद भोजन नहीं करते। मुँह पर पट्टी बाँधते हैं। अनजाने में भी कोई कीड़ा मुँह में घुसकर जान न खोए।—हमारे धर्म में आलू, शकरकंदी, प्याज़, लहसुन जैसी जड़ें खाना मना है। क्यों? इन सबज़ियों के भीतर करोड़ों किटाणु होते हैं। हमें शहद खाने की मनाही है। किसलिए? शहद कीड़ों से भरा होता है। हमारे शास्त्रों में लिखा है : ''एक चमच शहद खाने से इतना पाप चढ़ता है जितना पाप सात गाँव ज़िंदा जलाने से चढ़ता है।''

गेंदा : अहिंसा अवतार महावीर जी की—

आवाज़ें : जय!

नीना : अहिंसा का दूसरा पक्ष है : हर प्राणी को प्यार करो। चंडकोशिया साँप ने भगवान के डंक मारा। पर भगवान ने रत्ती माशा भी गुस्सा नहीं किया। बोले : ''बोधि, बोधि, चंडकोशिया!''—''ऐ ज़हरीले नाग, अपने आप को पहचान। तू शरीर नहीं। आत्मा है। पुण्य कमा। मुक्ति प्राप्त कर।''

प्रेमजीत : **(घंटी बजाकर)** टाइम!

नीना : दूसरी उदाहरण सुनिए। महावीर जी से एक ग्वाला सख़्त नाराज़ हो गया। बोला : ''तू ने मेरे बैल चुराए हैं।'' बेरहम ग्वाले ने वर्द्धमान के कानों में कील ठोक दिए। भगवान ने मुँह से हाय तक नहीं निकाली। समाधि मग्न, बेपरवाह, बैठे रहे।—उनकी आध्यात्मिक शिक्षा, सदियों के बाद, यसूह मसीह ने दोहराई : ''ज़ालिम अगर तुम्हारी दाईं गाल पर चपेड़ मारे, तुम बाईं गाल भी आगे कर दो।'' बीसवीं सदी के दिलेर जैन योद्धा महात्मा गाँधी ने अंग्रेज़ों को हरा दिया? कैसे? अहिंसा का हथियार प्रयोग करके। अहिंसा परमो धर्मः! वंदे वीरम्!!!

आवाज़ें : वंदे वीरम्! **(तालियाँ)**

प्रेमजीत : कुमारी संगीता जैन।

संगीता : प्रधान जी, अहिंसा की ग़लत व्याख्या सुनकर, मेरे अंदर हिंसा जाग पड़ी। एक निर्दयी तुम्हारी दाईं गाल पर थप्पड़ मारे। तुम झट बाईं

गाल आगे कर दो? वाह! एक गँवार तुम्हारे कानों में कीलें ठोके। तुम मुँह से हाय तक न निकालो? एक ज़हरीला साँप तुम्हारे पैर पर डंक मारे। तुम लहू की बजाय दूध बहाओ? नॉनसैंस! यह महावीर जी की जीवनी का ग़लत इस्तेमाल है। मेरी विरोधिन जैन धर्म का उलटा प्रचार कर रही है। ज़ालिम के पैरों की जूती बन कर जुल्म सहते रहो? बिल्कुल नहीं! आचार्य रजनीश जी सही लिखते हैं : ''महावीर को आदर्श बनाकर, हम महावीर जैसा जीवन नहीं जीते। पत्थर की मूर्ति बनाकर, पूजने लग पड़े। फूल चढ़ा दिए, धूप धुखा लिया, हम संतुष्ट हो गए। और जब हम नित्य प्रति के काम धंधे करते हैं, तब महावीर को भूल जाते हैं।'' अपनी घरेलू ज़िंदगी देख लो। माँ बाप अपने बेटे बेटियों को मुवेशी समझते हैं। लेकिन इस हिंसा पर 'प्यार' का लेबल चिपकाते हैं। मुहब्बत का मुखौटा पहनाते हैं। बाप चाहता है, मेरा पुत्र, मेरे जैसा, पैसे का गुलाम बना रहे। माँ चाहती है : मेरी बेटी सदियों पुरानी रीतों, रिवायतों की ज़ंजीरें न तोड़े।—जवान लड़के-लड़कियाँ बुड्ढों की फोटोस्टैट कॉपी बने रहें। दिल-पसंद काम न करें। मन-भाता सृजन न करें। परिवार के तथाकथित प्रेम के पीछे अत्यंत ख़ुदग़र्ज़ी छिपी पड़ी है।—महावीर जी ने इस घरेलू सितम को पहचाना। इन बंधनों को तोड़ फेंका। धन दौलत, घर महल, रिश्ते नाते, त्याग दिए। किस लिए? ताकि वे अपनी शख़्सियत बचा सकें। अपने निज को, अनोखेपन को, प्रफुल्लित कर सकें।—महावीर ने पहले अपने पैरों की बेड़ियाँ तोड़ीं। बाद में चंदनबाला की बेड़ियाँ तोड़ीं।—बर्द्धमान के 'परित्याग' को, 'अपरिग्रहण' को सही समझने की ज़रूरत है। महावीर मनमौजी थे। मस्त थे। मलंग थे। मन में आ गया : ''सड़ांध भरे शहर से निकल भागूँ। जंगलों में बसूँ। पशुओं की, पक्षियों की, दुनिया में घूमूँ फिरूँ। फूलों की, दरख़्तों की, नदियों तालाबों की, खुली दुनिया में, हिलोरे लूँ।''

गेंदा : अहिंसा के बारे में बोल।

प्रेमजीत : **(घंटी बजाकर)** टाइम!

गेंदा : बैठ जा।

संगीता : अपना बचाव आप करो। महावीर ने कभी नहीं कहा : डरपोक बनो।—जैन धर्म नीना जैसी बुज़दिल के लिए नहीं बना। एक मिनट सोचिए। लोग वर्द्धमान को 'महावीर' क्यों बुलाने लगे? 'वीरनाथ' की उपाधि क्यों दी?—इतने बहादुर थे वर्द्धमान जी।

सुंदर सुडौल शरीर! सौ पहलवानों जितनी ताक़त। अकेले वर्द्धमान ने मदमस्त हाथी को हरा दिया।—एक योनि में, वे विश्वभूति थे। खूंखार बैल को सींगों से पकड़ा, उलटा पुलटा कर, वो फेंका।—त्रिप्रिष्ठा योनि के अंदर, शेर के जबाड़े को, दोनों हाथों से चीर फाड़ डाला।—बालपन में ही, महावीर ने, शारीरिक शक्ति के कई करिश्में दिखाए। संगम देव उनको आज़माने आया। साँप बन गया। वर्द्धमान झट संगम साँप के सिर पर चढ़ गए। नाचने लगे। फन कुचल डाला।–संगम ने दूसरी खेल खेली। वर्द्धमान को कांधों पर उठा लिया। और अपने शरीर को—उस सफेदे के पेड़ से ऊँचा बढ़ा लिया, ताकि वर्द्धमान दहल जाए। परन्तु मेरे अतिवीर ने एक ही मुक्का टोटर पर मारा! संगम को ठिगना बना दिया! बौना बना दिया! **(तालियाँ)** महावीर का चिह्न क्या है?· ·सिंह! बबर शेर! वर्द्धमान शेर थे! भला एक शेर गीदड़ से चपेड़ खाएगा? दूसरी गाल आगे करेगा? बिलकुल नहीं! **(तालियाँ)**

प्रेमजीत : अतिवीर महाराज की—

आवाज़ें : जय!

संगीता : हम मूर्ख! हम ने महावीर की हर बात को ग़लत समझा। उनके नंगा रहने को ले लीजिए। जिन भगवान ने कपड़े उतार फेंके। वे शरीर को बुरा नहीं थे मानते। देह के सौंदर्य को स्वीकार करो। अपने अंगों से शरमाओ मत। झूठी लाज ने, दबाव ने, हमें हर तरफ से बुज़दिल बना रखा है। इंद्रियाँ क़ाबू में रखो। आत्मा मज़बूत बनाओ। मगर, आचार्य रजनीश जी कहते हैं, शरीर की सुंदरता को नकारो मत। देखो अपने प्राचीन मंदिरों की मूर्तियाँ। खजुराओ, माउंट आबू, मथुरा। औरतें, मर्द, देवता, अप्सराएँ। शरीर के सौंदर्य के लिए इन्सान का आकर्षण।—भगवान महावीर का जीवन और दर्शन समूची ज़िंदगी का फलसफा है। ख़ासकर गृहस्थियों के लिए। अपने आप की तरक़्क़ी, मन की मौज, अपनी हर हीले रक्षा, ये सब भी उस महान व्यक्तित्व की अहिंसा का हिस्सा हैं। वंदे वीरम्!

आवाज़ें : वंदे वीरम्! **(तालियों की गड़गड़ाहट)**

प्रेमजीत : अब आपके सामने—

नीना : मैडम, मैं जवाब दूँगी।

प्रेमजीत : समय नहीं।

नीना : मेरा हक़ है।

गेंदा : मैं जवाब दूँगा।

नीना : मेरी विरोधिन ने विषय से हटकर बहुत कुछ कहा है—जो अर्थहीन है। महावीर की जीवनी से हमें जो सबसे अधिक कीमती शिक्षा मिलती है, वह है : "हम सब तीरथंकर बन सकते हैं!"—वर्द्धमान आम आदमी था। कई जन्मों में उसने मामूली बंदे की तरह ज़िंदगी शुरू की। बुरी आदतों को बदला। चालचलन की कमज़ोरियों को दूर किया। जैनिज़्म इज़ ए रिलिजन ऑफ सेल्फ हैल्प! हमारे कल्याण के लिए किसी बाहरी शक्ति की ज़रूरत नहीं। किसी प्रभु की ज़रूरत नहीं। इन्सान ही भगवान है। बंदा भगवान बन सकता है। जैसे वर्द्धमान बना था। घर बार छोड़ कर, धन दौलत छोड़कर, जंगलों में गया। तपस्या की। कषाओं पर फतेह पाई। जिन कहलाये। 'जिन' यानि 'जीतने वाला'। 'तीरथंकर' बन गए। दूसरे को 'तीर' या किनारा पार कराने वाला बेड़ा बन गए। ऐन इन्सपायरिंग ऐग्ज़ांपल! हम सभी महावीर बन सकते हैं!—बोलो, भगवान महावीर की—

आवाज़ें : जय! **(तालियाँ)**

गेंदा : शाबाश! महावीर कॉलेज की कन्याओ! जैन दर्शन की अनोखी देन है : "स्याद्वाद।" यानि 'शायदवाद'। शायद नीना ने जो कहा, वह सच है। शायद संगीता ने जो कहा, वह सच है। सच अंधों का हाथी है—'अनेक' प्रकार का। जैन धर्म का उसूल है : अनेकांतवाद! आपस में लड़ो क्यों? जियो और जीने दो। कोई ऊँचा नहीं, कोई नीचा नहीं। भगवान महावीर ने कुम्हार को गले लगाया। चांडाल को दर्शन दिए।—आज के दिन, पावापुर कस्बे में, बिहार प्रांत में, भगवान ने शरीर त्यागा था। उस दिन से हम दीवाली मनाते हैं। शरीर संग मोह मत पालो। आज हम कुरासते पड़ गए हैं। शरीर को सच्च मान बैठे हैं। हमारी बेटियाँ, बहनें, सती चंदनबाला की मिसाल भूल गईं।—याद रखो। हमारे चौबीस तीरथंकरों में से, बीस ने मौत को अपने आप बुलाया था। अन्न जल छोड़कर। मरन व्रत रखकर। 'सल्लेखाना' द्वारा। 'संथारा' का प्रण करके।—थोड़े दिनों पहले, सोनीपत शहर में, मुनि बदरी प्रसाद जी ने, इसी तरह देह का त्याग किया था। स्वयं महावीर जी ने आख़िरी दो दिन, न रोटी खाई, न पानी पिया।—जैन धर्म कहता है : शरीर को भूल जाओ। आत्मा को पहचानो। इच्छाएँ दबाओ। ब्रह्मचर्य का पालन करो।—भगवान तुम्हारी दीवाली

मंगलमयी करे!

प्रेमजीत : वर्द्धमान महावीर की—

आवाज़ें : जय!

(तीन टोलियाँ अलग-अलग बातें करती हैं)

रौशन : नीना, जो तुम बाद में बोली, अज़ीम बात थी।

नीना : आप यहाँ? हमारे फैसटीवल में?

रौशन : क्यों? मुसलमान और जैनी इकट्ठे नहीं बैठ सकते? क्या मैं महावीर जी से कुछ नहीं सीख सकता?

नीना : ज़रूर सीख सकते हैं। लेकिन आप पाँच वक्त नमाज़ पढ़ते हैं। मैं ने सोचा, कट्टर होंगे।

रौशन : मेरा ईमान इतना मद्धम नहीं कि तुम्हारे फूँक मारने से बुझ जाए।

नीना : बहुत खुशी है मुझे कि···आप भी···'अनेकांतवादी' हैं।

रौशन : एक बात कहूँ, अगर गुस्सा न करो?

नीना : मैं गुस्सा नहीं किया करती।

रौशन : हाँ भई, तेरा धर्म है, पाप क्षमा करना।

नीना : मेरी आदत है : सब को प्यार करने की कोशिश करूँ।

रौशन : प्यार? ख़तरनाक फिक़रा बोल गई।

नीना : ख़तरा काहे का?

रौशन : जब तुम ने कहा : "बंदा रब बन सकता है। अपने यत्नों से जो चाहे बन सकता है"—बड़ा प्यार उपजा मेरे दिल के अंदर। काश मैं नीना की ज़िंदगी भर ख़िदमत कर सकता!

नीना : मेरी ख़िदमत? ज़िंदगी भर?···धीमे बोलिए। उस रुद्रदेव ने सुन लिया, तो मुझे जीने नहीं देगा।

रौशन : मैं ने कहा था न, तुम ख़तरनाक वाक्य बोल गई?

(उनकी बाक़ी बातचीत हमें सुनाई नहीं देती)

हुक्म : इधर अमृतसर से उनका टैलिफ़ोन पहुँचा। उधर दरवाज़े पर, कार का हॉर्न बजा।

गेंदा : माल कहाँ छिपाया?

हुक्म : कोयले की कोठड़ी में। छत्त पर।

गेंदा : पूरा पाँच किलो?

हुक्म : आधा, आटे के ड्रम में, नीचे। दस दस तोले के बिसकुट हैं।

रौशन : निडर महावीर की पुजारिन को, इतनी डरपोक नहीं होना चाहिए।

गेंदा : रौशन अली?

रौशन : आदाब, जैन साहिब।

गेंदा : तुम्हें यहाँ किसने घुसने दिया?

रौशन : आपका इश्तहार पढ़ा। सोचा, मैं भी त्योहार देख लूँ।

गेंदा : अगर हम घुस जाएँ तुम्हारी मसजिद में? ईद की नमाज़ के वक़्त?

रौशन : ख़ुश आमदीद!

गेंदा : यह कन्याओं का कॉलेज है। किसी आवारा मर्द का दाख़िल होना—

नीना : ताऊ जी, बाकी मेहमान भी तो आए हैं।

गेंदा : वो हमारी बिरादरी के हैं।

रौशन : मुआफ़ी चाहूँगा। नीना, दीवाली मुबारिक! **(जाता है)**

गेंदा : तू कहाँ चली?

नीना : घर।

गेंदा : अकेली नहीं जाने दूँगा।

तेजी : पता नहीं, इसे कहाँ से शब्द सूझते हैं? झिझक का नामो निशान नहीं। वरना बच्चे हैं, स्टेज की तरफ मुँह करते ही काँपने लगते हैं।

संगीता : दिमाग़ चाहिए, मम्मी। बुद्धू नहीं बोल सकते।

प्रेमजीत : मेरी इज़्ज़त रख ली। थैंक यू।

संगीता : मेरे गुरु जी ने, आचार्य रजनीश की किताब दी थी।

प्रेमजीत : ''सम्भोग से समाधि तक''?

संगीता : नहीं। ''महावीर : परिचय और वाणी''

(दोनों औरतें परदे से)

प्रेमजीत : फंक्शन फस्ट्रेट कर दिया। प्रधान जी से कहना, मुझे पक्की प्रिंसीपल ज़रूर बनाएँ। आपकी सिफारिश के बग़ैर, मेरा काम नहीं बनेगा।

तेजी : तेरा जादू बहुतेरा चलता है प्रधान पर। ज़रूर बना देगा पक्की। **(शरारती हँसी)**

गेंदा : हुक्म चंद, देख लिया न, आँखों से? मुसलमान ने तेरी बेटी को पलीद कर दिया।

हुक्म : नीना का इंतज़ाम हो गया। **(गिरने लगता है)** गोली थी मेरी जेब में।

गेंदा : शुक्र हो जिसके लग्न में, रुक नहीं सकती।

हुक्म : दिल्ली दोबारा हुई बात मेरी।

गेंदा : छज्जूमल का पोता माना?

हुक्म : मान तो गया लेकिन अत्यंत लोभी है।

गेंदा : कितना ख़र्चाने को कहता है?

हुक्म : पाँच लाख से कम नहीं मानेगा।

गेंदा : पाँच लाख! लूट मचा रखी है। दहेज के कोढ़ ने खा लिया हमारी बिरादरी को।

हुक्म : हाय! मर गया! **(गिरता है)**

गेंदा : क्या हुआ? पसीने से नहा रहा है तू तो। जिन्नी, पानी का गिलास ला। रिक्शा बुलाओ। जल्दी। घर चल।

हुक्म : नीना के ब्याह का ख़र्चा निकल आएगा, इस सौदे में से। मैं ठीक हूँ। चलो।

(महँगा हाँफता हुआ आता है)

महँगा : लाला जी?

गेंदा : तू कैसे आया?

जिन्नी : **(कान में)** मैं अभी चलता हूँ तेरी कोठड़ी।

गेंदा : फिर हड़ताल शुरू करने लगे भंगी?

हुक्म : गोली मैं घर भूल आया।

महँगा : घर मत जाना।

तेजी : क्या हुआ?

महँगा : पुलिस ने छापा मारा है।

हुक्म : पुलिस?

नीना : छापा?

जिन्नी : वर्द्धमान आईवरी वालों के होगा।

गेंदा : ग़लत समझा तू।

महँगा : बिलकुल ग़लत नहीं। मैं ने सिपाही से पूछा। बंघौरा गाँव वाले जुगिंदर से। भौजाई राधी के भाई से। वह बोला, कार पकड़ी गई। पिपलांवाला के पास। सोना छोड़कर गई आपके। अमृतसर से आई थी।

हुक्म : पानी!

नीना : पापा जी!

तेजी : ख़ून!

जिन्नी : मुँह से।

गेंदा : हार्ट अटैक!

प्रेमजीत : डॉक्टर को फोन करूँ?

गेंदा : जल्दी।

नीना : हरबंस लाल को।

गेंदा : हुकमियाँ!

तेजी : बाबू जी!

गेंदा : होश कर!

संगीता : डैडी!

गेंदा : हुक्म चंद!··बस!··चला गया।

नीना : पापा जी!

(सब रो रहे हैं)

(अँधेरा)

(दर्म्यानी वक़्फ़ा)

दृश्य 5

(नीना का घर। नीना बैठी तसवीर बना रही है। महँगा ऊपर पहुँच कर, दरवाज़ा खटखटाता है।)

महँगा : जिनेंद्र जी!

नीना : जिन्नी तो घर नहीं।

महँगा : हट्‌टी बंद पड़ी। दोनों लाला कहाँ गए?

नीना : कॉलेज गए हैं। फंक्शन पर।

महँगा : लोहड़ी का नाच गाना होगा।

नीना : हाँ, जी। काम था?

महँगा : बीबी जी भी नहीं दिखतीं?

नीना : संगीता का डांस है। मम्मी, जिन्नी, सब वहीं गए हैं। आने वाले होंगे।

महँगा : जिन्नी को संदेसा देना था।

नीना : क्या?

महँगा : कहना, उसका वाक्फ बंदा, साहरी काहरी वाला। वो मिलना चाहता है।

नीना : कहाँ का?

महँगा : मेरे ससुराल का। गाँव साहरी काहरी। पुरहीरां के नज़दीक। फुलकारी का नमूना है?

नीना : हाँ, जी।

महँगा : सुना है, बेटा, ग्यारह सौ इनाम मिला तुझे?

नीना : मिलेगा। गवर्नर देगा। पटियाला में।

महँगा : शाबाश! लाला हुक्म चंद ज़िंदा होते आज, बड़े ख़ुश होते।— ताकीद कर देना जिनेंद्र को। (जाता है)

नीना : अच्छा। **(वक़्फ़ा। रौशन अली आता है)**

रौशन : नीना!

नीना : हैं??? आप?···मैं तो डर ही गई।

रौशन : इतना मत डरा कर।

नीना : बैठिए।

रौशन : इनाम के तुम ने लड्डू नहीं खिलाए। सोचा, ख़ुद जाके बधाई दे दूँ।

नीना : अगर आप ख़ाका सही न करवाते, मुझे कभी इनाम न मिलता।

रौशन : पूरे सूबे की लड़कियों में पहला नंबर! आफरीन।

नीना : मैं आपको बताने गई तो थी। आप काम में मग्न थे।

रौशन : (हँसकर) बेहतर है, सच पे रहें। तेरे ताऊ ने मना किया है?

नीना : यही समझ लीजिए।

रौशन : दो महीने हो गए। नज़र नहीं आई। आँखें तरस गईं।

नीना : इम्तिहान पास है। फिर इस ड्राइँग और पेंटिंग ने पागल बना दिया।

रौशन : पागल? ऐसी कौन सी अँधेरी चल गई एक दम?

नीना : अँधेरी ही समझिये। एक फुलकारी क्या बना बैठी, फुलकारियों की बाढ़ में बही चली जा रही हूँ। लगता है, मुझे अपनी ज़िंदगी का धंधा मिल गया। हर वक़्त मैं रंग और डिज़ाइन और तसवीरें देखती रहती हूँ। मैं पेंटर बनना चाहती हूँ। कलाकार। काग़ज़ पर, कपड़े पर, दिल कहता है : "तसवीरें बनाती रहूँ!"—जैसे लता मंगेशकर को गीतों की दात मिली है, मुझे शायद रंगों का वरदान मिला है। काश मैं भी अमृता शेरगिल बन सकती! रंग बिरंगे आसमान के अंदर, मैं उड़ी जा रही हूँ। कब वो दिन आएगा, जब मैं बी.ए. पास कर चुकी हूँगी। और सारा समय पेंटिंग पर ख़र्च कर रही हूँगी। चित्रकारी पर। बस नहीं रहा मेरा अपने आप पर। जैसे भाखड़ा डैम के सारे गेट एक ही झटके से खुल गए हों। मुझे धकेले ले जा रहे हैं। मेरा दूसरे किसी काम में जी नहीं लगता। जैसे महावीर दुनिया से अलग हो गए थे। घर बार त्यागकर, जंगलों में चले गए थे। क्योंकि गृहस्थ उनका धर्म नहीं था। मैं भी सब कुछ त्याग कर, चित्रकार बनना चाहती हूँ।

रौशन : इन्शा अल्लाह! पेशा वही अच्छा है जिसमें इन्सान, अपने आप, ख़ुशी ख़ुशी, हर वक़्त महव रहे। लीन रहे। तू ज़रूर सफल होगी। दिल्ली पहुँच कर यही हुनर सीखोगी?

नीना : दिल्ली? दिल्ली कौन ले जा रहा है मुझे?

रौशन : छिपाओ मत। मुझे सब पता चल गया है।

नीना : क्या पता चल गया?

रौशन : तेरी सगाई के बारे में।

नीना : मेरी सगाई? सपने में बोल रहे हैं आप?

रौशन : जिन्नी ने महँगे को बताया। लड़का पक्का कर लिया है तेरे मामा ने। इम्तिहानों के बाद, तुम सब दिल्ली जाओगे। शादी करने। सच है?

नीना : क्या कहे जा रहे हैं आप? मुझे इसका कोई इलम नहीं। भगवान कसम।

रौशन : तो मेरा अंदाज़ा सही निकला।

नीना : कौन सा?

रौशन : तेरे ताऊ ने स्कीम घड़ी है। तुझे फटाफट घर से निकालने की। तुम्हें बताए बग़ैर।

नीना : **(रुआँसी)** मैं ताऊ का क्या बिगाड़ रही हूँ?

रौशन : बिरादरी के कई लोगों से गेंदा मल ने कहा है : मुसलमान को मेरे घर के सामने से उठवाओ।—मेरे साझी पर दबाव डाल रहा है, इसे निकालो।

नीना : मैं इस बारे में कुछ नहीं जानती।

रौशन : नीना, ख़ुदा गवाह है। मैं तहेदिल से तुम्हें मुहब्बत करता हूँ। इसको छोकरों वाला शुग़ल मत समझना। मेरी उम्र अट्ठाईस साल है। तेईस साल की उम्र में पहला निकाह किया था। सलमा हस्पताल से ज़िंदा नहीं लौटी। बच्चा भी साथ ही ले गई।—मैं सोच समझकर, तेरी मिन्नत करने आया हूँ। मैं हर तरीक़े से तुम्हें ख़ुश रखने की कोशिश करूँगा। बता, करेगी, मेरे साथ ब्याह? **(वक़्फ़ा)**

नीना : इतना आसान होता है ब्याह कराना?

रौशन : हौसला हो, तो मुश्किल क्या है?

नीना : आप समझते हैं, हमारी ज़ात बिरादरी—हमें यहाँ ज़िंदा बसने देंगे?

रौशन : यह भी मैंने सोचा है। परखा है। रास माल मैंने जमा कर रखा है। मलेरकोटले भी कढ़ाई का धंधा चोखा चल पड़ेगा। नहीं तो, पटियाले सही। या, संगरूर रहता है मेरा चाचा। चंडीगढ़ सही। दिल्ली सही। जहाँ तू चाहे।

नीना : अगर आप अट्ठाईस बरस के हैं, और ठंडे दिमाग़ से सोच सकते हैं—आपने यह कैसे यक़ीन कर लिया, मैं इसलाम क़बूल करने के लिए राज़ी हो जाऊँगी?

रौशन : मेरी तोबा! मेरे फरिश्तों की तोबा! नीना, मैंने तुझे कब कहा, तू अपना मज़हब बदल?

नीना : ··तो··?

रौशन : मेरे मुसलमान बने रहने में अगर तुझे एतराज़ नहीं, तुम महावीर की पुजारिन बनी रहो। दो आज़ाद शहरी कचहरी जाकर शादी कर सकते हैं। हाँ, कह तूं वरना दिल्ली तेरी सगाई हो गई समझ। इसीलिए मैंने आज हिम्मत जुटाई तेरे घर के अंदर आने की। तेरी मिन्नत करने।

महँगा : **(दूर से)** लाला जिनेंद्र जी!

रौशन : तेरे घर वाले लौट आए।

नीना : अगर मंगनी की बात सच्ची है, अगर ताऊ मेरे साथ धोखा कर रहा है··मैं अभी पूछूँगी उस से।

रौशन : मैं तेरी हर तरीक़े मदद करूँगा। तसवीरें बना। आगे पढ़। फुलकारियाँ बना। फनकार बन। लेकिन मेरा साथ ज़रूर क़बूल कर।

महँगा : **(दूर से)** लाला जी!

नीना : सोचूँगी।

(तेजी अंदर आती है। हैरत से मुँह खुला है)

रौशन : नीना, तेरे बग़ैर, स्वर्ग भी, मेरे लिए, नरक है। जान कुरबान कर दूँगा तुझ पर। मुझे ठुकराना मत। बहादुर बन। कह दे, हाँ! **(हाथ पकड़ता है)**

तेजी : नीना!!! यह क्या हो रहा है?··तू?··तू हमारे घर के अंदर घुस कैसे गया? शैतान! आ रहे हैं जैन साहिब। तेरी यह जुर्रत! अभी करते हैं इकट्ठी बिरादरी। लगाते हैं आग तुझे! और तेरी कशीदाकारी को। मैं कुचलूँगी तेरा फन!

(अँधेरा)

दृश्य 6

(दुकान : ''गेंदामल जिनेंद्र कुमार जैन, सराफ।'')

महँगा : लाला जिनेंद्र, बरस के बाद आता है आज का दिन। जुल्म मत कमा। रोती गई है बेचारी।

जिन्नी : सारा ख़र्च मेरे सिर क्यों डालता है? थोड़े न बहुत। तीन सौ! क्या पता किसका बच्चा है?

महँगा : क़सम शाह नूर जमाल की। बच्चा तेरा ही है। ग़रीब, नसीबों की मारी। बाप अंधा है। चार बहन भाई हैं, नन्हे मुन्ने। अगर वह तुम जैनियों की मिल में खड्डी न चलाए, परिवार भूखा मर जाएगा। इसी लालच के कारण बाप ने ब्याही नहीं। सत्ताइस अठाइस बरस की हो गई। शरीर की भूखें। न पूरी करो, बंदा बीमार पड़ जाता है।—मेरे पास आई। कहने लगी : ''सांईं जी, रात को छाती पर देव दानव चढ़ कर बैठ जाता है। देह में दर्द रहती है। धागा तावीज़ बख़्श दो।''—मैं ने कहा : ''पगली, इल बला नहीं यह। ब्याह करा। चार दिन ख़सम के साथ सोएगी, राज़ी हो जाएगी।'' रो पड़ी। बोली, ख़सम कहाँ है भाग्य में?—फिर तू लग पड़ा मेरी मिन्नत करने। मोहिनी मंत्र का चिल्ला सीखने। मैं ने तुम दोनों को मिला दिया। दूसरे मर्द ने उस लड़की की उंगली नहीं छुई।

जिन्नी : खेल है कोई? तीन सौ! पचास रुपए में अप्रेशन हो जाता है।

महँगा : नक़द मत दे। आप करा दे अप्रेशन। लाऊँ कल यहाँ?

जिन्नी : न, बाबा। दुकान पर मत लाना। कहीं ताऊ को ख़बर हो गई, तो जूतों से मेरे बाल लुंचन कर देगा।

महँगा : तो निकाल रक़्म।

जिन्नी : अगर भला मैं न दूँ रक़्म? वह मेरा क्या बिगाड़ लेगी?

महँगा : बिल्ली अगर कोने में घिर जाए, बिल्ली नहीं रहती। शेरनी बन जाती है। आँखें खरोंच लेती है। मर जाती है, या मार लेती है।

जिन्नी : एक थप्पड़ पड़ा, बिल्लो तेरी साहरी काहरी गाँव से पहले नहीं रुकती।

महँगा : अच्छा, यह मरज़ी है तेरी! तुम सरमायेदार शराफत से कभी सीधे नहीं होंगे। अपना काम निकाला, ग़रीब पर थूक कर, चल दिए। जैसे आप जन्म से दूध के धुले हों। तेरे जैसे बिगड़े हुए रजवाड़े का इलाज है मेरे पास। अगर दुनी चंद के छोकरे की तरह, न नाक रगड़ा, लड़की के आगे, तो, जिन्नी पुत्र, महँगा राम अपने बाप का जना नहीं। किसी सूअर का जना है।

जिन्नी : ले चल तू मुझे जिस हाई कोर्ट के अंदर ले जाना हो। मुँह फाड़कर बोला : टीन सौ फकड़ा दे!

महँगा : कोर्ट कचहरी के चक्करों में पड़ें तेरे जैसे स्मगलर। घूस चढ़ाएँ तेरे ताऊ जैसे तसकर। इस लड़की बेचारी ने कौन सा जुर्म किया है? क्या तुम्हारी बहू बेटियाँ नहीं करतीं यह धंधा? अभी संभल जा, लाला। मुझे मजबूर मत कर। अगर मैं ग़रीबनी को तेरे संग मिला सकता हूँ, तेरे जैसे पशु से बचा भी सकता हूँ।

जिन्नी : राख बचाएगा, तेरे जैसा दलाल। मुँह खोलेगी, तो और ख़्वार होगी।

महँगा : इस से ज़्यादा क्या ख़्वार कर सकता है तू उसे? बच्चा तो ठहर ही गया। है भी पक्का तेरा। अभी करता हूँ मैं मिल के मज़दूर इकट्ठे। जुलूस निकालेंगे। हड़ताल करेंगे। ताऊ भतीजा बिरादरी समेत पैर चाटोगे। निकाल रहा है रक़्म? कि बुलाऊँ बंदे?

जिन्नी : ओए, आवाज़ नीची रख। बाज़ार चलता है। **(रक़्म पकड़ा कर)** हवा मत निकालना।

महँगा : दस और फेंक। पाव दारु के लिए। लोहड़ी मना दे मेरी।

(गेंदामल आता है)

जिन्नी : दुकान बढ़ा दूँ?

महँगा : लोहड़ी मुबारिक, जैन साब।

गेंदा : रुक जा। मैं लगा दूँगा ताला। महँगे, तू यहाँ कैसे खड़ा? ठेके पर ओंधा पड़ा होना चाहिए तुझे तो।

महँगा : मैं जिन्नी लाला की मिन्नत कर रहा हूँ—पाव पिला दे। पुण्य होगा।

गेंदा : पुण्य? शराब और माँस से? ओए चांडाल, हमारी दुकान के सामने ऐसा बकवास मत किया कर। अकेले जलना तू नरकों के अंदर।

महँगा : लाला जी, स्वर्ग नरक किस ससुरे ने देखे हैं? जिसने खा पी लिया,

मन की मौज कर ली, वह स्वर्गों में। जिसने कंजूसी की, धन माल दबा कर रखा, वह नरकों में। मेरी वाणी के अंदर तो यही लिखा है।

(संगीता आती है)

संगीता : ताऊ जी, हम चंडीगढ़ जाएँगे।

गेंदा : किस लिए?

संगीता : डांस करने। रोटरी क्लब ने बुलावा भेजा है। गुरु जी ने अभी बताया।

गेंदा : अकेली नहीं जाएगी तू।

संगीता : दूसरी लड़कियाँ भी तो साथ चलेंगी। रचना, ज्योति, मौनिका—

जिन्नी : ऊपर आ रहे हैं ताऊ जी।

(संगीता जाती है)

महँगा : सुना, बढ़िया नाचती है गुडिया। बड़ी ने भी इनाम जीता है। लाला हुक्म चंद, बेचारा। दो बरस और जिंदा रहता, अपने हाथों ब्याह कारज रचाता।

गेंदा : कुंडली के ग्रहों का लिखा कौन मिटा सकता है?—तू भी महँगे, अगली दुनिया का फिक्र कर। नेक काम कर। नहीं तो चुरासी लाख योनियों के अंदर भटकता फिरेगा।

(संगीता आती है)

संगीता : ताऊ जी! ऊपर आओ! झटपट!

जिन्नी : क्या हुआ?

संगीता : नीना ने घर को कुरुक्षेत्र बना दिया है।

गेंदा : क्यों?

संगीता : वही, शुक्र की दशा।

महँगा : आराम से बैठी तसवीरें बना रही थी, जब मैं तुम्हें देखने ऊपर चढ़ा था।

जिन्नी : इसीलिए कॉलेज नहीं गई।

संगीता : मेरा कत्थक नहीं देखा। रौशन अली को जो मिलना था।

गेंदा : क्या कहा?

संगीता : अभी उतरा है सीढ़ियाँ। ममा मौक़े पर पहुँच गई।

गेंदा : हे भगवान! शक्ति दो मुझे। कैसे लाऊँ इस लड़की को, तेरे रास्ते पर? **(रुआंसी आवाज़)** बाप निगल कर भी, कमज़ात का पेट नहीं भरा।... **(संभल कर)** आ जिन्नी, चढ़ ऊपर। आज दोनों म्लेच्छों का मामला एक तरफ करके सोएँगे!

(अँधेरा)

दृश्य 7

(गेंदा मल नीना को डंडे से पीट रहा है)

गेंदा : नहीं कराएगी यह सगाई! और क्या तू चकले पर बैठेगी?

तेजी : हरामी की हिम्मत तो देखो।

जिन्नी : जानबूझ कर घर में रही।

संगीता : मैं ने कहा, चल। गुरु जी आप कृष्ण बनकर नाचेंगे। नहीं मानी।

गेंदा : टांका जो लड़ाना था गुंडे के साथ।

जिन्नी : अपने ही घर के अंदर।

तेजी : बदकार, तू ने विधवा बनाया मुझे। तेरे लिए ख़सम ढूँढ़ता दिल फेल करा बैठा।

जिन्नी : इसकी तसवीरबाज़ी को भी आग लगाता हूँ।

संगीता : बहाना इसको बुलाने का था। इनाम की बधाई मुझे दे रहा था, कमीना।

गेंदा : **(छड़ी मार कर)** मिलेगी दोबारा यार को?

नीना : हाय मर गई।

गेंदा : बदमाश दोनों!

नीना : हाय मेरी जान बख़्श दो।

गेंदा : जान? तेरी कंजरी की जान? क्यों बख़्शूं? ताकि सारे शहर में मेरी मिट्टी उड़ाती फिरो।

तेजी : कह, नहीं मिलूँगी मुसले को।

जिन्नी : क़सम खा।

गेंदा : **(डंडा मारकर)** मिलेगी?

नीना : भगवान! बचा ले!

गेंदा : रौशन अली भड़ुए को बुला। बचाए तुझे।

तेजी : बस करो। मैं समझाऊँगी, सहज से।

गेंदा : उस बदज़ात का भी करता हूँ बंदोबस्त। दो चार हज़ार देने भी पड़े

किसी को, तो दूँगा। मेरे घर के सामने बैठकर! मेरी भतीजी संग मुँह काला करे!

तेजी : शहर से निकलवाओ।

जिन्नी : दफा होए मलेरकोटले को।

गेंदा : बुलाता हूँ बिरादरी। किसी की बेटी नहीं छोड़ेगा यह राहू केतू।

तेजी : इतनी भोली थी। पता नहीं म्लेच्छ ने क्या सिर पर डाल दिया।

गेंदा : बेचता होगा, मंडियों में। लखनऊ, दिल्ली, बंबई। वेश्या बनाता है।

संगीता : मेरे गुरु जी बताते हैं—

गेंदा : मैं तो आग लगवा देता, दुकान को। इसी दीवाली पर। कह देते, आतिशबाज़ी घुस गई अंदर, अचानक। मगर करें क्या? भागीदार अपनी बिरादरी का है।

तेजी : जैन समाज को कहो। ज्योति का बाप निकाले इसे। दूसरा साझीदार रख ले।

गेंदा : चल अपने कमरे में, नहीं तो—

तेजी : जाने दो अब। **(नीना उठती है)**

गेंदा : सोच लो आज की रात। मैं रोज़ रोज़ ये झगड़े नहीं बरदाश्त कर सकता। **(वक़्फ़ा। आँसू रोकता)** मरने वाला मर गया। आप पा गया मुक्ति। मुझे छोड़ गया इस नरक के अंदर। डायन, मेरी माँ का जाया खा गई। बेरहम गुंडा, मेरे भाई को क़त्ल करा दिया। मेरी बेटी संग कुकर्म करता है। हर रोज़!·· हे भगवान, यह चट्टान मत धरो मेरे ऊपर। मैं बेबस। लाचार। लुच्चों लफंगों से बेटियाँ कैसे बचाऊँ? इतना बेइज्जत मत कर, भगवान। रास्ता दिखा। दया कर। कौन सा बाप है जो बेटी संग·· **(ज़ार-ज़ार रोता है)** हुक्म चंदा, लौट कर आ जा ओए! संभाल अपनी बेटियाँ। तेरी जगह मुझे मौत आ जाए। ओए हुक्मे! यही दिन देखने के लिए तू मुझे छोड़ गया! बकरा सींग उठाए घूम रहा है तेरी बच्ची के पीछे पीछे।

तेजी : आप दिल क्यों दुखाते हो? मेरी बेटी समझदार है। सुधर जाएगी।

गेंदा : मैं आप बूढ़ा, बीमार। किधर किधर दौड़ूँगा तेरे पीछे? तेरी जासूसी करता हुआ? तेजवंती, सुन ले तू भी। अगर इसने घर में बसना है, और साल दो साल, जैसे मैं कहूँ, करना पड़ेगा। नहीं तो? **(नीना को)** अभी निकल जा! दरवाज़े से बाहर! बैठ जा जिस चबारे पर बैठना है।

जिन्नी : होशियारपुर में तेरा थोबड़ा नज़र नहीं आना चाहिए।

तेजी : हमारी आँखों के सामने, न तू आना, न तेरा बकरा आए।

गेंदा : निकलोगी मेरे घर से?

जिन्नी : एक बार दहलीज़ पार की, दोबारा अंदर पैर नहीं डालने देंगे। **(नीना जाती है)**

गेंदा : सोच ले। सवेरे हो जा शहर से बाहर।

संगीता : मेरे गुरु जी कहते हैं, चंडीगढ़—

गेंदा : तू भी सुन ले, छोकरी। नाच फाच बंद। किसी गुडू जी फुडू जी को नहीं मिलना। ख़ून पी लिया दोनों ने। चली हैं कलाकार बनने। बदफैली सीखने।

संगीता : मेरे कत्थक का क्या कसूर है?

तेजी : चुप रह, संगीता।

गेंदा : तेजी, इस छिनाल का चलन नहीं सुधरेगा। एक ही इलाज सूझता है मुझे।

तेजी : बताइये। **(रोती है)**

गेंदा : चल, इसे राजस्थान छोड़ आएँ। ज्ञानमती के पास। ब्याह कराने के लक्षण नहीं हैं इसके। हमारा चार पाँच लाख ख़र्चा देगी। मगर ख़सम के नहीं बसेगी। मुसलमान के साथ भाग जाएगी। अख़बारों के अंदर रौशन करेगी ख़ानदान का नाम।—ज्ञानमती को कहेंगे : "इसको मना। साधनी बना। अपने पास रख, आश्रम में। हमें छुड़ा, इस कंजरी से, और इसके दल्ले से।"

जिन्नी : यही करना चाहिए। बुआ के पास छोड़ आओ।

गेंदा : चलोगी, तेजवंती?

तेजी : **(आँसू पोंछती)** जैसे आप दोनों की मरज़ी!

(अँधेरा)

दृश्य 8

(नीना कंबल ओढ़े सोई पड़ी है। सब आकर उसके पीछे खड़े हो जाते हैं—नीना के अपने अंदर की आवाज़ें)

हुक्म : हे महावीर, बेटी न जन्मे किसी बाप के घर।

तेजी : रांड, तू ने विधवा बनाया मुझे।

टी.वी. : कानपुर में तीन बहनों की आत्म हत्या।

गेंदा : बदचलन! निकल जा मेरे घर से।

जिन्नी : **(बच्चा)** नीना की शेम शेम हो गई! ओ जी नीना की शेम शेम हो गई!

प्रेमजीत : टॉमस हार्डी की टैस्स लाचार थी। कमज़ोर थी। लड़की थी।

हुक्म : चार पाँच लाख दहेज के बग़ैर कोई लड़का मानता ही नहीं।

तेजी : भैया को दे मक्खन। तू ने पहलवानों से कुश्ती लड़नी है?

नीना : **(चीख मारकर उठती)** क्यों???

टी.वी. : चंडीगढ़ में तीन बहने पंखे से लटक गईं।

गेंदा : कच्छी पहन। पायजामी पहन। अकेली फ्रॉक पहन कर सीढ़ियाँ नहीं उतरना।

जिन्नी : निक्कर मैं पहनूँगा। तू निक्कर नहीं पहन सकती।

प्रेमजीत : शास्त्र चाहे जो कुछ लिखें। कट्टर पंडित चाहे जो शेख़ी बघारें। असल में हिंदुस्तान का दस्तूर रहा है :—

ढोर, गंवार, शूद्र, पशु, नारी।
ये सब ताड़न के अधिकारी।।

हुक्म : ख़बरदार जो दोबारा कबड्डी खेली। लोटती है रेत में। लड़कों संग।

तेजी : सलवार और अंगिया खिड़की में टाँगने की चीज़ें हैं? उठ। ऊपर सूखनी डाल।

टी.वी. : पिछले बरस, दिल्ली में, दहेज के लोभी ससुराल ने दो सौ इकत्ती

बहुएँ जिंदा जला डालीं।

गेंदा : ऐसे कुरते पहनती हैं, सभ्य घरों की बेटियाँ? मुड़ पीछे। मोटी चुन्नी से काँधे ढक।

जिन्नी : **(आठ नौ बरस का)** नावल पढ़ती हो? चोरी से? ताऊ जी को बताऊँगा।

प्रेमजीत : हार्डी निराशावादी नहीं है। क़िसमत को मानता है। डैसटिनी इज़ ऑल पावरफुल। लड़की कुछ नहीं कर सकती। टैस्स को फाँसी लगनी लाज़िमी थी।

(नीना उठकर, चादर का रस्सा बनाती है, गले में डालती है। आवाज़ें जा चुकी हैं)

नीना : महावीर! मैं तेरी चंदनबाला। अपने चरनों में स्थान देना : णमो अरिहंताणं, णमो सिद्धाणं, णमो—

(संगीता अचानक जाग पड़ती है)

संगीता : नीना!!! **(चादर गले से निकालती है)**
मम्मी!! जिन्नी!! ताऊ जी!!

(तीनों भागे आते हैं)

तेजी : क्या हुआ?

जिन्नी : आवाज़ तूने मारी?

गेंदा : कौन था?

संगीता : यह देखो।

तेजी : फाँसी???

जिन्नी : यह क्या कर रही हो?

गेंदा : नीना लगी थी फाँसी लेने?

तेजी : होश कर, बेटा।

जिन्नी : दिमाग फिर गया तेरा?

गेंदा : पुलिस पूरे कुनबे को बांध कर ले जाती।

जिन्नी : पहले केस से हज़ारों खिलाकर कल छूटे हैं।

संगीता : पंखा खड़का, अचानक। मेरी आँख खुल गई। नहीं तो अब तक मर चुकी होती।

तेजी : **(रोती)** बेटा, तुझे हो क्या गया?

जिन्नी : अपनी जान देकर, हमें फँसाना चाहती हो?

तेजी : मैं क्या करूँ, मेरे भगवान!

संगीता : बहादुर बनती है!

गेंदा : यह करतूत क्यों?

तेजी : अभी तो तेरे पिता जी की चिता ठंडी नहीं हुई।

संगीता : महावीर आत्म हत्या करने के लिए कहता है?

जिन्नी : इसका महावीर रौशन अली है।

तेजी : नीना, मत लहू पी मेरा। दया कर विधवा पर।

गेंदा : जिगरा रख, तेजवंती। रोना बंद कर। मुझे लगता है, बात इसके बस की नहीं रही।—संगीता, जिन्नी, तुम जाओ, उधर। सो जाओ। **(दोनों जाते हैं)** नीना··· तू··· गर्भ ठहर गया?

तेजी : यह झूठ है।

गेंदा : शुक्र की दशा को तू नहीं समझती। फिर चंद्र की दृष्टि है लग्न पर। काम तो ऋषि मुनियों को कलाबाज़ियाँ खेला देता है। जैन ग्रंथों में लिखा है :—

कामादुरो णरो पुण कामिज्जंते जणे दु अलहं ते।
अत्तादि मरिदुं बहुधा मस्प्पवादादि करणेहि।।

अर्थात् : इश्क़ से अंधा हुआ व्यक्ति, तृष्णा पूरी न होने पर, अनेक तरीक़े से, हत्या करने के लिए तैयार हो जाता है।

तेजी : बेटा, सचमुच तू···?

गेंदा : परैंगनेंट होगी ज़रूर। नहीं तो, रात को इसे मैं ने कहा क्या था?

तेजी : मरने वाली कौन सी बात कह दी हम ने?

गेंदा : अप्रेशन के मैं बिलकुल ख़िलाफ हूँ। **(रोने वाला)** यह पाप मत कराओ मेरे से। यह हिंसा मैं नहीं करूँगा। जाओ, तेजी, दिल्ली। तेरे भाई कर लें जीव हत्या। तू कर ले। मैं नरक क्यों भोगूँ? इस व्यभिचारिणी की ख़ातिर?

तेजी : नीना, कितने दिनों से···?

गेंदा : बकेगी, या उठाऊँ डंडा?

नीना : **(रोती)** बकवास बंद करो।

तेजी : सच बता, क्या तकलीफ है तुझे?

गेंदा : मंदे भाग्य हमारे परिवार के। यही कोशिश ज्ञानो ने की थी। आधी रात के वक़्त। हमारा बाप सवेरे चलता बना।

नीना : तेरी बहन होगी ऐसी। या तू होगा। मुझे कुछ नहीं हुआ।

तेजी : फिर हमारी नींद क्यों हराम कर रखी है?

गेंदा : बेटी, यह पाप मत कमा। आत्म हत्या घोर पाप है। मैं तेरी किसी इच्छा में रुकावट नहीं डालूँगा। मेरी एक मिन्नत मान। अगर तू ने शरीर त्यागने के बारे में फैसला कर लिया है, तो त्याग दे शरीर। लेकिन अपने धर्म का सहारा ले। हम तुम्हें ज्ञानमती के पास छोड़

आएँगे। दीक्षा ले ले। साध्वी बन जा। जैसे आचार्य जी कहेंगे, वैसे ही करना। हम लोग 'संथारा' करते हैं। 'सल्लेखाना'। समाधि मरण। 'पंडित मृत्यु' प्राप्त कर। तुझे मैं क्या समझाऊँ? तुम ने ही तो मुझे पढ़कर सुनाया था। 'बाहुबली समाचार' में से। कलकत्ता की किरणबाला ने अन्न जल त्याग दिया था।

तेजी : बीस हज़ार की भीड़ थी अर्थी के पीछे।

गेंदा : आप फोटो दिखाई मुझे इसने।—हड़बड़ी मत मचा। बेशक दो महीने रुक जा। बी.ए. पूरा कर ले। महावीर जयंती के बाद चलेंगे। अप्रैल में। समाधि मरण से सीधा निर्वाण मिलता है। तेजवंती, पिता जी बताया करते थे। हमारी दादी ने किया था समाधि मरण। जेजों कसबे के पास है उसकी समाधि। दादी कोठी गाँव में। नीना बेटा, धर्म मत छोड़। दोबारा फाँसी के बारे में नहीं सोचना। पुण्य तो मिलता है पंडित मृत्यु द्वारा। बोल, वंदे वीरम्

(नीना ज़ारज़ार रो रही है)

(अँधेरा)

दृश्य 9

(बैठने का कमरा)

प्रेमजीत : नीना!

तेजी : किसी तरह दो महीने निकाल दो। पास रख कर।

(नीना आती है)

नीना : नमस्ते, मैडम।

प्रेमजीत : नीना, आई नीड यूअर हैल्प। वैरी बैडली।

नीना : व्हट्ट?

प्रेमजीत : मैं अकेली बोरियत से मरी जा रही हूँ। दो महीने मेरे पास रह ले। ऐग्ज़ाम तक।

नीना : आईम ऑल राईट हीयर।

तेजी : क्या हर्ज है, पुत्र। भीड़ भड़क्के से दूर। चैन से पढ़ वहाँ।

प्रेमजीत : बहादुरपुर गाँव जैसा है। मेरा कमरा खुलता भी फॉर्म की तरफ है। उठा किताबें। अभी चल।

नीना : कल बताऊँगी।

प्रेमजीत : प्रधान साहिब से मैं ने आज्ञा ले ली। हमारी दोनों की राशी एक। स्वभाव एक। मौज उड़ाएँगे। **(नीना जाती है)** संगीता!

तेजी : वह तो गई कत्थक सीखने।

प्रेमजीत : मना नहीं कर दिया था उसको भी?

तेजी : संगीता नहीं डरती। चले गई। बोली : "लाला गंदा मैला मेरा कुछ नहीं बिगाड़ सकता।"

प्रेमजीत : लड़कियों को कौन क़ाबू में रख सकता है?

तेजी : **(शरारत से)** तुम कैसे रहती हो? अब तो पीऐच.डी. भी मिल गई। ब्याह करा ले।

प्रेमजीत : सोच तो रही हूँ। मगर प्रिंसीपल बनाओ पहले। कहो तो प्रधान जी से।

तेजी : प्रधान तो तेरी मुट्ठी में है। सैक्टरी का क्या करोगी? छत्ते बाज़ार वाले का?

प्रेमजीत : ये चाहें तो पूरी कमेटी को मना सकते हैं। तीन साल हो गए। दिन रात काम कराते हैं। तन्ख़ाह कम देते हैं। दस्तख़त ज़्यादा पर कराते हैं।

तेजी : दूलहा है कोई नज़र में?

प्रेमजीत : मेरे अडवाइज़र पटियाला बुला रहे हैं। उनकी वाइफ ने डाइवोर्स केस कर रखा है। मैं यहाँ से प्रिंसीपलशिप छोड़कर जाना नहीं चाहती।

(जिन्नी आता है)

जिन्नी : आ रहे हैं ताऊ जी। मैडम, अर्चना का क्या क़िस्सा हुआ?

प्रेमजीत : तुझे किसने बताया?

तेजी : ऐसे मामले छिपे रहते हैं?

जिन्नी : महँगा जला भुना बैठा है। क्या ताऊ जी ने उसकी भौजाई राधी को नौकरी से निकालने का नोटिस दिया है?

तेजी : गुंडों की चिट्ठियाँ पहुँचाती है लड़कियों को।

जिन्नी : महँगा कहता है, कोरा झूठ है। असग़र रंगरेज़ और अर्चना कब से पेचे लड़ा रहे हैं। राधी का कसूर नहीं।

(गेंदामल आता है)

प्रेमजीत : नमस्कार, जी।

गेंदा : जिन्नी, गल्ले की रकम से तीन सौ तूने निकाला?

जिन्नी : नहीं।

गेंदा : रुपए क्या पंख लगाकर उड़ गए?

तेजी : किसी को दिए होंगे। याद कर लो।

जिन्नी : मैं ने तिजोरी को हाथ नहीं लगाया।

गेंदा : साढ़ सती लग गई है परिवार को। मैं तो प्रेशान हो गया हूँ। तेजवंती, ये तेरे जने हुए हैं। संभाल सकती है तो संभाल ले। अगर मुझे गृहस्थ का चाव होता, मैं दूसरी शादी कर लेता। **(रोना रोकता)** बीस बरस गुज़र गए, कांता मरी को। तब से मैं तेरी गुलामी कर रहा हूँ। आप तो मैं दो फुल्कों से ज़्यादा नहीं खाता। तेरे जनों के लिए ही पिस रहा हूँ। दिन रात। ये सब उलटे पैर उठाए फिरते हैं। एक दिन दुखी होकर, मैं ने दीक्षा ले ली, तो मुझे दोष मत देना।

जिन्नी : मैं ने तीन सौ क्या करने थे?

गेंदा : दूसरा दुकान के अंदर घुसता कौन है?

तेजी : अच्छा, शांती करो। रात भी पूरी आँखों में काटी। जिन्नी, नीना को कह, कपड़े किताबें, ट्रंक में डाल। (**जिन्नी जाता है**) मैं प्यार से पूछूँगी, रुपयों के बारे में। नीना को देखूँ। (**जाती है**)

गेंदा : मान गई?

प्रेमजीत : मनाया तो है। सवेरे आएँगी दोनों आर्यिका हमारे घर?

गेंदा : नित्य नियम आएँगी। इसके साथ बैठ कर पूजा करेंगी। मंदिर जाने का बहाना नहीं चलने देना। देखना, रौशन अली की चिट्ठियाँ न पहुँचाए इसको, महँगे की भौजाई।

प्रेमजीत : मैं आपको यह भी बताने आई हूँ। महँगा राम की बिरादरी से झगड़ा न बढ़ायो। राधी को नौकरी से मत निकालो।

गेंदा : तू अपना काम कर। हमें पता है जो हम ने करना है। लाखों ख़र्च करके, जैन समाज ने कॉलेज खोला है। कंजरख़ाना नहीं खोला।— और, हाँ। कोई मैंबर नहीं मान रहा। मैं ने कोशिश बहुत की। सभी कहते हैं : प्रिंसीपल का जैन होना ज़रूरी है।

प्रेमजीत : बेइन्साफी है मेरे साथ। सरासर। इतना कुछ किया मैंने आप के लिए। (**रोती**)

गेंदा : मैं अकेला नहीं चला रहा कालेज।

प्रेमजीत : चौकीदार ने ब्लैक बोर्ड दिखाए आज। अर्चना की सहेलियों ने, अश्लील कार्टूनों से भरे हुए थे। मेरे बारे में लिखा था—(**रोना नहीं रुकता**)

गेंदा : क्या लिखा था?

प्रेमजीत : मिसिज़ गेंदा मल जैन।

गेंदा : अर्चना की माँ का ख़सम शरारत से बाज़ नहीं आया। खार खाता है मेरे से। महँगे भंगी को हड़ताल के लिए उकसाता रहा। छापा भी हमारे यहाँ उसी फनियर ने मरवाया। प्रधानगी छिन गई। बदले निकाल रहा है। मुश्किल से क़ाबू में आया है। हिसाब चुकता करके छोड़ूँगा।

प्रेमजीत : प्लीज!। मत बढ़ाओ झगड़ा। महँगे की भौजाई को डिसमिस किया, तो ये लोग गलियों में नारे लगाते घूमेंगे। आपके साथ मुझे भी बदनाम करेंगे। अख़बारों में छप जाएगा।

गेंदा : यह स्कीम घड़ी है महँगे ने?

प्रेमजीत : मेरी बदनामी रोको। मैं शादी कराना चाहती हूँ।

गेंदा : महँगे जैसा मक्कार भी नहीं जन्मेगा जगत के अंदर। सीधी तरह

तो यह क़ौम हमारा कुछ बिगाड़ नहीं सकती। अंदर से डंक चलाती है। ··देखना, महँगे को नीना से नहीं मिलने देना। मैं ताड़ गया हूँ। रौशन अली और महँगा घुसर मुसर करते रहते हैं। दोनों ने मिलकर लड़की को कुरास्ते डाला है। यह बछेरी अभी बड़े रंग दिखाएगी। वृष लग्न है। काम की भूखी है। एक मर्द से गुजारा नहीं होता इस राशी वाली का।

प्रेमजीत : नीना!

गेंदा : तन्ख़ाह तुझे पूरी देने के लिए मान गए हैं सारे।

(नीना, जिन्नी, तेजवंती आते हैं)

प्रेमजीत : थैंक यू।

नीना : चलो।

जिन्नी : रिक्शा लाऊँ?

नीना : गेहूँ मंडी से ले लेंगे। **(जाते हैं)**

गेंदा : परदे से पूछना।

तेजी : पुचकार कर।

गेंदा : अगर प्रेगनैंट है, झट मुझे ख़बर कर। आश्रम ले चलें। ज्ञानमती रखवाए इससे—मरण व्रत!

(अँधेरा)

दृश्य 10

(कॉलेज का हॉल। गेंदामल प्रधान की कुर्सी पर)

प्रेमजीत : संगीता और उसके गुरु जी, मेरी आवाज़ सुन रहे हों, तो स्टेज के नज़दीक आ जाएँ।—नीना एक गीत पेश करेगी। महावीर जयंती के शुभ अवसर पर, मैं अपनी तरफ से, और आप सबकी तरफ से, नीना की वीरता के लिए, उसको बधाई देती हूँ। आर्यिका शीला जी की प्रेरणा से, नीना ने महान बलिदान का फैसला किया है। आज ग्यारह बजे की गाड़ी से, नीना आश्रम जा रही है। गृहस्थ त्याग रही है। साध्वी बनेगी। बोलो, आर्यिका नीना जैन जी—

आवाज़ें : अमर रहें!

प्रेमजीत : महान आत्मा नीना जी का गीत।

नीना : यूँ हमेशा उलझती रही है ज़ुल्म से ख़लक़
न उनकी रसम नई है, न अपनी रीत नई।
यूँ ही हमेशा खिलाए हैं हम ने आग में फूल
न उनकी हार नई है, न अपनी जीत नई।

गीत

सती चंदन बाला की पुकार—

मैं दुखियारी,
जीवन युद्ध हारी,
मुझे पास बुलावो।
मैं अबला नारी,
ज़ुल्म की मारी,
मुझे दास बनावो।

तू अति वीर,
तू महावीर,
मुझे वीर बनावो।

किया अजगर दमन,
मस्त हाथी दमन,
संगम से छुड़ावो।

मेरे बबर शेर,
अब करो नहीं देर,
बंदी को बचावो।

मैं अबला नारी, ज़ुल्म की मारी, मुझे दास बनावो।
मैं दुखियारी, जीवन युद्ध हारी, मुझे पास बुलावो।।

(आँसू रोकने की बेहद कोशिश करती हुई नीना जाती है)

प्रेमजीत : नीना जैन।

आवाज़ें : अमर रहे।

प्रेमजीत : संगीता और गुरु जी मंच पर आने की कृपा करें। अब प्रधान जी आशीर्वाद के शब्द बोलेंगे। इन्होंने ग्यारह बजे की ट्रेन पकड़नी है। इनके जाने के बाद, फंक्शन चलता रहेगा। संगीता और गुरु जी कत्थक नाच में कृष्ण और राधा की रास लीला दिखाएँगे। मान्यवर गेंदा मल जी।

गेंदा : भगवान महावीर की—

आवाज़ें : जय!

गेंदा : प्यारी बच्चियो! साधुनी बनना, साधु बनना, हर एक के भाग्य में नहीं होता। मेरा प्रणाम उन पवित्र आत्माओं को, जो छोटी उम्र में ही, अपना जीवन महावीर के हवाले कर देती हैं। बड़ा कठिन है साधु मार्ग। सुख त्यागने पड़ते हैं। अभिमान छोड़ना पड़ता है। शरीर को भूलना पड़ता है। जैन ऋषि मुनि कभी हार शृंगार नहीं करते। साल में दो बार देह के बाल हाथों से उखाड़ते हैं। कितने मनुष्य हैं दुनिया के अंदर जो यह दर्द मुस्कराते हुए सहार सकते हैं? हमारे धर्मग्रंथ काम की आग भुजाने का बार-बार आदेश देते हैं :—

सुरग्गी डहदी दिवा रत्तिं च दिवा य डहइ कामग्गी।
सूरस्स अत्थि उच्छागारो कामग्गिणो णत्थि।।

अर्थात् : सूर्य की आग सिर्फ दिन के वक़्त जलाती है। परन्तु कामवासना हमें दिन रात, दोनों वक़्त, जलाती है। सूर्य की तपिश

से बचने के ढंग तो हैं। मगर काम की तपिश से बचने का कोई ढंग नहीं।"··इसलिए, बच्चियो, वर्द्धमान जी ने ब्रह्मचर्य को बहुत ऊँचा स्थान दिया है। शील ही कन्या का असली गहना है। इंद्रियों का दमन ही निर्वाण प्राप्त करने का एकम एक तरीक़ा है।—आज मैं भी एक कसम लेता हूँ। अपनी भतीजी नीना के आदर्श पर चलता हुआ, मैं भी इस पापों भरी देह का मोह छोड़ता हूँ। गृहस्थ की ज़िम्मेदारियाँ पूरी करते ही, मैं अन्न जल त्याग दूँगा। पंडित मृत्यु प्राप्त करूँगा। **(तालियाँ)**

प्रेमजीत : मुनि गेंदामल जैन—

आवाज़ें : अमर रहें!

प्रेमजीत : आर्यिका नीना जैन जी—

आवाज़ें : अमर रहे!

(अँधेरा)

दृश्य 11

(नीना का कमरा। रोती हुई नीना कपड़े किताबें झोले में डाल रही है)

गेंदा : ज़्यादा कपड़े क्या करने हैं? गौने नहीं चली। आश्रम जाना है।

जिन्नी : स्टेशन तक मैं भी चलूँ?

गेंदा : नहीं। दुकान संभाल।

तेजी : रोटी डाली है मैं ने तवे पर। आप खाओ।

गेंदा : गाड़ी में खा लेंगे। डिब्बे में डाल दे।

तेजी : नीना, तू खा ले।

गेंदा : रोटी का टाइम नहीं। जिन्नी, रिकशे वाले को आवाज़ मार।

जिन्नी : हरिया खड़ा है मसजिद के पास।

गेंदा : नीना, फुरती कर। उतर नीचे।

(तीनों जाते हैं। नीना चार्ट, पैनसिलें, रंग संभालती हुई ऊँचे ऊँचे रो पड़ती है। पीछे, आधे अँधेरे में खड़े संगीता, रौशन अली और महँगा ललकारते हैं)

संगीता : जैन धर्म का मतलब बुज़दिल बनना नहीं।

रौशन : आदमी अपने यत्नों से ख़ुदा बन सकता है।

महँगा : स्वर्ग और नरक किस भड़ुए ने देखे हैं?

संगीता : हिंसा के आगे घुटने टेकना पाप है।

रौशन : तू महान कलाकार बन सकती है।

महँगा : अभी से मैं श्मशान क्यों जाऊँ?

रौशन : मैं तेरी हर सेवा करूँगा।

महँगा : जो अपनी देह को हर समय सताए, उसने धर्म ख़ाक कमाना है?

संगीता : माँ, बाप, भाई—कोई भी वर्द्धमान को मन की मौज करने से नहीं रोक सका।

रौशन : तेरी कल्पना शक्ति कमाल है।

महँगा : पाप साला खाने पीने में ही घुसड़ा बैठा है?

संगीता : मैं पच्चीसवाँ तीर्थंकर बन सकती हूँ।

(अचानक एक लिफाफा हाथ लगता है। फाड़कर पढ़ती है। दूर से आवाज़ें)

जिन्नी : मम्मी, गहनों वाली संदूकड़ी कहाँ है?

गेंदा : अलमारी के अंदर नहीं?

तेजी : कुंडी टूटी पड़ी है?

जिन्नी : गल्ले की रक़्म भी ग़ायब है।

गेंदा : संगीता कहाँ है?

तेजी : नीना!!!

जिन्नी : क्या हुआ?

गेंदा : नीना, सवेरे संगीता मिली थी तुझे?

(तीनों अंदर आते हैं। नीना चिट्ठी पढ़कर पागलों की तरह हँसती और रोती है)

तेजी : तुलसी वाला गमला भी खोदा पड़ा है।

जिन्नी : कपड़ा भी अलमारी में कोई नहीं।

नीना : पकड़, ताऊ। पढ़ ले।

गेंदा : भाग गई?

तेजी : गमला खाली है।

गेंदा : पाँचों बिसकुट डेढ़ लाख के थे।

जिन्नी : क्या लिखा है?

तेजी : सुना पढ़कर।

गेंदा : गुरु कुत्ते की करतूत है।

जिन्नी : डाँस करने भेजती रही। ताऊ जी से चोरी।

नीना : "मेरी प्यारी मम्मी! मैं घर छोड़ सकती हूँ। कत्थक नहीं छोड़ सकती।"—सुन, ताऊ।—**(संगीता एक तरफ खड़ी चिट्ठी के शब्द बोल रही है)** "मैं देव दानव गेंदामल के आगे नहीं झुकूँगी। ··मैं नीना नहीं।··जो मेरे दाएँ गाल पर चपेड़ मारेगा, मैं फटाक! उसके दाएँ गाल पर चपेड़ मारूँगी। नीना साधनी बनकर, आश्रम के अंदर ज़िंदी दफन हो जाए। लेकिन संगीता को "लाला गंदा मैला" ज़िंदी दफन नहीं कर सकता।··मैं अपने हिस्से का पैसा ले जा रही हूँ। मुझे ज़रूरत है। मुझे ढूँढ़ने की तकलीफ मत उठाना। जब तक 'गंदा मैला' जीवित है, मैं इस जेल के अंदर पैर नहीं डालूँगी। हाँ, उम्मीद है, जल्दी ही तुम लोग, घर बैठे, मेरे दर्शन कर सकोगे।

टैलिवियन पर। फिल्मों में।··जिन्नी और नीना को मेरा प्यार—और हमदर्दी! मम्मी, तेरा प्यार मुझे दिन रात ताक़त देगा।—हाँ, मैं रो रही हूँ। इतना आसान नहीं है माँ और भाई और बहन से बिछुड़ना। काश पापा ज़िंदा होते! शायद वे हमें ताऊ से अलग करने का हौसला जुटा सकते।··जब कभी वे मुझे स्वर्ग के अंदर टकरे··मैं गर्व से बताऊँगीः 'पापा, जिस पशु ने आपको पूरी उम्र पंजों के नीचे दबाए रखा, मैं ने एक ही झटके से परे पटक दिया।'—मम्मी, मुझे माफ करना। मैं तेरा साथ नहीं दे सकी। तू भी मेरी तरह अकेली है। नीना की तरह अकेली है। दिल सख़्त रखना। तेरी··संगीता।''—पकड़! (गेंदा मल को चिट्ठी देती है)

जिन्नी : रात की ही नहीं देखी।

गेंदा : टैलीफोन मिला, दिल्ली। तेजी, अब रोने का क्या फायदा? अपने भाई को कह। स्टेशन पर पकड़े। बंबई वाली ट्रेन चढ़ना चाहते हैं। नीना और मैं पहुँच रहे हैं। दिल्ली में से होकर चले जाएँगे, राजस्थान। नीना, उतर नीचे। बैग उठा।

(वक़्फा। पीछे खड़े तीनों ललकारते हैं)

संगीता : ज़ंजीर तोड़ फेंक।

रौशन : अपनी कला बचा।

महँगा : बहन और बुआ का बदला निकाल।

संगीता : उम्र जितनी लंबी जेल—ढहा दे।

रौशन : कलाकार कभी मरता नहीं।

महँगा : पाखंडी का मुखौटा उतार फेंक।

संगीता : अगर आज मौक़ा हाथ से छिन गया, दोबारा कभी नहीं मिलेगा।

रौशन : मेरी मुहब्बत क़बूल कर।

महँगा : शेर की बच्ची लोमड़ से क्यों डरे?

(नीना लंबा साँस लेती है। अचानक दुर्गा बन जाती है)

नीना : सुन ओए ज़ालिम! आज से, मैं तेरा जुल्म नहीं सहूँगी। अजगर, मैं तेरा फण एड़ियों तले कुचलूँगी। बड़ा बनता है अहिंसा का पैग़ंबर! ब्रह्मचारी बना फिरता है! त्यागी बना फिरता है!··तेरे से बड़ा पाखंडी नहीं होगा दुनिया में। लगा रहे महावीर का नाम बदनाम करने। हर वक़्त पैसे की रट। हर वक़्त सोने के सपने। हर पल स्टॉक्स ऐंड शेयर्ज़। हर घड़ी लूट घसूट।··और शेख़ी? शेख़ी त्याग की! डींगें 'परिग्रहण' की!··तेरी जगह महावीर ने त्याग कर दिया। अब तू, सदियों तक, समेटे जा धरती का धन! लक्ष्मी के गुलाम,

बलि चढ़ाए जा सब को माया के मंदिर में। तूने क़त्ल किया मेरा पिता। सोने की स्मगलिंग में फँसा कर। बुज़दिल बेचारा। निर्बल। तेरे लोभ ने तस्करों के शिकंजे में कुचल डाला। तू ने हमें यतीम बनाया है। अपनी हवस के लिए। नीना के शील का रखवाला! संगीता के चलन का रखवाला! लुच्चा, टीचरों को पक्की नौकरी का लालच देकर, ख़्वार करता है। कंजर इकट्ठे हुए हैं। कॉलेज खोलते हैं 'कन्याओं' के वास्ते! कामुक कीड़े। धर्म की आड़ में। हरामी! अब समझी मैं, मेरी बुआ पर कैसी गुज़री होगी। उसकी मरज़ी के ख़िलाफ तूने उसे साध्वी बना दिया। हिंसक दरिंदे! हत्यारे! जैन धर्म को बदनाम कर रहे हैं। मेरी बहन को घर से निकाल दिया। बहुत कुरबानियाँ दे चुकीं, हम हिंदुस्तान की चंदन बालाएँ। मेरी बलि नहीं दे सकता तू। मैं कहीं नहीं जाऊँगी। यहीं रहूँगी। कर ले जो करना हो।

गेंदा : पागल हो गई। तेजी, रस्सी पकड़ा। जिन्नी, भाग। डाक्टरनी बुला, सत्यवती। कहना, टीका लगा। बेहोश कर। सलाह कर रखी है मैंने उसके साथ। बांध कर फेंको गाड़ी के अंदर। नहीं तो, पागलख़ाने बंद करते हैं। दौड़, मेरा लाल। इंजैक्शन लगाओ।

(नीना भाग कर रसोई को जाती है)

तेजी : जिन्नी के पापा! आकर देख मेरी हालत।

गेंदा : एक तो उड़ गई। दूसरी के पंख काटो।

(नीना चाकू लाती है)

जिन्नी : चाकू!!!

तेजी : मैं मर गई।

नीना : जिन्नी, बाहर पैर मत रखना। वरना, छुरी आर पार!

गेंदा : बेटा, छुरी छीन। नीचे गिरा ले। तेजी, हो आगे।

नीना : संगम देव, चीरूं तेरी तोंद?

गेंदा : पीछे हट!

नीना : भेड़िए! काटूँ तेरा गला?

जिन्नी : छुरी पकड़ा दे।

तेजी : हाय भगवान!

नीना : कीड़े, उठ। बैठ आराम से। तुझ मच्छर को मसल कर, मैं अनमोल जीवन, जेल के अंदर क्यों ग़रक करूँ?

गेंदा : पागल है! बुला डॉक्टर। ताला ठोको।

नीना : **(शांत)** पागल? आज जैसा साफ दिमाग़ तो मेरा ज़िंदगी भर में

नहीं हुआ। आज सच्चा ज्ञान प्राप्त हुआ है मुझे। मम्मी, आज से कुत्ते संग हमारा साझा नहीं। संगीता ले गई अपना हिस्सा। मेरा हिस्सा पकड़ा दो मुझे। मकान का हिस्सा। दुकान का हिस्सा। शीश महल वाली दुकान मुझे खाली कराके दो। मैं दुकान चलाऊँगी। जो मरज़ी हो, करूँगी। जो मरज़ी हो, बनाऊँगी, बेचूँगी। जिस के साथ मेरा मन चाहेगा, ब्याह करूँगी। यह रुद्रदेव मेरा कुछ नहीं लगता।

(रौशन अली आता है)

गेंदा : खेल है क्या? बिरादरी मर गई? शहर मर गया?

रौशन : नीना, ख़ैरियत है? मैं ने चीखें सुनीं थी।

गेंदा : पागलख़ाने फेंकूँगा। हवालात भेजूँगा! तुझे और तेरे दल्ले को।

नीना : आ, यह भी करके देख ले। बिरादरी मेरी भी है। मैं अभी शोर मचाती हुई घूम जाऊँगी। डब्बी बाज़ार। गेहूँ मंडी। पहाड़ी दरवाज़े! मैं चिल्लाऊँगी : गुंडा गेंदा मल मुझे बेचने ले जा रहा है! मेरे बदले रक़म बटोर रहा है!

रौशन : मुझे बता, नीना। मैं तेरे साथ हूँ। चाहे कुछ हो जाए।

गेंदा : जा, भौंक। यक़ीन कौन करेगा? तेरा झूठी का?

नीना : झूठ? झूठ कैसा इस में? तेरे हाथ ही गंदे हैं। ताऊ बना फिरे! बाप बनता है! बहाने से छूता रहा है, बचपन से। थूह! हर लड़की को कानी आँख से देखता है। जूतों वाले मनिए की तरह।

तेजी : शरम कर कुछ।

गेंदा : तेरी मौत बुला रही है तुझे।

रौशन : लाला, होश ठिकाने कर।

गेंदा : आ रही है डॉक्टर। बिजली लगवाते हैं। खोपड़ी खोल देंगे।

नीना : आ, लगा हाथ। पकड़ मेरी बाँह। अभी मैं कॉलेज की लड़कियाँ इकट्‌ठी कर लूँगी। जुलूस निकालूँगी। महँगा राम और उसकी भौजाई राधी मेरे साथ होंगे। जुलूस के अगुआ। मैं बताऊँगी दुनिया को : ''गंदे मैले ने रात को मेरी बाँह पकड़ी। मेरे कपड़े फाड़े। मैं ने थप्पड़ मारा। अब मुझे पागल बना रहा है। साधनी बना रहा है। मरण व्रत पर बैठा रहा है। संगीता इसकी हवस से डरती भाग गई। मैं फँस गई।''—आ, पकड़ मेरी बाँह। अगर न तेरी मस्त हाथी की हड्डी से हड्डी खड़काई तो मेरा नाम भी नीना महावीर नहीं।

गेंदा : बिजली का एक ही झटका पूरा पागलपन भगा देगा।

नीना : पागल? पागल तो पागल सही। पागल को ख़ून माफ होता है। पागल को फाँसी कैसी?

तेजी : हाय मैं मर गई।

जिन्नी : छुरी रख दे।

रौशन : नीना, नहीं। क़त्ल नहीं करना।

नीना : रौशन, तू हट जा परे। **(गेंदा मल की छाती पर चढ़ कर)** करूँ ख़त्म?

तेजी : माफी माँग लो। झट माफी माँग लो। नीना, दया कर। मैं हाथ जोड़ती हूँ। रहम कर। जो बाँटना है, बाँट ले। मैं तेरे साथ हूँ। हम माँ बेटी अलग रहेंगे। क़त्ल मत कर।—भूलें बख़्शा लो।

गेंदा : बेटा, मेरी जान बख़्श दे।

(वक़्फा)

नीना : सौगंध खा, महावीर की। ज़िंदगी भर तू नीना के नज़दीक नहीं आएगा।

गेंदा : भगवान क़सम, नहीं आता।

नीना : **(खड़ी होकर)** लगा मेरे पाँव हाथ··पैर छू। वरना आया छुरा।··बोल, नीना महावीर, मुझे क्षमा कर।

गेंदा : **(पैर छू कर)** नीना, माफ कर दे।

नीना : सही बोल—नीना 'महावीर'···

गेंदा : नीना महावीर, मेरी जान बख़्श दे।

नीना : जा, कामी कीड़े। नीना महावीर तुझे क्षमा करती है! संगम शैतान, निकल मेरे कमरे से। भाग। **(गेंदामल दौड़ जाता है)** ख़बरदार! आज से वर्द्धमान महावीर की किसी उपासिका को कायर नहीं कहना!

रौशन : शाबाश, नीना!

नीना : नीना महावीर!!!

रौशन : **(झुककर सलाम करता है)** ज़रूर! नीना महावीर!!!

(अँधेरा)

(परदा)

—समाप्त—

(पहला प्रालेख : दिसम्बर, 1983)

18

मंगू और बिक्कर

समर्पण

गाँव चित्तों वाले मास्टर करम चंद जी

को

जिन्होंने 21.6.1980 को दस मिनटी मुलाकात के दौरान

मुझे दो शाहकार नाटक दिए

लेखक-निर्देशक की तरफ़ से

'मंगू और बिक्कर' मेरा अठारहवाँ नाटक है जो मैं मंच पर लाया हूँ। इसके मुख्य पात्र पच्चहत्तर और नव्वे साल के हैं। क्या यह मेरे सियाना हो जाने का सबूत है?

सरसरी नज़र से देखने पर, यह नाटक बूढ़े माँ-बाप तथा जवान बेटी-बेटों के बारे में दिखेगा। पर इस विषय के साथ मैं ने और कई ज़रूरी थीम मिलाने की कोशिश की है।

एक इन्सान की दूसरे इन्सान की तरफ ज़िम्मेदारी, शहरों की देहात की तरफ ज़िम्मेदारी—'मंगू और बिक्कर' बंदे की ज़िंदगी के बंधनों के साथ जूझने की कोशिश करता है।

पच्चहत्तर बरसों के रिटाइर्ड मास्टर मंगू राम की शिक्षा अभी अधूरी है। टूटी हुई टाँग ने उसे झकझोर डाला है। मंगू ज़िंदगी भर की नींद से जाग रहा है। ज़िंदगी-मौत, शरीर-आत्मा, क़िस्मत-कोशिश, आज़ादी-बंधन, अपने-पराए, जैसे मुश्किल लफ़्ज़ों के सही मानों की तरफ बढ़ रहा है।

क्या शहर-निवासी सोहन लाल और ओम प्रकाश ने देहाती मंगू राम और बिक्रम चंद से ज़्यादा तरक्की की है? क्या अमरीकन पीऐच.डी. प्रोफेसर ओम प्रकाश के पास अनपढ़ पहलवान निशान सिंह से अधिक ज्ञान है? ज़्यादा सुख है?—सच्चा ज्ञान क्या होता है? सच्चा सुख किसे कहते हैं?

उम्मीद है, 'मंगू और बिक्कर' इन सवालों को आप तक पहुँचाने में कामयाब होगा। और आप अपने आप को, ओस पड़ोस को, थोड़ा हट कर, देख सकेंगे।

इला अपार्टमेंट्स (ए-104)
7-बी, वसुंधरा ऐनक्लेव,
नई दिल्ली-110096

चरणदास सिद्धू

पहला मंचन

'मंगू और बिक्कर' पहली बार 7 फरवरी, 1990 को पंजाबी अकादमी, दिल्ली के नाटक मेले में श्रीराम सैंटर में खेला गया। कॉलेजिएट ड्रामा सोसाइटी के कलाकार थे :

मंगूराम	:	राजकुमार साहनी / राजीव कुमार
बिक्कर	:	रवि तनेजा
रवेल सिंह	:	दरशण प्रीत सिंह मंकू / ईश प्रीत सिंह लांबा
गुरप्रीत कौर	:	प्रमिला सिद्धू साहनी / सीमा तनेजा
निशान सिंह	:	सतीश भल्ला
रक्षा	:	वीणा सिद्धू तनेजा
रामआसरा	:	यशपाल तनेजा / महेश शर्मा
सोहन लाल	:	गुरदीप सेहरा
कमलेश	:	ज्ञान कौर सिद्धू
ओम प्रकाश	:	विनोद तनेजा
सलोनी	:	सलोनी सिद्धू तनेजा

परदे के पीछे

संगीत	:	नूपर और रबिंद्र माथुर
रौशनी	:	पंकजा सिद्धू
सैट्ट	:	राजकुमार और प्रमिला साहनी
मेकअप	:	राजकुमार और रवि
कपड़े	:	ज्ञान कौर सिद्धू
सहायक निर्देशिका	:	वीणा सिद्धू तनेजा
निर्देशक	:	डॉ. चरणदास सिद्धू

पात्र

मास्टर मंगूराम अवस्थी	:	उम्र 75 बरस
बिक्कर	:	उसका चाचा, 90
सोहनलाल	:	उसका बेटा, 45
कमलेश	:	उसकी बहू, 43
डॉ. ओम प्रकाश	:	उसका बेटा, 38
रक्षा	:	उसकी बेटी, 35
राम आसरा	:	उसका जमाई, 38
निशान सिंह	:	उसका पड़ोसी, 76
रवेल सिंह	:	उसका शागिरद, 14
गुरप्रीत कौर	:	मास्टरनी, 32
सलोनी	:	गुरप्रीत की बेटी, 3

× × ×

समय : **आजकल**

स्थान : गाँव से बाहर मंगू राम की तरबूज़ों और ख़रबूज़ों की बेलें। झोंपड़ी। दो खाट, मूढ़ा। कुइयाँ, ढेंकली। पेड़

शीशम, शहतूत, नीम। कटे पेड़ का सूखा तना।

× × ×

अंक 1

(सवेरा। झुटपुटा। बिक्कर हुक्के की चिलम भरता है। मंगू लेटा हुआ है। दूर गुरुद्वारे से आवाज़ : "चंगआइयाँ बुरेआइयाँ वाचै धर्म हदूर। करमी आपो आपणी के नेड़े के दूर।।")

बिक्कर : मंगू!··मंगू राम!··जाग, भई। उठ कर बैठ। अमृत वेला है। राम का नाम जप।··हे प्रभु, कृपा कर। कृष्ण मुरार, सुख वरताना।··मंगू!··बोलता नहीं?··दर्द रुकी नहीं?··हवा कितनी सुंदर चल रही है! मुर्दों में जान डाल रही है।··संक्रांति नहीं आज?··जेठ की।··पाठ जो हो रहा है। गुरुद्वारे में।··बैसाखी को महीना हो गया?··एकादशी भी होगी आज। जवानी में मैं एकादशी का व्रत कभी नहीं भूला था। अब तो हिम्मत नहीं रही।··मंगू! चाय का घूँट मिल जाता अगर··

मंगू : चाय मैं कहाँ से दूँ तुझे? **(उठकर बैठता है)** हाय माँ! ले ले!

बिक्कर : दर्द रुकी नहीं?

मंगू : यों ही रुक जाएगी दर्द?

बिक्कर : दूसरा दिन हो गया। निशान सिंह ने मालिश की इतनी। घट जाना चाहिए था दर्द को। मैं मलूँ?

मंगू : तू अपने आप को संभाल ले तो थोड़ा है? मलेगा तू मेरी टाँग को! रत्ती भर नींद नहीं आई पूरी रात। आँखें फट गई उन्निद्र की।

बिक्कर : यह तो बुरी हुई। हड्डी न टूटी गई हो?

मंगू : आग की तरह जल रही है टाँग।

बिक्कर : हिम्मत रख, बेटा। ठीक हो जाएगी।

मंगू : नहीं ठीक होती साली न हो। चिता के अंदर जाकर ठीक हो जाएगी।

बिक्कर : शुभ बोल। देवी देवताओं की वेला है। ग्रह था। टल गया। मेरें से पहले चल देगा तू चिता में?

मंगू : तुझ से पहले? तेरा क्या भरोसा? यमराज भी डरता है तेरे से। सब को मार कर मरेगा तू।

बिक्कर : जिस दिन आ लगी, मंगू राम, उस दिन क्या पूछेगी मौत किसी को? ...हवा का आनंद है बेलों में। सारी रात स्वर्ग रहा। गाँव में रहते तो मुश्किल था, गर्मी में। हिम्मत की तूने। छकड़े पर बैठकर आ गए यहाँ। अच्छा हुआ।

मंगू : हाय, मर गया।

बिक्कर : मरने की भाषा मत निकाल, भई। अभी तेरी उम्र क्या है? पंद्रह सोलह बरस का था मैं, जब तेरा जन्म हुआ। सरपंच के बेटे रवेल जितना था मैं। असूज-कार्तिक का जन्म है तेरा। ले भई, उस साल मैं और रेलू राम ने बड़े श्राद्ध खाए। खीर खा खा कर उक्ता गए हम।

मंगू : सौ को तू पहुँचने वाला है। मैं जवान ही रहूँगा अब तक?

बिक्कर : सौ नहीं, भई। नब्बे साल के लगभग हुआ हूँ अभी मैं।

मंगू : लहू पी लिया तूने मेरा। यम बनकर पीछे पड़ा हुआ है तू मेरे।

बिक्कर : भला, छत पर खाट चढ़ाने को तुझे मैं ने कहा था? आप ही तू धींगा ज़ोरी ले गया छत पर। बल्कि मुझे भी सीढ़ी चढ़ते उतारते हुए दुखी किया।

मंगू : हाँ! मैं ही बेवकूफ हुआ, जिसने तरस किया। नीचे हुमस में तुझे उबलने नहीं दिया। हवा हारे सुला रहा था मैं तुझ यमदूत को। टाँग तुड़ा ली। तेरी अरथी चढ़ाते उतारते हुए।

बिक्कर : **(गुस्से)** हड़बड़ी तू ने आप मचाई। मैं ने कहा था तुझे, उछल कूद कर? मैं मना भी करता रहा—"ओए, मंगू राम, यह बादल बरसने वाला नहीं। किणमिण किणमिण करके उड़ जाएगा यह। पलों छिनों में। दक्षिण चल रहा है।"—तू? ढीठ। कुत्ते की पूँछ। नहीं रुका। अब मेरे सिर दोष मढ़ रहा है, टाँग टूटने का।

मंगू : आफत, ख्वारी, ससुरी। देख तो, कितने युगों का बैठा है तू। बापू मरे को भी तीस बरस हो गए। तू घोड़ा, वैसे का वैसा।

बिक्कर : मेरा कोई बस चलता है? मैं तो रोज़ प्रार्थना करता हूँ परमात्मा के आगे। प्रभु, अब बुला ले मुझे ऊपर। वह नहीं बुलाता।

मंगू : मैं, न जाने, कौन से पापों का फल भोग रहा हूँ। चट्टी भर रहा हूँ। क्या ज़रूरत पड़ी है मुझे दुखी होने की, यहाँ गाँव में, तेरे साथ? बता। यह उम्र है कोई मेरी अकेले रहने की? एक तू न होता अगर, मैं कब का चला गया होता कानपुर। सोहन लाल के

पास। छोटा, ओम प्रकाश, जब तीन साल पहले निकला इधर से, ज़ोर लगा रहा था—पिता जी, मेरे साथ दिल्ली चलो !—लड़की है, रक्षा, वह रोज़ संदेशे भेजती है—शहर में आकर रह, हमारे साथ। होशियारपुर। पकी पकाई खा।—और मैं? मूर्ख! आप हाथ जलाता हूँ। अगर मैं अउत प्रेत होता, तेरे जैसा, तो भी कहता, भई मेरा है नहीं कोई। चलो, सब्र करके, हाड़ घिसटता रहता, गाँव में। मगर मेरे तो हैं। बेटे बेटियों वाला होते हुए, आवारा कुत्ते की तरह, मैं दर-दर का भिखारी बना घूम रहा हूँ। सिर्फ तेरे कारण! पंद्रह साल हो गए मुझे रिटायर हुए। अगर तू मर चुका होता, मैं ने एक दिन नहीं था टिकना गाँव में। पोते पोतियों के पास बसता, कानपुर या दिल्ली।

बिक्कर : मैं करूँ तो क्या करूँ? उठ, धक्का दे। मुझे कुइयाँ में गिरा दे।

मंगू : मैं धक्के क्यों दूँ तुझे? आप ही मार दे छलाँग। मेरे सिर चढ़कर क्यों मरता है?

बिक्कर : धर्म से, मंगू राम। कसम है मुझे। मेरी हिम्मत नहीं पड़ती। हौसला नहीं होता, कुइयाँ में छलाँग मारने का। चारा नहीं मेरा अब जीने का। क्या बिगड़ जाएगा उसका अगर वह स्वास खींच ले इन टेढ़े मेढ़े हाड़ में से। **(रोता)** मैं क्या करूँ, कृष्ण मुरार, मैं क्या करूँ?

मंगू : चाचा! रोने क्यों लग पड़ा? है देख। नन्हा मुन्ना बन रहा है! चुप कर!

बिक्कर : **(मंगू की खाट के पास आकर)** मंगू राम, मुझे चुप-चाप ज़हर दे देना, खीर में डालकर। पर मुझे बताना मत। सोया हुआ मर जाऊँ। देख कर, मैं दर्द नहीं सह सकूँगा। दिल मेरा कोमल है। और जीने का धर्म नहीं है मेरा। आफरीन तुम्हारे, बेटा। इतने बरस तू ने मुझे बैठे हुए को रोटी खिलाई। सगे पुत्र भी इतनी सेवा नहीं कर सकते। **(हाथ जोड़कर)** माफ कर दे, बेटा। मेरा बस नहीं। मैं कहाँ चला जाऊँ? भगवान, मेरी मुक्ति कर।

मंगू : ओए, बंद कर रोना। नया जन्मा बच्चा हो जैसे। पहले ही टीस पड़ रही है मेरे।

बिक्कर : बहुत दर्द हो रही है? दिखा तो।

मंगू : हट! हाथ मत लगा।

बिक्कर : हड्डी टूट गई होगी।

मंगू : ठीक होने वाली नहीं लगती टाँग। महीनों पर पड़ गई बात।

बिक्कर : तेरी जगह, मुरारी मेरी हड्डी तोड़ देता।

मंगू : ओए बुड्ढे, क्यों मेरा बुरा चाह रहा है?

बिक्कर : तेरा बुरा? बुरा तो मैं अपना चाह रहा हूँ।

मंगू : अगर तेरी हड्डी टूट जाती, तकलीफ तू ने झेलनी थी कि मैंने? हगना मूतना करवाता मैं तेरा दिन रात। दो बुड्ढे शरीरों का भार ढोता।

बिक्कर : यह तो सही कह रहा है तू।

मंगू : अच्छा, बैठ उधर। चाय का सोचूँ मैं कुछ। गऊ ससुरी ने भी सूखना था तो हमारी क़िस्मत को आज कल।

बिक्कर : आषाढ़ ज्येष्ठ में दूध की तंगी हुआ ही करती है।

मंगू : **(उठने लगा, गिर पड़ता है)** हाय माँ! मर गया!

बिक्कर : तू मत उठ। मैं जाता हूँ, गाँव। जैसे कैसे। बनवा कर लाता हूँ चाय, किसी के घर से। साथ में दो मोटी रोटियाँ सेंकवा लाऊँगा।

मंगू : तू बना चुका चाय और परांठे। परे मर, खटिया पर।—वो कौन आ रहा है?

बिक्कर : पगडंडी? छात्र होगा, स्कूल को जा रहा।

मंगू : रवेल सिंह लगता है।

बिक्कर : सरपंच का बेटा?

मंगू : उसके पास भेजते हैं संदेशा, पछौरी हलवाई को—कि चाय के दो गिलास बना कर पकड़ा जाए।

बिक्कर : मैं भूख नहीं झेल सकता।

मंगू : भूखों की गठरी है तू। और है क्या तू? कुछ करने लायक थोड़ी हो। कमाने लायक थोड़ी हो। खा लिया, सो लिया, हग्ग लिया। कुछ और भी किया है, पिछले पचास सालों के अंदर? मेरा भी जन्म गला दिया।

बिक्कर : अगर ऐसे है, मंगूराम, तो ऐसे ही सही। मैं तेरा जन्म क्यों गलाऊँगा? मेरा क्या रब्ब नहीं है। आप करेगा ससुरा कोई हीला।

मंगू : रब्ब तेरा पहले ननिहाल गया हुआ था? कोढ़ डालकर मेरे पल्ले?

बिक्कर : अच्छा, मैं भी पंडित परसराम का पुत्र नहीं जो दोबारा तेरे हाथ से पानी लेकर पिऊँ। **(रोता)** मुझे और न मिलेगा कोई जो उठाकर श्मशान के अंदर अग्नि दिखा देगा। **(चलता है)**

मंगू : चल कहाँ को दिया?

(रवेल आता है)

बिक्कर : हरामज़ादा हो जो दोबारा तेरी बेलों में पैर धरे।

मंगू : तेरे रूठने ने ख़ून पी लिया। एक इस टांग ने प्राण निकाल लिए।

बिक्कर : राम राम! तेरी मेरी इतनी लिखी थी इकट्ठों की।

मंगू : बैठ जा, चाचा बैरी।

बिक्कर : नहीं बैठूँगा। कर ले जो करना है।
(जाता है)

मंगू : लड़के से चाय मँगवाता हूँ। आ जा।

बिक्कर : **(दूर से)** नहीं आऊँगा।

मंगू : खीर बनवा देता हूँ, खांड डलवा कर।

बिक्कर : **(मुड़कर)** खीर?

मंगू : रवेल, पछौरी हलवाई को कहना—

बिक्कर : नहीं, तेरी खीर भी नहीं खाऊँगा। जब तक जिंदा हूँ, तेरा मुँह नहीं देखूँगा। **(जाता है)**

मंगू : देखो, यारो। मुझ से दर्द के मारे पैर नहीं रखा जाता धरती पर। ऊपर से इसने कोहलू में पीड़ डाला।—ओए, बेलें मत कुचल। ध्यान से पाँव धर। फूल गिरते हैं।

रवेल : मास्टर जी, आराम नहीं आपकी टाँग को?

मंगू : रवेल, बेटा, वो बुड्ढे को मोड़ कर ला।

रवेल : फिर रूठ गया?

मंगू : बच्चों वाली बुद्धि है। हर वक़्त ज़िद।

रवेल : **(दूर से)** आ, बाबा, मुड़ चल।

बिक्कर : **(दूर से)** मेरी मुड़ेगी जूती।

रवेल : उधर तो बाड़ है। पगडंडी पर चल।

बिक्कर : **(दूर से)** तुझे क्या? जिधर मेरा जी करेगा, जाऊँगा।

मंगू : आ जा, रवेल। बाहर अंदर जाना होगा। जनेऊ जो कान पर बाँध लिया।

रवेल : हाँ। बाबा निशान सिंह के बाजरे गवारे में गया।

मंगू : जाने दे। आप ही आ जाएगा।

रवेल : मास्टर जी, गुरप्रीत बहन जी के पेपर में मैं फस्ट निकला।

मंगू : इंग्लिश में?

रवेल : हाँ, जी। सौ में से 83 नंबर हैं मेरे।

मंगू : शाबाश!

रवेल : जुलाहों का ग़रीबू सैकंड है। मुझ से आठ नंबर कम हैं।

मंगू : गणित?

रवेल : सौ बटा सौ! जो सवाल आपने एक दिन पहले करवाए थे, वही आ गए। लफ्ज़ बलफ्ज़ सही निकला मेरा।

मंगू : बेटा, भाग कर एक काम कर।

रवेल : बताइये।

मंगू : वो झोंपड़ी में थैली टंगी है। ऊपर, बाएँ हाथ। ला निकाल कर।

रवेल : जहाँ आप ने होमर का 'इलीयड' टँगा हुआ है? **(जाता है)**

मंगू : हाँ।··· **(दूर देखकर)** बाहर अंदर ही गया है।

रवेल : यह थैली?

मंगू : **(पैसे निकाल कर)** पकड़, मेरा लाल। दौड़कर गाँव जा। पछौरी हलवाई को कहना, हमें यहाँ दो गिलास चाय पहुँचावे। साथ में कोई बंद डबल रोटी हो तो। अव्वल तो कहना—अपनी ज़नानी से, चार रोटियाँ पकवा कर भेज देवे।—कहना, पैसों के बारे में न डरे। हिसाब किताब कर लेंगे, ठहर कर। नहीं तो बेटे आकर कर लेंगे।

रवेल : नहीं, जी। पैसे रखो आप। मैं अपनी बीबी से बनवा कर लाता हूँ चाय और रोटी।

मंगू : नहीं, मेरा लाडला। इतना झंझट न करो। रोज़ रोज़ तो नहीं पका कर खिलाई जाती बेगाने बुड्ढों को।

रवेल : भापा जी को पता लग गया अगर, कि आपने हलवाई से चाय मँगवाई, वे मुझे नाराज़ होंगे।

मंगू : सरपंच के साथ मैं आप ही समझ लूँगा। हाँ, आधी छुट्टी के वक़्त, डाकख़ाने से दो लिफाफे ला देना। सोहन लाल को लिखूँ। साथ में ओम प्रकाश को। अब मैं परवश हो गया हूँ। टाँग पता नहीं कितने महीने खा जाएगी। बहुएँ और बेटे अब पास होने चाहिए।

रवेल : मास्टर जी, ओम प्रकाश चाचा कॉलेज में पढ़ाते हैं, दिल्ली?

मंगू : यूनिवर्सिटी में। अमरीका से पीऐच.डी. करके आया था। तेरी तरह, वह भी किताब नहीं था छोड़ता हाथ से।

रवेल : अगर मेरा वज़ीफा आ गया, बारहवीं में, मैं भी भापा जी से कहूँगा, मुझे दिल्ली में पढ़ाओ। होस्टल में रखो।

मंगू : होस्टल क्यों? है बावला। अपना घर है दिल्ली। ओम प्रकाश हमारा तो चाव से रखेगा तुझे अपनी कोठी में। गाँव से बहुत मोह है ओमे को।

रवेल : मेरा एक मामा इंग्लैंड में रहता है। मैं उसको चिट्ठी लिखूँगा आज। उधर पढ़ने का अभी से बंदोबस्त शुरू कर दूँ।

मंगू : खरा। लिख चिट्ठी। बाहर की पढ़ाई की बड़ी क़दर है यहाँ।—लायब्रेरी कैसे है?

रवेल : छत डलेगी आज। भापा जी कहते हैं, आप से चिट्ठी लिखवानी

है।

मंगू : किसको?

रवेल : ऐजूकेशन मनिस्टर को। लायब्रेरी का उद्घाटन करने के लिए।

मंगू : लिख देंगे। अभी तो महीना भर कमरा बनने में लग जाएगा।

(गुरप्रीत आती है)

गुरप्रीत : नमस्ते, मास्टर जी।

रवेल : सस्सरीकाल, बहन जी।

मंगू : आ, गुरप्रीत। राज़ी ख़ुशी?

रवेल : बहन जी, मेरी हाज़री लगा देना। मैं अभी आया। मास्टर जी के लिए चाय और रोटी ला दूँ। **(जाता है)**

मंगू : हलवाई से बनवाना।

गुरप्रीत : सुना है, आपने बहुत चोट लगवा ली कल?

मंगू : ग्रह है, बेटा, मेरे इर्द गिर्द चिमटा हुआ, बिक्कर बनकर। न मरता है, न मेरा पीछा छोड़ता है।

गुरप्रीत : कोठे पर चारपाई चढ़ाने उतारने की उम्र है कोई आपकी अब?

मंगू : क्या करूँ, बिटिया। है जो नहीं बिक्कर का कोई, मेरे सिवा।

गुरप्रीत : पर आपका तो सब कुछ है। दो बेटे हैं। बेटी है निकट। शहर में। फिर आप इतना कष्ट क्यों उठा रहे हो?

मंगू : यही तो रोना है। गाँव छोड़कर जाना नहीं चाहता, बिक्कर। मैं भी इसके साथ बंधा हूँ, जैसे नाखुनों से माँस बंधा होता है। पर अब अति हो गई। अब मैं यहाँ अकेला नहीं सड़ूँगा।

गुरप्रीत : ओम प्रकाश के पास जा रहे हो, दिल्ली? कि बड़े के पास, कानपुर?

मंगू : जाना कहाँ होगा। यहाँ घर है। खुली हवा है। बेलों जैसी मौज नहीं है।—चिट्ठियाँ डालने लगा हूँ। दोनों चिट्ठी मिलते ही आ जाएँगे। मैं कहूँगा, ओमे से, बहू और बेटे यहाँ छोड़ जा। हमारी सेवा करने के लिए।

गुरप्रीत : बहू तो उसकी पढ़ाती है कॉलेज में। नौकरी छोड़कर कैसे रहेगी यहाँ?

मंगू : नौकरियों को आग लगानी है जब माँ बाप तकलीफ में हों? हमारी रोटी कौन पकाएगा?—अकेले, जी भी नहीं लगता, बेटे बेटियों के बगैर। तू देख तो। करती है कि नहीं सेवा सास ससुर की?

गुरप्रीत : मेरी बात और है, चाचा जी। मैं तो नज़दीक हुई, स्कूल में। फिर उनका तो इकलौता बेटा था। मेरे विना, मेरे सास ससुर का और

है कौन? यों भी वृद्ध हैं दोनों जने। क्या करना है मैं ने? माता पिता हैं वे अब मेरे। मैं न ख़्याल रखूँ उनका तो पराया कौन रखेगा?

मंगू : शाबाश भई तेरे! गुरप्रीत, बहू हो तो तेरे जैसी। पुण्य किए हुए थे करतार सिंह और बिषन कौर ने जो तेरे संयोग जुड़े उनके बेटे संग।

गुरप्रीत : **(आँसू दबाती)** कैसे संयोग, चाचा जी। यह तो नहीं पता था, ब्याह के पाँच साल नहीं काटेंगे, इकट्ठे। चले जाएगा सब को आधे रास्ते छोड़ कर।

मंगू : बस, बेटा, हिम्मत कर। भाग्य का चक्कर होता है। मौत भी कैसी दी वाहे गुरु ने। पक्का, सच्चा, स्वच्छ, सिक्ख। मरा निहंग सिक्खों की गोलियाँ खा कर।

गुरप्रीत : फौज की नौकरी। हुक्म मानना पड़ता है।

मंगू : तेरा ससुर बड़ी प्रशंसा करता है तेरी। शहर मिला हमें एक दिन। सीमिंट ख़रीदने गए थे, मैं और सरपंच, लायब्रेरी के लिए। मैं ने पूछा : करतार सिंह, बहू सेवा ख़िदमत भी करती है दोनों की?—रो पड़ा। बोला : ''मास्टर जी, ऐसी बहू तो गुरु सब को दे। क़िसमत ने साथ नहीं दिया। बेटा हमारा दग़ा दे गया, बुढ़ापे में। फिर जवान लड़की विधवा बना कर छोड़ गया। मगर गुरप्रीत ने,'' करतार सिंह कहने लगा, ''गुरप्रीत ने जिस दिन का पैर हमारे घर में डाला है, लक्ष्मी से खेल रहे हैं। ग़रीबी दूर कर दी परिवार की।'' बोला, ''बरकत बड़ी है हमारी बहू के हाथों में। दो ननद ब्याहीं, क़र्ज़ उठा कर। अभी क़र्ज़ उसी तरह खड़ा था, सिर का साईं छीन लिया। ज़ालिमों ने।'' —कहता, ''अब सारा भार अकेली के सिर पर है। ज़मीन मेरी है नहीं—जिसे बेच कर बहू को और पोती को आज़ाद कर सकूँ। तन्खाह है लड़की की। या पैनशन की हैं चार कौड़ियाँ।''

गुरप्रीत : जो वाहे गुरु को मन्जूर है, चाचा जी, होगा तो वही। अपने बस में तो इतना ही है कि कर्म कमाए जाएँ।

मंगू : और ज़नानी होती तेरी जगह, कब की दूसरे घर बैठ जाती। सास ससुर को छोड़कर।

गुरप्रीत : बहू में और बेटे में क्या फर्क होता है, चाचा जी। अगर वह चला गया, मैं जो नौकरी कर सकती हूँ। मैं क्यों सास ससुर को लोगों के आगे हाथ फैलाने दूँ?

(**स्कूल की घंटी बजती है**)

मंगू : आफरीन तेरे, बेटी।

गुरप्रीत : मैं तो कहने आई थी, आप को रोटी की तंगी होगी। मैं पका कर लाया करूँगी गाँव से। शाम को किसी के हाथ भेज दिया करूँगी। कौन सा दूर है। सीमा से सीमा लगती है।

मंगू : बल्ले, बेटा। शेर है तू मेरा। (**आँसू दबाता**) धन्य भाग्य करतार सिंह के। नहीं, बिटिया। रोटी का—तूं क्यों तकलीफ उठाए। हमारा गुज़ारा हो जाएगा। निशान सिंह का परिवार है पड़ोस में। सरपंच है। ख़त मिलते ही सारे बहू बेटे भागे आएँगे।

गुरप्रीत : देखना, दुखी मत होना। मुझे कोई दिक़्क़त नहीं, आपकी चाय रोटी की। बता देना।

मंगू : ज़रूरत पड़ी तो बताएँगे, बेटा। तुझे नहीं बताना तो और किस को बताना है? लो आज, सच्ची बात बताऊँ मैं तुझे। उस दिन यह मैं ने तेरे ससुर को भी सुनाई। करतार सिंह को। मैं ने बताया : जब गुरप्रीत लड़की स्कूल में पढ़ती थी, आठवीं में, मैं हिसाब पढ़ाया करता था। मैं कई बार सोचता था। ओमे की माँ को भी कहा मैं ने। ओमा तब दसवीं कक्षा में था। हम सोचते थे, तेरे पिता से रिश्ता माँग लें। क्या हुआ अगर हम ब्राह्मण हुए और तुम—

गुप्रीत : आपको पता था, ओमे के और मेरे बारे में?

मंगू : बेटा, माँ-बाप से बात छिपी तो नहीं रहती। पता तो था हमें। हम ने सोचा, ओमा आप कहेगा। फिर वह बी.ए. करके दिल्ली चला गया। वज़ीफा लेकर। ऐम.ए. करने। हम ने उम्मीद लगाए रखी। कई बरस। तुम्हारी आपस में क्या बात हुई, हमें कोई इल्म नहीं। उस वक़्त पता चला जब तेरे और बलवंत सिंह के आनंद कार्य का बुलावा आया।

गुरप्रीत : बीत गईं वो बातें, चाचा जी। अब याद करने का क्या फायदा?

मंगू : (**आँसू रोकता**) आज को तू होती, और ओमा यहाँ रहता—हैडमास्टर बन गया होता। पोते पोतियों को खिलाता मैं। तुम होते बिक्कर को संभालने वाले।

गुरप्रीत : अच्छा, चाचा जी। घंटी बज गई। रोटी के बारे में झिझक मत रखना। परसों को लौटकर आऊँगी मैं। कल डाक्टर के पास अपनी सास को शहर ले जाना है। आँखों में दर्द हो रही है। सारी रात नहीं सोई। आप भी चलो कल हमारे साथ। टाँग दिखाएँ डॉक्टर को। ऐकसरे करवाएँ।

मंगू : नहीं, गुरप्रीत। दर्द तो है। मैं सोच रहा हूँ, दो दिन लड़कों की इंतज़ार कर लूँ।

गुरप्रीत : रोटी की शरम मत करना। मुझे कोई कष्ट नहीं। दोनों वक़्त यहाँ भेज सकती हूँ।

मंगू : मेहरबानी, बेटा। अभी ज़रूरत नहीं। प्रार्थना हो रही है। जा।

(बिक्कर कुइयाँ पर आता है)

गुरप्रीत : फूल बड़े आए हैं आप की बेलों को।—राम सत, बाबा जी।

बिक्कर : लड़की कौन है?

मंगू : करतार सिंह की बहू है। ठक्करवाल से। मिस्त्री की।

बिक्कर : मासटरनी? अच्छा। राज़ी रह।

गुरप्रीत : मैं निकाल दूँ डोल?

बिक्कर : नहीं। मैं निकाल लूँगा।

(गुरप्रीत जाती है)

मंगू : परे चबच्चे में बहुतेरा पानी है। न हाथ डाल ढेंकली को। पाँव फिसल गया तो अंदर डुबकूँ-डुबकूँ करेगा। मुझ अकेले से तो ज़िंदा निकाला भी नहीं जाएगा।

बिक्कर : बोल मत मेरे से। मैं सिर्फ हाथ पैर धोने आया हूँ। मैं चला जाऊँगा।

मंगू : कहाँ?

बिक्कर : जहाँ मरज़ी जाऊँ। तुझे क्या?

मंगू : कुएँ से परे रह, मेरे बाप। आधी सदी सेवा करवाकर, मरते वक़्त पाप तो मत चढ़ा के जाना, मेरे सिर। वो गड्ढे में है पानी।

बिक्कर : चला हूँ मैं।

मंगू : भूखा ही?

बिक्कर : **(दूर से)** आप ही खा लूँगा।

मंगू : बैठी है तेरे लिए, चूड़े वाली, परांठे पका कर।

बिककर : माँगने को घाटा है?

मंगू : मैंने संदेशा भेजा है पछौरी को। चाय रोटी आने वाली है।

बिक्कर : जब तूने एक बार कह दिया, मर जा। बोल, कहा कि नहीं? क़सम खा।

मंगू : अच्छा, क़सम तेरी जवानी की। माफ कर दे।

बिक्कर : मैं तेरे दर पर कुत्ता बैठा हूँ? लार टपकाता? आधे का मालिक हूँ मैं।

(निशान सिंह चाय रोटी लाता है)

निशान : शाबाश पंडित बिकरम चंद के! दिल्ली का आधा राज बंटवा कर रुकना। बुलाऊँ पटवारी को? ज़ंजीर लाए?

मंगू : मना, निशान सिंह, किसी तरह मेरे बैरी को।

बिक्कर : मैं चला जाऊँगा।

निशान : ससुराल जा रहा है? गौना लेने? मैं भी चलूँ तेरे साथ? छोटी साली का रिश्ता मुझे कर दे। काँटा निकाल दे मेरा भी। इकट्ठे चलते हैं दुल्हनें लेने। रोटी खा कर।

बिक्कर : हाथ मत लगा मुझे।

निशान : नहीं लगाता, भई, हाथ तुझे, बनारसी बाहमन को। नहीं भ्रष्ट करता तुझे। पर साढू ज़रूर बना मुझे।

बिक्कर : (रोता) मैं नहीं खाऊँगा रोटी।

निशान : चचचच! क्यों नहीं खाएगा परोसा हमारा दूल्हा?

बिक्कर : यह मुझे तड़के का कहे जा रहा है : मरता नहीं। मेरी टाँग तोड़ दी। —भला, बता। मौत पर बस चलता है मेरा? कहता है, साला कोढ़ लगा है मुझे।

निशान : न, भई मंगू। मेरे बिचौलिये को ऐसे नहीं कहना। मेरे साढू का बुरा नहीं चाहना। अच्छा, चुप कर। पकड़ रोटी। भूखे पेट नहीं चलेंगे ससुराल। मंगू को मैं बहुत मारूँगा। पीट-पीट कर दूसरी टाँग भी तोड़ दूँगा।

बिक्कर : रोटी खाकर, मैं चला जाऊँगा।

निशान : आदमी का बेटा नहीं, जो तुझे रोके।—ओए, गर्म है चाय! छोटा घूँट भर। तुझे पकड़ाऊँ?

मंगू : चाय दे दे। रोटी रख दे बाँध कर।

निशान : चंगा। रोटी टाँग की मालिश करवा कर खा लेना।

मंगू : तू ने क्यों झंझट उठाया? रवेल के हाथ मैं ने हलवाई को संदेशा भेजा था।

निशान : डूब कर नहीं मर गया तू? संदेशे भेजता दुकानों को? ओए, मेरा इकोत्र सौ का परिवार साला। फांसी लगाने के लिए रखा है? रेवड़ का रेवड़ मेरा, बहुओं का, पुत्र पौत्रों का। आधा गाँव संभाले बैठे हैं ससुरी के। अगर तुम्हारे लिए दो रोटियाँ नहीं पका सकतीं मेरी बहुएँ, मैं जिंदी को श्मशान में आग न लगा दूँ। कांजी हौस में क़ैद न कर दूँ, घुमंतू गऊओं को। देखो, संदेशे भेजता है हलवाई को! गाँव उजड़ गया? भई, हट्टियों से रोटी पकवाएं सियाने बुड्ढे? लड़के के मुँह से बात सुनकर ही मैं शरमों शरमी हो गया। और

किताबें पढ़। बना लैबरेड़ियाँ गाँव में। तेरे से तो अनपढ़ों को सौ गुना ज़्यादा अक्ल होती है।

मंगू : (**रोता**) ओ भैया, तेरा सहारा रहा है सारी उम्र। तेरे बाल बच्चे का सहारा रहा है। ओए, तेरे जैसों के मोह कारण तो गाँव नहीं छूटता। पोते पोतियाँ शहरों में छोड़कर, तेरे पास बैठा हूँ।

निशान : इतना भी मुँह मुलाहिज़ा न रहा, तो बस भई। आप ही कलियुग आ गया। गाँव का सियाना भला रोटी से भी वंचित रहता है?

मंगू : कृपा है तेरी, निशान सिंह।

निशान : मेरी किरपा कद्दू की! अपनी सोच तू। क्या लगता है यह तेरा? कितनी सेवा की है तूने? पच्चीस साल का था मैं। फुगलाणे की कुश्तियों का पटका जीता जिस बरस। उस वक़्त इसके सिर पर लकवे की हवा आई थी।

मंगू : धीरे बोल। दोबारा न रूठ जाए।

निशान : और फिर अपने बाप की कितनी सेवा की तू ने। एक सौ पाँच बरस थोड़े होते हैं? पंडित रेलू राम को तू ने चालीस बरस खाट पर बैठे को रोटी खिलाई। इलाके में मिसालें देते हैं लोग तेरी। और अभी तो मेरे अंग चलते हैं। बेटों के बराबर काम करता हूँ खेतों में। अगर लड़कियाँ रत्ती भर भी अबा तबा बोलें, मैं तो लट्ठ उठा लूँ। पूरी ज़मीन जायदाद मेरे नाम है। करें नखरा। सब कुछ बेच कर बैंक भर दूँगा। बैठा ही खाऊँगा, स्वर्गो तक। और मार-मार कर लाठियाँ कुनबे को भगा दूँगा। घर से बाहर। हवेली से बाहर।

मंगू : न, भई। परिवार तेरा आज्ञाकारी है। त्राहि-त्राहि डरते हैं तुझ से, लड़के भी और बहुएँ भी।

निशान : मिन्नत करूँ तो डरेंगे? ज़मीन, जब से बल्वे हुए, अलॉट हुई, सब मेरे नाम पर है। कुनबे को यह बात पता है। रिश्ता नाता इस में कोई नहीं, भैया। माया की करामात है। बाप के हाथ में जितनी देर तक माल मत्ता है, पुत्र पौत्रे पीछे पीछे घूमेंगे।—साढ़ू, और रोटी पकड़ाऊँ?

बिक्कर : नहीं।

निशान : चने का बेसन डलवा कर बनवाई मैं ने, गद्दर। बिचौलिए को खुश करने के लिए।

बिक्कर : है तो स्वाद। तृप्ति हो गई।

मंगू : दर्द नहीं रुकी सारी रात। टीस उठती हैं।

बिक्कर : (**चिलम भरता**) मैं हुक्का पी कर चले जाऊँगा।

निशान : अकेले नहीं जाना, भई। साली से मत मुकरना। (**टाँग खोल कर मलता**) तेरी बेटी और जमाई को संदेशा भेज दिया मैंने।

मंगू : किसके हाथ?

निशान : हरनामा सब्ज़ी वाला चला था शहर को। मैं बोला—कचहरी रुक कर जाना। मास्टर के जमाई को बता देना। टाँग पर चोट लग गई।

मंगू : क्यों कहा तू ने? लड़की दुखी होगी। उसका अपना परिवार बड़ा है। बेटे बेटियाँ स्कूल में पढ़ते हैं। फिक्र करेगी। दौड़ी आएगी। हो जाएगी टाँग ठीक, दो चार दिनों में।

निशान : इस जैसी साढ़ सती में अगर बेटी बेटे काम न आएँ, तो फिर कब आएँगे? बहुत मत धर्म राज बनो। रक्षा तेरा ख़्याल नहीं रखेगी तो और कौन रखेगी?

मंगू : हाय माँ!··सहज से, भई।

निशान : कल तो सूजन में पता नहीं चला। कठिन बात लगे यह तो।

मंगू : क्या हुआ?

निशान : घुटने के नीचे, टुकड़े तीन चार हो गए लगते हैं हड्डी के।

मंगू : दर्द तभी तो नहीं रुकती।

निशान : मित्र, लंबा मामला पड़ गया।

मंगू : पलस्तर कराना पड़ेगा, शहर से?

निशान : नहीं। यह नहीं होने दूँगा मैं। डॉक्टरों के वश में नहीं पड़ने दूँगा तुझे। —उत्तम सिंह का दलीप सिंह गया था न हस्पताल? पोते को लेकर? जामुन से गिर पड़ा जब लड़का? तीन बार डॉक्टरों ने बाँह जोड़ी। तीनों बार जोड़ ठिकाने नहीं बैठा। रह गया लड़का टुंडे का टुंडा। तेरा इलाज करूँगा मैं आप। हड्डियों का काम है हाथों का धंधा। पोथे पढ़े हुए डॉक्टर कुछ नहीं जानते।–तारें दे बेटों को। मैं आज ही भेजता हूँ जिंदर को। बाड़ियाँ को या माहिलपुर। बहुएँ आएँ। सेवा करें तुम दोनों की।

मंगू : तारें जाने दे। बेटे तकलीफ उठाएँगे। भागेंगे।

निशान : तकलीफ उन कंजरों ने फिर कब उठानी है? तेरे प्राण निकलने पर? नन्हा बच्चा नहीं है तू, जो हड्डी हफ्ते में जुड़ जाएगी।

मंगू : चिट्ठी लिखता हूँ। ओम प्रकाश निकट है, दिल्ली। दौड़ा आएगा।

निशान : कंजूस, चिट्ठियों को मार गोली। तारों के पैसे मैं भर दूँगा। साहिब बनकर बैठे हैं शहरों के अंदर। बाप पीछे कष्ट भोगे गाँव में। यह किधर का न्याय हुआ?

मंगू : तेरी मरज़ी। कर दे तारें। बेशक सोहन लाल को भी कर दे। (**बिक्कर लेट जाता है**) मैं अकेला होता, तो सब्र करता। मेरा चाचा भी तो है मेरे पाये से बँधा। मेरा काल।

निशान : बिक्कर, तू लेट गया। चलेगा नहीं ससुराल। मुझे साली दिलवाने।

मंगू : फूल देख। तू कहता था, नया बीज किसी काम का नहीं।

निशान : फूल तो बहुत हैं। ख़रबूज़े और तरबूज़ लगेंगे तो मानूँगा तेरे अंग्रेज़ी बीजों को।

मंगू : यार, याद रखना। लड़के को बोलना, बालटी पानी की डाल दे, उस सफेदे को। आग बरस रही है।—हाय! सहज से, भई। · · शरीर जैसी मुसीबत भी है कोई? जितनी देर तक शरीर है बंदे का, उतनी देर तक सुख की उम्मीद नहीं है। शरीर है रोगों की कान। कितना अच्छा हो, अगर इन्सान सिर्फ आत्मा हो। रूह हो। एक इकल्ली रूह।

निशान : मत उलटी सीधी हाँक, ओए। पढ़े लिखों वाली। रूह बन कर, भूत बनकर, थन चूसेगा तू चुड़ैलों के? मसानों के अंदर? सब सुख शरीर के साथ ही हैं, मेरे वीर। देख मेरी भुजा और जांघ। बेशक आज बंती क्षत्राणी के साथ शादी करा दे मेरी। अगर न नौ महीनों के बाद भतीजा पकड़ाया तेरे हाथ में, गलगल जैसा, तो निशान सिंह पहलवान सारी भूमि तेरे नाम लिखा देगा।

मंगू : तेरी क्या रीस करे कोई? तू ने खाए हुए हैं देसी घी और मक्खन और बादाम। पुराने ज़माने के। मेरी तरह दो दो शरीरों के रोग नहीं न झेले।

निशान : दो शरीर? · · अच्छा अच्छा। · · बिक्कर का शरीर भी एक तरह तेरा हुआ।

मंगू : जुलाहों की सावित्री जैसी हालत है मेरी भी।

निशान : चमड़ी का रोग है जिसको?

मंगू : हाँ हाँ। लो, भई, निशान सिंह, उस लड़की संग भी क़हर कमाया भगवान ने। नौवीं में पढ़ती थी जब, हम मास्टर बातें किया करते थे। जवानी चढ़ी उस लड़की को! सावित्री जैसी सुंदर लड़की नहीं थी ज़माने में। मास्टर क्या और लड़के क्या, देखते ही रहते थे सावित्री की तर्फ। रास्ते में चली जा रही हो, राही ठोकर खाकर गिर पड़ते थे।

निशान : माँ उसकी भी ऐसी ही थी। मेरे से तो घूँघट निकालती थी। बड़े-बड़े पहलवानों के यतित्व और सतित्व भंग कर सकती थी।

मंगू : पर कर्म देख। दसवीं में हुई जब सावित्री, आँख पर चर्म रोग फूलबहरी का सफेद दाग़ हो गया। इलाज कराया। कुछ नहीं बना। फटाफट फैल गया चर्म रोग। साल के अंदर अंदर, आधा शरीर सफेद हो गया। और लड़की सूख गई। मुरझा गई। पढ़ने से हट गई। लड़का भी कोई नहीं माना ब्याह कराने को। और आज? अधेड़ उम्र की सूखी टहनी। गलियों में घिसट रही है। मरे हुओं से भी बुरी।

निशान : कुछ बीमारियों के आगे ज़ोर नहीं चलता। हिम्मत करनी पड़ती है। पर तू हौसला मत हार। मेरे बेटे और बहुएँ सेवा करंगे तेरी और बिककर की। मैं सेवा करूँगा।

मंगू : सावित्री बना रहा हूँ मैं भी एक तरह। बिक्कर फूलबहरी है मेरी चमड़ी की। अब दो बीमार शरीर संभालना मेरे बूते से बाहर है।...हाय!...धीरे, भई।...दाग़दार चमड़ी से बंदा केसे छुटकारा पाए? शरीर छोड़ कर कहाँ भागे?...हाय माँ!...बिक्कर से मैं किस तरीके पल्ला छुड़ाऊँ? किस कुएँ खाई में फेंकू इस पिंजर को?

(अँधेरा)

अंक 2

(दूर गुरुद्वारे से रहरास वाणी का पाठ : ''जननि पिता लोक सुत बनिता, कोइ न किस की धरिआ। सिरि सिरि रिज़क संबाहे ठाकुर, काहे मन भउ करिआ।।'')

मंगू : हाय, मर गया।

बिक्कर : मंगू राम?

मंगू : क्या बात?

बिक्कर : हाय हाय क्यों कर रहा है?

मंगू : और क्या मैं पक्के राग गाऊँ?

बिक्कर : **(निकट आ कर)** मैं मालिश करूँ?

मंगू : जा, बैठ जा परे होकर। तू अपनी लोथ उठा सके तो कम है?

बिक्कर : रात की रोटी का हुआ इंतज़ाम?

मंगू : भूखा नहीं मरने लगा तू?

बिक्कर : मेरा तो सुख लेखा। न भी खाई दो दिहाड़ी तो क्या है। मैं तो तेरी सोच रहा हूँ। बीमार बंदे को खुराक की ज़रूरत होती है।

मंगू : पचास साल से मेरा ही सोचे जा रहा है तू।

बिक्कर : मैं गाँव जाऊँ किसी को कहने? रोटी के लिए?

(साइकल की घंटी)

मंगू : रक्षा?... साइकल मेंढ पर ही रहने दो। बेलें कुचली जाएँगी।

(रक्षा और राम आसरा आते हैं। रक्षा मंगू के गले लग कर रोती है)

राम आसरा : पैर पड़ता हूँ, भाइया।

मंगू : जीता रह, बेटा।—बस कर, बिटिया।

राम आसरा : बाबा, पैर पड़ता हूँ।

बिक्कर : कौन है?

राम आसरा : गगरेट से। पंडित देवीदास का लड़का।

बिक्कर : लड़की आई है? वाह वाह।

मंगू : ओए, बहुत हो गया, रोना।

रक्षा : दुपहरे आकर बताया इसने। मैं तो कहूँ, उड़ कर चली जाऊँ। पर बच्चे स्कूल से नहीं थे लौटे। शीला ने भी पढ़ाकर चार बजे मुड़ना था, खानपुर से। सूना छोड़ नहीं सकती घर। इसको मैं ने कहा, छुट्टी कर ले दफ्तर से। बेटे-बेटियाँ स्कूल से आए। फटाफट रोटियाँ खिलाईं अकेले अकेले को। शीला भी पहुँच गई। यह और मैं उसी वक़्त चल पड़े। वाट न ख़त्म होने को आए। क्या होते हैं दस मील। पक्की सड़क। मैं कहूँ, किस घड़ी जाकर देखूँ। सियाना गला सड़ा शरीर है। न जाने कितनी चोट लगी है। सियाने और नन्हे मुन्ने की हड्डी एक बराबर होती है। काँच की तरह, तड़क्क! टुकड़े टुकड़े। ऐसे ही हुई। हमारे पड़ोस में हलवाई है। भीलो। चौक में। तेरे से भी दो बरस छोटा होगा। दुकान के चबूतरे पर चढ़ने लगा था। गिर गया, नीचे। बाज़ार में। कमर टूट गई। लो, भई। बहुतेरे डाक्टरों के पास गए। हस्पतालों में धक्के खाए। दादा हगौने ऐक्सरे करवाए। नहीं खाट से उठा बुड्ढा। मसानों तक ले गई बीमारी।

राम आसरा : भीलो की तो रीढ़ की हड्डी थी। भाइये की टाँग है। घुटने से नीचे। दिखा तो। यह जल्दी जुड़ जाएगी।

मंगू : न, बेटा। पट्टी मत खोल।

रक्षा : हड़बड़ी में बल्कि, फल फरूट भी नहीं ख़रीद हुआ तेरे वास्ते।

बिक्कर : सारी रात, न आप सोया, न मुझे आँख लगाने दी।

मंगू : खर्राटे तेरा भूत मार रहा था?

रक्षा : बाबा, राम सत।

बिक्कर : हाय हाय करता रहा।

राम आसरा : ऊपर क्या मला है? सरसों का तेल?

मंगू : निशान सिंह को पता होगा।

रक्षा : ताऊ निशान सिंह कर रहा है इलाज? तब हो जाएगा झट चलने फिरने के लायक।

मंगू : कहता है, तीन चार जगह से टूटी दिखती है।‥महीने लगेंगे।

राम आसरा : हकीम है?

रक्षा : नहीं। यह टूवल वाले। वो परला टूवल भी उन्हीं का है, आमों के निकट। दोनों की पक्की दोस्ती है।

राम आसरा : यह काम अनजान पर छोड़ने वाला नहीं। सवेरे चल, भाइया। मैं यहाँ तक रिक्शा करके लाता हूँ। किसी का मोटर साइकल या

स्कूटर मिल जाए तो और भी अच्छा। शहर से पलस्तर करवा। गाँव में रहकर उलटा काम खराब हो जाएगा। टट्टी पेशाब से भी जाओगे। हमारे पास रह जितनी देर तक राज़ी नहीं होता।

मंगू : लड़कों को तारें भेज दीं निशान सिंह ने, ज़बरदस्ती। उनको आ लेने दो। सलाह करते हैं।

राम आसरा : सलाह इसमें कैसी? हड्डी का इलाज जैसा दिल्ली करा लिया वैसा होशियारपुर हस्पताल।

रक्षा : देख है, यों ही मग़ज़ मारे जा रहा है। बात तो सुन लेने दे पूरी। कैसे, भाइया, साथ जाएगा तू भैया जी के?

मंगू : मैं कैसे जा सकता हूँ? बिक्कर को कहाँ छोड़ूँ? यह नहीं रह सकता शहर में। यहाँ तो सौ है मिलने बोलने वाला। शहर में इसको कौन बुलाएगा?

रक्षा : तेरा इलाज कैसे होगा फिर?

राम आसरा : हस्पताल के बग़ैर टाँग नहीं चलेगी। सौ की एक सुन लो मुझ से।

मंगू : मैं बहुओं को कहूँगा, यहाँ रहो। रोटी पकाओ हम बुड्ढों की। नन्हे मुन्ने यहाँ पढ़ें। अव्वल तो दोनों परिवार गाँव में बसें। नहीं तो, एक जना तो ज़रूर बहू हमारे पास छोड़े। भैंस रख लेंगे। चारा बहुत है। शहरों में क्या कुछ खाने को मिलता है बच्चों को?

रक्षा : कमलेश भाभी कभी भी नहीं रह सकती यहाँ। देख लेना तुम। वो तो गौने आई जल्दी मचा रही थी। वीरे की नौकरी लगी जब कानपुर। दो बरस नहीं टिकी थी बीबी के पास।

राम आसरा : बच्चे सारे स्कूल जाते होंगे।

रक्षा : उधर की तो पढ़ाई भी अलग है।

मंगू : कमलेश न सही। छोटे की पत्नी आकर रह लेगी। ओम प्रकाश की।

रक्षा : देखो तो, कौन सी आशाएँ लगाए बैठा है। इतनी पढ़ी लिखी। कॉलेज की परफेसर। वह तो ज़रूर लगी उठाने गंद-मंद तुम बुड्ढों का।

राम आसरा : प्रयागराज की तर्फ से है?

रक्षा : और क्या? बोली अलग। रंग ढंग जुदा। चार साल में पहले पाँव नहीं डाला गाँव में।

राम आसरा : बहुएँ न सही। पुत्र तो ख़्याल रखेंगे।

बिक्कर : रोटी का करो, भई। तुम्हें भूख लगी होगी।

रक्षा : भाइया, देख सुन ले। मेरी सलाह है कुछ और।

मंगू : कौन सी?

राम आसरा : शहर चल हमारे साथ। ठीक होते ही लौट आना।

रक्षा : कैसे रह लेगा वह शहर? बित्ता भर कोठरी है। गली है तंग। कंदरा सी। खाट बिछती नहीं। सियाने दोनों कैसे बैठेंगे गर्मी में? यहाँ हवा हारे सौ सुख है। ताऊ निशान सिंह है भी गुणवान।

मंगू : मौत आ जाती अगर, इस से तो बेहतर थी।

राम आसरा : दिल हलका मत कर, भाइया। मेरे साथ चलो दोनों जने।

रक्षा : लाया था न बुड्ढी बुड्ढे को। दो रातें नहीं काटीं तेरे पिंजरे में। उड़ गए पहाड़ों को।

मंगू : राज़ी ख़ुशी हैं, बेटा, तेरे माता पिता?

राम आसरा : कुशल हैं, जी।

मंगू : ख़र्च वर्च भी भेजा करता है?

रक्षा : कैसा ख़र्च भेजना है इकल्लों को? छः बच्चों के लिए आटा दाल मुश्किल से जुड़ता है। कलर्की से। उनके पास अपना थोड़ा है?

मंगू : उनके पास कहाँ से आ गया? भल्ले पकाड़ी बेचे सारी उम्र।

रक्षा : बहुतेरा बचा रखा है भल्लों से। मक्खियों के माश बनाती है सास मेरी। मनसा पूजा खा छोड़ा, बासी कुबासी। पैसा सारा बैंक में।

राम आसरा : क्यों तूफान तोलती रहती हो?

रक्षा : मेरे से क्या छिपा है? अब कौन सा खाली बैठता है बुड्ढा। स्कूल के आगे बैठता है। जेबें भर कर लाता है शाम को। छूट सकता है गगरेट?

राम आसरा : सच बोल तो। तेरी कड़वी ज़बान के निकाले लौट गए बेचारे गाँव को।

मंगू : बिटिया, यह तो बुरी है। इकलौता पुत्र है यह।

राम आसरा : अँधेरा हो रहा है। मैं चलता हूँ।

मंगू : रात रह ले। घर चल, लड़की। रोटी पका। हमारे लिए यहाँ ला।

रक्षा : जाने दे तू इसे। बच्चे घर में अकेले हैं। बेटे का मैं पूरा ध्यान रखती हूँ। एक दिन बल्कि सिनेमा के निकट बालमीकियों के लड़कों संग बातें करने जुट गया। पुलिस ने पकड़ लिया। कहने लगे, तू भी जेबें काटता है। मिन्नतें करके मुश्किल से बचाया। शहरों के अंदर बच्चे पालने बड़े कठिन हैं। चार पैडल हैं। मार छलाँग। सवेरे आई मैं।

राम आसरा : गाय भूखी होगी। मंडी से चारा लाने का टाइम नहीं मिला।

बिक्कर : गऊ रखी है, बेटा?

राम आसरा : हाँ। पहाड़ी है।

रक्षा : बिल्लौटा सी।

बिक्कर : शाबाश! गऊ के बग़ैर ब्राह्मण काहे का?

रक्षा : कमेटी वाले तो रखने नहीं देते। यह नहीं मानता।

राम आसरा : डेढ़ लुटिया दूध है। पता कितने का है आज?

रक्षा : वो बाजरा हमारा है क्या?

मंगू : हाँ। गाय के वास्ते बिजवाया था, निशान सिंह से।

रक्षा : मंडी में क्या टक्करें मारेगा, संध्या के समय। यहाँ से लेजा गट्ठा काट कर। द्राँती कहाँ है, भाइया?

मंगू : झोंपड़ी में है अंदर। दाएँ हाथ टँगी हुई।

रक्षा : **(जाती हुई)** तरबूज़ ले जा दो चार तोड़ कर। होंगे तो अभी कच्चे। शीला को कहना, कढ़ी में डाल ले।

मंगू : अभी कहाँ से आ गए तरबूज़?

बिक्कर : फूल ही फूल हैं अभी तो।

रक्षा : **(द्रांती पकड़ाती)** होगा कोई छोटा सा। मैं ढूँढ़ती हूँ।

मंगू : नहीं। इस वक़्त पौधे को ज़ख्मी नहीं करते।

राम आसरा : मेरी मानो। शहर पहुँचो आप।

रक्षा : जल्द बाज़ी जाने दे तू।—देख, भाइया। मुझे तकलीफ है तो तकलीफ सही। माँ बाप के लिए सब कुछ करना पड़ता है। मैं बच्चे लेकर आ जाती हूँ यहाँ, तुम्हारे पास। यहाँ पढ़ेंगे। शीला भी यहीं से चले जाया करेगी, मोटर पर। इसके पास साइकल है।—बेशक दो गऊएँ रख लेना। अपने खेतों का चारा नहीं खत्म होगा।—भाइया, जितनी देर तेरे स्वांस है मैं करूँगी तेरी सेवा। बेटी में और बेटे में फर्क नहीं रखना चाहिए। बहुओं पर उम्मीदें मत खड़ी कर। मेरे से नहीं देखा जाता तेरा दुख। मैं झेलूँगी जी जान से। आ लेने दे सोहन लाल को और ओम प्रकाश को। यही स्कीम बनेगी, मेरे वाली।—खड़ा क्यों है तू? बाजरा काट।

(राम आसरा जाता है)

मंगू : सोचते हैं।

(रवेल सिंह रोटी लाता है)

रवेल : छको, मास्टर जी, भोजन।

बिक्कर : रोटी लाए हो?

मंगू : ओए, बेटा, तू ने क्यों कष्ट किया?

रवेल : भापा जी ने, निशान सिंह के घर मना कर दिया। कहते हैं : दोनों

बजुर्ग रोटी हमारे खाया करेंगे।

रक्षा : यह सरपंच का बेटा है?

रवेल : हाँ, जी। नमस्ते।

बिक्कर : दाल भाजी क्या है?

रक्षा : चने और माश की दाल है।

बिककर : वाह वाह! आनंद आ गया।

रवेल : बुआ जी, आप घर चलकर खा लेना।

(निशान सिंह दूध लाता है)

निशान : पहुँच गई, बिटिया?

रक्षा : रामसत, ताऊ।

बिक्कर : तू क्या लाया है?

निशान : दूध, शक्कर और छुआरे डाल कर। सिगाई जो हो रही है हम दोनों की, सगी बहनों से।

रवेल : मास्टर जी, क्या आप अपनी सारी किताबें गाँव की लायब्रेरी को दान कर देंगे?

मंगू : और मैं रख कर क्या करूँगा। न सोहन लाल ने कभी दिलचस्पी दिखाई, न ओम प्रकाश ने। सारी उम्र मैं यत्न से इकट्ठी करता रहा।

निशान : आ तो, भई, टाँग कुमारी। तेरे साथ दो हाथ करें। **(मालिश करता है)**

मंगू : सूजन कम हो गई।

निशान : कैसे नहीं कम होगी? यारों ने नाढूख़ानों की पीठ लगवा दी। यह तो मामूली हड्डी है, बुड्ढे बाहमन की।

रक्षा : देखो! इसे बाजरा काटना भी नहीं आता। द्राँती कैसे पकड़ी हुई है। टुंडे की तरह। **(जाती है)**

मंगू : ध्यान से। बेलें मत कुचल।

निशान : शहर को लेकर चली है लड़की बाजरा? इतनी दूर से?

रवेल : मास्टर जी, मैं आपकी सारी किताबें पढ़ूँगा। लैम की लिखी 'शेक्सपीयर की कहानियाँ' मैं ने शुरू भी कर दीं।

मंगू : बहुत दिलचस्प किताब है। धीरे, भई।

रवेल : कई लफ्ज़ मुश्किल हैं।

मंगू : यहाँ लाना कल। मेरे पास बैठकर पढ़ना।

रवेल : अच्छा। राजा लीयर की कहानी मैं दोबारा पढ़ूँगा।

निशान : बहुत न, ओए, किताबों के पीछे पड़ाकर। पढ़-पढ़कर, मूर्ख मत

बनना। अपने मास्टर की तरह।

रवेल : मास्टर जी मूर्ख कैसे हुए? माना, राजा लीयर तो एक तरह मूर्ख था।

निशान : लग जाएगा पता इसे जल्दी ही। बेटे-बेटियों के बारे में। **(हँसता)** मंगू राम, बेटी और जमाई ने कोई सेवा भी की? कि ख़ाली बाजरा काट कर ले जाने आए हैं?

मंगू : इस लड़की को मैं ने पहले भी जांचा है। यह बच्चे लाकर यहाँ बसना चाहती है। इसने हम बुड्ढों का भला क्या सोचना है? निशान सिंह, बेटी जन्मते ही बेगानी होती है। बेटे, बेटे ही होते हैं। तारें भेज दीं?

निशान : हाँ, भई। तारें दोनों लड़कों को पहुँची समझ।

रवेल : मैं ने भी मामा को आज चिट्ठी लिख दी। विलायत पढ़ने के बारे में।

मंगू : चल पड़े होंगे ओम प्रकाश और सोहन लाल।

निशान : **(हँसता)** एक बात कहूँ, तेरी बेटी के बारे में? गुस्सा तो नहीं करेगा?

बिक्कर : एक रोटी और है?

रवेल : दो पकड़ो।

निशान : एक हिरण बीमार पड़ गया। उठ न सके। टाँगें रह गईं। उसके रिश्तेदार ख़बर सार पूछने आए। हाल चाल पूछते जाएँ। साथ ही साथ पास पास की घास चरते जाएँ। बेचारे हिरण ने जो दस दिन के बाद मरना था, भूख से, दो दिन में पूरा हो गया। यही बात तेरी और रक्षा की लगती है। **(ऊँचा)** लोभ मत कर, लड़की। बाजरे का बोझ संभालना कठिन होता है। थोड़ा ले जा। साइकल हिचकोले खाएगा। लड़का शहर मुश्किल ही पहुँचेगा।

बिक्कर : धन्य-धन्य तू कृष्ण मुरार। अन्न जल बख़्शा तू ने। मंगू, तू भी खा ले। दाल बड़ी स्वाद है।

मंगू : तेरी तृप्ति हो गई तो कुल दुनिया की तृप्ति हो गई।⋯हाय, माँ! मर गया!⋯बेटी लोभिन, जमाई बेगाना। निशान सिंह, बेटों बहुओं का मुकाबिला नहीं। सोहन लाल और ओम प्रकाश करेंगे मेरा कल्याण।

निशान : वाह गुरु करे, तेरा वाक्य सच्चा निकले।

(अँधेरा)

अंक 3

गुरप्रीत : बड़ी गुडियाँ क्या करती हैं?

कमलेश : बड़ी ने बेसिक पास की है, बारहवीं के बाद। छोटी दसवीं से आगे नहीं पढ़ी। मगर कसीदा बड़ा सुंदर निकालती है। ऐम्बरायडरी की ट्रेनिंग दिलवाई है मैंने।

गुरप्रीत : आगे पढ़ना चाहिए था।

कमलेश : बहुत कहा। नहीं दिल लगा। बहन जी। पढ़ाई भी सब के बस में नहीं। तीसरे नंबर पर लड़का है। दसवीं में। वह बड़ा तीखा है। कहता है, डॉक्टर बनूँगा। सब से छोटा अभी तीसरी में है। आने के लिए रो रहा था। हम जल्दी में थे।

गुरप्रीत : ले आते। पुश्तैनी गाँव देख जाता। इलाक़ा देख लेता।

कमलेश : अरी, मुझे तो रोना आ गया, गाँव मोटर लगी जब। कहाँ देहात का आनन्द, कहाँ शहरों का गंद।

गुरप्रीत : कोठी तगड़ी बनाई होगी भाई साहिब ने? नौकरी करते हुए बीस पच्चीस साल हो गए।

कमलेश : कोठियाँ बता रही है! तेरे से क्या छिपाना? शहरों में कहीं मकान मिलता है? कानपुर तो है भी कारखानों का गढ़। फेक्टरी ही फेक्टरी। धुआँ ही धुआँ। एक दूसरी से सटी। गर्द, चारों तरफ। दोनों को हमें साँस की बीमारी हो गई।

गुरप्रीत : दमा?

कमलेश : दो कमरे हैं, छोटे-छोटे। आठ जीव हैं घर के। यह तो जब दफ्तर से आते हैं, घर में नहीं घुसते। रोटी खाई, सीधे स्वर्गपुरी। ताश खेलने, दोस्तों संग।

गुरप्रीत : स्वर्गपुरी? क्लब है?

कमलेश : श्मशान घाट है, हमारे क्वार्टरों के सामने। फूल, बेल, बूटे, दरख्त। एक बार अंदर घुस जाओ, निकलने को जी नहीं मानता। बस,

मील भर में वही जगह है जहाँ चार पत्ते दिखते हैं।

गुरप्रीत : पारकें नहीं हैं?

कमलेश : महंगे महल्लों में होती हैं पारकें। हमारी कलोनी में तो बंदे पर बंदा चढ़ा रहता है। ये सैकटरी हैं स्वर्गपुरी के। समाज सेवा में मग्न रहते हैं।

गुरप्रीत : क़िस्मत वाले हैं आप। देहात में दिल उकता जाता है।

कमलेश : बहन जी, यह मत कहो। मैं तो रोज़ इनकी मिन्नत करती हूँ—हमें गाँव भेज दो। नन्हें मुन्ने यहाँ पढ़ें। आप के पास। नहीं मानते। होटल की रोटी नहीं पचती। कुर्सी का काम है। क़ब्ज़ रहती है। समझ ले, इनके कारण, बच्चे शिकंजे में जकड़े हुए हैं। मैं भी। क्या करूँ? मेरा तो रोज़ का सपना यही है। खुली हवा में वापस आ जाऊँ। धूप में।

गुरप्रीत : आपकी गृहस्थी संभालने में भी देर लगेगी।

कमलेश : बहना, इसी लिए तो आए हैं हम। सोच ही रहे थे। तार गई, चार पाँच दिन पहले। एक दम तैयार हो गए। पहले तो हिचकचाहट रहती थी। कहीं निकला जाता है, बच्चे अकेले छोड़कर। मायके जाऊँगी कल, ऊने। लड़के ढूँढ़ने आए हैं, लड़कियों के लिए।

गुरप्रीत : इधर शादी करोगे? दिल भी लग जाएगा उनका, देहात में?

कमलेश : उधर रिश्ते करने बड़े कठिन हैं। एक तो ज़ात बिरादरी अपनी है नहीं। उधर के लोग भुक्खड़ हैं। दाज दहेज बेहिसाबा माँगते हैं।

गुरप्रीत : पढ़ी लिखी हैं। नौकरी कर सकती हैं।

कमलेश : नौकरी के लिए इधर कोई मनाही है। बहन जी, ज़माना है खराब। जवान लड़की बालिका संभालनी मुश्किल है। फिर आज कल की पीढ़ी? कहना कहाँ मानती है। न माँ-बाप का भय, न मास्टरों का। आग लगने सिनेमा घर हैं। लड़के-लड़कियाँ तय करके अंदर जा घुसते हैं। और जगह-जगह इश्तिहार टँगे हुए हैं। निरोध के, सस्ते अप्रेशन के। किधर छिपा लें माँ बाप? हमारी बेटियाँ तो, प्रभु की मेहर है, आँख की शरम रखती हैं। फिर भी ये कहते हैं, जल्दी से जल्दी लड़कियों की शादियाँ कर दें, इधर लड़के ढूँढ़ कर। दो तीन दिन में काम ख़त्म करके लौट जाएँगे हम।

गुरप्रीत : शादियाँ कब करोगे?

कमलेश : असूज कार्तिक को आए हम। नवरात्रों में। दशहरे के पास। दोनों की इकट्ठी बारात बुला लेंगे। बोझ उतरे गले से।

गुरप्रीत : मास्टर जी की कैसी करनी है? साथ ले जाओगे?

कमलेश : मशवरा करेंगे, शहर से लौटते हैं तो।

गुरप्रीत : तार तो, कहते हैं, ओम प्रकाश को भी भेजी थी।

कमलेश : आना तो हम ने दिल्ली ओम प्रकाश को मिलकर था। पर हमें जल्दी थी। टैलीफोन किया इन्होंने स्टेशन से। बोला, आप पहुँचो, मैं आ रहा हूँ।—अरी, तुझे नहीं आई कभी चिट्ठी? शरमा मत। सच सच बता। पहले तो मेरे पास सब कुछ खोल दिया करता था तेरे बारे में।

गुरप्रीत : ख़त्म हो गया सब कुछ कभी का। वज़ीफा लेकर गया जब दिल्ली, मुझे शक पड़ गया था। मैं ने सोचा, अब तो ओमा किसी दिल्ली वाली को ब्याहेगा।

कमलेश : प्यार तो प्यार ही रहता है। संयोग। अब तेरे साथ, देख, भगवान ने कितना जुल्म किया।

गुरप्रीत : कठिन हो, आसान हो। काटनी पड़ती है।—सुना, दो बेटे हैं।

कमलेश : ओम प्रकाश के? उधर की है। परफेसर लगी है। एक बार मिली थी, कलकत्ते जाती हुई। नाक पर मक्खी नहीं बैठने देती।

गुरप्रीत : अच्छा, भाभी। परसों मिलेंगे, अगर आप यहाँ रहे। कल मैंने सास को लेकर शहर जाना है।

कमलेश : क्या हुआ?

गुरप्रीत : मोतिया बिंद उतर रहा है। सियाना शरीर है। अपने लायक तो रहे। अप्रेशन करवाने लगी हूँ।

कमलेश : हस्पताल में दाखिल करोगी?

(साइकल की घंटी)

गुरप्रीत : हाँ। लो आ गए मास्टर जी।

(निशान सिंह और बिक्कर आते हैं। निशान सिंह खाट उठाकर ले जाता है। मंगू को खाट पर बैठा कर लाते हैं)

निशान : लो, भई। तू डोली में बैठकर आ। बेलें मत कुचल होने देना, साइकल से।

बिक्कर : हो गई टाँग ठीक?

मंगू : सिर ठीक हो गया तेरा। जादू है न डॉक्टर के पास।—कि डंडा घुमाया, हड्डी जुड़ गई।

सोहन : ऐक्सरे कराया अभी तो। तीन जगह दरार आई है।

गुरप्रीत : प्लस्तर लगेगा?

सोहन : हाँ। सलाह करके शुरू करेंगे इलाज।

बिक्कर : यहाँ कि कानपुर?

गुरप्रीत : चाचा जी तगड़े होइए। मैं फिर आऊँगी।
(जाती है)

मंगू : डॉक्टर कहता है, अगर ग़लत जुड़ गई हड्डी, तोड़कर लगानी पड़ेगी।

निशान : जाने दे यार तू शहर के कसाइयों को। मैं आप करूँगा तेरी मरम्मत।

सोहन : ताऊ, तेरी यह तो मानी। पर यहाँ हमारा रुकना भी तो मुश्किल है। कैसे करें, कमलेश? साथ ले चलें? रोटी टूकर की तंगी दोनों तरफ एक जैसी है।

कमलेश : मेरी तरफ से तो कानपुर सदा के लिए छूट जाए। आप बच्चे बैठा दो गाड़ी पर। यहाँ पढ़ें।

मंगू : ओमा इसी स्कूल से पढ़कर अमरीका पहुँचा था।

सोहन : नरेश मानेगा क्या? डॉक्टर बनना चाहता है। दसवीं में हुआ है। ऑल इंडिया कंपीटीशन होता है। बड़ी लड़कियाँ तो ख़ैर। ब्याह करने हैं, आपको बताया था, आ रहे असूज को। बेशक अभी आ जाएँ। बाकी परिवार का यहाँ बसना नामुमकिन है।

निशांन : ओए, बहुत सलाहों में मत पड़ो। जाओ दौड़ो कानपुर-नाकपुर को। क्यों हाड़ घिसटते हो मौत किनारे खड़ों के? मेरा कुनबा संभाल लेगा तुम्हारे सियाने।

बिक्कर : मैं कहीं नहीं जाऊँगा। यहीं रहूँगा। नहीं तो मैं घर से निकल जाऊँगा।

सोहन : निकल कर कहाँ जाएगा?

बिक्कर : जहाँ मरजी जाऊँ? तुझे क्या? साधुओं संग मिल जाऊँगा।

निशान : न, भई। साधु नहीं बनना। तू और मैं गृहस्थी रहेंगे। ठग्गी मत मार मेरे से। साली का रिश्ता लाकर दे मुझे।

सोहन : अगर किसी तरह, भाइया अकेला चल सके।

कमलेश : बाबा बिक्कर का क्या बनेगा?

सोहन : घर में जगह कहाँ है दो बुड्ढों के लिए। हाँ, स्वर्गपुरी में चिटाई बिछा कर लेटे रहें, हवा में।

निशान : स्वर्गपुरी? अच्छा, ज़िंदों को श्मशान भेजो।

सोहन : श्मशान नहीं, ताऊ। बाग है, हरा भरा।

बिक्कर : मसानों में मैं नहीं बसूँगा।

निशान : नहीं, साढू भाई। कभी नहीं जाएगा तू मसानों में।

सोहन : नहीं तो ऐसे करते हैं। पलॉट मिल रहा है एक नई कलोनी में। वो

ख़रीद कर छत लेंगे।

कमलेश : शिवपुरी? जो पांडे बेच रहा है?

सोहन : हाँ। दो सौ गज़ का है।

कमलेश : डेढ़ लाख कहाँ से निकालोगे?

सोहन : ताऊ, एक सलाह दो। मैं ने सुना है, ज़मीन के भाव चढ़ गए हैं इधर। अगर भला हम यह खेत बेचना चाहें? साथ में घर भी? अढ़ाई तीन लाख न मिल जाएगा?

बिक्कर : आधे का मालिक मैं हूँ।

निशान : मंगू राम कर ले सौदा। घर घाट बेचकर, कोठी बना परदेस में।

सोहन : कानपुर क्या परेदस है? वसना भी तो है भाइये ने या बाबे बिक्कर ने।

निशान : कितनी सदियों तक बसेंगे ये बुड्ढे?

सोहन : भाइया, मेरे साथ कानपुर चलने की तैयारी करो। मैं कल ससुराल जा आऊँ, ऊने। इसके भाइयों को कहूँगा, लड़के पक्के करो।—ताऊ, गाहक टकराओ।

निशान : मंगू, बेचना है घर घाट? उठवाऊँ तेरा साज़ व सामान?

बिक्कर : मैं अपना हिस्सा नहीं बेचूँगा।

सोहन : क़ब्र में टाँगें हैं। अभी तक ज़मीन जायदाद को बाँहों में जकड़ रहा है।—भाइया, कानपुर में डॉक्टर गली गली बैठे हैं, अच्छे से अच्छे।

मंगू : यहीं रहने दे तू मुझे।

निशान : शर्त रख ले, मंगू, मेरे साथ। मालिश करा मेरे से। सुबह शाम। अगर न आती हुई संक्रांति तक डंडे के सहारे चलाया तुझे, तो लानत भेजना निशान सिंह के मुँह पर। चाचा भतीजा बेशक मेरी सगाई तोड़ देना।

कमलेश : ओमा भी आ गया।

सोहन : सरपंच के बेटे के साथ वही है?—भाइया, ओमे को मैं मना लूँगा। बेच दे सब कुछ। गाँव लौटकर कौन बसेगा? शहर में प्रॉपर्टी बन जाए। हर साल कीमत दुगनी हो जाती है।

(ओम प्रकाश मंगू के गले लगकर रोता है। रवेल सिंह के हाथ में किताब है)

ओमा : भाइया जी, यह क्या बना लिया आपने।

निशान : हो जाएगा जल्दी ठीक।

मंगू : बस, बेटा।

ओमा : बाबा जी, पांव पड़ता हूँ।

बिक्कर : ओ मेरे शेर! ओ बेटा! **(रोता है)**

मंगू : बहू?

कमलेश : और बेटे?

रवेल : अकेले उतरे हैं यह तो बस से।

ओमा : गुरप्रीत हमारे स्कूल में पढ़ाती है?

कमलेश : गई है तेरे आगे-आगे। छुट्टी करके।

रवेल : हमारी कलास को पढ़ाती है इंग्लिश और हिस्टरी। मास्टर जी, हाकम सिंह मिस्त्री आया था भापा जी के पास। बोला, मैं और संता सिंह लायब्रेरी के लिए अलमारियाँ मुफ्त में बनाएँगे।

मंगू : अच्छी ख़बर है यह तो। लकड़ी की कमी रह गई।

बिक्कर : रोटी का भी करो कुछ।

कमलेश : जा रही हूँ मैं घर को।

बिक्कर : मोटी चपाती पकाना। शहरों वाले पत्ते-से हम नहीं चबा सकते!

निशान : अगर कंजूस संता सिंह मुफ्त में काम करने को मान गया, तो हम किसकी बहू बेटी से कम हैं? लो, भई मास्टर, मेरा शीशम का पेड़ काट लो। नाले के किनारे वाला। अलमारियों और मेजों के लिए।

रवेल : **(ताली बजाकर)** मैं अभी बताऊँगा भापा जी को।

निशान : यों बात है तो बाबा नानक की वाणी के उलट।

मंगू : उलट कैसे भई?

निशान : ये लड़ी लैबलेड़ियाँ गाँव का क्या सँवारेंगी? अखाड़ा बनाती पंचायत तो भी कहते। पहलवानी के लिए। या तमाशे के लिए मंच बनाती। नाचने वाले लड़के रासलीला खेलते। किताबें पढ़कर तो गाँव के छोकरे छोकरियाँ और बिगड़ेंगे।

ओमा : सुन लो बाबा की वाणी। ज़रूर कर लेगा हिंदोस्तान तरक्की! किताबें छोड़कर।

निशान : कहता नहीं बाबा नानक? "पढ़-पढ़ गड्डे लाद लो, पढ़-पढ़ भर लो खात। नानक लेखे एक बात, और सब झक्खण झात।"

कमलेश : **(हँसती)** ताऊ का मसख़री का स्वभाव वही रहा।

सोहन : बुड्ढा भी हो गया।

निशान : हम क्यों बुड्ढे होंगे, भई? हम देहाती? बुड्ढे होगे तुम शहर वाले। क्यों मेरे बिचौलिया? सही कहा मैंने?

ओमा : रवेल, ठेका भी है हमारे गाँव में?

निशान : शाबाश! पंडित, यह काम भी कर लेते हो?

ओमा : अमरीका बड़ा कुछ सिखा देती है। **(घड़ी देख कर)** बंद होने का

टाईम तो नहीं?

निशान : **(हँसता)** ओए, देहात के ठेके भी कभी बंद होते हैं?

रवेल : शिवालय के आगे है ठेका। बेशक आधी रात को जगाकर बोतल ले लो, पुजारी के बेटे से।

निशान : कैसे करोगे, मंगूराम? सवेरे आऊँ मालिश करने? या कानपुर की गाड़ी चढ़ोगे?

मंगू : मशवरा करते हैं।

बिक्कर : **(मंगू के पास आकर, रोता)** हम नहीं जाएँगे गाँव छोड़ कर।

मंगू : मैंने बेटे पढ़ाए, लिखाए। अब बुढ़ापे में मुझे ज़रूरत आ पड़ी है उनकी। मैं क्यों न सहारा लूँ?

बिक्कर : मंगू राम, मुझे मत उखाड़। मुझे मत छोड़। ओए, मुझे मत ख़्वार करो। कौन जाने मैं दो दिन हूँ कि नहीं! मुझ ज़िंदे को मत मारो।

(अँधेरा)

—आधी छुट्टी—

अंक 4

मंगू : तू न होता अगर, मैं मौज उड़ाता। आसमान में हिलोरे लेता। पतंग की तरह। तू? तू मुझे डोर बनकर नीचे को खींचता रहा है। हमेशा। कीचड़ की तरफ। गारे की तरफ। घसीटता रहा। मैं बदली की तरह आसमानों में तैरूँ, अगर तेरे से टूट जाऊँ।

बिक्कर : डोर? ओए सौदाई! यह डोर ही है जो झटके खा-खा कर पतंग को आसमानों में तैराती है। एक बार डोर टूट जाए, पलों क्षणों के अंदर पतंग होगी धरती पर! कीचड़ में! बंधनों के बग़ैर इन्सान ऊँचा नहीं उठ सकता।

मंगू : बंधन नहीं। कोढ़ है तू मेरा। ज़िंदगी भर का कोढ़।

बिक्कर : देख लेना, मित्र। मर तो मैं ने एक दिन जाना ही है। मेरा भाषा हुआ एक दिन पूरा हो जाएगा। मेरे बग़ैर तू भी धूल में खोएगा। दर-दर की ठोकरें खाएगा।

मंगू : फूलबहरी चर्म रोग है तू मुझे चिमटा। दाग़दार चमड़ी।

बिक्कर : अगर यह बात है तो, मंगू राम, तेरी मेरी बस। **(चलता है)**

मंगू : कहाँ चला?

बिक्कर : कांजी हौस। यहाँ गाँव वाले घुमंतू पशुओं को क़ैद करके रखते हैं।

मंगू : ओए, बैठ जा परे। बच्चा ही बनता रहता है। रूठा ही रहता है।

बिक्कर : आखिरी बार है आज। अच्छा, रब्ब राखा तेरा। हड्डियाँ तेरी धूल फाँकेंगी। दिल्ली में और कानपुर में। याद रखना मेरी दुर्शीश। जो तू मुझे गले से उतार रहा है।

मंगू : कौन उतार रहा है तुझे गले से?

बिक्कर : तू! और क्या तेरा बाप? हर वक़्त सोचता है, अब भी पंडित बिक्रम चंद मरे! अब भी मरे! बोल, बुरा चाहता है तू मेरा कि नहीं?

मंगू : मेरे चाहने से कौन सा तू मर गया।

बिक्कर : कौओं के चाहने पर ढोर नहीं मरते। मैं मरूँगा तो अपनी आई पर मरूँगा। तेरे चाहने पर नहीं मरूँगा। न तेरे बेटों के चाहने पर।

मंगू : बैठ जा, ओए तपेदिक, चुप करके। मैं तो पहले ही दुखी बैठा हूँ। लड़की रोटी ला रही होगी।

बिक्कर : नहीं खाऊँगा, तेरी रोटी। **(जाता है)**

मंगू : खीर बनवाई है मैंने।

बिक्कर : **(मुड़कर)** खीर?... आज से तेरे घर का अन्न गऊ माँस है मुझे। भूखा मर जाऊँगा तेरे सिर चढ़कर। **(जाता है)**

मंगू : **(रोता)** बिक्करा, यम है तू मेरा, यम! निकाल ले बदले। **(लेटता है)** **(वक़्फा)**

(गुरप्रीत और ओम प्रकाश आते हैं)

गुरप्रीत : इतनी मौजें मारीं अगर तू ने अमरीका में, तो लौट क्यों आया?

ओमा : प्यार! अपने लोगों के लिए प्यार।

गुरप्रीत : दर्द कम हुई, चाचा जी?

ओमा : भाइया?...

गुरप्रीत : आँख लग गई।

ओमा : हाँ। गहरी नींद में हैं।... वो अँगूठी वाली बात याद है तुझे?

गुरप्रीत : जब तूने ब्लेड से हाथ काट लिया था? हाय! याद करके कपकपी छिड़ जाती है।

ओमा : देख, दूसरी शादी की लाईन। है उतनी ही गहरी कि नहीं? तब की बना रखी है गहरी, ब्लेड से। तू अपनी लाइन दिखा। तेरी भी दूसरी शादी होगी ज़रूर।

गुरप्रीत : नहीं! कोई देख लेगा। चाचा जी जाग पड़े शायद।

ओमा : तेरे कारण मैं ने ख़ून बहाया। पर तेरे दिल पर असर नहीं हुआ।

गुरप्रीत : शादी थोड़े ही करनी थी तूने मेरे साथ।

ओमा : और क्या करना था?

गुरप्रीत : नाटक खेल रहा था तू बलिदान के। ख़ून बहा कर। ब्लेडों से। शादी कराने वाले दिखावे नहीं किया करते। अँगूठियाँ छल्ले पहनाने की खोखली रस्में नहीं किया करते। तू तो रस्मों में व्यस्त था। फिल्मी इश्क़ की नक़ल खेल रहा था। मैंने ख़ामख़ा इतने साल दिल को दुखी किया तेरे बदले।

ओमा : सचमुच? मेरे लिए?

गुरप्रीत : बुद्धू मैं। तेरी नाटकबाज़ी के असर के नीचे दबी, आसमानों में पतंग उड़ाती रही।

ओमा : सच बता। तू ने भी कभी सच्चे दिल से प्यार किया था मुझे? शादी करने की इच्छा हुई थी मेरे साथ?

गुरप्रीत : फायदा क्या अब, चूल्हे की राख हिलाने का? बीत गई सो बात गई।

ओमा : ईवन दैन्न। बता तो सही, प्यार था तुझे मेरे साथ?

गुरप्रीत : अगर प्यार न होता, मैं फ़िज़ूल क्यों चिट्ठी लिखती तुझे? तेरे वादे के बारे में?··याद है? हॉसटल में था जब तू। रक्षा से सरनामा लिया था मैं ने, बहाने से।

ओमा : हाँ, हाँ। पूरा साठ सफे का लव लैटर लिखा था मैंने जवाब में।

गुरप्रीत : सच्चा प्यार करने वाले एक दस्ता काग़ज़ काले नहीं करते। प्यार को इतने खोखले लफ़्ज़ों की जरूरत नहीं पड़ती।

ओमा : इतनी समझ तुम्हें तब भी थी? अब तो भला गृहस्थ से निकल कर, दुनियादारी देख कर, तजरबा हो गया है। उस वक़्त भी तू इतनी सियानी थी? मैं तो, सच कहूँ, बुद्धू था। सीधा था।

गुरप्रीत : सीधा तो तू कभी भी नहीं था। वज़ीफा मिला दिल्ली का, तू और से और! बदबू आने लगी तुम्हें हमारी गलियों से। जाहिल, उजड्ड, दक़ियानूसी, दिखने लगे तुम्हें हम देहाती। विलायत के सपने! कनेडा की कहानियाँ! अमरीका के परी महल! इस धरती से तेरे पैर उठ गए। मैं समझ गई थी। ओम प्रकाश अब कभी गाँव की लड़की क़बूल नहीं करेगा।

ओमा : चिट्ठी क्यों लिखी फिर तू ने? ब्याह के वादे क्यों याद कराए? अँगूठियों के बारे में बता कर?

गुरप्रीत : आख़िरी इम्तिहान था तेरा। अगर तू सच्चा होता, झट दो पंक्तियों का जवाब भेजता। नौकरी लगते ही, मुझे ब्याहकर ले जाता। झूठों की तरह, साठ पन्नों के पुलंदे न भेजता।

(मंगू उठकर बैठता है। खाट के नीचे से डिब्बा उठाने की कोशिश करता है)

ओमा : अच्छा, छोड़ पुराने पापों को। अब की बात कर।··क़सम है तेरी। गुरप्रीत, मैं आया हूँ सिर्फ तेरे करके। मुझे पता था, भाइये की टाँग तो मामूली मसला है। उम्र गुज़र चुकी है। पच्चहत्तर साल थोड़े नहीं होते। आज मरा कि कल। नौ प्रॉबलम। रक्षा है देखने के लिए। नहीं तो सोहन लाल ले जाएगा कानपुर। मैं आया हूँ गाँव में तो अपनी गुरप्रीत को ब्याहने।

गुरप्रीत : तुझे पता था, बलवंत जा चुका है?

ओमा : लिस्ट छपी थी उन फौजियों की जो उस टकराव में मारे गए थे। बलवंत ठक्कर वालिये का मैंने नाम पढ़ा था। तुम्हारे गाँव वाले निहाल सिंह से भी पूछा था। लोहारों का लड़का, दिल्ली टैक्सी चलाता है। उसने बताया, वही बलवंत सिंह है। मैं दौड़ा आया हूँ। चल, गुरो, ज़िंदगी दोबारा शुरू करें। बिखरे हुए बेरों का कुछ नहीं बिगड़ा। वहाँ से उठाएँ बेर जब तू सातवीं में थी, मैं ग्यारहवीं में।

गुरप्रीत : वाह, मेरे कंप्यूटर प्रोफेसर। तेरे लिए लड़कियाँ, लड़कियाँ नहीं। बेरियों के बेर हैं। तोड़ा और मुँह में डाल लिया। अमरीका में भी यही कुछ किया। जो तू कहानियाँ सुना रहा है, आज़ादी के बारे में। तुम्हें अब बंदे, बंदे नहीं दिखते। बेर हैं। दाँतों से कुचला, चबाया, और गुठली? थूह! वो मारी।

ओमा : प्लीज़, गुरप्रीत। डोंट गैट्ट ऐंगरी। ट्राई टु अंडरस्टैंड मी। तेरी सौगंध। कई अमैरिकन लड़कियों ने मुझ से कहा : यहाँ सैटल हो जाओ।—मैं ने फर्मली कहा : नो! आई लव माई कंटरी। आई लव माई पीपल। मैं कंप्यूटर साइंस पढ़ाऊँगा तो हिंदोस्तान के अंदर। बेशक दसवाँ हिस्सा तन्ख़ाह मिले।

गुरप्रीत : तेरी तू जाने, पर एक बात बता—अगर हौसला है।

ओमा : पूछ।

गुरप्रीत : तेरी वाइफ—सुदेश क्यों छोड़ गई तुम्हें? बच्चे लेकर? इफ इट्स नॉट टू पर्सनल।

ओमा : विद यू, नथिंग इज़ टू पर्सनल। माई लाईफ इज़ ऐन ओपन बुक बिफोर माई गुरप्रीत।

गुरप्रीत : तू दूसरी बेरियों के पीछे भागने लग पड़ा था?

ओमा : **(हँसता)** नॉट रीयली! वैल · दिल्ली यूनिवर्सिटी में वह पढ़ाती है। वहीं पढ़ी भी थी। ऐटमसफीयर खुला हे। देहात वाली घुटन नहीं है। कुछ स्टूडैंट्स के टीचरों के साथ अफेयर हो जाते हैं। सारे जानते हैं। सुदेश ने भी कई कुछ किया होगा। मैं ने कभी जानने की कोशिश नहीं की। न बुरा मनाया। ऐसी सेक्स गेम्ज़ से मैं आप भी अब उकता चुका हूँ। ईमोशनली सैटल होना चाहता हूँ। काम की तरफ ध्यान रखना चाहता हूँ। · · फिर एक दिन—

गुरप्रीत : क्या हुआ?

ओमा : दर असल, सुदेश अपनी फैमली से बड़ी अटैच्ड है। उसकी एक मौसी डिपार्टमेंट हैड थी। वह मर गई, कैंसर होकर। उसका हसबंड, और एक जवान लड़का—छब्बीस साल का—दफ्तर में

बिग बॉस। दोनों उदास रहने लगे। तरस करके, मैं और सुदेश ने उनके साथ इकट्ठा घर ले लिया।··रोटी इकट्ठी पकाने लगे।·· और एक दिन, अचानक, मैं क्लास छोड़कर घर आ गया।··सुदेश और विवेक बैडरूम में कुंडी लगाकर पड़े हुए थे।

गुरप्रीत : सगी मौसी के बेटे संग?

ओमा : तुम यक़ीन करना। आई डोंट बिलीव इन डबल स्टैंडर्ड्ज़। मैं ने दोनों को एक भी लफ्ज़ नहीं बोला। सुदेश अपने आप मुझ से शरमाने लगी। दूर दूर रहने लगी। फैमलियों का इकट्ठे रहना इंपॉसिबल हो गया। और एक दिन वह सामान उठाकर स्टाफ क्वाटर्ज़ में शिफ्ट कर गई। अंजोल और सेतू को भी ले गई। मैं बहुत गिड़गिड़ाया। अपनी लज्जा की मारी, नहीं मानी। डाइवार्स प्रोसीडिंग्ज़ भी सुदेश ने ख़ुद शुरू कीं। अगले महीने हो जाएगा डाइवोर्स। तू साथ चल मेरे। छुट्टियाँ होने वाली हैं। ट्राई मी। टैंस्ट मी। अगर तुझे मेरे साथ रहने की लाइफ पसंद न आई, बेशक वापस आ जाना। नो क्वैस्चन्ज़ आस्कड! मैं तुम्हें शादी के लिए मजबूर नहीं करूँगा। यू आर फरी। ऐज़ यू अर्लियर वर।

गुरप्रीत : और पीछे मेरी सलोनी?

ओमा : सलोनी साथ चलेगी। लाईक माई ओन चाइल्ड। आई लव चिल्ड्रन। ऐक्युअली सुदेश को मैं मिस नहीं करता। मगर अंजोल और सेतू के बग़ैर मैं ज़िंदा नहीं रह सकता।

(मंगू उठने की कोशिश करता है। खाट पर गिर जाता है)

गुरप्रीत : मेरे सास ससुर का क्या बनेगा?

ओमा : गॉड डैम इट! तू बुड्ढों की ग़ुलाम बनकर क्यों रहती है? यू हैव ओनली वन लाईफ। अध-मुओं के कारण भरी जवानी डुबोएगी? तू ने ठेका लिया हुआ है कुल दुनिया का? क्यों ज़िंदगी क़ुरबान कर रही है पराए लोगों के लिए? दस साल में तुम अधेड़ उम्र की हो जाओगी। तब तक, अगर बुड्ढा बुड्ढी मर भी गए, तू आप, माफ करना, तू आप बुड्ढी दिखेगी। और तेरे स्थान पर सलोनी जवान दिखेगी। यू विल हैव मिस्ड दा बस। इट्स नाओ और नैंवर।

गुरप्रीत : बेर! सिर्फ बेर और गुठलियाँ!—मेरे लिए मेरे सास ससुर पराए नहीं हैं। बुड्ढे सही, अंधे बहरे सही, वे मेरे माता पिता हैं। मेरे बलवंत के जन्म दाता हैं। मेरी सलोनी की प्यार भरी दुनिया हैं। उन से अलग मेरा अस्तित्व नहीं। अपनी ज़िम्मेदारियाँ निभाए

बग़ैर, मेरी ज़िंदगी का कोई मतलब नहीं।

ओमा : सोच ले, गुरप्रीत। एक महीने में किसी का कुछ नहीं बिगड़ता। तजरबा सही।

गुरप्रीत : दिलों के साथ तजरबे करने की साइंस तू मुझे न ही सिखाए तो बेहतर है।

ओमा : गुरो, एक दो दिन और विचार कर लो। जल्दबाज़ी मत कर। सलोनी का फ्यूचर सोच। दिल्ली जैसी पढ़ाई गाँव में कहाँ। आई ऐम लाइक यूअर सलोनी। आई नीड यू। लव मी! मदर मी!
(मंगू के गिरने की आवाज़)

गुरप्रीत : चाचा जी! **(उठाकर खाट पर बैठाती है)**

ओमा : आप सोए हुए नहीं थे?

मंगू : सोया हुआ ही था, बेटा। निशान सिंह सही कहता है : किताबें पढ़-पढ़ कर, सारी उम्र, मैं सोया ही रहा हूँ। मगर अब मैं जाग रहा हूँ। धीरे धीरे उतर रही है मेरी नींद!
(ओम प्रकाश पौआ जेब से निकाल कर घूँट भरता है)

(अँधेरा)

अंक 5

(निशान सिंह मंगू की टाँग की मालिश कर रहा है। बिक्कर हुक्का पी रहा है। सोहन लाल, कमलेश, रक्षा, राम आसरा, ओम प्रकाश—खड़े या बैठे)

राम आसरा : क्या फैसला किया है, सोहन लाल जी?

सोहन : फैसला भाइया करेगा।

कमलेश : जो भाइये की मरज़ी।

रक्षा : ओमे, तेरी क्या सलाह है?

ओमा : मेरी कैसी सलाह? यह किधर की बड़ी प्रॉबलम है—जिस पर नेश्नल सेमीनार करना चाहिए।

राम आसरा : दिन ढल रहा है। हम रौशनी रहते लौटें।

रक्षा : बच्चे अकेले हैं घर में।

निशान : लड़कियो, ज़रा रुक कर जाना।

रक्षा : क्यों, ताऊ?

निशान : मैं लड्डू लाता हूँ पिछौरी की दुकान से।

कमलेश : किस ख़ुशी में?

रक्षा : पोता जन्मा?

निशान : पुत पोते तो बहुत हैं। लड्डू तो मैं खिलाऊँगा अपने ब्याह की ख़ुशी में।

ओमा : शाबाश, ताऊ।

सोहन : तेरा ब्याह?

निशान : और क्या? पंडित बिक्रम चंद मान गया है। मेरे लिए अपनी छोटी साली का रिश्ता लायेगा। क्यों, बिक्कर?

बिक्कर : खीर बनवाई है न तूने मेरे लिए, जो मैं रिश्ते लाऊँ तेरे लिए?

निशान : हामी भर तू। खीरों में डुबो दूँगा।

रक्षा : ताऊ हँसोड़ नाटक ही रचता रहता है।

मंगू : धीरे, भई! हाड़ माँस की टाँग है। पहलवानों वाली मुगदर मत समझ।

निशान : सब्र रख। मेरी मालिश टाँग को मुगदर बना देगी।

ओमा : प्लासटर के बग़ैर भी कभी टाँग का फ्रैक्चर जुड़ा है?

सोहन : राम आसरा, पैसे ले जा।··परसों की सीटें बुक करवा दे हमारी। भाइये के लिए सोने की बर्थ। नीचे की हो।

राम आसरा : तीन सीटें कि चार?

कमलेश : परसों की न मिलीं तो बेशक चौथ की हों।

बिक्कर : मंगू को ले जा रहे हो कानपुर?

मंगू : बिक्कर की कैसे करोगे?

रक्षा : मैं तो कहती हूँ, भैया, तुम दोनों परिवार मत कष्ट उठाओ। हम नन्हे-मुन्ने लेकर यहाँ आ जाते हैं कल। दोनों बुड्ढों को गाँव में रहने दो हमारे पास।

ओमा : मुझे कोई अब्जैक्शन नहीं। सोहन लाल से पूछ ले।

कमलेश : रहने को तो बेशक मैं भी रह लूँ।

राम आसरा : भाइया जी, आप भी बताओ अपना इरादा। सारी सलाहें छोड़कर, मैं तो कहता हूँ, हमारे घर चलो, शहर। मैं गाय बेच देता हूँ। देहली खाली हो जाएगी दोनों बजुर्गों के लिए। ख़र्च का भी कोई नहीं। मैं डी.सी. साहिब को कह कर, ओवर टाइम लगवा लूँगा।

रक्षा : उलटी पुलटी मारता रहता है। पहाड़ियों जैसा। अगलों को तो पूछ ले, सगे बेटों को।

मंगू : लड़कियों की शादियों की बात कर रहा था तू?—कि परिवार लेकर आऊँगा?

बिक्कर : यहाँ करोगे शादियाँ?

निशान : असूज कार्तिक की स्कीम बना रहा था। क्यों, सोहन?

सोहन : स्कीम तो यही थी। पर अभी कुछ तय नहीं हुआ।

रक्षा : लड़के मिल गए?

कमलेश : आसान है कोई लड़के ढूँढ़ना?

सोहन : अंबिया थोड़े ही हैं—कि कंकर मारा, लड़के तोड़ लिए।

राम आसरा : यह बात तो है। रिश्ते करने हैं आख़िर, पूरी उम्र के लिए। संयोगों का चक्कर है।

ओमा : ग़लत बातें हैं! उम्र भर के संयोग! अमैरिका में, बल्कि सारे वैस्ट में, लोग अपनी पूरी ज़िंदगी नहीं गलाते, एक दूजे के साथ। नहीं बनी अगर औरत मर्द की, लड़ लड़कर माँस नहीं खरोंचते, बरसों

तक। झट तलाक ले लेते हैं।

राम आसरा : तलाक का बच्चों पर बुरा असर नहीं पड़ता?

ओमा : नहीं। बल्कि बच्चे जल्दी अपने पैरों पर खड़ा होना सीख जाते हैं। बच्चा हो चाहे बुड्ढा। अमैरिका में शिक्षा दी जाती है सैल्फ-रिलायंस की। आज़ादी की। अपना सहारा आप बनो।—और एक यह हमारा देश है। हम तो उस आकाश बेल जैसे हैं। क्यों, ताऊँ?

निशान : हमारी बेरी पर फैली हुई है जो?

ओमा : हाँ। देखो, कैसे सारी बेरी पीली हुई पड़ी है। आकाश बेल पैरासाइट है। बेरी को अपनी खुराक बनाती है। बेरी पर निर्भर करती है।

निशान : अगर उसकी अपनी जड़ें नहीं हैं, तो बेचारी बेल क्या करे? सहारा न ले बेरी का? भूखी मर जाए?

ओमा : यह तो बेरी को पूछ कर देख, जिसका लहू चूसती है। है न, भाइया?

निशान : बाप से क्या पूछ रहा है? इसने भी तेरी तरह किताबों के ढेर पढ़े हैं। बेतुकी हाँकेगा।

ओमा : नहीं, ताऊ। यह हँसी मज़ाक की बात नहीं है। ख़ून ख़ौलता है मेरा, जब मैं देखता हूँ—हम अपने बच्चों को कमज़ोर बनाए रखते हैं। राख है सभ्यता हमारी? अभी देख लो। बीस-बीस, बाईस-बाईस साल की बेटियाँ हैं सोहनलाल की। धक्के खाता हुआ घूम रहा है। पाँच सौ मील पर। जमाई ख़रीदता हुआ।

राम आसरा : और क्या करे?

कमलेश : क्वांरियाँ रख लें?

ओमा : लड़कियाँ आप ढूँढ़ें लड़के।

रक्षा : हया कर कुछ।

निशान : सुन ले, मंगू, बेटे के नए रचे हुए वेद शास्त्र।

ओमा : पंद्रह साल की हुई नहीं, अमैरिकन लड़की काम पर लग जाती है। नौकरी करती है। अकेली कमरा किराए पर लेकर रहती है। जिससे मरज़ी प्यार करे। शादी करे।—और हमारी नेशन? बच्चों को गुलाम बनना सिखाती है। इसीलिए तो हम तरक़्क़ी नहीं कर सके। उधर के विद्वान सही कहते हैं। हिंदुस्तान डूमॉक्रेसी नहीं है। जरॉन्टोक्रेसी है?

सोहन : वह क्या होती है?

मंगू : ज़रॉन्टोक्रेसी? शेक्सपीयर में तो कहीं नहीं हैं यह शब्द। न होमर में।

ओमा : बुड्ढों का राज! जिधर देखो, हिंदुस्तान के अंदर, बुड्ढे जवानों की नाक में नकेल डाले घूम रहे हैं। जवानों की पीठ पर सवार हैं।

निशान : घरों से निकाल फेंको, भई, सब बुड्ढों को!

ओमा : अमैरिका में जवान अलग बसते हैं, बुड्ढे अलग बसते हैं। बुड्ढों के लिए अलग मकान हैं। हॉस्टल हैं। क्लब हैं। बुड्ढे बुड्ढियाँ हम-उम्रों संग रहें तो आप भी सुखी, बेटे पोते भी सुखी।

मंगू : कांजी हॉस?

ओमा : वह क्या होता है?

निशान : आवारा पशु अगर फसल उजाड़ रहा हो, तो पंचायत पकड़कर कांजी हॉस में क़ैद कर देती है।

ओमा : नहीं, भाइया जी। क़ैद नहीं किए जाते सियाने। उनके मनोरंजन का, इलाज का, हर तरीका बरता जाता है।

सोहन : अच्छा, बहुत ऊट पटाँग मत बक, बदचलन मुल्कों के बारे में। जिस समस्या के लिए इकट्ठे हुए हैं, उसकी बात करो।

बिक्कर : मैं गाँव छोड़कर नहीं जाऊँगा।

सोहन : तुझे कहता कौन है?

राम आसरा : तीन टिकट हुए फिर। भाइये के लिए स्लीपर। आप ओम प्रकाश जी? दिल्ली की सीट बुक करा दूँ?

ओमा : नहीं। मेरा अभी कोई पता नहीं क्या प्रोगराम बनेगा। **(घड़ी देखकर)** गुरप्रीत आने वाली है स्कूल से। उसको पूछ कर बताऊँगा।

रक्षा : गुरप्रीत?

कमलेश : साथ ले जाना है गुरप्रीत को, दिल्ली?

निशान : उसकी सास पड़ी है शहर। आँखें बनवा रही है।

सोहन : भाइया, लड़कियों की शादियों का तो मुझे मेरे साले बाद में लिखेंगे। आप चलो हमारे साथ कानपुर। और, ओमे, जैसे कैसे, इस ज़मीन का निपटाओ।

रक्षा : बेचने लगे हो? मेरा भी हिस्सा बनता है। मैंने भी परिवार पालना है। ··क्यों, भैया?··बोलता नहीं?

कमलेश : बाँट ले हिस्से। हम क्या उठा कर ले जाएँगे ज़मीन? और घर? मेरी तरफ से सारा संभाल ले।

सोहन : इतनी कोरी करारी बनना है अगर तू ने—राम आसरे, तू भी सुन

ले—ननिहाल से भात की उम्मीद मत रखना फिर बच्चों के ब्याह शादियों पर।

राम आसरा : भाई, मुझे कुछ नहीं चाहिए। तुम जानो, तुम्हारी बहन जाने। मैं तो बल्कि सियानों की सेवा करने को कहता हूँ। सियाने साझे हैं।

रक्षा : साझे हैं तो दो-दो महीने रहें हम तीनों के पास। बारी-बारी।

बिक्कर : मैं? मंगू, मैं भी चक्कर खाऊँगा? तेरी तरह? दो-दो महीने?

सोहन : रुक ज़रा, बाबा। सोचते हैं तेरे बारे में भी।

बिक्कर : **(रोता)** मैं सब समझता हूँ। तुम सारे यही सोच रहे हो—झटपट मर जावे!—मंगू, मैं इनके साथ नहीं जाऊँगा। ये मुझे ज़हर देकर मार देंगे। डर लगता है मुझे इन से।

मंगू : ओए चुप कर, चाचा। क्यों तू मुझे भी रुलाता है साथ में?

कमलेश : बच्चे जैसी बुद्धि है।

रक्षा : दुखी करेगा जिसके भी रहेगा।

सोहन : राम आसरे, करवा दे तीन सीटें बुक। भाइया चले हमारे साथ।

रक्षा : बाबा बिक्कर?

ओमा : आई कांट टेक हिम विद मी। सॉरी।

रक्षा : भाइये के बग़ैर यह क्या टिकने लगा? मेरे बस में नहीं इसे संभालना?

सोहन : सुनो तो सही। ख़ैर, हम भाइये के लए कमरा बनवा देंगे, ज़मीन ख़रीद कर।

निशान : साढू भाई, मेरे पास रहेगा? पर देखना, मेरी जोरू भगा कर मत ले जाना। कहीं मिलकर तुम जीजा साली, मेरा पत्ता काट दो। है न, ओम प्रकाश?

ओमा : मैं ने ग़लती की। इस बैकवर्ड मुल्क को वापस आ गया। अमैरिका में बस जाता तो मौजें मारता।

सोहन : हमारे मुल्क की सब से बड़ी मुसीबत यही है। हम खुद अपने आपकी निंदा करते रहते हैं। सुन ओए, ओम प्रकाश। पीऐच.डी. होगा तू अमरीका से। लेकिन तुम्हें भारतवर्ष के बारे में तिनका नहीं पता। फिज़ूल बुराई कर रहा है तू हमारी सभ्यता की। कल जन्मा है अमरीका। वे क्या जानें आर्य संस्कृति की महानता। प्राचीन समाज के सद्‌गुण।

ओमा : क्या इलाज है तेरी समाज के पास बुड्ढे बिक्कर का?

सोहन : है क्यों नहीं? आज से नहीं। सदियों पहले विचार लिया था इस

मसले को हमारे ऋषियों मुनियों ने। धर्म का अंग बना रखा था।

ओमा : कम टु दा पुइंट।

सोहन : वर्ण आश्रम धर्म के बारे में सुना है कभी?

ओमा : यू ऐक्सप्लेन।

सोहन : अमरीका वाले हमारे वेदों शास्त्रों से ज़्यादा अक़्ल नहीं रखते। पचास साल का हुआ नहीं, आर्य गृहस्थ में दख़ल नहीं था देता। राजा नहीं था बन सकता।

ओमा : क्या करता था वह? गुल्ली डंडा खेलता था?

सोहन : बकवास मत कर, म्लेच्छों वाला। आर्य आरण्यवास करता था। जंगलों में रहता था। संन्यासी बनता था।

ओमा : सो, बाबे बिक्कर को धकेल कर जंगल में छोड़ आओ! ग्रेट!

सोहन : धकेलना क्यों है? बाबा ऋषियों मुनियों की तरह आरण्य वास करे। पूजा पाठ करे।

ओमा : कहाँ?

सोहन : आश्रमों का घाटा है क्या?

ओमा : व्हेयर आर यूअर ब्लडी आश्रम्ज़?

सोहन : हरिद्वार। ऋषिकेश। काशी भी।

ओमा : रीयली?

सोहन : ऑफ कोर्स। लेकिन पैसे देने पड़ते हैं।

ओमा : पैसों का तो मिल मिलाकर कर लेंगे। यह प्रापर्टी गाँव में यूसलेस पड़ी है। क्यों, भाइया जी, आश्रम वाली बात सही है?

सोहन : भाइये को क्या पता है? मेरे से पूछ।

रक्षा : धृतराष्ट्र, गांधारी, कुंती भी, बुड्ढे हो कर जंगलों में चले गए थे।

राम आसरा : और वहाँ आग में झुलस कर मर भी गए थे। बचाने वाला नहीं था कोई नज़दीक।

सोहन : लेकिन हमारे आश्रमों में आजकल सब इंतज़ाम हैं। टैलीफोन लगे हैं। बड़े-बड़े अमीर करते हैं ऐसे। रिटायर हो कर, हरिद्वार चले जाते हैं। मरने तक वहीं बसते हैं।

निशान : धन्य भाग्य तेरे, बिक्करा। कई परिवार मरे हुओं की अस्थियाँ गंगा नहीं पहुँचाते। तुझे ये लड़के ज़िंदा को गंगा में गोते देने चले हैं।

ओमा : डोंट लिसन टु हिम, सोहन लाल। मुझे जंच गई। बाबे बिक्कर को आश्रम में छोड़ आते हैं। मरने तक।

निशान : हर्ज क्या है, मंगूराम, इसमें? हम भी तो, भाव बढ़ने तक, आलू की

बोरियाँ कोलड सटोर में जमा करा देते हैं।

(गुरप्रीत आती है। साथ सलोनी है)

गुरप्रीत : चाचा जी, टाँग कैसे है?

मंगू : दर्द से तो कुछ है फर्क।

गुरप्रीत : बढ़िया।—वाह वाह! बेलें भर गईं फूलों से। नन्हे-नन्हे फल ही फल हैं चारों तरफ।

निशान : मास्टर इस बात में तो गुणवान् निकला।

मंगू : नया बीज है। लुधियाना यूनिवर्सिटी वालों ने निकाला है।

गुरप्रीत : यहाँ से तो रोज़ का एक ट्रक उतरेगा ख़रबूज़ों और तरबूज़ों का।

मंगू : तेरी सास कैसे है, बिटिया?

गुरप्रीत : आँख ठीक नहीं हो सकी, चाचा जी। शूगर की बीमारी थी। डॉक्टर ने जल्दबाज़ी की आप्रेशन की। ज़ख़्म नहीं भरा। जो थोड़ी बहुत नज़र थी, वह भी जाती रही।

मंगू : बुरी हुई बेचारी के साथ।

रक्षा : तेरे लिए मुसीबत है।

गुरप्रीत : माता पिता मुसीबत कैसे हुए, बीबी? दुख झेलने पड़ते हैं।

ओमा : मेरा परोपोज़ल?

गुरप्रीत : नो! थैंक यू।—आप शहर जा रहे हैं? आइये। मैं ने भी जाना है, पाँच बजे की बस। बीबी जी को लाने।

राम आसरा : चलने वाले हैं।

ओमा : पहले हरिद्वार की करवा सीटें बुक।

राम आसरा : कितनी?

सोहन : पाँच। दो इन की—

ओमा : तीन हमारी। ठीक है, भाइया?

निशान : **(आँसू पोंछता)** तेरा भाग्य, साढू भाई। तेरा इतना ही अन्न जल था हमारे गाँव में।—

जिस घाट पानी आज गुज़र गया,
कल नहीं गंज़रे मुड़ कर।
नाव के राही, मायके में सखियाँ,
फिर नहीं बैठें मिलकर।।

बिक्कर : **(बिलखता)** ओए मंगू, मुझे मत भेज इनके साथ। ये मुझे मार डालेंगे। मैं नहीं जाऊँगा इनके साथ। तू आप अपने हाथों से प्राण निकाल दे मेरे। ओए यारो, मैं नहीं जाऊँगा घर छोड़कर। बचा ले,

ओए मंगू, मुझे। मेरी रक्षा कर। ओए, मैं शायद दो दिन और जिंदा हूँ भी कि नहीं। मत ख़्वार करो मेरी हड्डियाँ परदेसों में। **(उठकर मंगू के पास आता है)**

मंगू : **(हिम्मत से उठकर खड़ा होता है। बिक्कर को बाँहों में भरता है)** नहीं, चाचा। तुझे छोड़कर मैं कहाँ जाऊँगा? यह कोई वेला है तेरे मेरे बिछुड़ने की? पचास सालों से तेरे शरीर का मैंने भार ढोया है। अब मैं किस लिए पाप कमाऊँ? जो होगा, देखा जाएगा।—दौड़ो, लड़को, अपने-अपने घरों को। तुम ने मुझे आज नींद से जगा दिया। भुलावे दूर कर दिए। काहे के बेटे और काहे की बेटियाँ? अपना दुख आप ही झेलना पड़ता है। जहाँ मैंने ज़िंदगी के पच्चहत्तर साल काटे हैं, तुम्हारे बग़ैर, वहाँ दो साल और न कट सकेंगे?—बिक्करा, ओए तेरे साथ तो मैं ने ज़िंदगी गुज़ारी है। आज, तुझे छोड़कर, मैं इनके बस में पड़ा भी तो भला कितने बरस के लिए? कौन जाने, प्रभु कृपा करे, हम दोनों को, कल ही बुला ले। क्यों बैठूं मैं इनके दर पर कुत्ता बन कर? टुकड़े की इंतज़ार करता हुआ? और ये रोज़ मेरी मौत की इंतज़ार करते हुए?—जो दुख सुख होगा, यहीं झेलेंगे। गाँव के अंदर। मैं स्वर्ग न क़बूलूँ कानपुर का, तेरे बग़ैर। तू मेरा भाग्य, मेरी क़िस्मत, मेरे ग्रह। मैं मूर्ख! मैं ने तुझे बेर समझा। गुठली समझा। नहीं। तू फूलबहरी का दाग़ सही, चर्म रोग सही। तू मेरा अंग है। मेरी चमड़ी है। मुझे क़बूल हो। मन्ज़ूर हो। मैं अंग काट कर क्यों फेंकूँ? मैं अकेला तो नहीं दाग़दार शरीर वाला? हर बंदा कोई न कोई रोग लगाए बैठा है। हर बंदा कोई न कोई कोढ़ लगाए बैठा है। किसी को पुश्तैनी बीमारी है। किसी का अंग मारा हुआ है। किसी को कोई अभाव, किसी को कोई। मैं क्या दुनिया से अलग हूँ?—फिर अब तो बहुत हिस्सा ज़िंदगी गुज़र गई। थोड़ी रह गई। अब मैं क्यों दग़ा कमाऊँ तेरे साथ? मेरी भूल क्षमा कर दे, चाचा बिक्कर। मैं तेरी पतंग, तू मेरी डोर। बंधा रहना मेरे संग। मेरे स्वांसों तक। देखना, मुझे कीचड़ में मत गिरने देना। ओए चाचा, मुझे अपने बेटे बेटियों के वश में मत पड़ने देना। चाचा, तू मेरे पिता के स्थान पर है। आज बचा ले पुत्र को!!!

(दोनों ज़ार-ज़ार रोते हैं। वक़्फ़ा। रवेल बसता उठाए आता है)

रवेल : मास्टर जी, मेरे मामा की चिट्ठी आ गई! विलायत से! भापा जी

भी मान गए! मै इंग्लैंड जा कर पढ़ूँगा। मेरा भी गाँव से जल्दी छुटकारा हो जाएगा। मैं भी पीऐच.डी. करूँगा। डॉक्टर ओम प्रकाश अवस्थी बनूँगा!

(मंगू और बिक्कर एक दूसरे की बांहों में रो रहे हैं)

(अँधेरा)

—**ख़त्म**—

(पहला प्रालेख : दिसम्बर, 1984)

19

प्रेम पिकासो

प्रेम को
बतालीस बरस के प्रेम के साथ

लेखक और निर्देशक की तरफ से

'प्रेम पिकासो' नाटक ज़िंदगी के बारे में, समाज के बारे में, कुछ एक ज़रूरी सवाल उठाता है :—

1. मनुष्य का आपा क्या होता है? बंदे की विलक्षण प्रतिभा को, अनोखे निज को, कैसे ढूँढ़ा जाए? कैसे विकसित किया जाए। एक लड़के या लड़की के लिए कौन सा धंधा सब से अधिक सुखदायक होगा? स्वाद देने वाला होगा? लाभदायक निकलेगा? प्रेम प्रकाश, डिंपी और गुल्ली इसी आपे की, कार्य की, तलाश में हैं।
2. जवानों की इस तलाश के वक़्त कौन मदद कर सकता है? सहायक हो सकता है? रिश्तेदार, यार दोस्त? महान हस्तियों की उदाहरण?—रुकावटें कौन सी आती हैं इस सफर के राही के सामने?
3. प्यार का कौन सा स्थान है, हमारे आपे के सृजन के अंदर? इश्क़ का क्या महत्त्व है, आदमी के पेशे के नज़रिए से?—क्या कामयाब ज़िंदगी के लिए ज़रूरी है, लड़की अपने सपनों के राजकुमार संग विवाह रचाए? लड़का हूर परी संग भाँवरे ले?—विवाह क्या होता है? प्यार क्या होता है?—सरोज और विनायक और प्रेम प्रकाश को प्रेम का सही अर्थ सीखने की ज़रूरत है।

मैं ने इन प्रश्नों को आज के, तेज़ी से बदलते हुए, समाज के संदर्भ में उठाया है। पुरानी रीतों रिवायतों को, रस्मों रिवाजों को, जवानी की कसवट्टी पर घिसाया है।

इला अपार्टमेंट्स (ए-104)
बी-7, वसुंधरा ऐनक्लेव
नई दिल्ली-110096

चरणदास सिद्धू

पहला मंचन

'प्रेम पिकासो' पहली बार कॉलेजिएट ड्रामा सोसाइटी, दिल्ली ने, पंजाबी अकादमी के बुलावे पर, 26 अक्तूबर, 1990 को कमानी हॉल में खेला।

कलाकार

प्रेम प्रकाश जक्खू	:	रवि तनेजा
सरोज परमार	:	पंकजा सिद्धू
राणा राजमल परमार	:	अश्वनी चड्डा
हुकमा देवी	:	ज्ञान कौर सिद्धू
डिंपी	:	पुष्पिंदर कौर गंभीर
गुल्ली जंगलियाणवी	:	यश तनेजा
सोना	:	मीता ओबराय
लब्भू	:	कंवरजीत सिंह
कुमुद विनायक	:	सुभाष सहगल
डॉ. सुषमा दीवान	:	वीणा सिद्धू तनेजा

परदे के पीछे

सैट्ट	:	राजकुमार साहनी
कला, वस्तुएँ	:	निर्मल सिह
वस्त्र	:	प्रमिला सिद्धू, वीणा
शृंगार	:	रवि, शैलेंद्र जैन
रौशनी	:	रबिंद्र नारायण माथुर, गिरधारी लाल
निर्देशक	:	डॉ. चरण दास सिद्धू

पात्र

प्रेम प्रकाश जक्खू : चित्रकार, 28 साल
सरोज परमार : उसकी प्रेमिका, 27
राणा राजमल परमार : सरोज का पिता, 50
हुक्मा देवी : सरोज की माँ, 48
डिंपी : सरोज की बहन, 19
गुल्ली जंगलियाणवी : सरोज का भाई, 17
सोना : सरोज का पड़ोसी, 4
लब्भू : प्रेम का चाचा, 52
कुमुद विनायक : नाविक, 52
सुषमा दीवान : डॉक्टर, 35

× × ×

समय : आजकल
स्थान : होशियारपुर शहर, पंजाब

× × ×

दृश्य 1

(**प्रेम का चबारा**)

डिंपी : प्रेम प्रकाश जी बहुत बड़ी ग़लती कर रहे हैं।

गुल्ली : सरोज को कल कोई देखने आ रहा है।

डिंपी : दिल इनका ज़रूर टूटेगा।

गुल्ली : मगर बचाएँ किस तरह?

डिंपी : सरोज के बारे में सच बताने का हौसला मेरे अंदर तो है नहीं।

गुल्ली : सच से प्रेम भैया छिप कैसे सकते हैं? एक दिन तो सरोज की असलियत ज़ाहिर होगी ही।

डिंपी : सपने भी प्रेम जी ने इतने बड़े रचाए हैं।

गुल्ली : करें तो क्या करें?

डिंपी : भलाई इसी में है कि अभी रोक दें।

गुल्ली : सरोज से ऐग्ज़िबिशन का रिबन न कटवाएँ।

डिंपी : प्रिंसीपल साब कर सकते हैं उद्घाटन।

गुल्ली : लेकिन इन्होंने तो पोस्टर में सरोज का नाम भी छपवा दिया।

डिंपी : तो क्या हुआ? आगे आने वाली निराशा से तो बचें किसी तरीके। प्रेम जी लौटते हैं तो मैं कहूँगी।

गुल्ली : आ गए। कर दे मना।

(**प्रेम आता है**)

प्रेम : हो गया शुरू प्रेम प्रकाश जक्खू का सफलता की तरफ सफर। दीवारों पर इश्तिहार लिखने के दिन ख़त्म। यह नुमाइश मेरा कैरियर बना देगी। मेरी पेंटिंग्ज़ हिंदुस्तान को हिला देंगी। जल्दी ही प्रेम प्रकाश का नाम संसार के मशहूर चित्रकारों में गिना जाएगा। दो नामुराद बीमारियों से मैं एक ही झटके से पीछा छुड़ा लूँगा। डिंपी, बूझ। इतने बरसों से, मैं कौन सी दो बीमारियों से छुटकारा पाने का संघर्ष कर रहा हूँ?

डिंपी : मैं तो बूझ नहीं सकती। आप ही बता दो।

प्रेम : गुल्ली, तू बता।

गुल्ली : पहली, नए विषयों का न मिलना। दूसरी, तकनीक का कच्ची होना।

प्रेम : वह भी सही है। पर असल में, हर लड़के लड़की के आगे, हर स्ट्रग्लिंग आर्टिस्ट के सामने, दो पहाड़ होते हैं। उन पहाड़ों को पार किए बग़ैर, आप सुख प्राप्त नहीं कर सकते। ज़िंदगी के मज़े नहीं लूट सकते।

डिंपी : कौन से हैं वे पहाड़?

प्रेम : पहला, ग़रीबी। पैसे का अभाव।

गुल्ली : ठीक।

डिंपी : दूसरा?

प्रेम : गुमनाम होना। ऑबसिक्योरिटी।

डिंपी : सही फरमाया।

प्रेम : टी वी वाले आ रहे हैं। सब अख़बारों को बुलावा भेजा है। आलोचक आ रहे हैं। यूनियन के प्रेज़ीडेंट ने पब्लिसिटी कैंपेन बड़े उत्साह से चलाई है। सो, कल से, समझो, प्रेम प्रकाश जक्खू मशहूर हो गया। पेंटिंग्ज़ की कमाई से गुज़ारा कर सकता है। सरोज संग जल्दी शादी रचा सकता है।

डिपी : रब करे, आपके सपने सच हों।

प्रेम : मेरे सपने ज़रूर आसमान में पहुँचेंगे। मैंने सपनों का निर्माण करने में बरसों की मेहनत ख़र्च की है। तपस्या की है। और मेरी कला के पीछे मेरी सरोज महान की इन्सपीरेशन है।

गुल्ली : भाई साहब, अगर गुस्सा न करो, एक बात कहूँ?

प्रेम : बोल।

गुल्ली : डिंपी, तू कह।

प्रेम : ऐसी कौन सी बुरी बात हो सकती है जिस से तुम झिझक रहे हो? खुल कर कहो जो कहना है।

डिंपी : नुमाइश का उद्घाटन आप हमारी बहन से न करवाओ।

प्रेम : यह कैसे हो सकता है? सरोज के बिना, मैं, मेरा आर्ट, कौड़ी का नहीं। हर महान पुरुष के पीछे स्त्री होती है। मेरे पीछे सरोज है। सरोज मेरे से अलग नहीं। सरोज प्रेम है। प्रेम सरोज है। उद्घाटन तो मेरी महबूबा ही करेगी।

गुल्ली : सरोज कल खाली नहीं।

डिंपी : कोई मिलने आ रहा है।

प्रेम : अपने प्रेम का पहला वन-मैन-शो छोड़कर, सरोज को और कौन सा काम हो सकता है? अब तो आधी रात हुई समझो। मैं तुम्हारे साथ नहीं चल सकता। उसको संदेश दे देना। सवेरे दस बजे सीधी कॉलेज पहुँचे। बैंक से छुट्टी कर ले।

डिंपी : सॉरी, प्रेम जी। मैं तो आपका संदेशा दे नहीं सकती।

गुल्ली : प्लीज़, भैया। सरोज को मत बुलाओ।

डिंपी : परसों हमारा नाटक देखने आएगी। तब देख लेगी नुमाइश।

प्रेम : मेरा लाल रिबन तो मेरी सरोज ही काटेगी। अच्छा। यह ख़ुशख़बरी अपनी सरोज को मैं आप ही दूँगा। तुम मत बताना। मैं आप घर से साथ लेकर कॉलेज जाऊँगा। प्रेम प्रकाश की कला संसार फतह करने का अभियान शुरू कर रही है। इस विजय के लिए मेरी सरोज का प्यार ज़रूरी है। साथ ज़रूरी है। सरोज और प्रेम! प्रेम और सरोज! कल! मेरे सब सपने संपूर्ण होने का दिन!

(अँधेरा)

दृश्य 2

(सरोज का घर)

हुकमा : लड़का चाहिए था जाना परखा। प्रेम प्रकाश जैसा। अनजान लड़के के साथ लड़की भेजनी परदेसों को, मेरा हौसला नहीं पड़ता।

राणा : प्रेम प्रेम प्रेम! छाले क्यों नहीं पड़ जाते तेरी जीभ पर! बच गई मेरी बेटी। मेरा कहा मान कर, प्रेम को दिल से निकाल फेंका।

हुकमा : जो जी में आता है करो। मुझे दोष मत देना बाद में।

राणा : बदशगुनी बुढ़िया मत बन। जा, चाय वाय देख। गुल्ली को कहा था, बरफी भीलो हलवाई से लाए। शीश महल बाज़ार से?

हुकमा : शीश महल ही भेजा है। सब कुछ तैयार है।

राणा : ग्यारह बजे लिखा था, तार में। ग्यारह तो बज गए।

हुकमा : बस में आना है कि गाड़ी में?

राणा : किन ज़मानों की हाँक रही है? इतना बड़ा अफसर हुआ। साथ माता-पिता होंगे। अपनी कारों में आएँगे।

हुकमा : चण्डीगढ़ से आएँगे या दिल्ली से?

राणा : यह पक्का नहीं पता। विवाह हुआ समझ साल छः महीने के अंदर। कौन जाने किधर का रिज़क़ लिखा है हमारी सरोज का। किस सूरमे के अंग संग लगेगी मेरी बेटी।

हुकमा : पिछले युगों में, खानदान तो एक दूसरे के वाक़िफ होते थे। दुख तकलीफ आ पड़े लड़की के सिर, रिश्तेदार तो ज़िम्मेदार बनते थे। इस छोकरे का क्या पता? किसने जन्मा, किसने पाला? कल को बुरी भली घट गई सरोज के साथ, किस को पकड़ेंगे?

राणा : छब्बीस सत्ताईस साल की सरोज हो गई। नया लड़का जन्म पड़ेगा हमारे देहात में?

हुकमा : आप ही तुम ने लड़की को क्वांरी रखा है। शर्तें लगाते हुए। ब्याह सरोज का होना है, ख़सम पसंद तुम्हें नहीं आते।

(**सरोज आती है**)

सरोज : डैडी, मुसीबत आ गई।

हुकमा : क्या हुआ?

सरोज : प्रेम आया।

राणा : यह ससुरा इस वक़्त किस केंचुली से निकल आया?

सरोज : घर से निकालो, बहाना बनाकर।

हुकमा : बैठने दो साथ। चाय पिलाए।

सरोज : नहीं। इसके सामने मैं खुल नहीं सकती।

हुकमा : बातचीत चलाने के लिए, एक और बंदा हो गया, घर का।

राणा : लसोड़ा फल की तरह चिपका है तुझ से। आठ सालों से।

सरोज : बाहर ही से जवाब दे दो।

राणा : है कहाँ?

सरोज : डिंपी को डरामे का सेट डिज़ाइन दिखा रहा है रसोई में। मैं नहीं चाहती शादी होने तक इसे पता चले।

हुकमा : हम नहीं बताएँगे, तुझे देखने आए हैं।

सरोज : नन्हा चूज़ा तो नहीं। झट ताड़ जाएगा वह।

राणा : सरोज, इस मामले में संग शरम कैसी? कह दे : रिश्तेदार आए हैं हमारे। गप्पें हाँकने का समय नहीं हमारे पास।—जा, जैसे कैसे, लड़ छुड़ा।

(**प्रेम आता है**)

प्रेम : पाँव पड़ता हूँ, माँ जी।

हुकमा : ज़िंदा रह।

प्रेम : नमस्ते, राणा साहिब।

राणा : प्रेम, आ चलें।

प्रेम : कहाँ?

राणा : तेरे महल्ले चला हूँ मैं, तहसील के पास।

प्रेम : डिंपी बोली, आप किसी का इंतज़ार कर रहे हैं?

राणा : हाँ··असल में··मैं बिज़ी हूँ··अच्छा, सरोज फुरती कर··(**हुकमा को**) तू रसोई देख। (**जाता है**)

प्रेम : सरोज सुलताना, गुलाम के साथ चलें।

सरोज : कहाँ?

प्रेम : कॉलेज।

सरोज : इस वक़्त?

प्रेम : तुरंत।

सरोज : क्या करूँगी मैं कॉलेज में?

हुकमा : प्रेम, बेटा, आने वाला है कोई हमारे घर। **(जाती है)**

सरोज : मुझे मिलने।

प्रेम : सहेली है, बैंक से?

सरोज : यही समझ।

प्रेम : वह भी चले।

सरोज : किस लिए?

प्रेम : अपनी मलिका के लिए सरप्राइज़।

सरोज : कैसी?

प्रेम : यूनियन फैसटीवल में आर्ट ऐग्ज़िबिशन लग रही है। हम दोनों ओल्ड स्टूडेंट्स की तरफ से पार्टीसिपेट करेंगे।

सरोज : परसों देखूँगी।

प्रेम : शहनशाहिनी जी, आपने नुमाइश का उद्घाटन करना है, आज।

सरोज : मैं? मेरा क्या हक़ बनता है?

प्रेम : यह मेरा फैसला है। **(गाता)** "तेरी मेरी एक ज़िंद जान, यों ही दो कलबूत बनाए।"

सरोज : सियापे मत छेड़ा कर। वक़्त बेवक्त भी देखा कर।

प्रेम : बेवक़्त कैसा? घंटे भर बाद मैं वापस छोड़ जाऊँगा।

सरोज : मैं नहीं जाऊँगी। और किसी से करवा ले उद्घाटन।

प्रेम : सरोज, प्लीज़। ब्यूटी क्वीन को इतना घमंड शोभा नहीं देता। तू चलेगी मेरे लिए। देखी मेरी करामात? चुप चाप, मैंने छः बड़ी कैनवस पेंट की हैं। बीस पच्चीस स्कैच्च हैं। मेरा वन-मैन-शो। इट्स वैरी इंपार्टेंट फॉर मी। ऐंड फॉर यू।

सरोज : स्टॉप इट, प्रेम। इस वक़्त मैं घर से बाहर क़दम नहीं रख सकती।

प्रेम : मैं रुक जाता हूँ। मिल ले रिश्तेदारों को। घंटे बाद चलेंगे।

सरोज : आज नहीं।

प्रेम : तू फैसटीवल डिसटर्ब नहीं कर सकती। लेट सही। बारह बजे। मगर ऐग्ज़िबिशन तो आज ही खुलेगी।

सरोज : तेरे जैसे चिपकू थोड़े ही होंगे धरती पर।

प्रेम : सिर्फ दो। एक, पाबलो पिकासो। दूसरा, प्रेम प्रकाश जक्खू।

सरोज : इस समय चलता बन। घंटा भर बाद, मैं आप ही पहुँच जाऊँगी। **(हुकमा आती है)**

हुकमा : वे तो आ गए।

सरोज : भाग, प्रेम। दुड़की!

हुकमा : सहज कर, री। चाय पीकर जाना।

सरोज : नहीं।

प्रेम : तुझे साथ लिए बग़ैर मैं नहीं जाऊँगा।

सरोज : अड़ियल टट्टू, मान भी जाया कर कभी।

(कुमुद विनायक और डॉक्टर सुषमा दीवान आते हैं)

विनायक : सरोज?

सरोज : जी।

विनायक : माई सिस्टर, डॉक्टर सुषमा दीवान।

सरोज : मेरे मम्मी।

विनायक : प्रणाम, जी।

सुषमा : नमस्ते।

सरोज : बैठो।

हुकमा : मैं चाय पानी लाऊँ।

विनायक : चाय वग़ैरा रहने दीजिए।

सुषमा : अभी चले थे घर से।

विनायक : जालंधर कोई दूर है।

प्रेम : सरोज, मैं इंतज़ार करूँगा। जितनी कहो।

सरोज : प्रेम, माई क्लासमेट।

प्रेम : ऐक्स क्लासमेट।

विनायक : **(हाथ मिलाकर)** ग्लैड टु मीट यू।

हुकमा : हमारे गाँव की सीमाएँ मिलती हैं।

सरोज : प्रेम भाम गाँव का है।

सुषमा : देवी के मंदिर वाला भाम?

प्रेम : हाँ, जी।

हुकमा : पहली जमात से इकट्ठे पढ़े हैं दोनों।

(राणा आता है)

प्रेम : कॉलेज में नाटक भी इकट्ठे खेला था। यह मेरी रज़िया सुलताना थी। मैं इसका गुलाम हब्शी याकूत।

राणा : आप चंडीगढ़ पी जी आई में हो?

सुषमा : नहीं, जी। जालंधर, सिविल हॉस्पीटल।

विनायक : मैं सवेरे पहले दीदी के पास पहुँच गया था।

राणा : आपके माता-पिता ठहर कर पहुँचेंगे?

सरोज : हमने तो सोचा था, पाँच सात जने होंगे।

विनायक : भीड़ की क्या ज़रूरत है? मैं पुराने रस्मों रिवाजों को नफरत करता

हूँ। फिज़ूल ख़र्च। फिज़ूल झंझट।

सुषमा : ऐसे काम आज कल सिंपल ही रखने चाहिए।

(राणा सरोज को इशारे करता है, प्रेम को भेज)

प्रेम : सहज और सरल! कला की तरह। प्रकृति की तरह।

विनायक : व्हट डिड यू सेअ?

प्रेम : नेचर और ऊँची किस्म का आर्ट सादा ही होते हैं।

सरोज : प्रेम पेंटिंग करता है।

राणा : इश्तिहार लिखता है, दीवारों पर।

सरोज : तू चल। मैं अपने आप कॉलेज पहुँच जाऊँगी।

राणा : कॉलेज? क्या करने? डिंपी वग़ैरा की रिहर्सल तो शाम को होती है।

प्रेम : अंकल, मैं ने नुमाइश लगाई है।

विनायक : हम ज़्यादा वक़्त नहीं लेंगे।

सुषमा : मैं ने ड्यूटी पर पहुँचना है।

राणा : छोड़ो, जी। बैठो आराम से।—मख़ौल कर रहा है? तू ने तस्वीरें किस वक़्त बना लीं, ओए? जा लिख दीवारों पर—"सिर्फ दो बच्चे।" **(हँसता)** रात की रोटी के पैसे कमा।

प्रेम : यही तो चमत्कार है यारों का। पेट के लिए एक कला। आत्मा के लिए, दूसरी कला।

सरोज : चल भी अब।

प्रेम : आप भी आना जी। होशियारपुरियों जैसे कलाकार मिलने मुश्किल हैं।

सुषमा : कांगड़ा स्कूल ऑफ पेंटिंग तो सुना था। नैवर होशियारपुर।

प्रेम : ब्यूटी क्वीन जी, ज़्यादा लेट मत होना। मैंने आज 'आधे अधूरे' की सेट्ट पर रिहर्सल भी देखनी है।—सी यू इन माई ऐग्ज़िबिशन।

विनायक : शुअर।

सुषमा : बाई।

प्रेम : अगर तू बारह बजे न पहुँची, समझ ले, तेरे गुलाम के बारह बज गए। **(जाता है)**

सुषमा : मशहूर पेंटर है?

विनायक : नाम तो कभी नहीं सुना।

सरोज : पागल है।

हुकमा : माँ मर गई बेचारे की। पाँच साल का था। बाप पटवारी था। घर से दूर रहता था। पिछले साल वह भी छोड़ गया। चाची की जली

भुनी चबा कर बचपन गुज़ारा। पागल तो होना ही था। दिल से खरा सोना है।

राणा : सरोज कॉलेज की ब्यूटी क्वीन रह चुकी है।

विनायक : ग्रेट!

सुषमा : डिज़र्व करती है।

हुकमा : गुल्ली लौटा नहीं?

राणा : सोने को उठाए वही नहीं खड़ा? प्रेम के साथ?

हुकमा : डिंपी ला रही है चाय।

राणा : हम भी बेटे को डॉक्टर बनाना चाहते थे।

विनायक : लो, दीदी। आपके प्रोफेशन की हर तरफ फतह है।

राणा : लेकिन प्रेम ने हमारा पुत्र बिगाड़ डाला। साइंस छोड़ कर आर्ट्स ले लिए। शेरो शायरी का नशा लगा लिया।

हुक्मा : दिमाग़ तो बड़ा है। नाटक खेलेंगे परसों, बहन-भाई।

विनायक : जो उसको पसंद है कर लेने दीजिए। डॉक्टरी की करेज़ हर बंदे को नहीं होती। है न, दीदी?

सुषमा : मैं तेरे जैसी घुमंतु नहीं। मैं एक जगह टिक कर ज़िंदगी जीना पसंद करती हूँ।

सरोज : आपके अंदर ट्रैवल की इच्छा नहीं है? ऐडवैंचर की तीखी लालसा? टू सी दा वाइड वर्लड?

हुकमा : डिंपी, चाय ले आ।

राणा : हमारे बुज़ुर्ग, जी, आबू पर्वत पर जन्मे थे।

हुकमा : गुल्ली!

राणा : अग्नि कुंड में से उपजे थे। चार गोत्र—परमार, परिहार, चौहान, सोलंकी। हमारी फौजें—

हुकमा : उनकी बात सुनो।

राणा : राजपूत, रियास्तें जीतते हुए, इधर पहुँच गए।

सरोज : जहाज़?—मतलब, आप इंडियन नेवी में कैपटन हैं?

हुकमा : सरकारी ज़हाज़ ही होंगे।

राणा : प्राइवेट नेवी सुनी है कभी?

विनायक : नहीं, जनाब। मैं निकम्मी सरकारी चाकरी नहीं करता हूँ। भूखा मरना है क्या?

सुषमा : यह तो बता रहा है, मर्चंट मैरीन में है। पच्चीस हज़ार महीना तन्खाह मिलती है।

विनायक : सफर के दौरान अलाऊँस अलग। खाना मालिकों का।

सरोज : अगर रोटी पानी भी उनका है, समझो, तनख़ाह तो पूरी बच गई।

विनायक : ऑफ कोर्स। और तनख़ाह मिलती भी है फॉरन करंसी में। हिंदुस्तानी रुपए मिलें, तो बंदा, बाहर के मुल्कों के अंदर, महीने के तीस दिन न काट सके।

राणा : हम ने तो सोचा था, आप नेवल कैपटन हो।

विनायक : कैपटन तो मैं हूँ पूरे शिप का। लेकिन, थैंक गॉड, मैं इंडियन गवर्नमेंट का गुलाम नहीं हूँ।

सरोज : आपकी कंपनी का नाम क्या है?

विनायक : मरकरी मैरीन्ज़। डैन्मार्क की फर्म है। इस वक़्त दुनिया का माल ढोने का पच्चीस फीसदी बिज़नस हमारी फर्म करती है।

राणा : जन्मपत्री होगी आप के पास?

विनायक : वो किस लिए?

राणा : कुंडलियाँ ज्योतिषी को दिखा लें।

(डिंपी चाय वगैरा लाती है)

डिंपी : नमस्ते, जी।

सरोज : मेरी छोटी बहन।

हुकमा : सैकंड यीअर में है।

सुषमा : कौन सा कोर्स लिया है?

डिंपी : इंग्लिश ऑनर्ज़।

हुकमा : हिसाब-किताब से डर गई।

राणा : सरोज अकाऊंट्स में मेरे से भी आगे है। बी कॉम किया, झट बैंक में नौकरी मिल गई।

डिंपी : मैं ने कैलकुलेशन्ज़ से खोपड़ी ख़राब नहीं करवानी।

विनायक : अपना अपना ऐपटीच्यूड होता है।

(गुल्ली बरफी की प्लेट लाता है)

गुल्ली : नमस्ते, ऐवरी बॉडी।

सरोज : माई ब्रदर। फसट यीअर।

गुल्ली : गुल्ली जंगलियाणवी! उर्फ, शिव बटालवी। **(गाता है)**—

मुझे तेरा शबाब ले बैठा।
रंग गोरा गुलाब ले बैठा।।

सुषमा : वैरी गुड!

विनायक : गुल्ली इज़ शार्ट फार?

राणा : गुलज़ार सिंह परमार।

गुल्ली : **(गाता)** कितनी बीती, और कितनी बाकी है?

मुझे यह ही हिसाब ले बैठा।।

सुषमा : तख़ल्लुस बड़ा अनोखा—जंगली!

गुल्ली : **(तुक मिलाकर)** अनोखा करके था चुना।
जो पहले किसी ने नहीं सुना।।

राणा : गाँव है जी हमारा, जांगली वाल। राजपूत हैं सारे।

गुल्ली : डिंपी, प्रेम जी कहते हैं—
आज दो रन्न थरू लेंगे।
कलाकार सैट्ट पर होंगे।।
मेकअप पूरा पहने।
समेत कपड़े और गहने।।

सुषमा : तुम दोनों ऐक्ट कर रहे हो?

डिंपी : हाँ, जी।

सरोज : ऐक्टिंग हमारी फैमली हॉबी है।

राणा : मैं ने आपकी जन्म पत्री माँगी थी।

विनायक : सॉरी, राणा साहिब, मैं ऐसे अंधविश्वास नहीं मानता।

राणा : अंध-विश्वास नहीं, जी। भृगु जी तो पिछले जन्मों के बारे में भी बता देते हैं।

हुकमा : आगा पीछा देखना बुरा है क्या? पूरी उम्र का संबंध जोड़ना है।

राणा : तारीख़ और वक़्त बता दो। कुंडली हम बनवा लेंगे।

सुषमा : बता दे कुमुद। हर्ज क्या है?

विनायक : सरोज जी, आप मानते हो कुंडलीबाज़ी?

डिंपी : इतवार को ज्योतिष कॉलम सबसे पहले सरोज महारानी पढ़ती है।

गुल्ली : पेपर का दूसरा पेज कभी नहीं पकड़ती है।

डिंपी : मेक-अप कॉलम को छोड़कर।

गुल्ली : या मेटरीमोनियल्ज़ को फोड़कर।

राणा : बरफी भीलो से लाए हो?

डिंपी : हर बार बरफी भीलो से ही आती है।

गुल्ली : भीलो कौन सा शेरनी का दूध उबालता है?
वो भी खोये की जगह सपरेटा सालता है।

राणा : बिलकुल नहीं। खाई आपने, डॉक्टर साहिब?

सुषमा : सचमुच स्वाद है।

गुल्ली : सरोज, तेरे कारण प्रेम जी ने पूरा फैसटीवल लेट करा दिया।

डिंपी : बारह बजे ज़रूर पहुँचना।

सरोज : प्रेम भी बच्चों वाली हरकतें करता है।

डिंपी : बच्चा बनना भी हर एक के बस की बात नहीं।

गुल्ली : कवि और कलाकार लल्लू पंजू से अलग न हों तो अमर कृतियाँ केसे सिरजें?

राणा : बताइये, विनायक जी, डेट ऑफ बर्थ।

विनायक : 22 मार्च, 1960

राणा : (लिखता) वक़्त?

विनायक : सवेरे सवा छः।

राणा : फीरोज़पुर?

विनायक : हाँ, जी?

सरोज : पाईसिज़ कि एरीज़?

विनायक : पाईसिज़।

सुषमा : सरोज, व्हट्स यूअरज़?

हुकमा : दो नवंबर।

डिंपी : 1963

गुल्ली : सकॉरपिओ!

डिंपी : बिच्छू।

गुल्ली : डंक मार।

राणा : **(उठकर सब को चलने के इशारे करता)** आओ, डॉक्टर साहिब, पड़ोस दिखाएँ। विनायक जी, आप और सरोज चाय पीजिए। शाम तक मैं कुंडली बनवा लूँगा।

(दोनों को छोड़कर सारे जाते हैं)

विनायक : सरोज, यू आर वैरी ब्यूटीफुल। अगर ज़िंदगी भर मुझे आपका साथ मिल जाए, आई विल फील लाइक ए गॉड।

सरोज : पूरा बरस ज़हाज़ पर रहना कंपलसरी है?

विनायक : नो।

सरोज : एक जगह घर भी बना सकते हो?

विनायक : ज़रूर। हम चाहें तो एक पोर्ट पर तीन चार महीने ड्यूटी लगवा सकते हैं। दफ्तर में। लेकिन एक ही खूँटे पर बँधे रहना अधेड़ उम्र की जोड़ियों की मजबूरी होती है। जवानी में, मैं सोचता हूँ, घूम घूम कर दुनिया देखें।

सरोज : मेरी नौकरी के बारे में क्या इरादा है आपका? मुश्किल से कंपीटीशन पास किया था।

विनायक : सैलरी कितनी है?

सरोज : तीन हज़ार।

विनायक : तीन हज़ार तो मैं एक दिन में कमा सकता हूँ। होशियारपुर की नौकरी का क्या फायदा? ऐंजॉए ऐन ऐक्साईटिंग लाईफ विद मी ऑल ओवर दा ग्लोब।

सरोज : इतने तेज़ मत चलिए। डैडी को कुंडलियाँ मैच करा लेने दीजिए।

विनायक : नो हरी। लेकिन फिर भी—माफ करना—मेरे पास छुट्टी कम है। यह पकड़ो टैलीफोन, सुषमा दीदी का। कल सुबह आपकी हाँ या नां पहुँचनी चाहिए। दरअसल मैंने एक दो लड़कियाँ और देखने जाना है। बेशक, आई स्वेयर, मैं आपके साथ शादी करना चाहता हूँ। ऐट वन्स।—आप मेरे बारे में क्या सोचते हैं?

(सोना दौड़ा आता है। तस्वीर हाथ में)

सोना : सरोज आंटी! देखो! प्रेम अंकल ने क्या बनाया!

सरोज : गंदे पैर! परे रह!

सोना : आपकी तस्वीर! और मेरी तस्वीर! और अपनी तस्वीर!

सरोज : लीद में लेटे आए हो? गोबर लगा है सारे।

सोना : पकड़ो। यह आपके लिए है। आप सुंदर हैं न? बोलो।

सरोज : मेरे कपड़े मत गंदे कर।

सोना : अंकल, आप बताओ।

विनायक : सरोज, वाक़ई। तेरा पोर्टरेट ख़ूबसूरत है।

सोना : प्रेम अंकल ने खींचा है।

विनायक : नीचे मम्मी डैडी क्यों लिखे?

सोना : मैं ने कहा था, लिख दो।

सरोज : क्या लिखा है? **(देखकर)** तू ने मेरी शक्ल क्यों बनवाई? अपनी मम्मी की तस्वीर बनवाता।

सोना : प्रेम अंकल कहते, सोने, तेरी मम्मी सुंदर सरोज ही चाहिए।

सरोज : थप्पड़ मारूँगी थोबड़े पर।

सोना : प्रेम अंकल मेरे डैडी, आप मेरी मम्मी।

सरोज : भाग यहाँ से। मम्मी बना रहा है! कोई सुने तो क्या समझेगा?

विनायक : बच्चे की खेल है।

सरोज : एक यह आवारागर्द प्रेम। उलटी पढ़ाता है।

सोना : प्रेम अंकल ने कहा था, सरोज को देकर आ।

सरोज : दौड़ जा। नहीं तो आई चपेड़। **(सोना रोने वाला मुँह बनाए जाता है)** अन-जन्मों ने मार लिया।

विनायक : बड़ा प्यारा है बच्चा।

सरोज : मेरे जी का जंजाल बना हुआ है। पड़ोसी है हमारा। डैडी इसका

फौज में था। गोली लगी, मर गया। काश्मीर में। माँ कैंसर की मरीज़ है। कुछ दिन की मेहमान। नाना नानी बूढ़े हैं। यह मेरे से चिपका रहता है। रात को भी घर नहीं जाता। ज़िद करता है—मेरे साथ ही सोता है।

विनायक : प्यार का भूखा है बच्चा। मेरी तरह। प्रेम की तरह।

सरोज : प्रेम? निखट्टू? प्रेम जैसे नौती सौ घूमते हैं गलियों में।

विनायक : मेरे जैसे भी?

सरोज : मैं ने यह कब कहा?

विनायक : फिर क्या फैसला है मेरे बारे में?

सरोज : मेरी तरफ से तो हाँ ही है।

विनायक : रीयली? थैंक यू! आई ऐम इन हैवन! माई सरोज! **(चूमने की कोशिश)**

सरोज : नहीं। अभी नहीं।

विनायक : शादी तक इंतज़ार मुश्किल है।

सरोज : शादी? इतनी जल्दी?

विनायक : देर कैसी? जब आप और मैं मानते हैं।

सरोज : मेरे मानने से कुछ नहीं होगा।

विनायक : और किसे मनाऊँ?

सरोज : डैडी मानें पहले।

विनायक : वे कैसे मानेंगे?

सरोज : कुंडलियाँ मानेंगी, तब! विनायक साहिब, परमारों की सरोज सुलताना को पत्नी बनाना ऐरा ग़ैरा के वश में नहीं!

(अँधेरा)

दृश्य 3

(कॉलेज। कला प्रदर्शनी। आवाज़ें और हँसी : ''बकवास! बोर! बचगाना!'' जन्म रहे बच्चे के रोने की नक़ल। और हँसी)

प्रेम : तीन साल की मेहनत! मैं सोया नहीं कई रातें। यह क़दर पाई देखने वालों ने। **(रजिस्टर दिखाता है)**

डिंपी : इतने बहादुर होकर, आप दिल छोटा कर रहे हो?

गुल्ली : कॉलेज के छोकरे क्या जानें मॉडर्न आर्ट किसे कहते हैं।

प्रेम : जिस चित्र पर मैं ने छः महीने काम किया, कई साल सोचा, सब उसका मख़ौल उड़ाते रहे।

डिंपी : कॉलेज के अंदर प्रदर्शनी लगाने का आइडिया ही ग़लत था।

प्रेम : हर रिमार्क मेरी छाती में छुरी की तरह चुभ रहा है।

गुल्ली : यूनियन फैसटीवल के दौरान गंभीर बात हो ही नहीं सकती।

डिंपी : हमारा 'आधे अधूरे' भी हूट न कर दें।

प्रेम : मेरी पहली प्रदर्शनी!

गुल्ली : भैया, छोकरेबाज़ी को आप अपनी कला की सही आलोचना मत समझो।

प्रेम : कितने सपने बुने थे।—''अश अश करेंगे लोग। सचमुच का पिकासो बन जाऊँगा। फूलों की वर्षा होगी। अख़बारें लिखेंगी। टैलीवियन वाले आएँगे। इंटरव्यू लेंगे।''—और यह देखो! रजिस्टर गालियों से भरा पड़ा है।

गुल्ली : रजिस्टर आपको रखना ही नहीं चाहिए था।

डिंपी : पहली ऐग्ज़िबिशन आपको होशियारपुर नहीं लगानी चाहिए थी। दिल्ली ले जाते। या चंडीगढ़। जहाँ क़दरदान हैं कला के।

प्रेम : भूखा रहा। पैसे बचाए। कैनवस ख़रीदे। फल मिला : **(रजिस्टर से)** ''कलाकार, माँ की नाभि से नाड़ी कटवा!''

डिंपी : छात्र होते ही हैं शरारती।

प्रेम : ''गरो अप, मैन। गिव अप यूअर मदर्ज़ बैरेस्ट्स!''

गुल्ली : जान बूझ कर स्मार्ट बनते हैं।

प्रेम : ''प्रेम प्रकाश, तू ईडिपस है। माँ से तलाक ले ले।''

डिंपी : मैं देख लेती तो गंदगी लिखने वाले के थप्पड़ मारती।

प्रेम : सारी-सारी रात मैं सोया नहीं। बुर्श रंग और कैनवस! बुर्श रंग और कैनवस! घूम-घूम कर, अकेला बैठकर, घंटों तक, पेड़-पौधे, पर्वत, नदी- नाले, चाँद-सूरज, ध्यान से देखे। स्टडी किए। ताकि अपने इलाक़े की अनोखी ख़ूबसूरती कैनवस पर पकड़ सकूँ। लेकिन सब बेकार। सालों की तपस्या फनाह!

डिंपी : फनाह कैसे हो गई?

गुल्ली : इतनी जल्दी हथियार नहीं गिराते।

डिंपी : कला का धंधा है ही ऐसा। दर्शकों के सामने जाओगे, दो अच्छा कहेंगे, दो बुरा कहेंगे।

प्रेम : दो? यहाँ तो लगता है, सब ने बुरा ही बुरा बोला है।

गुल्ली : मेरी कविता की खिल्ली उड़ाए कोई। मैं जूते के तले पर लिखता हूँ। आलोचक ततैया अगर आप कविता लिख सकता, तो भिण-भिण क्यों करता? मसल डालो मक्खी-मच्छरों को। लगे रहो तस्वीरें खींचने—जिस तरह आपकी आत्मा कहती है। एक दिन आपकी कला के जोड़ीदार ज़रूर जन्मेंगे।

डिंपी : चलो। रिहर्सल का वक़्त हो गया है।

गुल्ली : चौकीदार को बुलाता हूँ। ताले लगाए। **(जाता है)**

प्रेम : सरोज को मैंने फिजूल बेइज़्ज़त किया।

डिंपी : सरोज के कौन से फूल झड़ गए? कैंटीन में बैठी है, तब से। दरबार सजा कर।

प्रेम : यहीं है अभी? मैं तो समझा, मेरे चित्रों के बारे में फिल्थी रिमार्क्स सुनकर, मुझे मिले बग़ैर घर चली गई।

डिंपी : यूनियन वाले ब्यूटी काँटैस्ट के रूल्ज़ ऐंड रैगूलेशन्ज़ पूछ रहे हैं। **(लब्भू और गुल्ली आते हैं)**

लब्भू : दो सौ रुपया तो निकाल।

प्रेम : चाचा, तू कौन से कोहकाफ से उड़ आया?

गुल्ली : डिंपी मैडम कह रही हैं, अपने कपड़े ट्राई कर ले। **(दोनों जाते हैं)**

लब्भू : टक्करें मारता हुआ यहाँ पहुँचा हूँ। तेरा पता ठिकाना मिलता है, आवारागर्द का?

प्रेम : तू मेरे पैरों के निशान क्यों सूंघ रहा है?

लब्भू : चबारे गया तेरे। ताला लगा था। जूतियाँ गाँठने वाला, जो सीढ़ियों के पास बैठता है, उसने बताया। बोला, कालेज गया है। रिक्शे पर तस्वीरें ढो रहा था।

प्रेम : तो?

लब्भू : खली बिनौले सस्ते टकर गए। सोचा, दो बोरियाँ ज़्यादा ले जाऊँ। रुपए टूट ग़ए। निकाल दो सौ के ऊपर।

प्रेम : मेरे पास तो यह दस हैं। ये शाम की रोटी पर ख़र्च हो जाएँगे!

लब्भू : दुत, लानत है तुझ पर! जन्मने को आया! बुड्ढा खूसट! लकीरें खेंचता है टेढ़ी मेढ़ी। कॉलेजों में पढ़ा हुआ! डूब के मर जा ऐसा निखट्टू। तेरे जैसे डी.सी. लगे हुए हैं। वो देख तो पहाड़ियों का तरसेम। महँगे का बेटा। रेलवे में अफसर है। तेरे साथ चौदहवीं पास की थी। और तू रोटी का ख़र्च नहीं कमा सकता।

प्रेम : मैं किसी साले से रोटी माँगने जाता हूँ?

लब्भू : और क्या तूने शीश महल खड़े कर लिए, रकमों से? शरम आती है बल्कि। जब लोग पूछते हैं : भतीजा तेरा क्या करता है?

प्रेम : तू मेरे बारे में शरम महसूस क्यों करता है? सच बता दिया कर : निठल्ला है। निकम्मा। दीवारों पर लिखता फिरता है—''बच्चे थोड़े जमाओ''!

लब्भू : बेहयाई में तुझे इनाम मिलना चाहिए। आज तेरा बाप ज़िंदा होता, सौ जूते मारता। साथ में माँ भी।

प्रेम : माँ बाप गए श्मशान। तू जीते ही क्यों चिमट गया मुझे, यमदूत?

लब्भू : देखो तो! कमज़ात! यमदूत बनाता है मुझे। चाचा बाप होता है। **(रोता)** मेरा भाई ज़िंदा होता, भाभज ज़िंदा होती, हालत देखते तेरी। क्या कहते मुझे?—ज़नानी मेरी, नन्हा था जब से उठाए घूमती रही। पका पका कर खिलाईं। इतने बरस। धेले का आश्रय नहीं।

प्रेम : मैं कैसा आश्रय दूँ? तू बहुतेरा कमा रहा है। खेती है। दुकान है। दो बेटे हैं बराबर के।

लब्भू : जाने दे, ओए लफँगे। मत झगड़े कर मलँगों वाले। दिल है, ससुरा। नहीं रहा जाता। बेटा भतीजा हो। मिलने के लिए जी तड़प उठता है।

प्रेम : मिल लिया न? जा, बिनौले ख़रीद।

लब्भू : चाची तेरी तरस रही है मुँह देखने को। दमे से दुखी है। आ, गाँव चलें। चार दिन भुट्टे चबा कर, लौट आना।

प्रेम : भुट्टे शहर में भी हैं।

लब्भू : अड़ियल ख़च्चर, ताकीद की थी तेरी चाची ने–लेकर आना। सलाह करनी है एक तेरे साथ।

प्रेम : मेरे साथ चाची ने कौन सा अधिवेशन लगाना है?

लब्भू : बेटा, मत धूल चाट सड़कों की। छोकरापन बहुत हो गया। सत्ताईस अट्ठाईस बरस का तू हो गया है। पड़ोसी बोली मारते हैं : अपने दोनों ब्याह लिए। भतीजा क्वाँरा जूते घिसट रहा है।

प्रेम : चाची ने कौन सी हीर सलेटी फुसला ली मेरे लिए?

लब्भू : हीरें क्या तेरे से बढ़कर होंगी? आ, चल। बेशक कल करा ले इकट्ठे सगाई ब्याह।

प्रेम : कौन सा जादू का डंडा घूम गया? एक दम इतना स्नेह जाग पड़ा चाची को और तुझे?

लब्भू : यों ही तीन पाँच क्या गिनने हैं? बेटा, रिश्ता आया है तेरे लिए। सैंकड़ों में से एक। हाथ से जाने नहीं देना।

प्रेम : महारानी है कोई?

लब्भू : रानी ही समझ ले। बीस एकड़ ज़मीन है। गाँव नारा डाडा, पहाड़ियों से नीचे। है तो रेतीली, खड्ड के किनारे। पर मूँगफली बड़ी निकालती है। ट्रकों के ट्रक। ख़रबूजा, तरबूज़ बेहिसाब। वैसे तो रिश्ते में तेरी चाची की बहन लगती है। पर उम्र हलकी है। मुश्किल से दो तीन बरस बड़ी होगी तेरे से। बीस बाईस साल से ज़्यादा नहीं दिखती। विधवा हो गई बेचारी। साँप लड़कर मर गया साढ़ू मेरा, गणेश। खेत में। देवर जेठ कोई है नहीं। अकेली ज़मीन की मालकिन है। दो बच्चे हैं, लड़का-लड़की। प्रेम, यह रिश्ता नहीं छोड़ना। चाची तेरी कल ही नारा डाडा जाकर बंधन बाँध आएगी।

प्रेम : नहीं। माफ कर। मैं नहीं बँधूँगा बुड्ढी विधवा संग।

लब्भू : है, बावला! बुड्ढी बना रहा है, गुलाबो को। टमाटरों जैसी गालें हैं, लाल सिंदूरी। पाँच कल्याणी भैंस बँधी है खूँटे पर। हथनी जैसी।

प्रेम : तू आप दोह ले जाकर हथनी गुलाबो।

लब्भू : अच्छा, आकर चाची से आप ही निबट ले। रुपए का कर कुछ।

प्रेम : मैं कुछ नहीं कर सकता।

(सरोज आती है)

लब्भू : दस ही पकड़ा। बस का किराया सही।

प्रेम : **(देकर)** दस लेकर भी जान छोड़ दे, तो सस्ती है।

लब्भू : यह रिश्ता ज़रूर कराना है। **(जाता है)**

सरोज : बधाई हो।

प्रेम : नुमाइश लगाकर बेइज़्ज़ती करवाने की?

सरोज : मैं तो शादी की मुबारक दे रही हूँ।

प्रेम : किसकी शादी?

सरोज : चाचा तेरा इसीलिए आया था?

प्रेम : चाचे चुग़ल ने भी आज ही आना था। सालों के सपने टूटने का दिन। जकड़ रहा है मुझे अधेड़ उम्र की चुड़ैल के साथ।

सरोज : ज़िद करने वाले के सपने टूटा ही करते हैं।

प्रेम : जिद? सरोज, ज़िद मैं ने कैसी की है?

सरोज : सुन, प्रेम। आई डोंट वाँट टु ब्रेक यूअर हार्ट। लेकिन मेरा ख़्याल है, तुझे डॉक्टर कपिल कपूर की नसीहत माननी चाहिए।

प्रेम : कपूर, सर, क्या कहते हैं? ऊपर ऊपर से तो शाबाश देकर गए थे।

सरोज : अकेले कपूर साहिब ही नहीं। सारे दर्शक हँसते गए हैं। मदर फिक्सेशन मानसिक रोग होता है। माँ को भूल जा। हर बच्चे की माँ ने एक दिन मरना है।

प्रेम : मैं सोच रहा था, माँ-बच्चे का मोटिफ हर दिल को छू सकता है।

सरोज : मगर हर कैनवस तो नहीं। जिधर देखो, माँ बच्चे, माँ बच्चे।—ऊपर बादल। ध्यान से देखो तो माँ छातियों से दूध की धाराएँ बरसा रही है। नीचे, धरती पर, बूटे, बेलें, दरख़्त, घास—सब छोटे-छोटे नन्हे मुन्ने। दूध पीते हुए। मुस्कराते हुए।

प्रेम : अंबर और धरती के प्यार के बारे में, अमृत जैसी वर्षा के बारे में, इस से बढ़िया और कौन सा बिंब हो सकता है?

सरोज : ठीक है। एक दो चित्र ऐसे हो गए। लेकिन जिधर नज़र डालो माँ-बेटा, माँ-बेटा। वह पहाड़ी वाली तस्वीर? क्या है वह? ऊँची पहाड़ी। चिह्न चेहरा औरत का। गोद में झरने, पेड़, फूल, पत्ते। सब किलकारियाँ मारते हुए बच्चे। डॉक्टर कपूर सही कहते हैं। साईकाइट्रिस्ट कनसल्ट कर। दिमाग़ का इलाज करा।

(डिंपी आती है)

डिंपी : डायरैक्टर साब आपकी इंतज़ार कर रहे हैं।

प्रेम : अच्छा हुआ, सरोज, तू ने मेरे चित्रों के बारे में अपनी असली राय बता दी।

सरोज : अगर कलाकार बनना है कपूर सर की अडवाइस मान।

प्रेम : क्या?

सरोज : उस्ताद बना किसी को। विषय बदल। स्टाईल बदल। वरना?

वरना तू कभी चित्रकार नहीं बन सकता। बच्चू, भूखा मरेगा। लंगड़ा लूला रहेगा। गुड बाई। **(चलती है)**

डिंपी : ड्रैस्स रिहर्सल नहीं देखोगी?

सरोज : मैं ने रेलवे मंडी जाना है।

डिंपी : भृगु संहिता वालों के?

सरोज : हाँ। डैडी इंतज़ार कर रहे होंगे **(जाती है)**

प्रेम : जन्म कुंडली तो बनवाई हुई है सरोज ने?

डिंपी : अपनी नहीं।

प्रेम : और किसकी?

डिंपी : सवेरे जो आया था—रज़िया सुलताना के स्यंवर के लिए!

प्रेम : क्या कहा? सरोज को देखने आया था?

डिंपी : डैडी और सरोज ने उसके मैटरीमोनियल के जवाब में ख़त लिखा था।

(वक़्फा)

प्रेम : सरोज?··मेरी प्रेरणा?

डिंपी : क्या पता, इसके साथ भी कुंडली न फँसे। पहले चारों के तीर तो सरोज की कमान तोड़ नहीं सके।

प्रेम : चार?··और मैं समझता था—

(खाँसी, साँस बंद हो रहा)

डिंपी : सहज से।

प्रेम : हाय माँ! ले ले।

डिंपी : बैठो!

प्रेम : मर गया!

डिंपी : मैं पानी लाती हूँ। **(पीठ थपकती है)**

प्रेम : हाय माँ! **(हाँफता, खाँसता)**

(अँधेरा)

दृश्य 4

(सरोज का घर)

राणा : ज्योतिषी क़समें खा रहा है। बोला, सरोज राज करेगी।

हुकमा : मेरा मन नहीं मानता।

राणा : तुम्हें पूछ कौन रहा है?

सरोज : साढ़े दस बज गए।

राणा : डिंपी और गुल्ली लौटे ही नहीं। सलाह करके, सगाई की तारीख़ पक्की करें।

हुकमा : अख़बार में ही पढ़ा है? अपना बंदा बीच बिचाले है कोई? अगर धोखा निकला?

राणा : बदशगुनी बुढ़िया, थोबड़ा बंद रख।

सरोज : किसी रिश्तेदार को लिखेंगे, बंबई।

राणा : पूछ पड़ताल पूरी करेंगे।

(गुल्ली और डिंपी आते हैं)

हुकमा : रोटियाँ बासी हो गईं।

सरोज : दो रिहर्सलें की?

डिंपी : दो को रो रही है।

गुल्ली : मुश्किल से रन-थ्रू पूरा किया।

राणा : इंतज़ार करते, आधी रात हो गई।

गुल्ली : आपको आज हमारी इंतज़ार किधर से हो गई?

डिंपी : मम्मी, रोटी दो। नहीं तो मैं दीवारें चबा जाऊँगी।

राणा : रुक डिंपी, ज़रा। फैसला करें पहले।

गुल्ली : कैसा फैसला?

हुकमा : साथ-साथ खाना खाते जाओ।

राणा : सब्र कर दो मिनट। तुम बताओ, यह लड़का विनायक कैसा लगा?

डिंपी : हमारी पसंद या नापसंद का आपको क्या फर्क पड़ता है?

गुल्ली : करनी तो आपने अपनी मरज़ी है।

राणा : मरज़ी तो सरोज की चलेगी।

डिंपी : इतनी अक्ल होती सरोज के पल्लू में, तो रोना काहे का था?

सरोज : मैं ने कौन सी गलती की है?

गुल्ली : प्रेम भैया को दमे का दौरा पड़ गया।

हुकमा : हाय रे!

डिंपी : हस्पताल में दाख़िल करा कर आए हैं।

हुकमा : दमा?

गुल्ली : ऑक्सीजन लगी है।

राणा : खाँसी होगी।

सरोज : इस उम्र में भी दमा सुना है किसी को?

डिंपी : इसी कारण देर हो गई।

गुल्ली : यह सब आपकी शरुपणखा साहिबज़ादी की दया दृष्टि है।

सरोज : शट अप!

राणा : इसके सिर क्यों मढ़ते हो?

सरोज : अच्छा भला खुश था, नुमाइश के वक़्त।

हुकमा : प्रेम को शक तो नहीं हो गया?

डिंपी : दूध चूसता बच्चा तो नहीं वह।

गुल्ली : इतना धोखा सहन कर सकता है कोई?

राणा : धोखा किसने किया है प्रेम भिखारी के साथ?

सरोज : हस्पताल उसे मैं ने पहुँचाया है?

गुल्ली : हंडरड परसेंट। प्रेम जी तेरे जैसे पत्थर नहीं। कलकार हैं। कोमल हैं। मेरे जैसे।

सरोज : बकवास मत कर, गुल्ली। बड़ा पिकासो बन रहा है! नुमाइश लगाई। आसमानों में उड़ानें भरे। लोगों ने हँस हँस कर तस्वीरें तार तार कर दीं। दिल टूट गया। फ्रस्टरेशन से। और यह डिंपल डरैगन मुझे कसूरवार ठहरा रही है।

डिंपी : मेरी तरफ डंक चलाने की ज़रूरत नहीं। जहाँ जी करता है, फँस जा। पच्चीस हज़ार महीने की बोली लगाई है विनायक ने। बिक जा। पर प्रेम जी को बरसों से तू ने आप ही पीछे लगा रखा था। आप ही पीठ पर डंक मार दिया।

गुल्ली : सच तो, सरोज, यही है। बेशक तुम्हें ज़हर लगे।

हुकमा : सुखी रहना है तो प्रेम से ब्याह कर ले। परदेसी का क्या पता? खज्जल ख़्वार करे।

डिंपी : माँ-बाप भी पता किया है? कहाँ रहते हैं?

गुल्ली : घुमंतू से टाँके लड़ा रहे हैं, बाप बेटी।

सरोज : बहन साथ थी, डॉक्टर। सिविल हॉस्पीटल में नौकरी करती है। पच्चीस मील पर। फैमली के बारे में तू ने और कौन सी पीएच.डी. करनी है? मुझे यक़ीन है। धोखा बग़ैरा बिलकुल नहीं।

डिंपी : तो फिर हमें भूखे मारने की क्या ज़रूरत है? नाच नचा विनायक को। जैसे प्रेम को नचाया था।

सरोज : वकील बन रही है निठल्ले की। लगाना है मैं ने पीछे! खाने लायक कमा नहीं सका। पाँच सालों में। **(नक़्ल उतार कर)** बोला : "मेरा जन्म, पिकासो की तरह, पच्चीस अक्तूबर का है। मैं भी पिकासो बनूँगा!"—चीं चीं करता फिरे मेरे पीछे। सोने यतीम की तरह।

राणा : किस किड़-किड़ में फँस गए तुम लोग? प्रेम के बारे में बहस करने को तुम्हें कहा किसने है? तुम्हारी राय तो मैं ने माँगी है विनायक की बाबत। कैपटेन है जहाज़ का। ज्योतिषी कहता है, ग्रह मिलते हैं दोनों के।

गुल्ली : आप और आपका शिकरा यार, ज्योतिषी! मुबारक!—मम्मी, रोटी लाओ।

डिंपी : 'आधे अधूरे' की बिन्नी की तरह, नाक नुणकती वापस आ गई, तो हमें दोष मत देना। **(जाती है)**

गुल्ली : पच्चीस हज़ार महीने का उसे कौन दे देगा? थूथनी ऐसी है जैसे हुक्के पर टूटी हुई चिलम टिकाई होती है।

राणा : तुम्हें भी देख लेंगे, करोड़ों कमाने वाले को। जिस शायरी में तेरा प्रेमड़ा तुझे झोंक रहा है, देख लेना, जूती नहीं मारेगा कोई। चपड़ासी की नौकरी नहीं मिलेगी।

गुल्ली : इस में फिक्र कैसा? अकाऊँटेंट की तन्ख़ाह से आप मेरे लिए अरबों रुपए छोड़ जाएँगे। ऐश करूँगा। पैरिस और लंडन और न्यू यॉर्क!

सरोज : ज़बान देखी इस छोकरे की?

राणा : जूते नहीं खाए न अरसे से।

गुल्ली : जूते भी छक लेंगे, मगर भोजन छकने के बाद। प्रेम जी के लिए रोटी डाल दो।

हुकमा : हस्पताल ले जानी है?

डिंपी : **(दूर से)** उनके लिए मैं ताज़ी पका रही हूँ।

हुक्मा : तुम खाओ। मैं पकाती हूँ। **(जाती है)**

गुल्ली : सरोज, तुझे 'आधे अधूरे' की हीरोइन का रोल करना चाहिए था। सावित्री का।

सरोजः क्यों?

गुल्ली : जिस भी मर्द से तू ब्याही जाएगी, तुझे अधूरा लगेगा। इतने सालों के इश्क़ के बाद, प्रेम अधूरा हो गया। ब्याह के बाद विनायक अधूरा निकलेगा। सावित्री जी, सत्यवान की तलाश जारी रखो। गुड लक्क! **(जाता है)**

राणा : बकने दे इनको। तेरी तो हाँ है न?

सरोज : हाँ।

राणा : करूँ सवेरे टैलीफोन?

सरोज : कर दो।

(हुकमा आती है)

हुकमा : अगर आपने फैसला कर ही लिया, टैलीफोन मत करो।

राणा : और तेरा सिर करूँ?

हुकमा : जालंधर तक तो ख़ुद जाओ। परिवार के बारे में और कुछ पता करो।

राणा : मैं कौन सा कल ही उसके मुँह छुहारा लगा हूँ लगाने?

सरोज : पक्की सगाई, जॉब के बारे में पक्का पता लगाकर, करेंगे।

राणा : सवेरे बुलाकर, रोका कर लेते हैं।

सरोज : कल की छुट्टी कर लूँ?

राणा : कर ले।

हुकमा : ज़िद्दी बंदे का इलाज है कोई?

(सोना आता है)

सोना : सरोज आंटी!

सरोज : तुझे नींद नहीं पड़ी अभी तक?

सोना : मुझे पींघ झुलाओ।

डिंपी : सोने, आ रोटी खाएँ।

सोना : नहीं। मैं झूला झूलूँगा।

हुकमा : पार्क में तो कीचड़ है।

सोना : चलो न, आंटी।

राणा : तो हो गया तेरा रिश्ता पक्का।

सोना : आपने प्रॉमिज़ किया था।

सरोज : क्या प्रॉमिज़ किया था मैं ने तेरे साथ।

सोना : सोने से पहले मुझे हिलोरे दोगी।

सरोज : झूठा! कब किया मैं ने प्रॉमिज़?

सोना : किया था।

हुकमा : सुबह झूलना।

सोना : आंटी झूठी! सरोज आंटी झूठी!

सरोज : थप्पड़ मारूँगी कस्स के।

गुल्ली : **(दूर से)** आजा। मैं झुलाता हूँ।

सोना : आंटी से कुट्टी! आंटी प्रॉमिज़ तोड़ती है।

सरोज : भागेगा या लगाऊँ चाँटा?

सोना : आंटी झूठी! कुट्टी! **(रोता हुआ जाता है)**

हुकमा : सोने! आ मेरे साथ सो जा। **(जाती है)**

सरोज : पराए लोगों ने रक्त चूस लिया। बैंक जाओ, गाहक सिर खा जाते हैं। घर आओ। इसकी म्यायूं-म्यायूं नहीं रुकती।

राणा : आगे आए नवरात्र। शुभ शुभ रहा तो, आ रहे मार्च अपरैल को, तू विनायक के साथ, सात समुंद्र पार!

सरोज : मेरी तरफ से तो, चाहे सवेरे चढ़ जाए ऐसा सूरज। होशियारपुर के प्रेम प्रकाश जैसे, सोने जैसे, चिपकू चिच्चड़ों से तो छूटूँ!

(अँधेरा)

दृश्य 5

(सरोज का घर)

विनायक : मनाली इज़ बैटर। शिमला इज़ उबर कराऊडिड।

सरोज : स्विटज़रलैंड भी गए हैं कभी?

विनायक : मैडिटैरेनियन तो कई बार घूमा है। ऐल्प्स नहीं देखे। अगली समर वहाँ काटेंगे।

सरोज : आपके साथ पूरी ज़िंदगी काटनी है। जो दिल चाहता है दिखा देना।

विनायक : बैंक को छुट्टी की अरज़ी दे देना कल। साल भर की।

सरोज : साल की छुट्टी? कहाँ भूले बैठे हो? हमारा सड़ियल मैनेजर तो एक दिन की छुट्टी भी सौ मिन्नत करवा के देता है।

विनायक : शादी के लिए छुट्टी तो हर बंदे का हक़ है।

सरोज : मैनेजर बदबख़्त के मुँह न लगना पड़े तो अच्छा है। यों तो हमारी बिरादरी का है, राजपूत। पर मेरे से बहुत चिढ़ता है। जी करता है, अभी रिज़ाइन कर दूँ।

विनायक : यह भी आपकी ख़ुशी है।

सरोज : एक दिन तो अस्तीफा देना ही है। देर कैसी?

विनायक : चलें सराफा बाज़ार? इतवार तक बना देंगे गहने?

सरोज : गहने तो बना देंगे। तीन दिन हैं अभी। अफरा तफरी मचाई आपने।

विनायक : ब्यूटी क्वीन ब्याहने के लिए कौन सा दूल्हा है जो अफरा तफरी नहीं मचाएगा?

सरोज : सब रिश्तेदारों को बारात में लेकर आना।

विनायक : हाँ, भई। टैलीफोन ऐक्सचेंज में से होकर चलेंगे। भाई और भाभी से दोबारा बात करने की कोशिश करूँ। आसाम में बाढ़ आई है। लाईन नहीं मिल रही।

(सोना आता है)

सोना : सरोज आंटी।

सरोज : तू आगे ही रहना।

सोना : आप शीश महल बाज़ार जा रहे हैं?

सरोज : तुझे किस ने बताया?

सोना : डिंपी ने। मैं भी चलूँगा।

विनायक : आ जा।

सरोज : ख़ामख़ा बोझ घिसटना है?

सोना : यह देखो पाँच रुपए। मैं रंग खरीदूँगा। साथ में चार्ट पेपर।

सरोज : चोरी किए?

सोना : नहीं। प्रेम अंकल ने दिए।

विनायक : पेंटर साहिब ने?

सोना : हाँ, जीं

सरोज : झूठा। प्रेम तो हस्पताल में है।

सोना : मैं हस्पताल गया था। उनके कमरे में। डिंपी और गुल्ली के साथ।

विनायक : प्रेम को क्या हुआ?

सरोज : दमे का अटैक है मामूली सा।

सोना : आपकी शादी हो रही है? आप दूर जा रहे हैं? जहाज़ पर?—मुझे भी ले चलो।

सरोज : कभी तू भी जान छोड़ेगा? पैसे पकड़ा। मैं आप ही ला दूँगी रंग और पेपर।

सोना : **(पैसे देकर)** लाना ज़रूर। प्रॉमिज़ मत तोड़ना। नहीं तो मैं प्रेम अंकल के पास शिकायत लगा दूँगा।

सरोज : उलटा बक रहा है? जा, नहीं लाती। **(पैसे लौटाकर)** जा के सिर में मार दे, बाप प्रेमड़े के!

(अँधेरा)

दृश्य 6

(प्रेम का चबारा)

लब्भू : हमने फैसला कर लिया। तेरी चाची ने और मैंने। ब्याह तेरा करना है गुलाबो के साथ। बीस एकड़ जमीन! ग़रीबी दूर हो जाएगी। हमारे जैसे का भी भला हो जाएगा। क्या कहता है?

प्रेम : तुझे बताया, मैं हस्पताल में रह कर आया हूँ। जीने का पता नहीं मेरा। तू ब्याह और गौने उठाए घूम रहा है।

लब्भू : जवानी के वक़्त काहे की बीमारी होती हैं, ओए? शहर में रहकर, हड्डियों में पानी पड़ गया। होटलों की गंदगी खा खा कर। नारा डाडा गाँव की खड्ड की रेत में लोटपोट हो। मूंगफली बीज। ख़रबूज़े खा। मक्खन खा। दूध पी। चार दिन में भैंसे जैसा हो जाएगा।

प्रेम : भैंसा ही बनेगा, हल चलाने वाला। और क्या वह बबर शेर बनेगा?

लब्भू : काम से मत घबराना। फसल काटने पर हम आ जाया करेंगे। मैं और मेरे बेटे और बहुएँ। टूयवैल गाड़ लेंगे दो तीन। यहाँ बैठे बैठे विलायत बरस पड़ेगी। बैंकें भर लेना रुपयों से। है कि नहीं?— आएगा कल गाँव?

प्रेम : सात साल कलाकार बनने पर ख़र्च किए। फेल हो गया। अब खेती में ज़रूर कामयाबी मिल जाएगी!

लब्भू : क्यों ससुरे दस्त लगा रहा है? मरियल ढोर की तरह। घुटने गिरा रहा है, खस्सी बलद की तरह? हम जो हैं तेरे साथ। क्यों न कामयाब होंगे?

प्रेम : **(खाँसी, साँस रुकता)** हाय माँ! मर गया!

लब्भू : क्या हाल बना रखा है, बनावटी घी खा खाकर।··मेरा लाल, कल आ। चाहे तो, चाची अपनी के साथ जाकर, ज़मीन देख ले। गुलाबो का अंग ढंग ताड़ ले। हो एक तरफ। जला तड़ी तस्वीरें।

आएगा?

प्रेम : परसों चौथ देखूँगा।

लब्भू : परसों सही। एक हज़ार रुपया तो दे।

प्रेम : मेरे बोझे में फूटी कौड़ी नहीं।

लब्भू : धिक्कार है ससुरे पर! पोतड़ों से भूखा! आना ज़रूर। (जाता है)
(वक़्फा। प्रेम को खाँसी का दौरा। डिंपी और गुल्ली आते हैं)

डिंपी : आप हस्पताल से भाग क्यों आए?

गुल्ली : यह हालत है घर आने की?

डिंपी : सोने की मम्मी सच कह रही है?

गुल्ली : आप आत्महत्या की सोच रहे हो?

प्रेम : मैं जीऊँ तो किसके वास्ते जिऊँ?

डिंपी : जीने के वास्ते कोई वजह चाहिए?

गुल्ली : क्या, प्रेम भैया, आपने पागलों वाली रट लगा रखी है।

प्रेम : बरसों के सपने! एक ही झटके में ढह कर ढेरी!

गुल्ली : छोड़ो भी सौदाईपना।

प्रेम : न खुदा ही मिला, न वसाले सनम।

डिंपी : खुदा मिलेगा। सनम का वसल भी। यों हौसला मत हारो।

गुल्ली : यारो, यह तो चोखा जुल्म दिखता है, बंदे के ख़िलाफ। एक लड़की से शादी नहीं हो सकी, तो बोतल चढ़ा लो। सुइसाईड की स्कीमें सोचो।

प्रेम : प्यार के बग़ैर जीना कैसा?

डिंपी : प्यार के लिए, सिर्फ सरोज ही रह गई? जो औरतें, मर्द, शादी कराके, रंडुआ हो जाते हैं? वे भी तो ज़िंदा रहते हैं किसी तरह? ऐसे मजनूं बनकर मौत को बुलाना, मेरे मुताबिक, सरासर बेवकूफी है।

गुल्ली : उठो, घर चलो। मम्मी बुला रहे हैं।

प्रेम : शो कैसे रहा?

डिंपी : उम्मीद से कहीं बेहतर।

प्रेम : नो हूटिंग?

गुल्ली : नन ऐट ऑल। कील लिए लोग। दो घंटे।

डिंपी : 'आधे अधूरे' में बड़ी जान है।

प्रेम : ब्याह ठाठ बाठ से हो गया न?

डिंपी : ब्याह राख का। भागा दौड़ी ने मार लिया।

गुल्ली : भाँवरे लेकर, सरोज दौड़ गई, कुल्लू मनाली।

डिंपी : जैसे विनायक जैसा फरिश्ता दोबारा आसमान से नहीं उतरेगा।

प्रेम : औरत ज़ात को पीर पैग़ंबर नहीं समझ सके। प्रेम प्रकाश जक्खू किस खेत की मूली है?

डिंपी : भूल जाओ सरोज को।

गुल्ली : आओ चलें।

प्रेम : (**रोता**) न मैं पेंटर बन सका, न सरोज का पति।

डिंपी : प्रेम जी, प्लीज़!

गुल्ली : इसमें रोने की कौन सी बात है, भई?

प्रेम : सब ने मेरी होय-होय की। पूरी ज़िंदगी ग़रक़! न मेरी माँ, न बाप। न सगी बहन, न भाई। जीऊँ तो किसके सहारे जीऊँ? किसके लिए जीऊँ? एक इकल्ला! अउत प्रेत! मरा ही भला।—आज मरा, कल भुला देंगे लोग। कीड़े पतंगे की तरह, घड़ी भर का मेहमान। जैसा जन्मा, जैसा नहीं जन्मा। क्या अस्तित्व है मेरा? अँधेरों में से आया हूँ, गहन अँधेरों में ग़रक हो जाऊँगा।—सोचा था, सदियों तक नाम ज़िंदा रहेगा। आने वाली नसलें अश अश करेंगी। प्रेम प्रकाश जक्खू की कलाकृतियाँ देख देख कर।—कितने सपने गढ़े थे! मैं अपने काम द्वारा, मेहनत के ज़रिए, तपस्या के बल पर, अमर हो जाऊँगा!—सब झूठ। छलावा। प्रेम प्रकाश इस शरीर से अधिक कुछ भी नहीं। और यह शरीर? राख की मुट्ठी! हवा, मिंटो के अंदर, सिवे की भस्म का ज़र्रा ज़र्रा उड़ा देगी।—क्या सोच, क्या सपने! कुछ का कुछ हो गया!—क्यों घसीटूँ दुखते हुए हाड़? कौन सा अभाव है मेरे बग़ैर? ख़त्म हो यह मिथ्या काया!

गुल्ली : भैया, यह तो आप ज़्यादिती कर रहे हो हम दोनों के साथ।

डिंपी : भरी जवानी में अल्लम गल्लम हाँक रहे हैं आप।

गुल्ली : सुनो मेरा फैसला। आपके बावलेपन ने मेरा मग़्ज़ खोल दिया। मैं शिव कुमार बटालवी से अपनी नाड़ी लगा हूँ काटने।

प्रेम : कैसे?

गुल्ली : नज़्में लिखने के लिए ठीक होगा रोना धोना। कविता के लिए हुस्न, इश्क़ और मौत के गीत अलापने ठीक होंगे। लेकिन इनके साथ ज़िंदगी नहीं जीई जा सकती। शिव की दुल्हन मौत को मैं ब्याहने से इन्कार करता हूँ। भट्टी पड़े सोना जो कानों को खाए। वह शबाब, वह रंग गोरा गुलाब, जो आशिक़ को, हर वक़्त, मौत का हिसाब किताब लगाए रखे, क्या फायदा ऐसे रोगी शबाब का? जान लेवा हुस्न का?—भूल जाओ उलटे इश्क़ को। आज से

गुलज़ार जंगलियाणवी कविता लिखेगा तो दूसरों के दुख दर्द के बारे में। अपने कल्पित संताप पर विलाप नहीं चिल्लाएगा। आपके मरने के दर्शन को त्याग कर, मौत-मतांध कला को तलाक़ कर, मैं, शायर के तौर पर, नया जन्म धार रहा हूँ। ज़िंदा रहने के बार में लिखूँगा!

डिंपी : शाबाश! मैंने भी फैसला कर लिया!

प्रेम : क्या?

डिंपी : सरोज के पच्चीस हज़ार तन्ख़ाह के साथ फेरे लेने ने, मुझे अक़्ल सिखा दी। सबब से, मोहन राकेश का 'आधे अधूरे' भी इन्हीं दिनों खेलना था। ब्याह शादी के बारे में दोनों घटनाओं ने मेरा अँधेरा दूर कर दिया।

प्रेम : तू ने शादी न करने का डिसीयन कर लिया? ऐक्टिंग में इतनी दिलचस्पी हो गई तुम्हें?

डिंपी : शादी तो करूँगी—लेकिन बाप के ख़रीदे हुए पुतले के साथ नहीं। मैं अपने शरीर की बोली नहीं लगवाऊँगी। राणा राजमल परमार मुझे शैतान के हाथों नहीं बेच सकता!

गुल्ली : शाबाश, डिंपी। अगर एक सरोज के बलि चढ़ने से, हम तीन जने, जीवन प्राप्त कर सकें, हमें सरोज का धन्यवाद करना चाहिए।

डिंपी : सच पूछो तो, प्रेम जी, आप बच गए।

प्रेम : डिंपल, वो कैसे?

डिंपी : सरोज है तो मेरी बहन। मगर महा ख़ुदग़र्ज़। ईगोटिस्ट। सेल्फ सेंटर्ड। आप जैसे कलाकार को सरोज जैसी पत्नी ले डूबती।

गुल्ली : ''भला हुआ लड़ जल्दी छूटा, उम्र न बीती सारी।''

प्रेम : तुम्हारे फैसले सुनकर मुझे भी गुस्सा आ गया। मैंने भी फैसला कर लिया!

गुल्ली : ब्रावो!

प्रेम : अगर प्रेम प्रकाश माँ का लाल है, जीते जी, शादी नही करवाएगा!

डिंपी : क्या!!!

गुल्ली : यह तो बल्कि उससे भी बड़ी मूर्खता है।

डिंपी : प्यार के बग़ैर, कौन जी सकता है?

प्रेम : मैं प्यार से इन्कार नहीं कर रहा। प्रेरणा के बिना कला नहीं सिरजी जाती। मगर रसमी शादी? रसमी शादी मैं कभी नहीं करूँगा।

गुल्ली : टूटा हुआ दिल ज़ल्दी में ग़लत फैसले भी ले लेता है। ऐसे फैसले अपने आप बदल जाते हैं।

प्रेम : मेरा फैसला नहीं बदलेगा।

डिंपी : अगर किसी का प्यार आपका फैसला बदल दे?

प्रेम : नहीं बदल सकता?

डिंपी : लगी शर्त?

प्रेम : **(हाथ मिलाकर)** पक्की शर्त! किसी लड़की का प्यार, प्रेम प्रकाश जक्खू से, उसका कुँआरापन नहीं छुड़ा सकता! कभी नहीं!

(अँधेरा)

—आधी छुट्टी—

दृश्य 7

(सरोज का घर)

सोना : **(रोता)** सरोज आंटी के पास जाना है।

हुकमा : सरोज चली गई।

राणा : भूल जा सरोज को।

सोना : मुझे सरोज आंटी के पास ले चलो।

राणा : सरोज गई समुंद्र के पार। ज़हाज़ पर बैठ कर।

हुकमा : कुल्लू मनाली होंगे अभी तो।

सोना : आंटी के पास जाना है।

राणा : साल भर बाद आएगी। तब तक तू भूल जाएगा।

हुकमा : डिंपी के साथ खेला कर।

राणा : दोनों नहीं लौटे अभी तक।

हुकमा : हस्पताल जाना था। इसकी मम्मी को मिलने। और मैंने कहा था, प्रेम को घर लेकर आओ।

सोना : प्रेम अंकल के पास जाना है।

हुकमा : प्रेम तो आ रहा होगा।

राणा : सरोज तो पढ़ लिखकर, देख ले, कहाँ पहुँच गई। मुझे लगता है, दूसरे दोनों दुखी करेंगे।

हुकमा : वो केसे दुखी करेंगे आपको?

राणा : किताब दोनों ने कभी नहीं खोली। कभी नाटक, कभी कविता।

सोना : मैं सरोज आंटी से झूला झूलूँगा।

(डिंपी और गुल्ली आते हैं)

हुकमा : आ गए तेरे साथी।

डिंपी : सोने, हम तेरी मम्मी को मिले थे।

सोना : मैं मम्मी पास जाऊँगा।

गुल्ली : कल ले जाएँगे।

सोना : आज क्यों नहीं लेकर गए?

राणा : गुल्ली, छोड़ आ इसे नाना के पास।

सोना : कुट्टी।

हुकमा : सरोज के लिए रो रहा है।

गुल्ली : आ, झूला झुलाऊँ।

सोना : मेरी कुट्टी।

गुल्ली : झूला झूल कर अब्बा करेंगे हम दोनों।
(उठा कर ले जाता है)

डिंपी : पार्क में तो गौओं का गोबर है।

हुकमा : प्रेम नहीं आया? साँस की बीमारी गई नहीं?

राणा : रूठा हुआ है। शादी पर भी नहीं पहुँचा।

डिंपी : डैडी, आप पत्थर हो। इतने सालों से जो सरोज को पत्नी बनाए बैठा हो, वह पराए संग भाँवरे लेती को देख सकता है?

राणा : है बेशरम का हाड़! कच्ची क्वाँरी को पत्नी बनाता है।

डिंपी : मैंने ख़ुद देखे सरोज के पोर्ट्रेट। नीचे लिखा था : मिसिज़ प्रेम पिकासो।

हुकमा : दिल से साधु है। ग़म खा गया।

डिंपी : सोने की मम्मी को मिला। बोला : जीने को बिलकुल मन नहीं मान रहा। डॉक्टर अचल भगत भी यही बताता है। डिपरैशन है। गाड़ी के नीचे सिर न दे दे।

राणा : बड़ा मजनूँ बना फिरे।

डिंपी : मैं और गुल्ली ने ज़ोर लगाया, घर चलो। माना ही नहीं।

हुकमा : सचमुच न कुछ कर ले।

राणा : इस जैसे नहीं कुछ किया करते। मोटी चमड़ी है। लब्भू सांढ जैसी।

डिंपी : क़सम खाई हमारे सामने।

हुकमा : कैसी कसम?

डिंपी : बोला, पूरी ज़िंदगी शादी नहीं कराऊँगा।

राणा : देखो तो, गौतम बुद्ध! त्याग रहा है गृहस्थ। आज सुंदर लड़की सामने आ जाए, लार टपकाता भागेगा।

हुकमा : अरी, वो रिक्शे से कौन उतरी है?··सरोज?

राणा : सरोज?

डिंपी : सरोज ही है।

हुकमा : हाय हाय! क्या अनर्थ हो गया?
(सरोज आकर बाप के गले लगकर रोती है)

राणा : सरोज, बेटा, क्या हुआ?

डिंपी : जीजा जी?

हुकमा : अकेली आई है?

राणा : चुप कर।

(गुल्ली सूटकेस उठाए आता है)

हुकमा : मैं तो पहले ही त्राहि-त्राहि डरती थी।

राणा : कैसा अनिष्ट हो गया?

गुल्ली : धोखेबाज़ निकला विनायक?

डिंपी : आँखें ही चोरों जैसी थीं।

गुल्ली : फरॉड दिखता था।

राणा : बोल, बेटा। रोना बंद कर।

सरोज : निरा तूफान तोला था।

डिंपी : पच्चीस हज़ार नहीं तन्ख़ाह?

सरोज : पच्चीस हज़ार उसके जूते न मारे कोई।

गुल्ली : कैपटन नहीं जहाज़ का?

सरोज : जैनीटर है।

हुकमा : वो क्या होता है?

डिंपी : सफाई करने वाला।

सरोज : पोचे लगाता है। टट्टियाँ धोता है।

हुकमा : भंगी?

राणा : मैं अभी जाता हूँ जालंधर। बहन को पकड़ूँगा चुटिया से, सारे हस्पताल के सामने।

डिंपी : पता कैसे चला तुम्हें?

राणा : बता, सरोज। कैसे घटी?

सरोज : टूरिस्ट बस पर चढ़कर, हम रोहतांग पास देखने गए। मुंबई के भी कई लोग थे। इसके जहाज़ का इंजनियर भी साथ था, गोंज़ालो। बीवी उसकी और बेटा और बेटी। उन्होंने मेरे साथ दोस्ती गाँठ ली। यह कुत्ता घबराए। लौटकर मनाली आए। बोला, चल चलें मुंबई। मैं फ्लाइट देखता हूँ, अगर अभी मिल जाए।—मैंने कहा : मैं सामान पैक करती हूँ, तू जाकर सीटें बुक करा।—मैं ने गोंज़ालो की वाईफ से पूछा। कहने लगी : मुश्किल से दसवीं ग्यारहवीं पास होगा। सफाई करता है। अढ़ाई तीन हज़ार तन्खाह होगी। स्मगलिंग करता हुआ पकड़ा गया था एक बार। तीन महीनें जेल काटी।—मैंने पासपोर्ट चेक किया। दूसरे काग़ज़ देखे। हमारे पास कोरा झूठ

बका था।

राणा : बटुआ पकड़ा मेरा।

हुकमा : कहाँ चले?

राणा : जालंधर। जटा से घसीटूँगा डाकटरनी को। मूंज कूटवाऊँगा। जेल के अंदर! याद रखेगा, राणा राजमल परमार की बेटी को मैली आँख से देखा था।

सरोज : कल ही भागा आएगा ठग्ग। मेरे पीछे। अगर न उसी वक़्त तलाक के काग़ज़ों पर दस्तख़त करवाए, तो सरोज भी बाप की बेटी नहीं।

(अँधेरा)

दृश्य 8

(सरोज का घर)

राणा : तू ने धोखा क्यों किया?

हुकमा : डाकटर राख की है तू? कोढ़ी बना दिया मेरी बेटी को।

डिंपी : बहन बनकर आई!

गुल्ली : क्या पता, बहन है या और कुछ।

राणा : लूटने की तिकड़में हैं सब।

हुकमा : लड़की बालिका तू। शरम न आई तुझे?

डिंपी : गिरोह बना कर ठगियाँ मारते हैं।

गुल्ली : शिकार बनाते हैं भोले लोगों को।

हुकमा : दहेज निकलवा कर, आगे चल दिए।

राणा : जेल भिजवाऊँगा मैं, दोनो को।

विनायक : खेल पड़ी है जेल भेजना?

(सरोज आती है)

सुषमा : कुमुद, तू ज़रा चुप रह। सरोज, क्या मैं ने एक बार भी तुझे बताया था, कुमुद मेरा सगा भाई है?

सरोज : तुझे अपने आप बताना चाहिए था।

सुषमा : न आपने पूछा, न मैं ने बताया।

राणा : जान बूझकर धोखा किया तुम दोनों ने।

सुषमा : राणा साहिब, मैं ने कोई धोखा नहीं किया। सरोज, लिसन टु मी। मैं भी तेरी तरह लड़की हूँ। मेरी मैरिज टूटी पड़ी है। पाँच साल हुए हमें अलग हुओं को। मैं तेरी टरैजडी समझती हूँ।

सरोज : बड़ी चालाक। हमदर्दी दिखा रही है। मेरी टरैजडी समझती तो क्या तू इस छिपकले का पक्ष लेती?

राणा : छटे हुए बदमाश हैं दोनों।

विनायक : बदमाश? किस मुँह से बदमाश कह दिया आपने? सब के सामने

शादी की। दहेज जो दिया है, आप घर में रखो। सरोज चले मेरे साथ। मैं ग़रीब हूँ या अमीर। रोटी की तंगी नहीं होने दूँगा। प्यार से रखूँगा। भाँवरे लिए हैं मैं ने। अपना धर्म निभाऊँगा।

सरोज : पच्चीस हज़ार महीना लेता है! थूथनी देखो।

डिंपी : टट्टियाँ धोता है!

विनायक : तुझे किस ने बताया? गोंज़ालो कुत्ते ने। या उसकी रांड ने?

सरोज : तीन महीने जेल काटी या नहीं?

विनायक : गोंज़ालो हरामज़ादा आप छः महीने अंदर रहा था।

राणा : सारा इलज़ाम, लड़की, तेरे सिर पर आता है।

हुकमा : तेरे करके हमने रिश्ता कबूल किया था।

राणा : बहन डॉक्टर हो, जालंधर, सरकारी हस्पताल के अंदर। दूसरा क्या सबूत चाहिए बंदे को परिवार के बारे में?

सुषमा : मैं बहन कभी नहीं बनी। ये हमारी गली में, अंबाले, किराए पर रहते थे। छोटा था जब देखा था। भूल भुला गई। पिछले महीने, चंडीगढ़, सतारह सैक्टर मार्किट में टकर गया। पहचान निकाल ली। बोला, लड़की देखने जाना है, होशियारपुर। मिन्नत करने लगा : भाई और भाभी आसाम में रहते हैं। आप साथ चलो।— मैं आ गई। बाकी आपने पूछ पड़ताल की। लोगों के सिर इलज़ाम मत मढ़ो।

(दरवाज़ा खटकता है)

हुकमा : देख, डिंपी, कौन है। **(डिंपी जाती है)**

विनायक : राणा साहिब, मिन्नत मानो मेरी। आई लव सरोज। मैं बहुत लोनली था। इधर की लड़की से शादी कराना चाहता था। सच बोल बोल कर हार गया। बारह तेरह लड़कियों के माँ-बाप को मिला। सब ने रिजैक्ट कर दिया—क्योंकि मैं अपनी तन्ख़ाह के बारे में, नौकरी के बारे में, सच बोलता रहा। जस्ट गिव मी वन चांस। मैं सरोज को हर तरीक़े सुखी रखूँगा।

सरोज : अब बेशक तू बबर शेर की सवारी करके आ। तेरे साथ नहीं जाऊँगी।

(सोने को उठाए डिंपी आती है)

डिंपी : गुल्ली, जल्दी आ।

गुल्ली : क्या हुआ?

डिंपी : सोने की टाँगों को कुछ हो गया।

हुकमा : हाय राम!

डिंपी : हस्पताल ले जाना है।

सुषमा : रुको। **(देखती है)** पोलियो का अटैक है। झटपट चलो हस्पताल।
(सोने को उठाए सुषमा, डिंपी और गुल्ली जाते हैं)

हुकमा : ऐसे ग्रह आए हैं इस बच्चे पर। माँ मौत के किनारे पड़ी है हस्पताल में। बाप पहले मर चुका है।

विनायक : यह वही प्यारा सा बच्चा है? आपका पड़ोसी? जो सरोज को मम्मी बुला रहा था?

हुकमा : हाँ।

राणा : जल्दी निबटाओ मामला बीच में से।

सरोज : डाइवोर्स पेपर साइन कर और चुपचाप गाड़ी चढ़ जा।

विनायक : अगर आपने ज़िद करनी है, तो कम मैं भी नहीं। जाओ, मैं नहीं करता डाइवोर्स पेपरों पर दस्तख़त। तोड़ लो मेरी टाँग जो तुम तोड़ सकते हो।
(प्रेम आता है। हाथ में पेंटिंग)

हुकमा : प्रेम? आ जा, बेटा।

प्रेम : सरोज, तू यहाँ? विनायक साहिब भी मिल गए। अच्छा हुआ। मैं डिंपी से आपका ऐडरैस लेने आया था। मेरा डाक ख़र्च बच गया। पकड़ो।

सरोज : क्या है?

विनायक : पेंटिंग?

प्रेम : मेरी तरफ से वेडिंग गिफ्ट। माफ करना। मैं शादी पर नहीं पहुँच सका।

विनायक : काली देवी शिव जी को पैरों से कुचल रही।

हुकमा : हाँ।

विनायक : लेकिन काली की शक्ल, निरी सरोज! फोटो देख कर बनाई थी?

हुकमा : शिव जी महाराज?··प्रेम, तू ने अपनी तस्वीर खींची है?

सरोज : तू हमेशा उलटी पोथी पढ़ा कर।
(मुँह घुमा लेती है)

प्रेम : तू मेरी उलटी पोथी को, पलटा कर, सीधी कर दे!
(सरोज को घुमा कर अपनी तरफ मुँह कर लेता है)

(अँधेरा)

दृश्य 9

(प्रेम का चबारा। डिंपी काली का रूप बनी खड़ी है। प्रेम चित्र बना रहा है)

डिंपी : मेरी तो टाँगें और बाँहें टूट गईं। जल्दी करो, बाबा। पता नहीं पेंटरों की मॉडल किस मिट्टी की बनी होती हैं। मेरे तो घंटे भर में अंग टूट टूट कर गिरने को हो जाते हैं। फायदा भी कोई नहीं मेरे थकावट झेलने का। आप सामने मुझे खड़ी करते हो लेकिन हर बार चेहरा सरोज का ही बनाते हो।

प्रेम : नहीं। इस बार तो बिलकुल तू खड़ी है कैनवस पर।

डिंपी : मैं अंधी तो नहीं। होंठ देखो। आँखें देखो।

प्रेम : डिंपी डार्लिंग, इसमें मेरा वश नहीं दिखता। तुम दोनों सगी बहनें जो हो।

(सरोज चुपचाप आकर पीछे खड़ी होती है)

डिंपी : हमारी शक्लें बिलकुल नहीं मिलतीं। सरोज है हूबहू डैडी की बेटी। मैं, मम्मी की।

प्रेम : तेरी असली शक्ल क्या है? न तू जान सकती है न तेरा शीशा। छोटा-मोटा बंदा शक्ल की पेचीदगी नहीं समझ सकता। यह ताक़त तो रब्ब बख़्शता है सिर्फ कलाकार को। चित्रकार को।

डिंपी : मेरे रब्ब तो आप हो—पर आपको मेरे और सरोज के बीच में फर्क़ नज़र नहीं आता।

सरोज : तेरा कॉलेज, आजकल, यहीं लगता है, दिन रात?

प्रेम : सरोज सुलताना!

डिंपी : काले कागों और फनियर नागों जितनी उम्र होगी तेरी।

प्रेम : ख़ुशामदीद।

(सरोज रो रही है)

डिंपी : सोने को देखने गई थी, हस्पताल?

प्रेम : क्या हुआ?

सरोज : मेरी किस्मत! इस से तो गाड़ी के नीचे सिर देकर मरना बेहतर है।

प्रेम : सरोज, हुआ क्या?

डिंपी : दुर्घटना हो गई कोई?

प्रेम : पानी पिला, डिंपी।

सरोज : नहीं। **(उलटी आ रही है)**

डिंपी : जी कच्चा-कच्चा हो रहा है?

प्रेम : संभल कर। हसबंड से दोबारा बात हुई फोन पर?

डिंपी : सवेरे तो डैडी तुम्हें बैंक मैनेजर के पास भेज रहे थे?

प्रेम : अस्तीफा वापस करने के लिए मान गया?

सरोज : मुश्किल वक़्त आता है जब दोस्त भी दुश्मन बन जाते हैं। डैडी मिलकर आए कल मेनेजर को। कहें, राजपूत है। कांगड़े का। जसवाल।—बोला : सरोज को भेज दो। दो हफ्ते तो हुए हैं कुल। अस्तीफा अभी जालंधर ही होगा। डिवीयनल मैनेजर के दफ्तर को साथ चले। अस्तीफा वापस करवा देंगे। फाइल में से निकाल कर फाड़ फेंकेंगे।

डिंपी : जालंधर गई थी?

प्रेम : यह तो अच्छा है दोबारा वही नौकरी मिल जाएगी। वरना कई बरस बेकार घूमना पड़ता। नेक आदमी निकला तेरा बॉस।

सरोज : नेक निकला! कुत्ते का पूत! शर्त रखी।

प्रेम : शर्त?

डिंपी : कैसी?

(वक़्फा)

प्रेम : चुप कर। सरोज! बता! क्या शर्त रखी?

सरोज : कंजर! कहने लगा, होटल चल पहले। डिवीयनल मैनेजर को खुश कर। मुझे भी।

डिंपी : है हरामज़ादा!

सरोज : बोला, अब तुम्हें क्या फर्क पड़ता है? कुँआरी तो नहीं हो।

डिंपी : डैडी को मैं बताऊँगी—उनके राजपूत भाई की करतूत।

प्रेम : सॉरी, सरोज। सब्र रख। सियाने कहा करते हैं : हुस्न के सौ चार।— फॉरगेट दी बैंक। दूसरी जगह नौकरी ढूँढ़।

सरोज : मुझे पता नहीं, मैं कौन सा मोड़ ग़लत मुड़ गई। ये दिन देखने पड़े। अपनी तरफ से तो अच्छा ही अच्छा सोचा था। कभी किसी का बुरा नहीं चाहा। फिर मेरे साथ भगवान जुल्म क्यों कमा रहा है?

क्यों क़िस्मत मुझे भूल भुलैया में फँसा रही है? चक्रव्यूह में घेर रही है? ··मेरी ज़िंदगी का रास्ता कहीं खो गया। अँधे कुएँ में टक्करें मार रही हूँ।—मैंने किसी का क्या बिगाड़ा है? होनी मेरे साथ चूहा बिल्ली खेल क्यों खेल रही है? कौन सा महा पाप कमाया है मैंने? ज़र्रा भर दिल का कहना किया। सुख का लालच किया। मन की मौज चाही। वह भी पिता की आज्ञा अनुसार। पुरखों के पद चिह्नों पर चलते हुए। नन्हें से कसूर की इतनी बड़ी सज़ा? हर मर्द मुझे जूठन समझ रहा है। कोठे की कंजरी की तरह मसल रहा है। एक ही चाल ग़लत चली। मैं ज़िंदगी भर का सम्मान हार बैठी। सुख लुटा बैठी। कहीं लौ नज़र नहीं आ रही। प्रभु, मुझे रास्ता दिखा। दोबारा लकीर पर ला। दानवों से मैं और नहीं जूझ सकती। अब बस कर। भगवान! अब बस कर! **(रोती है)**

प्रेम : हिम्मत कर, सरोज। जवानी में ऐसे हौसला नहीं हारते। **(पानी पकड़ाता है)**

डिंपी : शक्ति बनना पड़ेगा हम लड़कियों को। मर्दों को पैरों के नीचे कुचलना होगा।

सरोज : **(पानी पीकर)** अभी तक काली माता का भूत सवार है तेरे सिर?

प्रेम : तेरी शादी के बाद, अपने आप, मेरा काली फेज़ शुरू हो गया। क्या औरत दानव नहीं? जाइटैस्स नहीं? जो मर्द के अंदर के सृजक को कच्चा चबा जाती है?··तू ने मुझे औरत का असली रूप जता दिया।

सरोज : प्रेम, तू मुझे कभी सही नहीं समझ सका।

प्रेम : मैं तुझे समझ सकूँ? मेरी तोबा!··जो औरत को समझ लिया, मानो, धरती माँ को बाँहों में जकड़ लिया।

सरोज : पागल तो तू उतना बड़ा ही रहा—पहले, जब तुम्हें हर ज़नानी के अंदर माँ ही माँ नज़र आती थी। और अब भी, जब तुम्हें हर स्त्री मर्दखानी डायन दिखती है।

डिंपी : पर प्रेम जी के पागलपन की दवा तेरे पल्ले नहीं है। कलाकार का पागलपन केवल उसकी कला दुरुस्त कर सकती है।—प्रेम जी, आप जो दिल चाहता है, बनाते जाओ। अपने आप आपको सही सब्जैक्ट और उपयुक्त स्टाईल मिल जाएँगे।

प्रेम : सही सब्जैक्ट और उपयुक्त स्टाईल! वाह वाह! डिंपल दी ग्रेट! तूने तो पिकासो को बच्चू बना लिया। अरस्तू को आगे लगा लिया। महामाई जीनियस, गुलाम का सलाम!

सरोज : जीनियस है, तभी तो थर्ड डिवियनें इकट्ठी किए जा रही है।

डिंपी : आएगा वक़्त कभी डिंपल परमार का भी।

(गुल्ली आता है, रो रहा)

प्रेम : गुल्ली, क्या हुआ?

गुल्ली : सोने की मम्मी पूरी हो गई।

डिंपी : हैं?

सरोज : मर गई?

प्रेम : सोना?

सरोज : हस्पताल में ही है?

डिंपी : इतना बदक़िस्मत बच्चा भी होगा कोई?

सरोज : बॉडी घर ले गए?

गुल्ली : सीधी श्मशान ले जा रहे हैं।

प्रेम : कैंसर से सारा शरीर तो रिस रहा था।

डिंपी : सोने का पोलियो भी अगर ठीक हुआ, बरस लग जाएँगे।

गुल्ली : डिंपी, तूने हस्पताल सोने के पास रहना है। दो तीन दिन।

सरोज : नहीं। सोने के पास मैं रहूँगी।

प्रेम **(रोना रोककर)** सोना भी आज मेरे साथ मिल गया। न हमारी माँ, न बाप। भरे भराए संसार के अंदर, अकेली जान। किसी का सहारा नहीं। पैरों पर खड़े होने की ताक़त नहीं। और हिमालय जितना सफर आगे पड़ा है। कितना बड़ा जिगर रखे बंदा? कितने पहाड़ सिर पर झेले? अंधी क़िस्मत! है पता चलता ज़िंदगी के राहों का? यत्न करने से, बनता है कुछ? सोने जैसा बच्चा कौन से यत्न करे? यतीम हो गया। क्या कसूर है सोने का?—या मेरा? हैरानी कैसी, अगर बंदा किनारा न ढूंढ़ सके। हार जाए। डूब जाए। ज़िंदगी के आगे बंदा बेज़ार है! मौत के आगे बंदा बेबस है!

सरोज : मौत बेदर्दी! सोचती थोड़ी है कुछ।

डिंपी : नाना, नानी, बेचारे!

गुल्ली : एक ही एक बेटी। विधवा। वह भी दग़ा दे गई।

डिंपी : कैसे काटेंगे बुढ़ापा?

गुल्ली : जिनकी बारी थी, वे पीछे पिंजर घिसट रहे हैं।

सरोज : और जिन्होंने जीना था, मौत ले गई।

प्रेम : मौत को कौन समझ सका है? कौन जाने, मौत माँ है। सबको सुख देने वाली! या, काली है सब का सिंहार करने वाली!

(अँधेरा)

दृश्य 10

(सरोज का घर। जाड़ा।)

हुकमा : तुम ने ज़िंदगी बरबाद की है मेरी बेटी की।

राणा : क्यों तेरा पारा चढ़ा रहता है हर वक़्त?

हुकमा : न विधवाओं में, न सुहागिनों में।

राणा : ट्यूशन पढ़ाने गई है?

हुकमा : रो रही है अंदर घुसकर।

राणा : रोना क्यों?

हुकमा : गर्भ ठहर गया।

राणा : गर्भ?

हुकमा : बरफी बाँटो, भीतो हलवाई से मँगवाकर।

राणा : बेटा।

(सरोज आती है)

हुकमा : डाकटरनी को दिखा कर आई है।

राणा : इसमें रोने की कौन सी बात है, बेटा?

हुकमा : बच्चा मत गिरा। चिट्ठी भेज बंबई। तलाक मत ले।

राणा : अपरेशन कराना है?

सरोज : हाँ।

राणा : करा ले अपरेशन। पैसे दे दूँगा मैं जितने माँगती है।

हुकमा : अच्छी भली तन्खाह पा रही थी। अब दर दर की ठोकरें खा रही है।

सरोज : डैडी, मैं ने करेश खोलना है।

राणा : बच्चों के लिए?

सरोज : हाँ। सोने का नाना कहता है, चबारा खाली पड़ा है।

राणा : यह तो बढ़िया विचार है। करेश खोल।

हुकमा : यों भी तो सारा सारा दिन सोने के साथ काटती हो।

राणा : मैं अपने दफ्तर में सब को बताऊँगा। चल पड़ेगा अच्छा।

सरोज : प्रेम को मैंने कह दिया : टीन के पत्रों पर इश्तिहार लिख कर, जगह जगह लगा दे।

राणा : तेरा यह फैसला मुझे बहुत पसंद आया है। ऐसे हिम्मत रखा कर, मेरा चाँद।

(गुल्ली आकर ख़त पकड़ाता है)

सरोज : डिंपो अभी तक प्रेम के चबारे बैठी है?

गुल्ली : मुझे क्या पता?

हुकमा : तू कहाँ से आया है?

गुल्ली : माहिल पुर से?

राणा : तू वहाँ कौन सी धूल चाटने गया था?

गुल्ली : कवि दरबार था।

राणा : हरदू लानत!··तू इस छोकरी के पंख क्यों नहीं काटती? यह उम्र है बदमाशों के चबारों पर चढ़ने की?

गुल्ली : सोच समझ कर बोला करो। शराब पी-पी कर, नशे ले लेकर, प्रेम जी ने अपना बुरा हाल कर रखा है। आपकी लाडली ने ऐसा डंक मारा।—अगर कभी कभार, मैं और डिंपी उन का हाल पूछने चले जाते हैं, इस में बुरा क्या है?

राणा : चमड़ी तो नहीं उतरवानी मेरे से? बड़ा हिमायती बनता है, निठल्ले का। मरे शराबें चढ़ा कर। तेरा क्या लगता है? शरम नहीं तेरे दीदे? बहन है तेरी। क्यों घूमें फिज़ूल कुँआरों के घर?

गुल्ली : डिंपी सरोज वाली बेवकूफी कभी नहीं करेगी।

राणा : कौन सी बेवकूफी?

गुल्ली : बाप का कहना मानकर, ज़िंदगी तबाह नहीं करेगी।

(सरोज रो रही है)

हुकमा : अरी, क्या हुआ?

राणा : चिट्ठी किस की है?

हुकमा : पाहुने की?

राणा : रोने क्यों लग पड़ी?

हुकमा : क्या लिखता है?

गुल्ली : आसाम से लगती है। विनायक के भाई की।

सरोज : लिखता है, मेरे कहने पर तुम ने विवाह नहीं किया। मेरे कहने पर तलाक कैसे हो जाएगा?

राणा : कंजरी का पूत।

गुल्ली : सही लिखा है।

राणा : ख़ानाबदोश कुनबा।

हुकमा : भाई भाई का संबंध नहीं रहा।

गुल्ली : जो इन्सान शादी में बिचौलिया नहीं था, वो तलाक के लिए सालिस कैसा?

सरोज : मैं कल जालंधर जाऊँगी।

राणा : डाक्टर सुषमा के पास?

सरोज : हाँ। मैं कहूँगी : लुच्ची, तू ने मुझे फँसाया अपने यार के साथ। तू ही छुड़ा।

(अँधेरा)

दृश्य 11

(प्रेम का चबारा)

डिंपी : उठोगे भी अब? मुँह हाथ धो लो। मैं चाय बना देती हूँ। **(प्रेम चुप है)** खा लिया। पी लिया। खेतों में घूमा फिरा। इतने महीनों से और कुछ भी किया है? बुर्श को छुआ तक नहीं। कैनवस के निकट नहीं गए। यह भी जीने का ढंग है? न नहाना, न धोना। न बाल बनाना। विधवा की तरह, कुरूप बने, कोप भवन में पड़े रहते हैं। हाथ पैर मारोगे, तो ही कुछ बनेगा। बेकार बैठे कुछ बनता है?

प्रेम : **(उठकर, जल्दी जल्दी)** डिंपी, चुप! बुर्श पकड़ा! कैनवस दे। नहीं तो काग़ज़ पैनसिल!

डिंपी : पकड़ो। चाय बनाऊँ?

प्रेम : चुप! **(तस्वीर बनाता है)**

डिंपी : गाय! बछड़ा! यह क्या? छः थन? दो थन फालतू।

प्रेम : शांति! शांति! मेरी जान।

डिंपी : माँ! बच्चा! यह क्या? चार छातियाँ?

प्रेम : काग़ज़ पकड़ा। **(फटाफट स्कैंच बनाता)** आशिक़। माशूक़ा। माशूका की सिर्फ आँखें। या, सिर्फ होंठ।

डिंपी : सचमुच के पिकासो बन गए?

प्रेम : बना नहीं अभी। ढँग ढूँढ़ लिया।

डिंपी : कुछ मुझे भी तो समझ आए।

प्रेम : अब जो मरज़ी पूछ ले। फ्लैश! बिजली की चमक। सब साफ-साफ दिख पड़ा।

डिंपी : क्या?

प्रेम : मैं मूर्ख! कला को केवल दिमाग़ की उपज समझता रहा। कला तो कल्पना का करिश्मा है। भावनाओं का प्रक्टाव है।—बूझ, बछड़े के लिए गऊ क्या शै होती है?

डिंपी : आप बताओ।

प्रेम : गऊ सींग नहीं। मुँह नहीं। टाँगें नहीं। बछड़े के लिए गऊ है थनों का गुच्छा। दूध का स्रोत।—मैं चार की जगह छः थन क्यों न बनाऊँ?

डिंपी : बछड़े के नज़रिए से?

प्रेम : बिलकुल। अभी तक गाय को मैं मनुष्य की आँखों से ताकता रहा हूँ। भला, बछड़े की आँखों से क्यों नहीं ताक सकता?—मेरा बुर्श कैमरा तो है नहीं। मैं मक्खी पर मक्खी क्यों मारूँ? नक़लची क्यों बनूँ?

डिंपी : यथार्थ से क्यों हटते हो?

प्रेम : यथार्थ गया चूल्हे में। अगर बच्चे को अपनी माँ दूध का भंडार महसूस होती है, मैं चार छातियाँ क्यों न बनाऊँ? कला सात पंजे पैंतीस होती है क्या? कौन सा आशिक़ है जो फुट्टा पकड़ कर, महबूब के अंग मापता है? या एक दो तीन चार गिनता है? हमारा दिमाग़ प्यार नहीं करता। प्यार करती है हमारी इच्छा। हमारी वासना। ख़ूबसूरती दलीलों के अंदर नहीं बसती। ख़ूबसूरती है हमारी भूख में। हमारी प्यास में। माप में नहीं। गिनती में नहीं।

डिंपी : लेकिन, जनाब, आप लड़की के एक की जगह दो नाक बनाओगे, दो की जगह चार आँखें बनाओगे, तो देखने वाला क्या समझेगा? लड़की को लड़की तो दिखना चाहिए।

प्रेम : लड़की ज़रूर लड़की दिखेगी। लेकिन अगर उसके प्रेमी को लगता है, मेरी महबूबा की तीन आँखें हैं, चार होंठ हैं, मैं तीन आँखें बनाऊँगा। चार होंठ बनाऊँगा।

डिंपी : दुनिया से अलग कलाकार पैदा हो गए आप? उलटे चित्रकार जन्म पड़े?

प्रेम : क्यों नहीं? इस संसार के अंदर प्रेम प्रकाश जक्खू सिर्फ एक है। उसकी बनाई तस्वीरें अद्वितीय क्यों न हों? यूनीक क्यों न हों? आज से नया प्रेम जन्म पड़ा। निराला। विलक्षण।—थैंक यू फॉर यूअर लव। तेरे प्यार ने, हौसला अफज़ाई ने, मुझे नया जीवन प्रदान किया है। खुश हो न? समझ आया?

डिंपी : समझ तो कुछ नहीं आया। पर खुश ज़रूर हूँ।

प्रेम : आज जैसा दिन ज़िंदगी में सिर्फ एक बार आया करता है। वह भी हर साधक की ज़िंदगी में नहीं। शायद हज़ार साधकों में से एक का पुनर्जन्म होता है। डिंपल अंबे तेरी जय हो!

डिंपी : अंबे! न बाबा, दो बार जन्मना है, तो जी खोलकर जन्मो। मगर मुझ क्वाँरी कन्या को अम्मा मत बनाओ।

प्रेम : हीरो क्वाँरियों को जन्मा करते हैं। कुंती के कर्ण की तरह। जीज़स क्राईस्ट की तरह। ल्योनार्डो डा विंची की तरह। शादीशुदा तो कीड़े मकौड़े जन्मती हैं। कुआँरियाँ, जिंदाबाद!

डिंपी : अब तो क़सम तोड़ोगे? मेरे साथ रसमी ब्याह करोगे?

प्रेम : मेरी मा-नुमा महबूबा, आज पुरानी क़समें तोड़ने का दिन नहीं है। नई क़समें खाने का दिन है। लड़की नहीं, कला ब्याहने का दिन है। **(लब्भू आता है)**

डिंपी : चुप करो।

प्रेम : लब्भू चाचा, आ जा। तेरी इंतज़ार थी। पाँच हज़ार रुपए तो निकाल। कैनवस ख़रीदूँ। रंग ख़रीदूँ। एक ही झटके में सौ डेढ़ सौ कैनवस पेंट कर दूँ। नुमाइश लगाऊँ। चंडीगढ़, दिल्ली, लंडन, पेरिस।

लब्भू : **(डरता)** लड़की, पकड़ के रख इसे।

प्रेम : तुरंत निकाल रक्म।

लब्भू : बिजली नहीं लगवाई इसके?

डिंपी : वो क्यों?

लब्भू : काट खाए अगर किसी को?

प्रेम : **(पीछे दौड़ता)** बऊँ बऊँ! तुझे तो चाचा मैं ज़रूर खाऊँगा। पच्चीस बरस से तू मेरे हिस्से की ज़मीन खा रहा है। मेरे घर में रहता है। निकाल मेरा हिस्सा। मैं बेच दूँगा। पूरा अपनी कला पर लगाऊँगा। बऊँ बऊँ!

लब्भू : ज़ंजीर डाल कर रखनी चाहिए। लड़की, तुझे डर नहीं लगता?

डिंपी : मत डरामा करो।

लब्भू : ओए, यह क्या बनाया है? औरत के चार थन होते हैं? **(हँसता)** तुझे ज़नानी में और भैंस गाय में फर्क ही नज़र नहीं आता?

प्रेम : रावण के दस सिर नहीं होते? विष्णु की चार बाँहें नहीं होती? काली की आठ भुजाएँ नहीं होतीं? सब कला की करामात है। किसी चित्रकार की कल्पना का कमाल है।

लब्भू : **(हँसता)** चंडीगढ़ ले जा। दिल्ली ले जा। वहाँ बैठे हैं पागल। तेरे जैसे। इसको कला कहने वाले। अगर तू होशियारपुर में रुका, तो लोग कुत्ते पीछे लगा देंगे।

प्रेम : डिंपी मेरी सोच सही है। पक्का सबूत मिल गया।

डिंपी : कौन सा सबूत?

प्रेम : जिस काम को मेरा चाचा मूर्खता समझता है, उस काम के अंदर ज़रूर अक़्ल होगी। आज से नई पेंटिंग शुरू।

लब्भू : ओए, सौदाई! अभी भी मौक़ा है। गुलाबो के रह ले। बीस एकड़ की कमाई खा। पहाड़ों में छिप जाते हैं तेरे जैसे बावले।

प्रेम : तुझ कंस को, क़त्ल किए बग़ैर, मैं कृष्ण नहीं बन सकता। रुक ज़रा। **(ब्रश उठा कर पीटने लगता है)** पहले तेरी हड्डियाँ सेंकूँ। शैतान का बिचौलिया! चाचा बनता है। रिश्तेदार बनता है। थोड़ा सा हौसला जुटाऊँ, ढहा ढेरी करने आ जाता है। बहाना नसीहत का, मुद्दा कमर तोड़ने का। तेरे जैसे दिल ढहाने वाले रिश्तेदारों को क़त्ल किए बग़ैर, कोई लड़का लड़की तरक़्क़ी नहीं कर सकता। तुझे आज कच्चा चबाऊँगा।

लब्भू : न ओए! मारना मत। पागलख़ाने भेजो इसे। **(दौड़ता है)**

प्रेम : **(ऊँचे)** ख़बरदार जो दोबारा आकर नसीहत दी। कल मैं गाँव आ रहा हूँ। अपनी ज़मीन बेचने।

डिंपी : आपने सचमुच तांडव रूप धार लिया।

प्रेम : **(स्कैच्च करता)** लब्भू लोभी! दानव का मुँह और पेट। **(गुल्ली आता है)**

गुल्ली : आपके चाचा को क्या हुआ? मुझे रोक रहा था—ऊपर मत चढ़। ज़हर का टीका लगवा दो।

डिंपी : रिज़ल्ट?

गुल्ली : सॉरी, डिंपी। तेरी थर्ड डिवीयन रह गई। 324 नंबर।

डिंपी : चलो, बी.ए. तो हो गया। टी.वी. सेंटर को ऐक्टिंग के लिए अर्ज़ी देने के क़ाबिल तो हो गई।

प्रेम : तेरा क्या बना?

गुल्ली : बाप वाली अकाऊटैंसी ने डुबोआ।

डिंपी : कंपार्टमेंट?

गुल्ली : हाँ।

प्रेम : मुँह क्यों लटकाया, ओए, तू ने? डिगरियों के अंदर थोड़े ही सारी अक़्ल घुसड़ कर बैठी है?

डिंपी : चल, सपलीमेंटरी इम्तिहान में पास हो जाएगा।—प्रेम जी आज बड़े ख़ुश हैं।

गुल्ली : वाह वाह!

डिंपी : कह रहे हैं, पिकासो बनने का भेद ढूँढ़ लिया है।

गुल्ली : वंडरफुल!

प्रेम : सुन, शाही फरमान!

गुल्ली : हुकम, मेरे आक़ा।

प्रेम : दो महीने, दिन रात, मैं चित्र बनाऊँगा। मेरे दिमाग़ के अंदर की फसल पक चुकी है। कटाई शुरू।

गुल्ली : ख़ूब।

प्रेम : मैं पुश्तैनी ज़मीन बेच रहा हूँ। एक दाव, एक चाल। पूरा माल मत्ता कला पर। चंडीगढ़ नुमाइश लगाऊँगा। तू मेरे साथ चलेगा।

गुल्ली : ग़ुलाम ख़ुशनसीब है।

प्रेम : दिल्ली कंपीटीशन में ऐंटरी भेजूँगा।

गुल्ली : ज़रूर।

प्रेम : लगे हाथ, तेरा भी काँटा निकालें?

गुल्ली : कैसे?

प्रेम : डिंपल का तो ऐक्टिंग में गप्फा लग जाएगा—

डिंपी : आपके मुँह में खीर और हलवा!

प्रेम : पंद्रह बीस कविताएँ चुन। किताब छपाएँ। चंडीगढ़ किसी पब्लिशर को टकरेंगे। नया लिखा है कुछ?

गुल्ली : दो तीन लिखी तो हैं। माहिलपुर कवि दरबार में एक पढ़ी थी। भाम के मिरासी के बारे में। लोगों को तो अच्छी लगी। शायद आप को पसंद न आए।

प्रेम : तू कह रहा था, नया स्टाईल ढूँढ़ना है?

गुल्ली : भैया जी, नये स्टाईल ढूँढ़ने कौन से आसान हैं। ख़ून से लिखनी पड़ती है हर पंक्ति।

प्रेम : सही कहा।

गुल्ली : हाँ। एक विचार आपके साथ साझा करना चाहता था।

प्रेम : बोल।

गुल्ली : नौसिखिए कवि की, निकम्मे शायर की, सबसे बड़ी बुराई, पता, मुझे क्या लगती है?

प्रेम : क्या?

गुल्ली : नक़ल मारना। कभी ऐरे की। कभी ग़ैरे की।

प्रेम : आफरीन!

गुल्ली : कुछ दिन हुए, मैं ने डॉक्टर हरिभजन सिंह का काव्य नाटक शुरू किया।

डिंपी : ''मत्था दीवे वाला''?

गुल्ली : हाँ। न मुझे कहानी समझ आई, न विषय पल्ले पड़ा।

डिंपी : तेरे साथ भी ऐसा हुआ? मैंने समझा, मेरा ही माथा फूट गया होगा। अपने बर्थ डे पर शुरू किया मैंने, सत्ताईस अप्रैल को। पेपरों के बाद। किसी पात्र का नाम नहीं। तीन-तीन बंदे एक ही वक़्त बोलते हैं। न महाकाव्य बना, न नाटक।

गुल्ली : बड़ा अफसोस हुआ मुझे! मैं सोचने लग पड़ा। इतन सियाना है हरिभजन सिंह। घुटनों तक दाढ़ी है। फिर बुरी तरह फेल हुआ। डिंपी, बता, क्या खोट है उसकी शायरी में? अभाव कौन सा है?

डिंपी : तू ही बता।

गुल्ली : डाक्टर हरिभजन सिंह का निज कोई नहीं है। आपा नहीं है। एक पन्ने पर वो नानक है। दूसरे पर कबीर। तीसरे पर बुल्ले शाह!

डिंपी : वाह, गुली!

गुल्ली : चेपियाँ चुरा चुरा कर, हरिभजन सिंह चोले सिलता रहा है। माँगी हुई लीरों कचीरों से नग्नता ढांपता रहा है। लोगों की बाड़ें उखाड़-उखाड़ कर, टहनियों के, शहतीर बनाता रहा है। अपना उसके पल्ले न विचार है, न छंद, न उपमा।

प्रेम : गुलज़ार जंगलियाणवी, मेरा सलूट! तुझे सच्ची कविता का गुर सूझ गया।

गुल्ली : मैंने फैसला कर लिया है। अपनी बोली, अपने गाँव, अपना शहर। अपना ताल, अपनी बहर। आलोचकों के बेशक घुटने लगे या टखने। गुल्ली की पंक्ति गुल्ली की तरह उछले : टननन!

प्रेम : कर दे इकट्ठा सत्तर सफे का मसाला। मैं छपवाऊँगा। चाहे पल्ले से पैसे देने पड़ें।—रिवायतों के टोने टामने टाप कर, आओ, हम तीनों, नए आपे सिरजें! नई कृतियाँ सिरजें!
(तीनों हाथ मिलाते हैं)

(अँधेरा)

दृश्य 12

(सरोज का घर)

सोना : नहीं। मैं अपने आप चलूँगा।

सरोज : मेरी उंगली पकड़।

सोना : हट जाओ।

सरोज : गिर जाएगा।

सोना : मुझे हाथ मत लगाओ।

सरोज : चोट लग जाएगी।

सोना : नहीं लगती। दूर हटो।

सरोज : आ जा··आ जा, मेरा बेटा।

सोना : छू लिया!

सरोज : शाबाश! मेरा बेटा जवान हो गया है।

(विनायक और सुषमा आते हैं)

विनायक : हैलो, सरोज।

सरोज : आओ, जी।

सुषमा : चल कर दिखा, सोने।

विनायक : ग्रेट!

सुषमा : बस। अब बिलकुल ठीक हो गया।

सरोज : कल मैं स्कूल छोड़कर आऊँगी।

सोना : मैं अकेला जाऊँगा।

विनायक : अकेला क्यों?

सोना : डॉली की मम्मी जाती है उसके साथ? पिंटू की मम्मी जाती है? सब अकेले जाते हैं रिक्शे पर। मैं भी अकेला जाऊँगा।

सुषमा : बहादुर बच्चा है।

सरोज : मेरा गबरू बेटा एक काम करेगा?

सोना : बताओ।

सरोज : चल के जा। रसोई तक। बिना सहारे। मम्मी को कह, चाय बनाओ। मेहमान आए हैं।

सोना : अच्छा। **(जाता है)**

विनायक : धीरे चल।

सुषमा : सोने, धीरे।

सरोज : **(फाइल पकड़ा कर)** थैंक यू फार कमिंग। पेपर तैयार हैं। करो सिग्नेचर।

सुषमा : सरोज, सोच ले। कुमुद लड़का बुरा नहीं।

सरोज : दो साल सोचने के सिवा और कुछ भी किया है?

विनायक : मेरी आख़िरी इल्तजा। सरोज, मैं नौकरी छोड़कर, इधर आ जाता हूँ। छोटी मोटी फैक्टरी लगा लूँगा। लुधियाने या होशियारपुर। इतनी सेविंग है मेरे पास। तुझे शिकायत का मौक़ा नहीं दूँगा।

सरोज : दो बरस परेशान कर लिया। नॉट अगेन। वकील कह रहा है, एक साल के अंदर, डाइवोर्स फाइनल हो जाएगा।

विनायक : **(आँसू रोकता)** सिर्फ एक चांस दे दे मुझे।

सरोज : नो।

विनायक : आईम वैरी लोनली। मेरा दुनिया में कोई नहीं। तेरे सिवा।

सरोज : नो!!!

विनायक : सरोज, प्लीज़!

सरोज : स्टॉप इट, मैन!

सुषमा : कुमुद, तगड़ा हो।

विनायक : पकड़ा। **(आँसू पोंछकर दस्तख़त करता है)**

सुषमा : आप की डिंपल कमाल कर रही है।

सरोज : हाँ। सुंदर ऐक्टिंग करती है।

सुषमा : तीन चार बार देखी टी.वी. पर। मेरे हसबंड फिदा हैं।

विनायक : हीयर, सरोज। विश यू गुड लक विद दा नैक्स्ट फैलो। **(उठकर, मुँह फेर कर, आँसू साफ करता है)**

सुषमा : कुमुद, इतना बहादुर होकर बच्चा बन रहा है? मेरी तरफ देख। कितने साल अकेली रही हूँ। काले दिन क्या सदा रहते हैं?

सरोज : आपके साथ कैसी घटी?

सुषमा : एक फारमूला सब औरतों मर्दों के ऊपर लागू नहीं होता। कुमुद, तेरा और सरोज का धन्यवाद। अगर तुम्हारी शादी न टूटती, मैं तुम्हारे मामले में बिचौली न बनती, मुझे अक़्ल नहीं थी आनी।

सरोज : समझी नहीं मैं।

विनायक : दीदी छः साल से, भाई साहिब के साथ बिगाड़ कर बैठे थे। सुलह हो गई।

सरोज : कंगरैचुलेशन्ज़।

सुषमा : थैंक्स।

सरोज : आपने कौन सा फॉरमूला बरता?

सुषमा : छोटी-छोटी बात पर रूठना। ज़िद करना। फिर, अकेले, बिस्तरे पर करवटें बदलना। मैं ने सोचा, मेरे मन, अगर तुझे प्यार की ज़रूरत है, तो नख़रा कैसा? जा, मना कर ले आ, अपने साजन को। एक से तलाक लेकर, अगर दूसरा ख़सम किया, क्या गारंटी है कि वह पहले से बदतर नहीं निकलेगा?—हैंकड़ छोड़ कर, मैं आप गई। रूठा हुआ माही मना लाई।

विनायक : दीदी, यू आर ए स्ट्रांग पर्सन। झूठे अहम् के कारण, अपना सुख नहीं तबाह किया।

सुषमा : हाँ, सच भई। अपने कलाकार को हमारी बधाई देना।

विनायक : प्रेम प्रकाश को।

सरोज : पचास हज़ार के इनाम की?

सुषमा : इनाम की भी।

विनायक : पैरिस जाने की।

सुषमा : फैलोशिप मिली है।

सरोज : प्रेम पैरिस जा रहा है?

सुषमा : दो साल के लिए।

विनायक : तुझे नहीं बताया?

सरोज : हमें चाय पर इन्वाईट करने आया था। बोला, इनाम सैलीब्रेट करना है। बावले ने पैरिस के बारे में बताया ही नहीं।

सुषमा : आज का पेपर नहीं पढ़ा?

विनायक : **(अख़बार दिखा कर)** होशियारपुर आर्टिस्ट ऐंड हिज़ वाईफ इन्वाईटिड टु फ्रांस।

सरोज : वाईफ भी?

सुषमा : किसके साथ की है शादी? कलाकार होगी वो भी।

विनायक : हमारी बैस्ट विशिज़ देना।

सुषमा : प्रेम जी और उनकी पत्नी को।

सरोज : पत्नी? अभी तक तो प्रेम प्रकाश को पत्नी नहीं मिली थी। उम्मीद है, शाम तक, मिल जाएगी!

(अँधेरा)

दृश्य 13

(प्रेम का चबारा)

प्रेम : राणा साहिब, ग़रीब छज्जू राम के चबारे में, स्वागतम। चाय पानी से पहले, एक ज़रूरी रसम। गुल्ली, कर शुरू।

गुल्ली : पकड़ो, डैडी। **(किताब देता है)**

डिंपी : कविता संग्रह।

राणा : 'आम टपके का', गुलज़ार जंगलियाणवी।

हुकमा : टपका आम? नाम तो मीठा है। पाल का आम बेस्वाद होता है।

डिंपी : डैडी, डैडीकेशन पढ़ो।

राणा : ''अपने पूज्य पिता जी को—

हुकमा : हई शाबाश!

राणा : ''अपने पूज्य पिता जी को, जिन की नसीहत से उलट चलकर, मैं शायर बन गया।''

प्रेम : थपकी दो लड़के को।

गुल्ली : सौ का नोट निकालो। भीलो हलवाई से बरफी लाऊँ।

राणा : सौ जूते न मारूँ तेरे उलटू के।

गुल्ली : पहली कविता सुनो।

सरोज : बोर न कर।

डिंपी : पहली तो सुंदर है।

गुल्ली : ''मूये मिरासी को''

हुकमा : मिरासी?

राणा : और क्या तेरा जनां राजपूतों के बारे में लिखेगा?

गुल्ली : मूये मिरासी को

कहते हैं
सन् सैंतालीस के दंगों में
तुझे

करतार सिंह जुलाहे ने क़त्ल किया था
तू
श्मशान को जाती पगडंडी के किनारे
खजूर पर चढ़कर
बैठ गया
यार का मुखड़ा
तुझ से माँगे
पगडंडी चलती
हर बिरहिन सुंदर नार
तू सदा सलामत निरंकार।

सरोज : ओए, बस कर।

राणा : इसे आजकल कविता कहते हैं?

डिंपी : मैंने सवेरे भाम जाना है। भजनो देवी पर फिल्म बन रही है। मैं मिरासी के भूत वाली खजूर देख कर आऊँगी।

प्रेम : तू कर रही है 'भजनो' का रोल?

डिंपी : यैस्स!

प्रेम : बधाई! **(हाथ मिलाता है)**

गुल्ली : तब तू भीलो की बरफी खिला।

सरोज : बरफी तो प्रेम जी को खिलानी चाहिए।

हुकमा : विलायत जा रहा है।

राणा : क्या सौदाइयों का ज़माना आ गया। घीच घिचोले खींच खींच कर, हज़ारों के इनाम जीत गया।

हुकमा : सुना है, तू साथ में बहू भी ले जा सकता है?

प्रेम : हाँ, जी। बहू ले जा रहा हूँ।

सरोज : कौन?

प्रेम : अपनी कला। तस्वीरें।

हुकमा : तेरे जैसे होनहार को लड़कियों की कमी है?

डिंपी : नहीं, मम्मी। इन्होंने क़सम खा रखी है।

हुकमा : क्या?

गुल्ली : प्रेम जी कभी शादी नहीं करेंगे।

डिंपी : एक लड़की ने धोखा दिया। इन्होंने कुल दुनिया की लड़कियों के ख़िलाफ क़सम खा ली।

हुकमा : छोड़, बेटा। बेअक़ली की क़सम एक दम तोड़नी चाहिए।

सरोज : मेरे डाईवोर्स पेपरज़ कचहरी में फाईल हो गए।

हुकमा : अब कसमों की क्या ज़रूरत है?

प्रेम : क़सम की ज़रूरत है, माँ जी।—दो साल के कड़वे तजरबे ने, मुझे बड़ा कुछ सिखाया। रसमी शादी की मुसीबतें ज़्यादा हैं, सुख थोड़ा है। मैं रसमी शादी कभी नहीं करूँगा। यह धोखा होगा। मैं कुमुद विनायक नहीं हूँ। जानबूझ कर मैं किसी लड़की को धोखा नहीं दे सकता। मैं किसी ज़नानी का रिवायती पति बनने के क़ाबिल नहीं रहा।

सरोज : क्यों? क्या हो गया है आपको?

प्रेम : गौतम बुद्ध सही कहता है। पिकासो सही कहता है। बाईबल सही लिखती हे। शादी तो आप एक व्यक्ति के साथ ही निभा सकते हो। या अपनी कला चुन लो, या उसे जिसके साथ भाँवरे लिए हैं। मेरा निकाह मेरी कला के साथ हो चुका है। मेरी कला सौत नहीं सहन कर सकती।

राणा : जाने दे, ओए, ऊट पटांग। भरी जवानी के वक़्त, कौन यती सती बन सकता है?

हुकमा : प्यार के बग़ैर, बेटा, जीना कठिन है।

प्रेम : प्यार से मैंने कभी इन्कार नहीं किया।

राणा : शादी किए बग़ैर, तुझे कौन सी लड़की प्यार दे देगी?

प्रेम : मैं किस लड़की के पाँव पड़ा हूँ, मुझे प्यार दे?

राणा : हमारी सभ्यता अभी मरी नहीं, बच्चू!

प्रेम : मेरी योग्यता कभी डरी नहीं, चाचू!

राणा : फरांस की गोरियों से करना बदफैलियाँ।

प्रेम : भारत की भी बदल रही हैं सलोनियाँ।

राणा : ऊँची नसल का बीज यों नहीं कूदता।

प्रेम : प्रेम जैसा मज़दूर झूठी शान पर है थूकता।

हुकमा : इतना बड़ा चांस मिलना था किसी लड़की को। पराई सरकार के ख़र्च पर बसना, बाहर।

प्रेम : काग़जी कार्यवाही से मुझे इन्कार नहीं। मैं अपने आप को शादी शुदा डिक्लेयर कर सकता हूँ।

सरोज : सच?

प्रेम : डिंपल, तू फरांस की सैर करेगी?

हुकमा : डिंपी??? या, सरोज?

डिंपी : नो। थैंक्यू। मैं पोलियो की मरीज़ नहीं हूँ। मेरी अपनी टाँगें चलती

हैं। एक दिन मेरी एक्टिंग देखकर, फरांस वाले आप ही बुलाएँगे।

गुल्ली : शाबाश, डिंपी।

प्रेम : **(हाथ मिलाकर)** दूसरी बधाई। दूर पहुँचोगी।

सरोज : अगर भला मैं चलना चाहूँ आप के साथ?

राणा : शादी किए बग़ैर?

सरोज : जी, हाँ। रसमी शादी किए बग़ैर।

राणा : तू सोई पड़ी है कि जाग रही है?

सरोज : सालों से सोई पड़ी थी। आज आँखें खुली हैं।

राणा : हया तेरे पल्ले बाकी है कि नहीं?

सरोज : आपकी हया मुझे और ख़्वार नहीं कर सकती।

राणा : अहंकार की मारी, बाप की ज़रूरत नहीं है तुझे?

सरोज : एक उम्र चढ़ती है, लड़की पर, जब, बाप से ज़्यादा, ख़सम की ज़रूरत पड़ती है।

राणा : क्या मैं बिरादरी की आँखों में देख सकूँगा?

सरोज : सरोज तो अपनी आँखों में देख सकेगी।

प्रेम : बधाई! **(हाथ मिलाता है)**

सरोज : किस लिए?

प्रेम : दूसरा जन्म धारण करने के लिए।

हुकमा : फिर क्या फैसला है तेरा, बेटा?

सरोज : मैं चल सकती हूँ आपके साथ?

प्रेम : अगर तुझे प्रेमनुमा ब्याह क़बूल हो?

सरोज : क़बूल है।

राणा : राणा राजमल परमार की छत के नीचे रहकर, यह कंजरपना नहीं चलेगा।

सरोज : प्रेम, आज से मैं यहाँ तेरे चबारे में रहूँगी।

प्रेम : धन्य भाग्य मेरे।—आदाब, पिकासो की पत्नी!

राणा : पत्नी? साफ कहो, लुच्चो, रखैल!

सरोज : पत्नी और रखैल के अंदर ज़्यादा नहीं फर्क होता।

प्रेम : सिर्फ दिखावे के चार चक्करों का है तर्क होता।

(सोना आता है)

सोना : मम्मी, मुझे रंग लेकर दो।

सरोज : अपने डैडी को कह।

सोना : डैडी, मैं तस्वीरें बनाऊँगा।

प्रेम : ज़रूर बना, सोना बेटे।

(**लब्भू आता है**)

राणा : आ जा, लब्भू। तेरे बदचलन भतीजे ने पूरे होशियारपुर के लड़के-लड़कियाँ उलटे रास्ते डाल दिए।

प्रेम : ततैये, तू मेरा पीछा मत छोड़ना।

लब्भू : पाँच हज़ार रुपया तो दे, ओए।

प्रेम : तू रुपयों से दूसरी चाची ख़रीदेगा?

लब्भू : खरीदूँगा क्यों? चादर डालूँगा।

प्रेम : सचमुच?

राणा : कौन टकर गई?

हुकमा : इस उम्र में?

लब्भू : साली है मेरी, गुलाबो। इस मूर्ख को कहा, रिश्ता करा ले। नहीं माना। पहली बुढ़िया, खऊँ खऊँ करती रहे। बेटे अलग हो गए, बहुओं को लेकर। मैं ने सोचा, रोटी सेंकने वाली एक जवान परणा लूँ। बीस एकड़ ज़मीन है। पराए मर्द के नीचे क्यों जाने दूँ?

प्रेम : आख़िर चाचा किसका है?

राणा : धन्य जिगर तेरा। दो का भार उठा रहा है। मुझ से एक ज़नानी के जने नहीं समेटे जाते।

प्रेम : गुल्ली, निकाल भीलो की बरफी।

डिंपी : दो शादियों की।

गुल्ली : लो, मम्मी।

हुकमा : दूल्हे से शुरू कर।

सरोज : उठाओ टुकड़ी।

प्रेम : पहले चाचा।

लब्भू : एक टुकड़ी? तुम शहर वाले एक-एक टुकड़ी उठा लो। डिब्बा मुझे पकड़ा दे। स्वाद शै है—जितनी बरत हो जाए, शुभ है।

सोना : (**हाथ मिलाकर**) मैं आपकी और नई दादी की तस्वीर बनाऊँगा। शादी का तोहफा।

लब्भू : जीता रह, पोते!

सोना : मम्मी, डैडी, मैं बना सकता हूँ न तस्वीर?

सरोज : ज़रूर बना सकता है, सोना बेटे।

प्रेम : तू पहुँचेगा, पुत्र, पिकासो से परे!

(परदा)

—ख़त्म—

(पहला प्रालेख : मार्च, 1988)

20

चन्नो बाज़ीगरनी

गाँव भाम, ज़िला होशियारपुर

के

बाज़ीगरों को

और

हर ख़ानाबदोश कन्या को

लेखक और निर्देशक की तरफ से

'चन्नो बाज़ीगरनी' मेरा बीसवाँ पूरा नाटक है। यह हिंदुस्तान की कन्याओं की होनी पेश करता है। ख़ासकर ग़रीब ख़ानाबदोश कबीलों की कन्याओं की होनी, जो समृद्ध ज़मींदारों के निकट बसती हैं।

''इस देश में घर-घर में चन्नो बैठी है।'' चन्नो ने राजीव कटोच को क़त्ल क्यों किया? राजीव, जो चन्नो का हितैषी कहलाता था?

चन्नो दर्शकों की कचहरी में खड़ी है। क्या यह ज़रूरी है, हम चन्नो को फाँसी की सज़ा सुनाएँ?

विषय और शैली, दोनों पक्षों से 'चन्नो बाज़ीगरनी' चुनौती भरा रंगमंच है। इसका मज़मून है : सदियों पुराना टकराव—मासूम नेकी का चालाक बदी के साथ टकराव। कम से कम एक सताई हुई कन्या तो जवाबी वार करने का फैसला लेती है। चन्नो अपने बिरसे से, बाज़ीगरी से, ताक़त हासिल करती है। अपनी सहज बुद्धि और लग्न के बल पर, भोली लड़की, झाँसेबाज़ मर्द से, बदला निकालने मे कामयाब होती है।

तकनीक के पक्ष से यह नाटक 'रास लीला' या 'साल' है। गीत, संगीत, नाच, 'चन्नो लीला' के अटूट अंग हैं। खेलने के लिए 'चन्नो' ग़ैर-यथार्थी तरीका माँगता है। नाटकीय वस्तुएँ आदि बेशक न बरती जाएँ। गोलाकार अखाड़े का देहाती माहौल लोगों को पेशकारी से बाँधने का सफल यत्न है। 'चन्नो' के दर्शक—और पाठक—आप भी कलाकार बन जाते हैं। और दो रोल खेलते हैं। पहला, चन्नो का क़बीला, चन्नो के आलोचक। दूसरा, अदालत या पंचायत, निर्णायक जज।

चरणदास सिद्धू

इला अपार्टमेंट्स (104 ए)
बी-7, वसुंधरा ऐनक्लेव,
दिल्ली-110096

पहला मंचन

'चन्नो बाज़ीगरनी' पहली बार कॉलेजियेट डरामा सोसाइटी, दिल्ली ने सितंबर 25 से 28, 1991 को श्रीराम सेंटर बेसमेंट में खेला था। कलाकार थे :

चन्नो : पंकजा सिद्धू
सोधां : ज्ञान कौर सिद्धू
पोहलो : सतीश भल्ला
मद्दा : महेश शर्मा / मोहित ओबराए
राजीव कटोच : अश्वनी चड्ढा
परमी जसवाल : पुष्पिंद्र गंभीर
दलीप सिंह मिनहास : नव सिंगल / सुभाष सहगल
जीती मिनहास : अनिता खेमका / इंद्रजीत सिद्धू
वकील सफाई : विनोद तनेजा
सरकारी वकील : संजय बंसल / राजीव कुमार
संगीत : वीणा सिद्धू तनेजा और दीपा माथुर
गवैये : योगेंद्र नाथ घई, नूपुर सिद्धू माथुर, सलोनी, सुभाष सहगल, नव सिंगल, पुनीत लांबा और टोली

परदे के पीछे

वस्त्र : प्रमिला सिद्धू साहनी
सैट्ट : राजकुमार साहनी
प्रकाश : रबिंदर माथुर
मेकअप : रवि तनेजा
फोटोग्राफी : कंवरजीत सिंह, प्रो. पी. कुमार
निर्देशन : डॉ. चरणदास सिद्धू

पात्र

चन्नो	:	उम्र 18 साल
सोधां	:	चन्नो की माँ, 40
पोहलो	:	चन्नो का ताऊ, 55
मद्दा	:	पोहलो का पोता, 14
राजीव कटोच	:	कलर्क, 25
परमी जसवाल	:	राजीव की बुआ की बेटी, 20
दलीप सिंह मिनहास	:	कारख़ाने का मालिक, 65
जीती मिनहास	:	दलीप सिंह की बेटी, 27
सरकारी वकील	:	प्रीतम सिंह पाल, 50
वकील सफाई	:	पंडित ब्रह्मानंद, 45
खिलाड़ी, डी.सी., गवैये		

× × ×

स्थान	:	ज़िला होशियारपुर, पंजाब
समय	:	आजकल

× × ×

झाँकी 1

(गवैयों का अगुआ बाजे ढोलकी को धीमे होने का इशारा करता है)

अगुआ : चन्नो, बेटा, उठ! हो खड़ी!
(चन्नो जैसे कटघरे में खड़ी होती है। अगुआ लोगों को चुप होने के लिए कहता है : ''ओए बच्चो, कांय कांय बंद करो। फुम्मण सिंह, बैठ जा जहाँ जगह मिलती है। रास लीला शुरू करें। बिषन कौर, देखना, मुंडेर न ढहा देना!'' वगैरा)

गवैये : सुनो सुनो, देहातिओ, एक नई कहानी।
बीच कचहरी खड़ी है, एक बिटिया रानी।।
शक्ति में यह शेरनी, गो ज़ात निमानी।
मज़दूरों आँगन पली यह, खेलों की रानी।।
चन्नो चंचल चुलबुली, फाँसी न चढ़ाओ।
क़ानून गढ़े जो ज़ालिमों, झट आग लगाओ।।
जुल्म सितम संग टक्कर की, यह बात पुरानी।
सुनो सुनो, मेरे बेलिओ, एक नई कहानी।।

(वकील सफाई चरनो के पास जाता है)

वकील सफाई : चरनो··बेटा, बोलेगी नहीं मेरे साथ?··इतना भी नहीं रूठा करते। बेटा, मैं तुम्हें फाँसी से बचाने का यत्न कर रहा हूँ। मुझे दूसरे वकीलों जैसा मत समझ। मेरे पर शक न कर। मुझे पैसे का लोभ नहीं। कम से कम, तेरे से तो मैं कोई फीस नहीं ले रहा। अपने आप सच सच बता दे। मेरा ईमान धर्म कहता है, मैं तुझे बाइज़्ज़त बरी कराने की पूरी कोशिश करूँ।··बताओगी सच?··तेरी बहादुरी ने मुझे मोह लिया है। माँग कर केस लिया है मैं ने सरकार से। तू आप समझदार है। पढ़ी-लिखी है। पुलिस में भरती हुई हो। सोच,

अगर तू पूरी कहानी अपने मुँह से नहीं सुनाएगी, मैं क़ानूनी नुक़ते कहाँ से ढूँढूँगा? तुझे सरकारी भेड़ियों से कैसे बचाऊँगा? अपने वकील से कुछ छिपा कर नहीं रखते। मेरे छिंदी जैसी है तू। तुझे पता है न? मैं सुरेंद्र मोहन का पिता हूँ। जिसने पिछले साल तुम्हारे साथ दसवीं पास की थी। पूरे पंजाब में अव्वल निकला था।

चन्नो : डी.ए.वी. स्कूल वाला लड़का?

वकील सफाई : हाँ। वो मेरा इकलौता लाल है। चन्नो बेटा, ज़िद छोड़ दे। मेरी मदद कर। मैं तेरे ताऊ पोहलो को मिला था। तेरी माँ को पूछा। तेरे भतीजे मद्दे से पूछा। तुम्हारी बिरादरी से पूछा। जितने भी बाज़ीगर भाम और जंगणीवाल की झोंपड़ियों में बसते हैं। किसी से भी मुझे पूरे फेक्ट्स नहीं मिले। मुझे लाचार मत कर। ज़बरदस्ती क्यों मौत का खेल खेल रही हो? बता दे सब कुछ। मुझे अपना पिता परतापा समझ।

चन्नो : पिता? परतापा बाज़ीगर? **(आँसू रोकती)** पिता होता अगर जीता जागता, तो क्या, इस वक्त, मैं अकेली खड़ी होती, कचहरी के अंदर?

वकील सफाई : और कौन साथ खड़ा होता तेरे?

चन्नो : मेरा बाप परतापा! और कौन?

(सरकारी वकील प्रीतम सिंह पाल आता है)

सरकारी वकील : पंडित ब्रह्मानंद जी, मुझे बड़ा अफसोस है।

वकील सफाई : किस बात का?

सरकारी वकील : ग़लत केस पकड़ लिया आपने। जीत जाते, तो इस बार पक्का आप हाई कोर्ट के जज बनते।

वकील सफाई : हाई कोर्ट का जज बनने की आपकी इच्छा होगी, मेरी नहीं। लेकिन केस ग़लत कैसे? शुरू होने से पहले ही आप मुक़द्दमा जीत बैठे?

सरकारी वकील : इस खेल में कोई दम नहीं। दो चालों में मैं आपकी क्वीन मार लूँगा।

वकील सफाई : पाल साहिब, मैं चालाकी का शतरंज नहीं खेला करता। फुटबॉल का खिलाड़ी रहा हूँ। फुल बैक। सच की किक्क मारता हूँ। चन्नो जैसी खिलाड़िन मात नहीं खाएगी। आप अपने गोल बचा के रखना।

सरकारी वकील : जज साहिब आ गए। **(लोगों के आगे झुक कर)** जनाब, करूँ शुरू? **(सुनकर)** जी, यह लड़की चरनो उर्फ चन्नो चौहान, ज़ात बाज़ीगर,

गाँव भाम, क़ातिल है। इसने कंवर राजीव कटोच का क़त्ल किया है। गला घोंटा था। इस को फाँसी की सज़ा होनी चाहिए।—चन्नो, क्या तू मानती है कि डी.सी. के दफ्तर में काम करने वाले ख़ूबसूरत नौजवान राजीव कटोच को, तूने, नौं अगस्त आधी रात को, भाम और जल्लोवाल के बीच में, क़त्ल किया था?

(चन्नो नहीं बोलती)

वकील सफाई : जनाब, मेरे कलाइंट को यह जुर्म क़बूल नहीं है। चरनो ऊँचे और निर्मल चाल चलन की मालिक है। पुलिस में मुलाज़िम है। पंजाब की सिरमौर कबड्डी की खिलाड़िन है। ऊँची छलाँग में रिकॉर्ड होल्डर है। मेहनती क़बीले की, ग़रीब घर की, भोली भाली लड़की है। इस पर सरासर ग़लत इलज़ाम लगाया जा रहा है। चन्नो ने राजीव कटोच का क़त्ल किस वक़्त किया? सतारह अठारह बरस की कमज़ोर लड़की छब्बीस साल के गबरू को बीस किलोमीटर पर पहुँच कर कैसे क़त्ल कर सकती थी? सरकारी वकील के पास ठोस सबूत नहीं हैं। वजह नहीं है। दलील नहीं है। मेरी दरख़ास्त है, चरनो को बाइज़्ज़त बरी किया जाए।

सरकारी वकील : जनाब, मेरे पास सबूत हैं। क़त्ल के कारण हैं। चन्नो अकेली ने शायद क़त्ल नहीं किया। इसके साथ मददगार होंगे। लेकिन इसको मैं मुख्य क़ातिल साबित करूँगा।—क्यों किया चन्नो ने राजीव का क़त्ल?—यह जानने के लिए हमें कोई दो साल पीछे से कहानी शुरू करनी पड़ेगी। चन्नो की अंबिशन को, तीखी इच्छा को, समझना होगा।

झाँकी 2

(मंच अब बाज़ीगरों की झोंपड़ियाँ बन जाता है। चन्नो और मद्दा थके हुए आते हैं। बाज़ी दिखाने का सामान, बाँस, रस्से वगैरा, सिर से उतार कर फेंकते हैं)

गवैये : जुल्म सितम संग टक्कर की, यह बात पुरानी।
सुनो सुनो, मेरे वीरनो, एक नई कहानी।।

चन्नो : मेरा भापा इस अंबिया के पेड़ से ऊँची छलाँग मार लेता था।

मद्दा : ऐह है! अंबिया से नहीं। मैं तो कहता हूँ, मंदिर वाले बरगद के ऊपर से कूद जाता था तेरा भापड़ा।

चन्नो : झूठ कैसा? ताऊ से पूछ लेना।

मद्दा : जैसी तू गपौड़ी, वैसा तेरा ताऊ गपौड़ी।

चन्नो : मेरा ताऊ है, तो तेरा बाबा है। तू झूठा बना रहा है उसे?

मद्दा : झूठा नहीं तो और क्या है? रुपया दिया मुझे मुरमुरे के लिए?

चन्नो : पचास पैसे तो दे ही दिए दोनों को।

मद्दा : झूठा बापू ससुरा। तेरे जैसा। कहने लगा, "अगर आज पहली बार रस्से पर चल कर, तू पार कर गया, तुझे एक रुपया दूँगा।" पार किया कि नहीं? तेरे से भी तेज़ तेज़ चला था।

चन्नो : सिखाया तो मैं ने ही था।

मद्दा : जा जा! बड़ी आई मास्टरनी। मैं अपने आप क्या बाज़ी लगा नहीं सकता? बाँस पर चढ़कर चकरी घूमना भी तूने सिखाया होगा?

चन्नो : और क्या? मुझे देख-देखकर सीखा है तू।

मद्दा : तुझे नहीं तेरे भापे को देख-देखकर सीखा हूँ।

चन्नो : मेरे भापे तक गया तो थप्पड़ों से थूथनी तोड़ दूँगी।

मद्दा : मैं तुझे पीट-पीट कर चप्पन कद्दू बना दूँगा।

चन्नो : हिम्मत है हाथ लगाने की?

मद्‌दा : तेरे में हिम्मत है थप्पड़ मारने की?

चन्नो : काला रीठा!

मद्‌दा : फूटी कौड़ी!

चन्नो : काला रीठा!

मद्‌दा : फूटी कौड़ी।

चन्नो : फूटी कौड़ी में ढालकर सिक्का डाल दो। ठाह लगती है काले रीठे को।

मद्‌दा : गोल रीठा तेरे जैसी गोबर की ढेरी के हाथ नहीं आएगा। भाग कर वो गया! वो गया!

चन्नो : हुँ! डरते हुए के पाद निकलते हैं। उस दिन आम के पेड़ में घुसा चुग़ल देख कर डर गया। भागा आया मेरे पास। बोला, फनियर साँप है। मैं ने गर्दन से पकड़कर चुगल बाहर निकाला कि नहीं?

मद्‌दा : तू नहीं डरी थी क्या? पिछले साल? बापू ने उतारा था चीड़ के पेड़ से, चीखें मारती को।

चन्नो : कब चीखें मारीं मैं ने?

मद्‌दा : गीदड़ को भेड़िया समझ बैठी! बापू ने एक ही लाठी से तेरे भेड़िये का सिर फाड़ डाला। तीन दिन खाया था गीदड़ हम ने पका कर। पूरा जाड़ा रज़ाई नहीं लेनी पड़ी।

चन्नो : गीदड़ और भेड़िये की शक्ल बहुत मिलती है। भुलावा लग गया था मुझे।

मद्‌दा : माँ की शेरनी। गीदड़ से डर गई।

चन्नो : झाड़ बेरियों के पास भेड़िये की गुफा थी, जी। पूछ लेना मेरी माँ से। और ताऊ से। माँ ने आप देखा था, गुफा खोदता हुआ, पंजों से। यूँ ही थोड़ी चीड़ पर चढ़ना था मैं ने, गलहरी बनकर।

मद्‌दा : मद्‌दा पहलवान के सामने ला तू भेड़िया। पंजे भिड़ाकर, कैंची दाव मारूँगा। गिराकर, कोहनी गर्दन में घुसेड़ूँगा। गला दबा दूँगा।

चन्नो : पहली पहली बार हर कोई डर जाता है। अब चाहे तू बबर शेर ले आ। धोबी पटड़ा दाव मारकर, छाती पर चढ़ जाऊँगी।

मद्‌दा : बबर शेर! वाह जी वाह! कच्ची को चबा जाएगा। गपौड़ हाँक रही है। चमगादड़िन!

चन्नो : ताऊ कहता है, शेर का पेट नर्म होता है। रीछ पंजों से चीर डालता है। ला शेर। मैं नाखुनों से पेट फाड़ दूँगी।

मद्‌दा : जब तक तू, माँ की लाडली, पेट फाड़ेगी, शेर तेरा अंदर नहीं फाड़

डालेगा।

चन्नो : शेर मामू मेरा कुछ नहीं बिगाड़ सकता। मैं हुई चरनो! परतापे पतंग की बेटी। भापा मेरा उड़कर अध-आसमान में पहुँच जाता था। उस जैसा सूली बाज़ी लगाने वाला पूरे होशियारपुर ज़िले में नहीं था। आए शेर। टपूसी मारकर, मैं सफेदे पर चढ़ जाऊँगी।

मद्‌दा : नीचे तो कभी उतरेगी। शेर घुन्ना होता है। ज़िद ख़ोर। ज़िंदी को निगल जाएगा।

चन्नो : मैं सफेदे से सीधी छलाँग मारूँगी, शेर की पीठ पर।

मद्‌दा : बड़ी जन्मी माई गौरजा। शेर की सवारी करती है। उस दिन सैदपुर के जंगल में क्या हुआ था?

चन्नो : क्या हुआ था?

मद्‌दा : बेर तोड़ रहे थे जब झाड़ियों से? राजनी माता के मंगलवार के मेले से लौटते वक्त?

चन्नो : कुच्छ नहीं था हुआ। तू नहीं था घुसा शकरकंदी के खेत में। डरता था जाटों से। मैं पल्ला भर कर शकरकंदी उखाड़ कर लाई थी या नहीं? और आलू भी?

मद्‌दा : सांढ की बात कर। कैसे भागी थी, सांढ के सींग देखकर? चौकड़ी मारी या नहीं? बेर फेंक कर?

चन्नो : वो पूंछ-कटा सांढ सींग-मार है। तेरे बाबे ने कहा था, परे रहना।

मद्‌दा : झूठी। कब कहा था?

चन्नो : ख़रगोश का शिकार करने गए थे जब हम तीनों जने। ताऊ ने कहा था, वो सांढ पगला गया है।

मद्‌दा : सांढ भाग रहा था राम गऊ के पीछे। चन्नो छोरी का पेशाब निकल गया।

चन्नो : तुझे जानती हूँ मैं, भीमसेन को।

मद्‌दा : तेरे से तो मैं कम डरपोक हूँ। पहली बार जब तू ऊँची रस्सी के ऊपर चली थी, गाँव कूको वाल, कितना काँप रही थी। आप बताया करती है तू। मैं आज काँपा था?

चन्नो : मेरी पराटीस कम हुई थी। मैंने तेरी पराटीस बहुत कराई है।

मद्‌दा : लाठी हाथ में पकड़े बग़ैर चलकर दिखाऊँगा तुझे, रस्सी पर।

चन्नो : टांट के भार नीचे गिरेगा। धर्मू की तरह। सारी उम्र लंगड़ी टाँग घसीटेगा। कमर-टूट सा।

मद्‌दा : हम नहीं गिरेंगे। मैं चलकर दिखाऊँगा तुझे, रस्सी पर, खाली हाथ, एक दिन।

चन्नो : मैं भी तुझे भेड़िया मारकर दिखाऊँगी, एक दिन।

मद्दा : खाली हाथ?

चन्नो : हाँ। खाली हाथ। गला दबाऊँगी।

मद्दा : रख शर्त।

चन्नो : रख ले।

मद्दा : कितने कितने की?

चन्नो : जितने की मरज़ी।

मद्दा : दस दस रुपए की।

चन्नो : दस रुपए तो तेरे फरिश्तों ने नहीं देखे।

मद्दा : तू मार कर दिखाना भेड़िया। काले चोर से लाऊँ मैं चाहे दस रुपए।

चन्नो : **(हाथ निकाल कर)** अच्छा, लगी शर्त।

मद्दा : **(हाथ पर हाथ मारकर)** पक्की शर्त! अगर तू ने नहीं दबाया गला भेड़िये का, मैं तेरा गला दबा दूँगा।

(पोहलो आता है। ढोल उतारता है)

पोहलो : कैसी शर्त लगा रहा है मेरा मद्दा पहलवान?

चन्नो : ताऊ, यह बंदर ग़लत बाँट करता है।

पोहलो : क्यों, भई, चन्नो को मुरमुरे नहीं दिए आधे?

मद्दा : यार बापू, तू भी उलटी बात करता है। चमगादड़िन का यकीन करता है? अपना पूरा हिस्सा लिया। तूफान तोल रही है।

चन्नो : तूफान तू तोल रहा है। ताऊ, मुझे नन्हा सा टुकड़ा दिया। आचार की फाँक जितना। बित्ता भर पट्टा आप निगल गया।

पोहलो : बेटा, हिस्सा बराबर का दिया कर अपनी बुआ को।

मद्दा : बापू, तू भी तो धोखेबाज़ी करता है।

पोहलो : मैं ने कौन सी धोखेबाज़ी की अपने चीने कबूतर के साथ?

मद्दा : चन्नो, तू गवाह है। बता, कहा था कि नहीं, बापू ने?—"जिस दिन पहली बार मद्दा रस्सी पार कर गया, ठनकता हुआ रुपया दूँगा।"

चन्नो : हाँ, कई बार कहा था। मेरी माँ भी गवाह है।

मद्दा : **(गर्दन पर चढ़कर)** अब बता, झूठे। वादा तोड़ा या नहीं? लारा लप्पा लगाता है? जाटों ज़मींदारों की तरह? मरोड़ूँ गर्दन?

पोहलो : ओए, अब माफी दे, मेरा मद्दा शेर। कल अगर लोगों ने ज़्यादा पैसे दिए, पूरा रुपया दूँगा।

मद्दा : मुझ अकेले को?

पोहलो : दोनों को।

चन्नो : तीन रुपए बीस पैसे तो आज भी बन गए।

पोहलो : अगला मंगलवार अपने मंदिर पर अच्छा भरेगा। बीस रुपए बन जाएँगे।

मद्‌दा : तो तू कौन सा हमें जलेबी ख़रीद कर देगा? भजने भूश की हट्‌टी से?

पोहलो : ले लेना, मेरे चाँद। जलेबी खा लेना।

मद्‌दा : मुकरना मत फिर। चन्नो, तू गवाह रहना। अगर बापू मुकर गया, मैं टाँगों की गाँठ में फँसा कर, पीठ लगा दूँगा।

पोहलो : भूरी भैंस ख़रीद के देंगे। पैसे बचाओ।

मद्‌दा : मक्खन घी खाकर, मद्‌दा पहलवान बनेगा। बापू, पहले तुझे नीचे दबाऊँगा।

पोहलो : सोधां नहीं लौटी अभी?

चन्नो : वो खड़ी है ताई मिश्री की झोंपड़ी के सामने।

मद्‌दा : **(ऊँचे)** दादी! रोटी पका।

पोहलो : थक गए आज तो।

मद्‌दा : वाह बापू! बंद बाज़ियाँ हम मारें। रस्से के ऊपर हम घूमें। तेरा नीचे बैठे डुगडुग-डुगडुग करते हुए ज़ोर लग गया?

पोहलो : भई, तू हुआ मेरा गबरू बहड़का। मैं हूँ बुड्‌ढा बलद।

चन्नो : ताऊ, अब तो हम दोनों बाज़ी लगा सकते हैं। दूर दूर के बड़े गाँव कमा सकते हैं।

मद्‌दा : अगर बापू तू जलेबी नहीं ले कर देगा, मैं दोबारा रस्सी पर नहीं चढ़ूँगा।

चन्नो : मैं तो गोपालियाँ गाँव के लोकूराम के भल्ले खाऊँगी।

पोहलो : कमाने लायक हो गए मेरे दोनों शेर। लो, भई, मद्‌दी पहलवान। अब मैं रिटैर हो जाऊँगा। अब तू कमाई खिला अपने बापू को।

चन्नो : शहरों को चलो, ताऊ।

मद्‌दा : हाँ।

चन्नो : माहिलपुर।

मद्‌दा : गढ़शंकर।

चन्नो : होशियारपुर।

मद्‌दा : मेरा मामा कहता था, शहर वाले नोट भी दे देते हैं।

चन्नो : एक ही शहर में महीना महीना काट सकते हैं।

पोहलो : शहरों में भी चलेंगे। पहले इधर बड़े बड़े गाँव घूम लें। तब तक

मद्दा उस्ताद पक्का हो जाएगा।

(सोधां आती है। सिर पर टोकरी, हाथ में गन्ने। पोहलो से घूँघट निकालती है)

मद्दा : दादी, गन्ने लाई हो?

सोधां : हाँ।

मद्दा : बड़ा मैं लूँगा।

चन्नो : नहीं। यह तू ले।

मद्दा : जड़ सी नहीं लूँगा मैं।

चन्नो : यही मिलेगा।

मद्दा : गाँठों वाला नहीं लूँगा मैं, सड़ा हुआ। अपने वाला दे।

चन्नो : नहीं देती। लगा ले ज़ोर, बजा ले ढोल।

पोहलो : मद्दे, यह देसी है, चण किस्म का गन्ना। चूसने वाला। खोए की बरफी जैसा स्वाद होता है इसका। क्या तुम नंबरदार के खेत से तोड़कर लाई हो?

सोधां : हाँ। दे दे लड़के को जो माँगता है। बच्ची है अब तू? लड़ती रहे, गुस्सैल झोटी की तरह।

पोहलो : कौन से गाँव गईं थीं आज, तुम और मिश्री?

सोधां : छोटा सिरहाला। एक ही गाँव में संध्या हो गई?

पोहलो : कमाई दो रोटी या नहीं?

सोधां : पाँच किलो दाने हो गए, सूइयों के और पौडर के।

पोहलो : पाँच किलो?

मद्दा : **(थपकी देकर)** शाबाश, दादी! जीती रहो। जवानी भोगो।

चन्नो : **(टोकरी में देखती)** छोलिया भी लाई है उखाड़ कर। चल, मद्दे, होलें भूनें।

मद्दा : होलें? स्वाद आ जाएगा।

पोहलो : सवेरे भूनना।

मद्दा : दादी, मैं रस्से पर चला था आज।

सोधां : अच्छा, गिरा तो नहीं?

मद्दा : नहीं। चन्नो गढ़न्नो हँसाती रही। मैं हँसा ही नहीं।

चन्नो : कब हँसाया था?

मद्दा : तुम ने कोशट तो बहुत की थी। मैं नहीं हँसा।

सोधां : न, री। ऊपर चढ़े हुए को हँसाना नहीं। गिर कर अंग पैर टूट जाएगा।

पाहलो : हम भी कल सिरहाला चलें।

सोधां : कनेडा वालों के घर में ब्याह है। इस तरफ, नाले के पास।

पोहलो : पीला चबारा?

चन्नो : घोड़ी गीत गाए तुम ने?

सोधां : रुपया दिया दूल्हे की माँ ने, पचास पैसे उसकी बुआ ने।

पोहलो : डेढ़ रुपया नकद भी लाई हो?

मद्‌दा : दादी, तेरा गफ्फा लगा आज। संक्रांति पर गुरद्वारे से मिलने वाले हलवे की तरह।

चन्नो : कल से, ताऊ, हम तीनों भी भारी गाँव घूमेंगे।

पोहलो : अच्छा। पचनंगल, मन्नणहाना, कोट फतूही तक पहुँचेंगे।

चन्नो : फिर शहरों में बाज़ी दिखाएँगे।

(परमी आती है)

परमी : चन्नो है घर में?

सोधां : हैगी। काम है कोई?

परमी : हाँ।

सोधां : **(परदे से)** बालों का पौडर चाहिए?

परमी : नहीं।

पोहलो : आ, बिटिया, बैठ।

चन्नो : परमी? तुझे किधर से रास्ता मिल गया, हमारी झोंपड़ियों का?

पोहलो : कपतान साब राज़ी खुशी हैं, तेरे भापा जी?

परमी : राज़ी हैं, जी। चन्नो, मैं तेरे से एक मदद माँगने आई हूँ।

चन्नो : मुझ से?

मद्‌दा : यह गीदड़ी तेरी जूँए मदद करेगी? सूखी टहनी भी कभी अंडे देती है? **(जाँघ थपकाकर)** मद्‌दी पहलवान को बता तू।

चन्नो : परे बैठ। बड़ा आया दारा सिंह।—क्या काम है, परमी?

परमी : हम मुसीबत में फँस गईं?

पोहलो : मुसीबत कैसी?

परमी : यों आप कहोगे, पहले कभी बुलाया नहीं—मगर ज़रूरत पड़ने पर ही बंदा सोचता है।

सोधां : हुआ क्या?

परमी : हमने कबड्डी का मैच खेलना है कल, जल्लोवाल खनूड़। मुकाबिला है बड़ा सख्त, ठक्करवाल की लड़कियों के साथ। डी.सी. साहिब आ रहे हैं इनाम बाँटने। राजीव अभी बता कर गया है। मेरी बुआ का बेटा। डी.सी. के दफ्तर में क्लर्क लगा है।

पोहलो : नडालों वाली करमी का बेटा?

परमी : हाँ, ताऊ। पर हमारी टीम कमज़ोर पड़ गई। गुरमेजो के मरने से।

मद्दा : कुएँ में छलाँग लगाई थी जिसने?

सोधां : अरी, क्या बात हुई थी?

चन्नो : छलाँग क्यों मारी गेजो ने?

परमी : मुझे पक्का नहीं पता।

सोधां : पुन्नां बढ़इन बता रही थी।

पोहलो : क्या?

सोधां : मास्टर, भीखोवाल का--

चन्नो : स्कूटर वाला?

सोधां : शादी का वादा करता रहा। फिर किसी दूसरी जगह कर ली। गुरमेजो नहीं सहार सकी। छलाँग लगा दी।

मद्दा : डरपोक! मारना था मास्टर को, मर गई आप।

परमी : चरनों को एक दिन के लिए हमारे साथ भेज दो कबड्डी खेलने।

मद्दा : चन्नो चप्पन कद्दू कबड्डी नहीं खेल सकती। हमें ले चल।

परमी : तू तो लड़का है। चलेगी, चन्नो?

चन्नो : कबड्डी तो मैं ने कभी खेली नहीं।

पोहलो : हम तो, बेटा, सवेरे बाज़ी दिखाने जाएँगे, सिरहाला। चार पैसे लाएँ।

परमी : ताऊ, एक दिन में आपका कुछ नहीं बिगड़ता। दूसरी लड़की हमारे गाँव में है नहीं। शरीर से मज़बूत है चन्नो।

सोधां : चले जाना, री। कबड्डी क्या कठिन है तेरे लिए?

चन्नो : कठिन तो क्या होगी? अगर घोड़ी चढ़ी नहीं, घोड़ी चढ़ते हुए तो देखे हैं।

परमी : तुम्हारा तो पुश्तैनी धंधा है, कसरत करने का। कमाया हुआ शरीर है तेरा। डी.सी. के सामने हम गाँव की पीठ नहीं लगने देंगे।

चन्नो : अगर मैं न अच्छा खेल सकी?

परमी : पाँचवीं में स्कूल से हटी थी न तू? दो कक्षा पीछे थी मुझे से?

मद्दा : फेल हुई थी पाँचवीं में। मास्टरों ने निकाल दी।

चन्नो : कब निकाला? मैं तो आप ही हट गई थी। भापा मेरा चला गया था। मैं माँ के साथ सूइयाँ बेचने जाने लगी।

पोहलो : हाँ। उसी बरस गया था परतापा घर छोड़कर।

परमी : स्कूल की खेलों में सबसे आगे हुआ करती थी चरनो। मुझे याद आ गया। मैंने सोचा मुश्किल वक्त में चरनो गाँव की लाज बचा सकती है।

चन्नो : जाऊँ, ताऊ, इनके साथ?

पोहलो : सिर्फ एक ही दिन के लिए?

सोधां : शाम तक लौट आओगी?

परमी : सूर्य रहते रहते।

मद्दा : मैं भी चलूँ?

पोहलो : नहीं, बेटा। तू और मैं सिरहाला चलेंगे।

मद्दा : चन्नो के बिना मैं नहीं जाऊँगा।

परमी : हाँ, पक्की है न फिर?

चन्नो : खेल तो मैं लूँगी। पर अगर हमारी टीम हार गई, मुझे दोष मत देना।

परमी : तू सब से बढ़िया खेलेगी। याद रखना मेरा कहा।

मद्दा : हमारी सूली छलाँग से तो मुश्किल नहीं है कबड्डी?

चन्नो : तुम्हारी हवेली इकट्ठी होना है?

परमी : नहीं। पहले, गुरुद्वारे के पीछे, महिंदरो के खेत में खेलेंगी। परैक्टिस करनी है। और तुम्हें रूल पता चल जाएँगे। गाँव से दस बजे चलेंगी, हमारी टराली पर। मैच बारह बजे है।

चन्नो : मैं सूरज निकलने के साथ पहुँच जाऊँगी।

परमी : अगले साल, मेरी जगह, तू कबड्डी की कपतान बनेगी।

मद्दा : ही ही ही! चन्नो गढ़न्नो! बाज़ीगरनी! लोग कहेंगे, माँग-खानी ज़ात! कबड्डी की कपतान! ही ही ही!

चन्नो : इधर आ ज़रा। दोबारा मुझे माँग-खानी ज़ात कहा, तो थप्पड़ों से थूथना तोड़ दूँगी! **(गले से पकड़ती है)**

झाँकी 3

(संगीत और गाने के साथ कबड्डी का खेल। अंत में लड़कियाँ चन्नो को कंधों पर उठाती हैं। जीत की खुशी मनाती हैं। डी.सी. चन्नो को इनाम देता है)

गीत : कौड़ कबड्डी, कौड़ कबड्डी, कौड़ कबड्डी,
बाँह पकड़ी जो चन्नो ने, कभी न छोड़ी।
चन्नो मारी कैंची, ठाह नीचे।
चन्नो मारी दोहत्थड़, ठाह नीचे।
अँधे जफ्फा, चन्नो का।
बाघ धफ्फा, चन्नो का।
चन्नो को न, कोई पकड़ता।
चन्नो से हर, कोई डरता।
जाफ्फी चन्नो, रेडर चन्नो।
अगुआ चन्नो, लीडर चन्नो।
कौड़ कबड्डी, कौड़ कबड्डी, कौड़ कबड्डी।
बाँह पकड़ी जो चन्नो ने, कभी न छोड़ी।

झांकी 4

पोहलो : ये भला कुँआरी बेटी का चलन है? शाम हो गई। है लौटी यह छोरी?

सोधां : अकेली थोड़ी है। लड़का साथ है।

पोहलो : मंदी किस्मत। बुड्ढे हाड़। ज़नानियों की राखी गले पड़ गई।

सोधां : सो जा रोटी खाकर। नहीं भागी जाती चन्नो कहीं। आधे गाँव की बेटियाँ साथ गई हैं। इसे क्या फिक्र लगा है।

पोहलो : ज़नानी मार लेती है मर्द को। नहीं तो मर्द किसका गुलाम है? आप दौड़ गया, देस परदेस को। बेटी का और जोरू का राखा बनाकर, मुझे बैठा गया। इतनी हिम्मत होती मेरे अंदर तो मैं बहू क्यों दूसरी जगह बिठाता। पुत्र मरा नहीं मेरा, महीने के अंदर मैं ने बहू गाँव कुक्कड़ी-बीहड़ीं भेज दी। मैंने कहा, पोता तो मैं पाल लूँगा, जवान बहू के पीछे किधर-किधर घूमूँगा? वो भी विधवा के पीछे? अपना बच बचाव तो बंदा जैसे कैसे करता है। अब भाई के सियापे सहेजूँ।

सोधां : पहली बार लड़की ने घर से बाहर पैर निकाला है। तू मधु मक्खियों के छत्ते की तरह मेरे पीछे पड़ गया है। **(इर्द गिर्द झाँक रही बिरादरी को)** तुम क्या देख रहे हो, थूथने खोल खोल कर? क्या हुआ है यहाँ? तुम्हारी बेटी बहने कम हैं क्या?

पोहलो : किस किस के साथ वैर शुरू करेगी? बिरादरी का तू मुँह पकड़ लेगी?

सोधां : आग लगना झोंपड़ियों का बसना। रत्ती भर ऊँचा बोलो, पड़ोसी दीदे फाड़ फाड़ कर झाँकने आ खड़े होते हैं।

पोहलो : **(पड़ोसी को)** ओए टिड्डे, तू क्यों चिमटा है हमारी भीत से?

सोधां : अपनी बहन का चलन भूल गया तू?

पोहलो : कैसे भुट्टों की तरह पीटी तुम ने, लाठियों से? आधी रात को

लौटी जब ओमी सुनार के चबारे से?

सोधां : अच्छा, अब तू आप ही मत बावेला मचा। बदनाम न कर मेरी भोली बिटिया को, ऊँचा बोल बोल कर।

पोहलो : सोधां, अभी सुधर जा। अभी नत्थ कस्स दे छोरी की। तू ने एक रात बाहर काटी थी। और बदनामी से डरता, मेरा भाई घर छोड़कर भाग गया था। बिरादरी की ठिठोली ने देस निकाला दे दिया था परतापे को। अब मुझे भी परेशान मत कर। पंख काट लड़की के।

(मद्दा आता है)

सोधां : तू अकेला चला आ रहा है?

पोहलो : चन्नो कहाँ है?

मद्दा : बापू, बूझ, कौन जीता?

पोहलो : वो कहाँ रह गई?

मद्दा : दादी, अखाड़े के अंदर, चन्नो चमगादड़िन की तरह उड़ती घूम रही थी।

सोधां : चोट वोट तो नहीं लगवा ली?

मद्दा : बल्ले बल्ले हो गई चन्नो की। डी.सी. ने इनाम दिया।

पोहलो : इनाम?

सोधां : क्या दिया? कपड़ा लत्ता?

पोहलो : गिलासी मिली होगी। तांबे रूपे की। हमारे किस काम की?

मद्दा : चाँदी का कप तो हर खिलाड़िन को मिला है। शील्ड हमारे गाँव ने जीती। इतनी, चाँद जितनी। चमकती चाँदी।

सोधां : चाँदी? सचमुच?

पोहलो : गिलट होता है। कलई की हुई।

मद्दो : बापू, यार, तू कभी सच मत मानना। हर बात पर सिर फेर दिया कर, घड़े जितना।

सोधां : दोपहर की रोटी भी मिली कहीं से खाने को?

मद्दो : बूझो, चन्नो गढ़न्नों को और क्या मिला है?

सोधां : क्या मिला?

मद्दा : पचास रुपए!

पोहलो : पचास?

सोधां : पचास रुपए नकद?

पोहलो : गपौड़ हाँक रहा है, मद्दा ससुरा।

मद्दा : अपनी सौगंध। डी.सी. ने आप पकड़ाए, ख़ुश हो कर।

सोधां : सच कह रहा है?

मद्दा : धर्म से। देख लेना। पूरे पचास।

पोहलो : है कहाँ?

मद्दा : परमी के घर नाच गा रही हैं। लोक गीत टप्पे गा रही हैं। परमी का भापा कहता है, पंचायत की तरफ से टीम की हर लड़की को दस दस रुपए मिलेंगे।

सोधां : साठ रुपए हो गए चन्नो के?

मद्दा : परमी के घर चावल पक रहे हैं, ज़रदा। सब रोटी वहीं खाएँगी।

पोहलो : तू भी खा लेता।

मद्दो : चन्नो तो रोक रही थी। मैं बोला, मैं नहीं बनता बिन बुलाया बाराती।

पोहलो : सो जा रोटी खाकर जल्दी। तड़के उठना है।

मद्दा : क्यों?

पोहलो : पचनंगल पहुँचना है। कुश्तियाँ हो रही हैं वहाँ। भगतू धुनिया बता कर गया है। भड़सोता गाँव वाला।

सोधां : हाड़ की सख़्त है चन्नो। अपने भापे पर गई है।

मद्दा : पचास रुपए तो हम महीने भर में नहीं कमा सकते थे। बाँसों पर चढ़कर। मैं भी फुटबाल की टीम में मिल जाऊँगा।

पोहलो : जाने दे, ओए। चपड़-चपड़ थूथना मत चला। कबड्डियें तो बरस छमाही के बाद आती हैं। बाज़ी दिखा कर रोटी रोज़ कमानी हुई।

मद्दा : चन्नो तो आसमानों में तैर रही है।

पोहलो : पुश्तैनी धंधा छूट सकता है? पुरखों से चला आ रहा?

मद्दा : तू उठाए फिर पुरखों को सिर के ऊपर। चन्नो नहीं हटेगी। एक बार अपनी ज़िद पर अड़ जाए, चन्नो के नकेल डालने वाला कोई नहीं जन्मा!

झाँकी 5

गवैये : काली तीतरी, गन्ने से निकली
और उड़ती को बाज़ झपटा।
जग्गे, ओए जग्गे,
तू परदेस गया, किवाड़ लग्गे!

पोहलो : फटाफट करो, बेटा। सफर लंबा है।

चन्नो : कुश्तियाँ तो दोपहर को होंगी। पहले पहुँच कर नाचेंगे?

मद्दा : बापू गढ़ापू सोने भी नहीं देता। तड़के ही उठा दिया।

पोहलो : सारी रात खेत खोद रहा था? जाड़े की रात, बरस जितनी लंबी। और कितना सोएगा?

चन्नो : मुझे देख तो। कबड्डी की थकान नहीं उतार सकी।

सोधां : पकड़ो रोटी।

चन्नो : अचार रख दिया?

मद्दा : बापू, आज जलेबी खिलाएगा?

पोहलो : खा लेना—अगर दस रुपए से ऊपर इकट्ठे हुए तो।

चन्नो : अपने इनाम में से एक रुपया ख़र्च लें मद्दा और मैं?

सोधां : नहीं। रकम नहीं तोड़ेंगे। काम आएगी कहीं।

मद्दा : तेरे ब्याह पर बारातियों को खिलाएँगे।

चन्नो : बारातिये मामू लगें मेरे? मैं ने कमाए हैं। मैं आप खर्चूंगी। सूट सिलाऊँगी।

पोहलो : बाँस को कंधों पर उठाओ, दोनों जने। नीचे नहीं घिसटना।

चन्नो : रस्सा वाले थैले तू उठा। बाँस मैं अकेली उठा लेती हूँ।

मद्दा : नहीं, जी। गधा मत बना मुझे। थैले तू उठा, गधी की गूनें बना कर।

पोहलो : बाँस, बेटा, अकेले से नहीं उठाया जाएगा।

चन्नो : अच्छा, बारी बारी सही।

मद्दा : यार बुड्ढे, यह साला सामान उठाने का सियापा रोज़ करना पड़ता है। वहाँ न किसी गाँव में रख दें? किसी की हवेली। दूसरे दिन जाकर उठा लिया।

चन्नो : मद्दे, तू तो सियानी सोचने लगा है। क्या खाया था कल?

पोहलो : बढ़िया। पचनंगल रख आएँगे सामान। सात आठ भारी देहात हैं इर्द गर्द। महीना भर उधर ही बाज़ी दिखाएँगे।

चन्नो : होशियारपुर कब चलेंगे?

मद्दा : हाँ। शहर चलो। फिल्म देखेंगे, बड़े हॉल में।

पोहलो : सोधां, तू भी चल साथ हमारे। सिरहाला तक तो साथ है।

सोधां : नहीं। तुम जाओ आगे आगे। मैं और मिश्री रुक कर जाएँगी। गोपालियाँ और कुकड़ाँ गाँव घूम कर।

मद्दा : तुम्हारी मौज है। बाट नहीं चलनी पड़ती।

सोधां : मुँह अँधेरे जाने का फैदा नहीं। लड़की बालिका नाश्ता लेकर खेतों को गई होती हैं। या गोबर कूड़े का काम करती हैं। सूइयाँ कौन खरीदेगी?

मद्दा : वो स्कूटर पर कौन आ रहा है?

चन्नो : परमी बैठी है पीछे?

मद्दा : परमी है।

(राजीव कटोच और परमी आते हैं)

परमी : चरन, रुक ज़रा। बाज़ी दिखाने जा रहे हो?

पोहलो : हाँ। दूर पहुँचना है, पचनंगल।

राजीव : कुश्तियों पर? मेला देखना है?

चन्नो : हाँ।

परमी : बधाई हो, ताऊ। चाची, बधाई।

राजीव : चरन ने कमाल कर दी।

परमी : इतनी बड़ी खिलाड़िन निकली। मेरा अंदाज़ा सही निकला। गाँव की इज़्ज़त बचा ली। मैं आपको धन्यवाद कहने आई हूँ।

राजीव : डी.सी. साहिब अश अश कर गए। कहने लगे, चन्नो जैसी चुस्त लड़की नहीं थी देखी कभी।

मद्दा : तू बन जा बापू का चेला। बाज़ी डालनी सीख। तू भी चुस्त बन जाएगा। मेरे जैसा।

राजीव : बना लो, जी, मुझे भी चेला।

परमी : मेरे राजू वीर। मेरी बुआ का बेटा।

सोधां : करमों बीबी का लड़का?

पोहलो : नडालों गाँव से?

राजीव : हाँ, जी।

पोहलो : कपड़ा बिछा, बिटिया, खाट पर।

राजीव : तकलीफ मत करो। बैठने का टाईम कहाँ है?

चन्नो : मैं चाय बनाती हूँ। माँ बकरी को दोह।

परमी : नहीं, चन्नो। पी कर आए हैं।

राजीव : मैंने दफ्तर पहुँचना है। डी.सी. साहिब मेरे बग़ैर एक मिनट काम नहीं कर सकते। फाइलों का सिर्फ मुझे पता है।

चन्नो : होशियारपुर काम करते हैं?

परमी : डी.सी. के पी.ए. हैं।

राजीव : चरनो, बंगाली बाबू तेरी बड़ाइयें करते थकता नहीं था।

मद्दा : मुझे दो सौ रुपया इनाम। चन्नो से ज़्यादा देर तक साँस रोक कर दिखा दूँगा। अकेला ही सब को मार कर भाग आऊँगा।

राजीव : ज़रूर बन पलेयर। मैं आज ही पता करता हूँ, अगर तेरा किसी स्पोर्ट्स स्कूल में दाख़िला करवा सकूँ।

मद्दा : स्कूल? नांह, जी। पढ़ाई आपन से नहीं होगी। कीड़े मकौड़े बनाने पट्टी पर, पागलों की तरह।

राजीव : उस स्कूल में पढ़ना कम पड़ता है। खेलें ज़्यादा होती हैं।

परमी : चन्नो, एक बड़ी ख़ुशी की ख़बर। राजू भैया लाए हैं। सो मैं भागी आई हूँ तेरे पास।

चन्नो : कौन सी ख़बर?

राजीव : तुम्हारा गाँव फस्ट निकला है जल्लोवाल बलॉक में।

परमी : ज़ोनल लैवल की खेलों में हमारी टीम हिस्सा लेगी। जीतने वाली टीमों से मुकाबिला होगा।

राजीव : बिछोही होंगे अगले मैच। तुम्हारा शायद काठगढ़ की लड़कियों से फँसफँसाव होगा।

पोहलो : उधर बलाचौर की तरफ?

सोधां : गढ़ शंकर से परे?

राजीव : हाँ।

पोहलो : पहाड़ की गोद में है काठगढ़। समुंदड़ा पार करके।

चन्नो : कब हैं मैच?

परमी : क्यों, भैया?

राजीव : मैं अभी अपने गाँव से आ रहा था स्कूटर पर। रूपोवाल के पास

मुझे माहिलपुर का पीटी टकर गया। निरंजन सिंह, अजनोहा वाला। उसने बताया था, ज़ोनल मैचों के बारे में।

पोहलो : इतनी दूर जाना है अगर, रात वहाँ काटनी पड़ेगी?

परमी : दो रातें। एक रात पहले पहुँचेंगे। दूसरी रात भी वहीं रहना पड़ेगा।

राजीव : अगर तुम सैमी फाईनल जीत गईं, फाईनल के लिए भी रुकना पड़ेगा। चार पाँच दिन तो लग ही जाएँगे।

पोहलो : इतने दिन?

मदूदा : चन्नो, तेरी मौज बन गई। बाँस के ऊपर चक्कर नहीं खाने पड़ेंगे।

चन्नो : मौज? कबड्डी में क्या ज़ोर नहीं लगता?

राजीव : चन्नो में वाक़ई बड़ा दम है। अगर यह परैक्टिस करे, बड़ी खिलाड़िन बन सकती है।

परमी : परैक्टिस की तो करामात है सारी।

राजीव : बग़ैर परैक्टिस के, कल हद्दें तोड़ दीं चन्नो ने। अगर कहीं टरेनिंग मिली हो किसी से, पटियाला स्पोर्ट्स कॉलेज, या जालंधर, ओलिंपिक से पहले नहीं रुकती।

चन्नो : बिछोही कब जाना है?

परमी : पक्का संदेशा आएगा तो पता चलेगा।

राजीव : आज ही लो। मैं टैलीफोन करके, शिक्षा अफसर से पूछता हूँ।

परमी : ताऊ, एक दो दिन चन्नो को बाज़ी डालने से छुट्टी नहीं मिल सकती? मैं ने सब लड़कियों को इकट्ठी होने के लिए कहा है। चार पाँच दिन तैयारी करें।

पोहलो : हम बाज़ी नहीं दिखाएँगे, तो खाएँगे कहाँ से?

राजीव : मुकाबिला सख़्त है।

परमी : दूसरी टीमें तीन-तीन चार-चार साल अभ्यास करती हैं।

पोहलो : हम लोगों का गुज़ारा क्या कबड्डियों से हो जाएगा?

मदूदा : बापू, मेरी भी छुट्टी।

पोहलो : न, ओए! जैसे कैसे चल, तू और मैं पहुँचें पचनंगल। चन्नो एक दिन रुक ले। कल चले हमारे साथ।

परमी : ताऊ, एक दिन से कुछ नहीं बनेगा।

राजीव : फाईनल्ज़ तक रोज़ खेलना चाहिए।

परमी : क्यों, चन्नो?

चन्नो : मैं तो तैयार हूँ। माँ को पूछ लो।

सोधां : रह ले, अगर इनाम मिलते रहें।

पोहलो : परमी, बेटा, हमारी कौन सी फसलें पक रही हैं, मुरब्बों के अंदर।

मज़दूर हैं हम। रोज़ कमा कर खाना होता है।

परमी : कल तो घाटा नहीं रहा चन्नो को।

राजीव : सम्मान कितना मिला। डी.सी. साहिब के पास लेकर चलूँगा मैं एक दिन। चलेगी शहर?

चन्नो : तुम जाओ। मैं परमी संग जाती हूँ।

राजीव : शाबाश!

मद्दा : अगर तुम्हें अब के रकम मिली, आधा हिस्सा मेरा। तेरी जगह आज मैं रस्से पर चलूँगा। बाँस के ऊपर घूमूँगा।

चन्नो : मिले तो सही। ले लेना आधा।

मद्दा : लड्डू चलेबी खाऊँगा।

राजीव : एक बार अगर फिर चरन सब से ज़्यादा नंबर मार गई, तुझे मैं खिलाऊंगा जलेबी।

मद्दा : पक्का वादा?

राजीव : पक्का।

मद्दा : ईंट जैसा?

राजीव : ईंट जैसा।

मद्दा : **(हाथ मिलाकर)** कसम खा।

चन्नो : क़सम की क्या ज़रूरत है?

मद्दा : नहीं। मैं नहीं मानता। ये खेतों वाले झट मुकर जाते हैं।

राजीव : क़सम चरनो के इनाम की। कंवर राजीव कटोच नहीं मुकरेगा। मद्दे को होशियारपुर से लाकर जलेबी खिलाऊँगा।—चढ़, चन्नो, स्कूटर पर।

चन्नो : दोनों जनी बैठ जाएँगी?

परमी : खुली डुली।

मद्दा : स्कूटर का पहिया न भड़क्क बोल जाए।

राजीव : पंख जितनी हलकी हैं दोनों। मैं तो दस मिनट में चन्नो को उठा कर शहर ले जाऊँ! चलो!

झाँकी 6

कंगाल का सपना

गाना : एक कंगाल को सपना आया।
महलों में विराजे।
नौकर चाकर चार चुफेरे।
सेवा ख़िदमत भागें।।
पाँच सात रानी आगे पीछे
पाँच सात करें कल्लोल।
परियों से भी ज़्यादा सुंदर
मिश्री मीठे बोल।।
रात को सेज फूलों की सोये
दिन को नशा चढ़ाये।
इश्क़ के मटक हिलोरे लेता
मोहिनियों संग मस्ताये।।
थाल परातें भरीं मेवे से
खाता लड्डू पेड़े।
छके शराबें, संग रानियों
सरगम प्यार की छेड़े।।
लात मारकर कहे एक को
चल उठ, दूसरी भेज।
परी महल में, नई नवेली
सोये हमारी सेज।।
सपना टूटा, बीच खाट के
खटमल जैसा फँसा।
ढहे महल, रानियाँ भागीं,
देख देख जग हँसा।।

(**चन्नो कचहरी में खड़ी है**)

वकील सफाई : जनाब, सरकारी वकील को इतना विस्तार में जाने की क्या ज़रूरत है? संक्षेप में भी यह बात बताई जा सकती है।

सरकारी वकील : पंडित ब्रह्मानंद जी, इस लड़की को फाँसी के तख़्ते पर पहुँचाने के लिए आप इतने उतावले क्यों हो? माना, लड़की ग़रीब है, ख़ाना बदोश हे। किसी अमीर की बेटी होती, हम वकील सौ सौ नुक़ते निकालते। मौत से हर हीले बचाने की कोशिश करते। जिस दिन हमारे क़ानून के पास चन्नो जैसी ज़हीन बच्ची के वास्ते पूरा वक़्त नहीं होगा, वो दिन हमारे मुल्क के लिए ज़रूर दुर्भाग्यपूर्ण होगा।—मी लॉर्ड, मुझे इस लड़की के क़बीले के बारे में, घरेलू ज़िंदगी के बारे में, सारे तथ्य कचहरी में रखने की इजाज़त दी जाए।

वकील सफाई : आईम सॉरी, सर। मेरे अबजैक्शन का सही भाव, पाल साहिब नहीं समझ सके। क़त्ल के झूठे इलज़ाम से संबंधित सब फैक्ट्स सामने ज़रूर रखो। लेकिन यह ज़रूरी नहीं कि आप लड़की के कुनबे के बारे में, ग़रीबी के बारे में, पूरी हिस्टरी खोलकर बैठ जाओ।

सरकारी वकील : इस लड़की की सोच को समझने के लिए, लाज़िमी है कि हम इसके परिवार के बारे में सब कुछ जानें। एक झोंपड़ी में बसने वाली, जाटों ज़मींदारों के खेतों में से चोरी गन्ने, भुट्टे, तोड़ने वाली लड़की, सब्ज़ी फल चुराने वाली ज़ात, ऊँची कुल के कंवर राजीव कटोच के साथ शादी रचाने के सपने देखने लग पड़ी। मैं इन दोनों के संबंधों से, इस की अंबिशन की शुरुआत से, अदालत के आगे फैक्ट्स पेश कर रहा हूँ। (**सुनकर**) जनाब, मेरे दोस्त पंडित जी ने एक हफ्ते की छुट्टी माँगी है। यह अपने बेटे के कारण बहुत परेशान हैं। (**सुनकर**) बदक़िस्मत बच्चा! आठ महीने का था जब से फेफड़ों में नुक़्स पड़ा हुआ है।

वकील सफाई : हाँ जी, ब्रांकल ऐज़मा। साँस भी मुश्किल से आती है।

सरकारी वकील : व्हट ए पिटी! पूरे पंजाब में फस्ट निकला। लेकिन बीमारी कैसी नामुराद लगा बैठा। देसी इलाज फेल हो गए। सब पूजा पाठ फेल हो गए।

वकील सफाई : (**सुनकर**) हाँ, जी। अमृतसर ले जा रहे हैं अपरेशन के लिए। आख़िरी चांस है। देखें, अगर बच्चे की जान बचा सकें। (**सुनकर**) थैंक यू। (**जाते हुए जज को नमस्कार करता है**)

सरकारी वकील : पंडित जी, आप और भाभी जी, चाहो तो, मेरे समधी की कोठी में ठहर सकते हो।

वकील सफाई : समधी? मोहन कब ब्याह लिया? हमें बग़ैर बताए?

सरकारी वकील : ओ यार, क्यों शरमिंदा करते हो? मोहन ने हमें कहाँ पूछा? सारी बिरादरी के आगे मुँह काला कर दिया। ज़िले के सैनी हमारा बॉइकॉट कर देंगे।

वकील सफाई : अगर मोहन ख़ुश है, तो आपने बिरादरी से आम लेने हैं?

सरकारी वकील : मोहन तो ख़ुश है। लड़की भी सुंदर है। मिरांडा हाऊस में पढ़ती थी। हिंदू कॉलेज अमृतसर के प्रिंसीपल की बेटी, संतोष कोछड़। पर मोहन पगला हमें तो बता देता। पढ़ाई बीच में छोड़कर, नौकरी कर ली। इतनी सिफारिशों के बाद सेंट स्टीफन्ज़ में दाख़िल कराया था।

वकील सफाई : तुम्हें शादी पर नहीं बुलाया था?

सरकारी वकील : नहीं। इकलौता बेटा है। माँ ने रो रोकर, आँखें गँवा ली हैं। बच्चे पालने बहुत मुश्किल काम है। किसी बच्चे का कोई दुख किसी का कोई।—शाम को आऊँगा, छिंदी को देखने। **(जाने लगता है)**

वकील सफाई : फाइन।

सरकारी वकील : **(रुककर)** चीफ जस्टिस की स्टेटमेंट पढ़ी? हाई कोर्ट की सब वेकैंसीज़ जल्दी भर रहे हैं।

वकील सफाई : गुड लक्क।

सरकारी वकील : टु यू टू। **(जाता है)**

वकील सफाई : चन्नो बेटा, ज़िद छोड़ दे। मुझ पर यक़ीन कर। पूरा सच बता दे। मैं तेरी जान बचानी चाहता हूँ। क्या सचमुच तूने राजीव को क़त्ल किया? साथ कौन था तेरे?

चन्नो : आप क्यों कोशिश कर रहे हैं मेरी जान बचाने की? ग़रीब कोई मरे या जिए, आप अमीरों को क्या फर्क पड़ता है? चढ़ लेने दो मुझे फाँसी।

झाँकी 7

गाना : जुल्म सितम से टक्कर की, यह बात पुरानी।
सुनो सुनो, देहातिओ, एक नई कहानी।।

राजीव : तू ने तो सब से ज़्यादा पुआइंट जीते—पर टीम तो हार गई। ट्रेनिंग का फर्क पड़ता है। काठगढ़ वाली लड़कियों का कोच, बगीचा सिंह, इंडिया का सबसे अधिक मेहनती कोच है। बच्चों को अपने बेटे-बेटियों से बेहतर समझता है। इसी कारण, उसकी सिखलाई हुई हर टीम शील्ड जीत कर ले जाती है।

चन्नो : मैं ने तो पहले कभी कबड्डी खेली नहीं थी। बस, बाज़ी डालने का धंधा है। भापा मेरा, बताते हैं, कबड्डी में गर्जा करता था। मैं नन्ही बच्ची ही थी जब वह घर से निकल गया। माँ के साथ लड़कर। सात आठ बरस की थी। एक बार देखा था भापे को कबड्डी खेलते हुए। मुखणीआणे के साथ मुक़ाबिला था। वो महासती के माथे, सरकारी टूवल के निकट। पर मुझे दाँव पेच कोई याद नहीं।

राजीव : चन्नी जी, भगवान की दात है आप लोगों के पल्ले। शरीर के करतब दिखा कर, रोज़ी रोटी कमाते हो, सदियों से। लेकिन आजकल की खेलों के लिए सिखलाई ज़रूरी है। पढ़ाई ज़रूरी है।

चन्नो : पढ़ाई हमारे जैसों की क़िस्मत में कहाँ रखी है?

राजीव : तेरी क़िस्मत को कौन सा कीड़ा खा गया? जवान हो, ताक़तवर हो। और भगवान झूठ न बुलावे, विलायत के अंदर भी तेरे जैसी सुंदर लड़की नहीं होगी।

चन्नो : सुंदर? मैं? सुंदर मुंदर मैं कोई नहीं।

राजीव : मेरे दिल से पूछ कर देख। मैं ही क्यों? कुल दुनिया कह रही थी, उस वक़्त, जल्लोवाल। डी.सी. साहिब आप मोहित हो गए तुम

पर। मुझे कहने लगे, सेहत और सौंदर्य का ऐसा मिलाप, सिर्फ पंजाब के अंदर मिल सकता है।

चन्नो : यों ही कह रहे हैं आप, मेरा दिल रखने के लिए।

राजीव : मैं अकेला कहता हूँ, तू बेहद ख़ूबसूरत है? किसी मर्द से सबूत माँग ले।

चन्नो : ख़ूबसूरती का क्या सबूत होता है?

राजीव : दूर क्या जाना है? मेरे स्कूटर का शीश देख।—नो। (**बटुआ खोलकर**) मेरे पर्स में है छोटा शीशा।

चन्नो : लोग क्या कहेंगे? देखो, कैसे झाँक रहे हैं। मद्दा और ताऊ लौटे ही नहीं बाज़ी दिखा कर। न ही माँ आई है फेरी से।

राजीव : इधर देख। आँखों में झाँक, मेरी शिकारी बिल्लो।

चन्नो : बिल्ली नहीं। शेरनी कहो। सभी बताते हैं, आँखें मेरी भापे पर गई हैं।

राजीव : गाल गोरे-गोरे। भरे-भरे। सिंदूरी आम। रानी पद्‌मनी जैसे। हाँ, चन्नो, तुम्हारा गोत्र क्या है?

चन्नो : गोत्र? गोत्र क्या होता है? ज़ात है हमारी बाज़ीगर।

राजीव : यही तो ग़लती है तुम हिंदुस्तानियों की। अपनी ख़ूबियों से नावाक़िफ हो। ताक़त से बेख़बर हो। न तुम्हें अपने महान इतिहास का ज्ञान है, न उज्ज्वल भविष्य का फिक्र। इसी कारण ग़रीबी में ज़िंदगी गला रहे हो। अनगहली में। बूझ, तेरी असली ज़ात क्या है?

चन्नो : ताऊ बताता है, आज़ादी से पहले, हम छः महीने से ज़्यादा किसी गाँव में नहीं काटा करते थे। झोंपड़ियाँ उखाड़ीं, आषाड़ श्रावण फसल पर, दूसरे स्थान पर ले जा गाड़ीं। यह तो, मुरब्बेबंदी में, भाम की पंचायत ने, हमें झोंपड़ियों के लिए बीस मरले ज़मीन दे दी। तो हम यहाँ टिक गए। बाज़ी छोड़कर, बाबू राम के परिवार के लोग खेत मज़दूर बन गए। कुछ बच्चे स्कूल में बैठ गए। चाचा मलूका कारख़ाने में चौकीदार लग गया। जनक राज तनूली गाँव में मास्टर बन गया। बेसिक पास करके। वरना, पहले हम सब बाज़ी दिखाया करते थे। ब्याह शादियों पर ढोल बजाते थे। कुश्तियाँ लड़ते थे।

राजीव : नहीं, मेरे चन्न। अपने आप को पहचान। तू भी हमारी ज़ात की है।

चन्नो : आपकी, मतलब, जाट ज़मींदार?

राजीव : जाट? अनपढ़ पशु मत बना मुझे।

चन्नो : और फिर?

राजीव : हम दोनों हैं राजपूत। सुन, अपना सुनहरी भूतकाल। मैं ने पूरी खोज पड़ताल की है तुम्हारे परिवार के बारे में। अंग्रेज़ की किताब पढ़ी, इबैटसन की। तुम्हारा गोत्र है—चौहान!

चन्नो : चौहान?

राजीव : पृथ्वी राज चौहान का नाम सुना है?

चन्नो : राजा था शायद कोई, हमारी पाँचवीं की किताब में। पक्का याद नहीं मुझे।

राजीव : हाँ। दिल्ली का बहादुर राजा था। आँखं बंद करके, तीर निशाने पर मार सकता था। मुहम्मद ग़ौरी को, तीर के साथ बींधा था। अपनी प्रेमिका संयोगिता को, जयचंद की भरी कचहरी में से उठाकर, घोड़े पर बैठाकर, उड़ गया! तुम राजस्थान की, दिल्ली की, ख़ानदानी शहज़ादी हो! तुम अपने आप को भूले बैठी हो? ख़ाना बदोश बनी बैठी हो?

चन्नो : पुराने ऊँचे वंश को क्या मैं चाटूँगी? आज तो बंदर-टपूसियाँ मार कर, टूकर कमाना पड़ता है।

राजीव : यही तो वजह है जो मैं आया हूँ, ख़ास तेरे पास। डी.सी. साहिब ने आप भेजा है। कहते हैं, इस लड़की को आगे पढ़ने के लिए मनाओ।—पत्राचार द्वारा दसवीं पास कर। सरकार मदद करेगी। मैं मदद करूँगा। परमी पढ़ाएगी। मेरा मामू, कपतान साहिब, तेरी सहायता करेंगे। दसवीं पास करते ही तुझे आगे दाख़िल करा देंगे। खेलों के कॉलेज में। पंजाब की मशहूर ऐथलीट बनोगी। नेशनल लैवल पर खेलोगी। ओलिंपिक में नाम कमाओगी।

चन्नो : छटी में फेल होकर हट गई थी, जब मेरा भाई मरा, साँप के लड़ने से। माँ के साथ फेरी पर जाने लगी। भापा हमें छोड़ कर चला गया था।

राजीव : पढ़ाई का क्या है? जब मरज़ी शुरू कर ले। दिल पक्का कर। डेट ऑफ बर्थ क्या है तेरी?

चन्नो : दो अक्तूबर को सोलह पूरे होंगे।

राजीव : दो अक्तूबर! ग्रेट! महात्मा गांधी और तुम एक ही दिन में जन्मे थे। हाथ दिखा।

चन्नो : लोग देख रहे हैं, इर्द गिर्द।

राजीव : वाह वाह! देख विद्या की लाईन। क़िस्मत देख। वंडरफुल। गांधी की तरह तेरा नाम चमकेगा संसार के अंदर—सुंदर जो बहुत है तू।

चन्नो : यों ही न आप झूठ-मूठ मेरी बड़ाई करो।

राजीव : झूठ? आज के बाद, चरन, एक बात पक्की लड़ बाँध ले—कंवर राजीव कुमार कटोच कभी झूठ नहीं बोलता। बेशक लाखों रुपए दे कोई, झूठ मैं कभी नहीं बोलता। मुझे मामूली मर्द मत समझ। होशियारपुर कचहरी जा कर, किसी को पूछ ले। कंवर साहिब की सब सरकारी मुलाज़िम चौकी भरते हैं। रोज़ लोग सिफारिशें करवाने आते हैं। मैं ही ईमानदारी पर डटा रहता हूँ। यों सभी अफ़सर मेरी इज़्ज़त करते हैं। कहा मानते हैं। ऊँचे कुल का फर्क पड़ता है।—परमी के परिवार का गोत्र पता है तुम्हें?

चन्नो : जसवाल?

राजीव : हाँ। मामू जी जसवाल राजपूत हैं। तुम्हारा पूरा गाँव जसवालों का है। अठारहवीं सदी में, टीलों के परे, कांगड़ा वादी में, राज था इनका। देहरा गोपी पुर, ब्यास के किनारे। मुसलमानों ने उजाड़ दिया। ये गढ़शंकर के इलाक़े में बाईस देहात में बस गए। किसान बन गए। हमारे बुजुर्ग आगे, नूरपुर, पठानकोट के नज़दीक, राज करते रहे। कई सदियों तक। राजस्थान की तरफ से आकर, पंजाब का पहाड़ी इलाका, जीता। इसी करके, तुझे बताया, कंवर राजीव कटोच कभी झूठ नहीं बोल सकता। मैं अब अपनी क़सम पूरी करूँगा।

चन्नो : कौन सी कसम?

राजीव : तेरी ग़रीबी दूर करूँगा।

चन्नो : कैसे?

राजीव : पढ़ाई करा कर, वज़ीफा दिलाकर, बड़ी खिलाड़िन बना कर।

चन्नो : मेरे घर वाले नहीं मानेंगे। वे कहेंगे, ब्याह करा और दूर हट।

राजीव : नहीं। यह मूर्खता नहीं करनी अभी। हुस्न संभाल। ज़िंदगी तबाह मत कर। मना अम्मां को, पढ़ाई के लिए। चल मेरे साथ। बैठ स्कूटर पर।

चन्नो : कहाँ जाना है?

राजीव : नेक काम में देर नहीं करनी चाहिए। भजने की हट्टी से अभी तुम्हें पाँचवीं छटी की किताबें ख़रीद कर देता हूँ। कापियाँ भी। परमी को मैंने मना लिया है। तुझे पढ़ाएगी। शाम सवेरे। स्कूटर पर से निकलता हुआ, मैं भी पढ़ाया करूँगा। डी.सी. साहिब को बता कर, ब्लॉक अफसर को अर्ज़ी देते हैं। वज़ीफा लगवाऊँगा तुझे। अपनी चरनो चौहान को महान बना कर दम लूँगा। पर

एक वादा कर।

चन्नो : कौन सा?

राजीव : संसार भर में मशहूर हो गई जब, चरन कौर चौहान, ओलिंपिक का गोल्ड मैडल जीत गई जब, इस नाचीज़ राजू को, भूलेगी तो नहीं?

चन्नो : नहीं भूलूँगी।

राजीव : थैंक यू! चढ़ फिर यारों के स्कूटर पर!

झाँकी 8

गवैये : एक चूज़े पर रितु बसंत आई
झट खिले गुलाब सा हँसा है वो।
हाथ पैर फैलाने का चाव चढ़ा,
अंग अंग से काँटों में फँसा है वो।।

पोहलो : लगता क्या है वो हमारा?

सोधां : पढ़ाई से मैं नहीं रोकती। पर इस लड़के को नहीं मिलना दोबारा।

चन्नो : बिगाड़ा क्या है उसने तुम्हारा? या मेरा?

पोहलो : यह उम्र है तेरी बेगाने मर्दों के स्कूटरों पर हिलोरे लेने की?

सोधां : शहर क्यों गई उसके साथ? अकेली?

चन्नो : अकेली कब गई हूँ? परमजीत साथ थी। हम बजवाड़ा स्कूल में कबड्डी का फाईनल देखने गईं थी। उसी दिन लौट आईं।

पोहलो : हो गया बहुत खेलना। कल से सब कौड़ कबड्डियाँ बंद। सवेरे चल मद्दे के और मेरे साथ।

मद्दा : माहिलपुर अड्डे से शुरू करते हैं। सिर्फ शहरों में रहेंगे। देहाती लोगों की पैसे देते वक्त माँ मर जाती है। चन्नो, चल सरकस वाले एक दो खेल शुरू करें। मेरा पापा, बताते हैं, छुरियों वाले चक्कर से निकल जाता था।

सोधां : इसका भापा भी ऐसे ही करता था। तेल से भीगे कपड़े के टुकड़ों को आग लगाकर, जलते हुए चक्कर में से, छलाँग लगाया करता था।

पोहलो : चन्नो, बेटा, छोड़ दे साथ जाटों ज़मींदारों का। इनके पास बहुतेरा धन है। हम हैं मज़दूर, बेज़मीने। हमें क्या पूरे पड़ेंगे खेल और पढ़ाइयें?

सोधां : **(लोगों को)** तुम क्यों झाँक रहे हो, थूथने खोल कर?

मद्‌दा : जाओ, परे बैठो।

पोहलो : तुम्हें क्या? हम अपने घर के अंदर अपनी बेटी को जो मरज़ी कहें।

सोधां : देख ले। बिरादरी जीने नहीं देगी। लड़की अगर पराए लड़कों संग घूमे, बाईस गाँव में ख़बर घूम जाती है।

पोहलो : ऐसे ही है। मौतियाँ बाड़ियाँ गाँव के ईसर ने मुझे पूछा। बोला, परतापे की बेटी, सुना है, किसी कलर्क के साथ घूम रही है।

सोधां : किस के लड़ बाँधेंगे तुझे?

पोहलो : लोगों के मुँह पकड़ लेंगे? जब अपना ढोर रस्से तुड़ाता फिरे?

चन्नो : आज तुम दोनों को क्या हो गया है? सच बताओ। पहले भी, साल हो गया, मैं परमी के पास पढ़ने जाया करती हूँ। सेंटर वाली नर्स से पढ़ी। हिंदी पढ़ी विद्या ब्राह्मणी से। राजीव ने दो चार किताबें ज़रूर ख़रीद कर दी हैं। दाख़िले का फॉर्म लाकर दिया है। मैं ने ज़्यादा बात कभी उसके साथ की नहीं। अब दो महीने इम्तिहान में रहते हैं। इतनी मैं तैयारी कर चुकी हूँ। चार साल का कोर्स छः महीने में तैयार किया है। तुम अब गिद्धों की तरह मेरा माँस खेंचने फाड़ने लग पड़े हो। कौन से महापाप कर लिए हैं मैंने? क्या चाहते हो तुम लोग? सारी उम्र बंद बाज़ियाँ लगाती हुई गाँव-गाँव घूमूँ? नंग मलंग दर्शकों के सामने उलटी सीधी होऊँ? इसमें ज़्यादा इज़्ज़त है बाज़ीगर बिरादरी की? क्यों आप मेरी तरक़्क़ी के रास्ते के रोड़े बन रहे हो?

पोहलो : अरी सौदाइन! यह छोकरा नहीं अच्छा।

चन्नो : कितने क़त्ल किए हैं उसने?

मद्‌दा : क़त्ल करके ही बंदा बुरा बनता है?

पोहलो : कंवर कहलाता है साला।

सोधां : लुच्चा है।

चन्नो : राजीव क्या मुझे निगल जाएगा, मेरी मरज़ी के ख़िलाफ?

पोहलो : पुत्र, ये खेतों वाले, ग़रीबों की बेटियों को, बहनों को, फुसला कर ख़्वार करते हैं। नीयत साफ नहीं है इसकी।

चन्नो : साफ नीयत क्या होती है?

सोधां : क्यों बकावाद किए जा रही है? गुरमेजो की तरह, तू भी मारना छलाँग कुएँ में?

चन्नो : जो मुझे कुएँ में धकेलेगा, पहले मैं उस मामू का गला न दबाऊँगी।

पोहलो : मौत को दुलत्ती मार रही है। समझती नहीं तू बीच की रम्ज़?

मद्दा : बुड्ढे, तू भी बेमतलब की हाँक रहा है। रम्ज़ वो लीद समझेगी? अँधेरे में लाठियाँ घुमाए जा रहे हैं बुड्ढा, बुड्ढी।—चन्नो, इन्होंने स्कीम बनाई है दोनों ने। लड़का ढूँढ़ कर, बैसाखी के आस पास, तेरा ब्याह करेंगे। सो, पढ़ाई छोड़कर, पैसे कमा। दहेज बना।

चन्नो : ब्याह नहीं मैं कराऊँगी अभी। इस भुलावे में मत रहना।

पोहलो : सुन ले, सोधां, बेटी का चलन।

सोधां : आज मैं मर गई, तेरा ताऊ चल दिया, कहाँ बसोगी?

चन्नो : जहाँ अभी बस रही हूँ।

सोधां : अकेली?

मद्दा : मैं कहाँ गया?

सोधां : सुनी है किसी बाज़ीगर की लड़की सोलहवाँ पार करती हुई? तुझे अठारहवाँ पूरा होने को है।

पोहलो : खनौड़े वाला प्रीतू, तेरे मामू का जमाई, रिश्ता ला रहा है तेरे लिए।

चन्नो : रब्ब के वास्ते! मुझे दो महीने पढ़ लेने दो। दसवीं पास हो गई तो मैं खेलों के कॉलेज जा सकती हूँ। वज़ीफा मिल जाएगा। पढ़ी लिखी लड़की को बहुतेरे लड़के मिल जाएँगे। परमी कह रही है, प्रोफेसर बनूँगी। एम.ए. करके। उसका बाप तो लड़के नहीं ढूँढ़ रहा।

मद्दा : मैं भी पढ़ाई शुरू करूँ? गर्मियों में पढ़ाएगी मुझे?

सोधां : बाज़ीगरों में से तुम्हें पढ़े लिखे ख़सम कहाँ से मिल जाएँगे?

चन्नो : ज़रूरी तो नहीं बाज़ीगर ही हो।

सोधां : और कौन सा राजपूत शहज़ादा, तुम्हें हाथी पर बैठा कर, ले जाने को तैयार खड़ा है?

पोहलो : वही बात निकली जिसका शक था। यह मेंहदी लगाए बैठी है, नडालों वाला लड़का इसके साथ ब्याह रचाएगा। सुन, डांगर! उसकी मँगनी हो चुकी, बिंझों गाँव। फूफा बिचौलिया है, कालरे वाला।

सोधां : मिश्री ने और भी खोज की है।

पोहलो : क्या?

सोधां : बिंझों वाली भी छोड़ने लगा है। कहे, ठिगनी है।

चन्नो : राजीव की सगाई सचमुच हो चुकी है?

पोहलो : तुझे इतना भी नहीं पता?

मद्दा : बंदा चालबाज़ लगता है।

पोहलो : छोड़ साथ लुच्चे का। आग लगा किताबों को।

सोधां : नहीं तो, बिरादरी में, कोई कलाम नहीं करेगा तेरे से।

मद्दा : मैं तो कलाम करूँगा।

पोहलो : तू भौंकना बंद कर, ओए।

सोधां : उलटे पैर उठाने हैं, तो बाप कंजर के पास चली जा। वहीं होगा, रांची। जहाँ, साधु सिंह कहे, देखा था, रिकशा चलाता हुआ। सौतेली माँ को कहना, उधर का ढूँढ दे तुझे, बंगाली।

पोहलो : आज से उस छोकरे संग बात नहीं करनी।

सोधां : अगर मैं ने झोंपड़ियों के निकट देख लिया, टाँगें तोड़ दूँगी।

चन्नो : भला अगर मैं न हटूँ राजीव संग बोलने से?
(चुप)

पोहलो : तो फिर बाज़ीगरों की झोंपड़ियों में तो तुम ज़िंदा बस नहीं सकती।

सोधां : मैं समझ लूँगी जहाँ भोली मरा था, साँप के लड़ने से, वहीं तू भी मर गई।

चन्नो : **(रुआँसी)** भोली के भाग्य अच्छे थे, बचपन में मर गया। जवानी वाले, जलते हुए चक्कर में से, नहीं गुज़रना पड़ा।

गवैये : ज़ुल्म सितम संग टक्कर की, यह बात पुरानी।
सुनो, सुनो, मेरे बेलियो, एक नहीं कहानी।।

(आधी छुट्टी)

झाँकी 9

गवैये : शेर कहे ख़रगोश से,
मैं तुझ को खाऊँ।
परजा पर हुकम चलाकर,
राजा कहलाऊँगा।।

राजीव : अगर तेरी फस्ट डिवियन आ गई, तब तो तू मुझे खुश करेगी?

चन्नो : खुश? अब आप दुखी हो?

राजीव : पता नहीं कौन से वक़्त मैं डी.सी. साहिब के साथ कबड्डी देखने के लिए जल्लोवाल आने वाली जीप में बैठ गया। तेरे दर्शन होने थे, और मैंने तेरे जादू के अंदर फँसना था।

चन्नो : फस्ट डिवियन आ गई, तो क्या खेलों के कॉलेज में दाखिला ज़रूर मिल जाएगा?

राजीव : मेरी चरन कौर चौहान, तेरे वास्ते पूरा चंडीगढ़ गिरा दूँगा—अगर तुझे वज़ीफा न मिला।

चन्नो : रिज़र्व सीट होती हैं हमारे लिए?

राजीव : माई लव, अब तू बाज़ीगर नहीं रही। ख़ानाबदोश नहीं रही। झोंपड़ियों के दिन भूल जा। चौहान राजकुमारी समझा कर अपने आप को।

चन्नो : हॉस्टल का ख़र्च भी सरकार देगी?

राजीव : ऑफ कोर्स। आऊट स्टैंडिंग स्पोर्ट्स गर्ल पर दुनियाँ जानें कुरबान करती है। जैसे मैं तेरे पर जान कुरबान करता हूँ।

चन्नो : ऐसी बात मत कहा करो। प्लीज़! मेरे घर वालों ने सख़्त मना किया है। पूरी बिरादरी मेरे ऊपर थूकेगी, अगर उनको पता चल गया, मैं आपको अकेली मिली थी, परमी के ट्यूबवेल पर।

राजीव : प्यार के आगे रुकावाटें आया ही करती हैं। आशिक़ों ने बड़ी-बड़ी

मुसीबतें झेली हैं।

चन्नो : कैसी बातें कर रहे हैं आप? आपका और मेरा प्यार कैसे फल सकता है? आप ऊँचे अफसर हैं। फार्मों वाले। मैं सूइयें बेचने वाली। ख़ानाबदोश।

राजीव : मिस चौहान, मेरा दिल मत तोड़ा करो। कसम मुझे अपने सूर्यवंश की। मैं आपको दिल लुटा बैठा हूँ। प्लीज़! ख़ुश कर दे मुझे। बहुत बुरा हाल है मेरा। तू जो कहेगी, करूँगा। जहाँ कहोगी, दाख़िल कराऊँगा। डी.सी. साहिब से सिफारिश कराऊँगा। हर दफ्तर में, मेरा एक कज़न ज़रूर है। फिक्र मत कर। कंवर कटोच साहिब के साथ प्यार गाँठ कर, पूरी उम्र, स्वर्ग के मज़े लूटोगी।

चन्नो : पहली सगाई क्यों तोड़ी थी?

राजीव : सगाई? कौन सी?···अच्छा अच्छा···तुझे कैसे पता चला?

चन्नो : आप ने तो नहीं बताया पर पता चल ही गया।

राजीव : बड़ी जासूसी करती हो?

चन्नो : ठिगनी करके छोड़ दी?···क्यों दिल तोड़ा बेचारी का?

राजीव : सुन। दरअसल यह भी मेरी बहादुरी की कहानी है। कुरबानी का क़िस्सा है। फूफा मेरा मुझे अपने जैसा लोभी समझता है। फँसा ली मेरी माँ। परमी के भापे को मनाया। बोला, "बिंझो वालों की इकलौती बेटी है। तीस एकड़ ज़मीन तेरी हो जाएगी। घर जमाई बन जा। सारी उम्र मौजें ही मौजें।"—मैं पहले तो माँ का, मामू का कहा मान गया। फिर सोचा : "रे मन, एक ही ज़िंदगी मिली है। वह तू ज़मीन के लोभ में फँस कर गँवाने लगा है। लड़की की शक्ल सूरत भी तो हो। साथ चलती हुई अच्छी भी तो लगे। शरीर सख़्त हो, स्वाद हो। क्या धरा है इस जगत में स्वादों के बग़ैर?"—मेरे चाँद जी, स्वादों के बग़ैर यह संसार ख़ाक भी नहीं। पाखंडी बहुतेरे हैं, जो झूठ बोलते हैं। मैं सच का सौदागर हूँ। क्या संत, क्या योगी, क्या तपस्वी, क्या लीडर, सब शरीर के सुख भोगते हैं। शरीर की ऐशों की कामना करते हैं। वज़ीर दौरे जाते हैं, फ्रांस, अम्रीका, इटली, लंडन। भांति भांति की लड़कियों संग शराबें पीते हैं। मज़े लूटते हैं। बड़ी-बड़ी लीडर औरतें भी यही करती हैं। हिंदुस्तान से बाहर जाकर, सब पावर के पुजारी, शरीर के सुख भोगते हैं। तब अगर कंवर राजीव कटोच ने स्वादों की सोच ली, कौन सा गुनाह हो गया?—मैं ने हौसला जुटाया। तीस एकड़ ज़मीन को ठोकर मारी। मैं ने कहा, लड़की ब्याहूँगा

सुंदर। बेशक ग़रीब हो।

चन्नो : यह तो सचमुच बहादुरी दिखती है आपकी।

राजीव : तू साथिन बने तो अखाड़ा जीतूँ।

चन्नो : तीस एकड़ ज़मीन वाली लड़की को आपकी ज़ात के बहुतेरे लड़के मिल जाएँगे।

राजीव : और सुन अपने कँवर की कुरबानी। बिंझों वाली ठिगनी बी.ए. पास है। बी.ऐड. कर रही है, सिद्धवां बेट से। मैंने कहा, नहीं। बेशक कम पढ़ी हो। अनपढ़ हो। शरीर से सुंदर चाहिए। स्वाद चाहिए।

चन्नो : स्वादों के पीछे इतना भागते हो आप? आपकी वाईफ बुड्ढी होगी, बच्चे जनेगी। फिर क्या करोगे?

राजीव : चन्न, प्यार की अलग बात होती है। प्यार हो जिसके साथ, उससे शादी क्यों न करे बंदा? धृग लानत है मुझ पर, अगर मैं तीस एकड़ के पीछे अपने आप को हार दूँ।

चन्नो : मैं तो कुछ और सोच रही थी आपके सगाई तोड़ने के बारे में।

राजीव : काश तू मेरे बारे में वही कुछ सोच सके जो मैं, दिन रात, तेरे बारे में सोचता हूँ। वादा कर। दिल मत तोड़ मेरा। फस्ट डिवियन आई तो इन्कार नहीं करना। अच्छा? **(चन्नो चुप है)** यह मत समझ, मैं पगलाया घूमता हूँ लड़कियों के लिए। कसम तेरी—मैं शेख़ी नहीं बघारता। पूरे ज़िले की टीचरें हर वक़्त मेरे पीछे पीछे घूमती हैं। घूस देने को फिरती हैं। शराब की बोतलें गिफ्ट देती हैं। प्राईवेट चिट्ठी लिखती हैं। घर को इन्वाईट करती हैं।

चन्नो : किस लिए?

राजीव : मेरे भोले बादशाहो, बदली करवाने के लिए। मैं चाहे जिसकी मरज़ी, जहाँ कहे, बदली करा दूँ। कनफर्म करा दूँ। एरिज़ दिला दूँ। अफसरों को कह कर। कज़न लगते हैं।

चन्नो : तब तो आपकी पत्नी हमेशा चक्करों में रहेगी?

राजीव : वो क्यों?

चन्नो : मास्टरनियों से आपकी रक्षा करती।

राजीव : लेकिन, बिलव्ड, तू मेरा सेल्फ डिसिप्लिन नहीं जानती। राजीव राजपूत को फँसाना आसान नहीं। सट्रैटिजी में मुझे कोई मात नहीं दे सकता। ख़ाहमख़ाह मैं किसी लड़की को हाथ नहीं लगाने देता। ये दिलों के मैच हैं, डार्लिंग। तू भी दिल दाव पर लगाना सीख। भगवान ने तुझे अनमोल दात बख़्शी है। हुस्न की दात।

सेहत की दात। फायदा उठा। स्वाद ले। दे हाथ मेरे हाथ में। कल नतीजा निकलेगा। तेरी फस्ट क्लास पक्की है। तू और मैं एक दूसरे के नज़दीक हो जाएँगे। बहुत बहुत नज़दीक। ऐसे! **(पास खींचता है)**

चन्नो : परमी आई है।

राजीव : साथ कौन है?

चन्नो : मेहमान लगती है। पहले तो कभी देखी नहीं।

(परमी और जीती आती हैं)

परमी : मुझे पता था, तुम ट्यूबवेल पर होगे। तरबूज़ खाते। भैया, जीती से मिलिए। पालदी गाँव के इंडस्टरियालिस्ट की इकलौती शहज़ादी। कनेडे में जन्मी और पली।

जीती : सति श्री अकाल।

राजीव : हैलो।

जीती : ग्लैड टु मीट यू।

परमी : और यह मेरी ज़िंद जान, चन्नो। कबड्डी की फिरकी। होशियारपुर ज़िले की ऊँची छलाँग की रिकॉर्ड होलडर।

जीती : ऊँची छलाँग! स्पलैंडिड!

परमी : जीती कारख़ाने लगी है लगाने, माहिलपुर।

राजीव : केनेडा वापस नहीं जाना?

जीती : नॉट फॉर ए फ्यू यीयर्ज़। हैड इनफ्फ ऑफ दी वैस्ट।

परमी : भापा जी ने बुलाया है।

राजीव : क्यों?

परमी : जीती के डैडी तुम्हें देखना चाहते हैं।

राजीव : ओ.के. चन्नो। तेरी फस्ट डिवियन मेंढ पर पड़ी है। वादा मत भूलना। **(हाथ पकड़ता है)**

परमी : वादा कैसा?

राजीव : है एक हमारा प्राईवेट पैक्ट।

परमी : लड़के लड़की का कोई वादा प्राईवेट नहीं होता।

जीती : व्हाई नॉट?

परमी : बिरादरी को गवाह बनाना पड़ता है।

राजीव : बिरादरी गिरे खाई के अंदर। यह मामला है सिर्फ मेरा और चरनो चौहान का। है न, चन्नी?

(चन्नो आँखों में आँखें गाड़ कर देख रही है। परमी और जीती टिकटिकी लगा कर ताक रही हैं)

झाँकी 10

गवैये : बीच कचहरी खड़ी है, एक बिटिया रानी।
सुनो, सुनो, मेरे बेलियो, एक नई कहानी।।
चन्नो चंचल चुलबुली, फाँसी न चढ़ाआ।
क़ानून गढ़े जो ज़ालिमों, झट आग लगाओ।।

(चन्नो कटघरे में)

सरकारी वकील : **(जज को)** जनाब, मुझे अफसोस है, आज पंडित जी नहीं आ सकेंगे। **(सुनकर)** बदक़िस्मत बाप! और बदनसीब बच्चा! **(सुनकर)** छिंदी नहीं, जी। सिर्फ छिंदी का शरीर लौटा है हस्पताल से।

चन्नो : छिंदी मर गया?

सरकारी वकील : हाँ, चन्नो। छिंदी मर गया। इतना ज़हीन। इतनी छोटी उम्र। एक ही एक बच्चा। पूअर पंडित जी!⋯दोज़ हूम दा गॉड्ज़ लव, डाई यंग। **(सुनकर)** जी, ग्यारह बजे ले जाएँगे श्मशान! **(जाते हुए जज के आगे झुकता है)** चन्नो, तू भी बेचारे पंडित ब्रह्मानंद को दुश्मन बन कर टकरी है। अगर तू साफ-साफ जुर्म क़बूल कर लेती, पंडित की इज़्ज़त बच जाती। शायद तुझे भी रहम करके, जज, फाँसी की बजाए, उम्र क़ैद सुना देता। अभी भी सोच ले। कन्फैशन कर ले। वरना पंडित का और नुकसान करेगी। केस वह हार जाएगा। तू फाँसी चढ़ जाएगी। ब्रह्मानंद का हाई कोर्ट का जज बनने का चांस जाता रहेगा।

झाँकी 11

गवैये : चाँद सूरज की दोस्ती,
एक ठंडा एक तपता।
सूरज को कोई फिक्र न फाका,
चाँद नित्य ढहता खपता।।

पोहलो : पूरी बिरादरी को पता चल गया। दूर दूर।

सोधां : बाज़ीगर का बेटा नहीं क़बूलेगा तुझे कोई।

मद्दा : दुकानों को गया मैं। नाथो काने ने मसख़री की : तेरी बुआ को नडालों वाला कलर्क चक्कर दे रहा है।

सोधां : बाप की तरह, पैरों को पहिए लगे हैं।

पोहलो : बूचड़ भी कभी बकरी छोड़ता है?

सोधां : दसवीं बहुत है। बैठ जा अब घर।

मद्दा : फस्ट डिवियन आ गई।

पोहलो : दूर का सही। किसी लड़के को मनाते हैं रिश्ते के लिए।

सोधां : शहर में नहीं मैं रहने दूँगी अकेली को।

पोहलो : माँ को देख ले। एक ही रात घर से बाहर काटी थी, बाप तेरा छोड़कर भाग गया।

सोधां : मेरा बस नहीं चला। मिश्री नाला पार कर गई। जब मैं पहुँची किनारे, पहाड़ से पानी आ गया, ठाठें मारता। हार कर, लौट गई। रात मोतियाँ बाड़ियाँ गाँव काटनी पड़ी।

पोहलो : बिरादरी मानती है ऐसे बहाने। परतापे के कान सीख दिए। मारा पीटा तेरी माँ को। भाग गया।

मद्दा : अभी देख लो बिरादरी के जासूस।

सोधां : **(लोगों को)** शरम नहीं आती? सुन रहे हैं, कोनों में खड़े।

पोहलो : जाओ, लोगो। मत दुखी करो हम दुखियों को।

मद्दा : ज़रा सा ऊँचा बोलो। झट कान खड़े कर लेते हैं। शिकारी कुत्ते की तरह।

पोहलो : अभी भी सुधर जा। बिरादरी की ताक़त तू नहीं समझती। अकेला बंदा मरने पर मजबूर हो जाता है।

चन्नो : माँ, सोचा मैंने बड़ा। जो मेरा भाग्य। अब शरम नहीं मुझे। मैं साफ मानती हूँ। राजीव का और मेरा प्यार है। आपस में। उसने मुझे कहीं से कहीं पहुँचा दिया। अनपढ़, दर-दर की भिखारिन को, अपने पैरों पर खड़ी होने का बल बख़्शा है। ताऊ, मैं तेरे किए को गँवाती नहीं। बाप छोड़ गया, तुम ने बाप वाला प्यार दिया। मद्दे, तू ने हमारे भोली का स्थान ले लिया। मुझे तुम लोगों ने बेसहारा महसूस नहीं होने दिया। लेकिन अब मैं नन्ही चूज़ी नहीं हूँ। मेरा देश मुझे वोट देने के क़ाबिल समझता है। मुझे अपनी सोच के मुताबिक ज़िंदगी जीने का हक़ दो। इन देहात में सूइयाँ पौडर बेच कर, शादियों पर सुहाग घोड़ियाँ गीत गाकर, मैं इतनी बड़ी ज़िंदगी नहीं काट सकती। बकरियाँ चराओ, कटड़ी बछड़ी के लिए घास छीलो, चोरी छिपे मूली गाजर उखाड़ कर गुज़ारा करो। यही स्वर्ग है बाज़ीगर बिरादरी के पास मुझे देने योग्य?

पोहलो : तेरा राजीव कौन सा तुम्हें तख़्त पर बैठाने लगा है?

सोधां : तेरे जैसी छत्तीस सौ लड़कियाँ, इन ज़मींदारों की वरगलाई, कुओं में छलाँगें मार चुकी हैं। तू किसकी पनहारिन है?

चन्नो : जो मेरी क़िसमत। अब मैं पीछे नहीं हट सकती। मार-पीट लो बेशक। मैं राजू को नहीं छोड़ सकती।

पोहलो : अगर ऐसे है, तो जा। दोबारा मुझे मुँह मत दिखाना।

सोधां : हमारी तरफ से, आज से, तू मर गई!

चन्नो : भला है। पहली चन्नो मर जाए तो अच्छा है। मैं नई ज़िंदगी जिऊँगी। नया निज बनाऊँगी। मैं भी परतापे पतंग की बेटी हूँ। लौटकर पैर डालूँगी अगर बाज़ीगरों की झोंपड़ियों के अंदर, तो कुछ बन कर।

मद्दा : तेरा बिस्तरा और थैला मैं ले चलता हूँ अड्डे तक।

चन्नो : पहले परमी के घर चलना है। हॉस्टल की वार्डन उसकी मौसी लगती है। परमी आप छोड़कर आएगी, जालंधर।

मद्दा : ओलिंपिक से पहले मत रुकना।

सोधां : **(रोती)** उखाड़ फेंकी मेरी बेटी कंजर कलर्क ने।

पोहलो : भेड़ बकरी क्या जाने भेड़िये की चालें? डकार जाएगा तुझे कच्ची को!

झाँकी 12

गवैये : रुत यारियाँ लगाने की आई,
अंबियों पे मौर आ गया।
मैं कौन से बहाने आऊँ,
बेरियों पे बेर न रहे।

दलीप सिंह : पाईप बनाने की फैक्टरी तो पिछले महीने चालू हो गई। एजंट बनाने बाकी हैं कुछ शहरों में।

राजीव : सहोतों की फैक्टरी के साथ कंपीटीशन ज़्यादा तो नहीं?

जीती : यह मैं ने स्टडी किया है। कन्सट्रक्शन का काम इतना हो रहा है— होशियारपुर, जालंधर, गढ़शंकर, नवांशहर। हर बड़े गाँव में सीवरेज का काम चल रहा है। सहोतों के साथ हमारा कंपीटीशन नहीं है। इस वक़्त पंजाब में दिल्ली से परे की पाईप इंपोर्ट हो रही है। हमें सपलाई करने के लिए हिमाचल, हरियाणा, पंजाब—तीन स्टेट्स हैं। नो प्रॉबलम। हम छः छः महीने तक ऑर्डर सपलाई नहीं कर सकते।

दलीप सिंह : लेकिन, बेटा, पाईप से कहीं ज़्यादा इंपॉरटैंट है, टिंबर का काम।

राजीव : चीफ मनिस्टर से हो गई बात? आप कह रहे थे, चंडीगढ़ जाना है?

जीती : पी.आर.ओ. जॉब में डैडी को कोई मात नहीं कर सकता। बातों के धनाढ्य हैं।

दलीप : सी.एम. तो बल्कि कह रहा है, आप कैनेडा से बहुतेरे डॉलर लाए हो। माहिलपुर वाली असैंबली सीट संभालो।

राजीव : एम.एल.ए. चुने जाना आपके लिए चुटकी का खेल है। हमारी बिरादरी की मैजॉरिटी है।

दलीप : यही सी.एम. कह रहा था।

राजीव : आप टिपिकल इंडस्टरियालिस्ट हो। कामयाब एंपायर बिलडर!

दलीप : राजीव, किसी प्रोफेशन का टिपिकल बंदा कोई नहीं होता। धंधा तो इन्सान मजबूरी में भी चुन लेता है। बाप-दादा के कारण ऐक्सैप्ट कर लेता है, विरासत में। धंधे से नहीं, इन्सान अपनी खेल से पहचाना जाता है। खाली वक़्त में वो कौन सी खेल खेलता है? लीयर ऐक्टिविटी क्या है उसकी?

जीती : डैडी को गेम्ज़ ऑफ चाँस में बड़ा मज़ा आता है।

राजीव : सट्टेबाज़ी? जूआ?

जीती : येस्स! डाईस। रूलेट।

दलीप : अच्छे चाँस ज़िंदगी में रोज़ रोज़ नहीं आते। तगड़ा दाव लगाओ। तगड़ी रकम कमाओ! हार जाओ, तो वेट फॉर ए लक्की चाँस।

जीती : हिमाचल से लकड़ी के लाइसेंस के बारे में क्या किया है?

दलीप : चीफ मनिस्टर ने उसी वक़्त शिमला फोन किया। ऊने वाले डिपो से एक महीने के सौ ट्रक पास हो गए।

जीती : वाओ! सौ! आप तो कह रहे थे, बीस ट्रक मिल जाएँ तो काफी हैं।

राजीव : बारह सौ ट्रक सालाना! आप तो पूरे दुआबा को दरवाज़े खिड़कियाँ सपलाई कर सकते हो।

दलीप : चीफ मनिस्टर आसानी से फँस गया।

जीती : चुग्गा क्या डाला था?

दलीप : नथिंग न्यू। गिव एंड टेक।

राजीव : कितने लाख देने किए?

दलीप : सी.एम. का बेटा कैनेडा जाना चाहता है। कंप्यूटर टैकनॉलोजी सीखने के लिए। फॉरन ऐक्सचेंज चाहिए थी। मैं ने कहा, "नो प्रॉबलम। हमारे घर में ठहरे जाकर, वैनकूवर। बेशक पाँच साल पढ़े। कैनेडियन करंसी के बदले में हमें यहाँ रुपए दे दो।"— लड़के की माँ ख़ुशी में कूदने लगी।

राजीव : आपको मैं इसीलिए कह रहा हूँ। मेरी नौकरी से रिज़ाइन मत करवाओ। डी.सी. ऑफिस में बेशक आप कलर्क हों, अफसरों संग मेल मिलाप रहता है। लाइसेंस लेने आसान हैं।

जीती : मुझे कोई अबजैक्शन नहीं। तू माहिलपुर से रोज़ दस मिनट में दफ्तर पहुँच सकता है।

दलीप : नहीं, बेटा। कलर्क आख़िर कलर्क होता है। अफसरों पर रौब पड़ता है कैपीटल का। पैसे का। तेरे पास कारें होंगी। कोठियाँ

होंगी। जिसे चाहो एंटरटेन कर सकते हो। फिर अगर मैं एम.एल.ए. बन गया, पोलिटीकल पावर हो जाएगी। जेजों, ऊँचे टीले पर, गैस्ट हाऊस बनाएँगे। ऐक्सकलूसिव फॉर मनिस्टर्ज़। परैसटीज के लिए ज़रूरी है, तुम्हें लोग जैनरल मैनेजर बुलाएँ। कलर्की छोड़ दे आज से।

राजीव : जैसे आप का हुकम।

जीती : डैडी, आप ने राजीव को स्टैनले के बारे में बताया था?

दलीप : अभी ज़रूरत नहीं। बाद में बता देना।

जीती : सॉरी, डैडी। आई विल बी फेयर टू राजीव। यह चाहे तो अभी भी प्रोपोज़ल से पीछे हट सकता है।

राजीव : ऐसी कौन सी बात हो गई?

जीती : राजू, मैं · मैं कुआँरी नहीं।

राजीव : डैथ हो गई हसबंड की?

दलीप : नो! दी डॉग इज़ लिविंग।

जीती : डैडी! स्टैनले इज़ नॉट ए डॉग। मेरे सन्नी का फादर है।—लिसन, राजू। हमारा डाइवोर्स हो चुका है। स्टैनले ने दोबारा शादी कर ली है।

राजीव : बच्चा साथ नहीं लाए?

जीती : कोर्ट ने बच्चा उसको सौंप दिया।

राजीव : क्यों?

जीती : आई हैड प्रॉबलम्ज़ विद ड्रग्ज़।

दलीप : लेकिन अब यह टिप टॉप है। थरी एसिज़।

जीती : मैं अब कैनेडा बहुत कम जाऊँगी। आई लाइक इट हीयर। मैंने पूरा सच तेरे आगे खोल दिया है। क्या तू अभी भी मेरे साथ शादी करनी चाहेगा?

दलीप : जल्दी नहीं, बेटा। सोच कर बता देना। अगर तूने डाइवोर्सी से ब्याह नहीं करना, नेवर माईंड। जीती जवान है। हम दूसरा लड़का ढूँढ़ लेंगे।

जीती : महीने दो महीने के बाद फैसला बता देना।

राजीव : महीनों की क्या ज़रूरत है? पिता जी, दूध का धुला कोई नहीं होता। सत्ताईस साल का मैं हूँ। मैं आप कौन सा महात्मा गांधी हूँ।

दलीप : तो मन्जूर है तुम्हें रिश्ता?

राजीव : सौ परसेंट!

जीती : **(हाथ मिलाकर)** थैंक यू।

(चन्नो और मद्‌दा आते हैं, बिस्तर उठाए)

दलीप : परमी! लड्डू मँगवा। और कपतान साहिब को बुला। बाकी रसमें हमारे घर।

(परमी आती है)

परमी : सगाई हो गई पक्की?

दलीप : ब्याह की दावत खा तू अगले दसहरे।

परमी : भैया, बधाई।—चन्नो, खड़ी क्यों है तू?

दलीप : यही लड़की है बाज़ीगरों की?

राजीव : हाँ, जी। ओलिंपिक मैटीरियल है। स्पोर्ट्स कॉलेज में दाख़िल करा रहा हूँ।—चार बजे मिलूँगा मैं, जालंधर, वार्डन के ऑफिस में।

दलीप : बाज़ीगरनी हो तो पकड़। **(पैसे निकाल कर)** घोड़ी सुहाग गीत गा। शगुन की वेला है।

चन्नो : मद्‌दे, चल वापस। **(जाती है)**

मद्‌दा : झोंपड़ी को?

जीती : कॉलेज में दाख़िल नहीं होना?

राजीव : हमारी सगाई के लड्डू तो खा जाती!

झाँकी 13

गवैये : इश्क़ सरीखा नशा न कोई,
जो यार न देवे झाँसा।
इश्क़ ने लाखों रांझे मारे
हाथ पकड़ाया काँसा।।

सोधां : अब यारो यार रोने का क्या फायदा?

पोहलो : डूब कर नहीं मर गई कुएँ में? गुरमेजों की तरह?

मद्गदा : असलियत पता चल गई कुत्ते की?

सोधां : उड़ानें भर रही थी, बाप की तरह। यह नहीं थी ख़बर, मुँह के बल गिरेगी।

पोहलो : चल सवेरे हमारे साथ। बाज़ी दिखाएँ। साल भर उधर ही रहेंगे। उड़मुड़ टाँडा की तरफ। तेरे ननिहाल के इर्द गिर्द।

मद्गदा : हाँ, बापू। छः महीने, मैं और चन्नो, दबा कर मेहनत करेंगे। भैंस के लिए पैसे जोड़ेंगे। मैं पहलवान बनूँगा। सारे दाव पेंच सीखूँगा। भापा की तरह। एक साल के अंदर अंदर, राजीव हरामी को स्कूटर से नीचे गिराकर, टाँगें और बाहें तोड़ूँगा।

सोधां : इज़्ज़त गँवाई। धूल चाटी कंजर के संग।

पोहलो : ओए, लोगो! जाओ अपने अपने घरों को।

सोधां : तुम्हारी बहनें बेटियाँ नहीं करती ऐसे काम?

मद्गदा : बापू, अगर कल चलना है टांडा, इसका बिस्तर बँधा रहने दूँ?

चन्नो : कल नहीं मैं चल सकती।

पोहलो : अभी भी नहीं हटोगी?

सोधां : हमें नहीं ज़रूरत किसी पढ़ाई की।

चन्नो : मेरी पढ़ाई का राजीव के साथ कोई संबंध नहीं है। नंबर दसवीं में मैंने आप लिए हैं, पढ़ाई करके। खेलों में अपने शरीर की

ताक़त के ज़रिए इनाम जीते। कबड्डी में अपनी चुस्ती चालाकी बरत कर, नाम कमाया। ऊँची छलाँग में, रोज़ अभ्यास करके, पंजाब का रिकॉर्ड तोड़ा। जो मुझे मेहनत के बल पर मिले, उससे पीछे क्यों हटूँ?

पोहलो : मति मारी गई।

सोधां : बुरी क़िस्मत हमारी।

चन्नो : मद्दे, कल मेरे साथ चल।

मद्दा : कहाँ?

चन्नो : माहिलपुर।

सोधां : क्या करने?

चन्नो : परमी को बताऊँगी। कहूँगी, मुझे इन्साफ दिला। मेरे साथ शादी का वादा किया था।

मद्दा : परमी के कहने पर मान जाएगा?

चन्नो : उसकी होने वाली रांड के पास खोलूँगी करतूत। और ससुर के पास।

पोहलो : वो तेरी सुनेंगे?

चन्नो : चन्नो इतनी जल्दी हार नहीं मानती। एक बार तो झूठे को नंगा करके छोड़ूँगी!

झाँकी 14

गवैये : माँगने गया, सो मर रहा,
मर कर माँगने जा।
माँगे हलवे से है बेहतर,
रूखी मिस्सी खा।।

जीती : मेरे पर तेरी कहानी का रत्ती भर असर नहीं पड़ा।

दलीप : न ही मेरे पर।

परमी : पर, अंकल, यह सरासर बेइन्साफी है। एक भोली लड़की के साथ झूठे वादे करके उसकी इज़्ज़त लूटना? अगर मुझे पता होता राजू ने ऐसा किया चन्नो के साथ, पढ़ाई कराने के बहाने, वजीफा दिलाने के बहाने, मैं, टीम की लड़कियों को कह कर, हड्डी हड्डी खड़का देती।

जीती : परमी, तू दो चार बरस कनेडा रह कर आ। अमरीका जा। अक़्ल आए तुझे। साथ में इस बाज़ीगरनी को भी ले जाना। ख़र्च मैं भर दूँगी।

चन्नो : तुझे मैं ने बताया था न? ज़ात पात इन लोगों के दिलों में से नहीं निकली। कितनी ही सच्ची मुच्ची की कसमें खा लें। कितने मुल्क घूम आएँ। मुझे नीची ज़ात ज़रूर बुलाएँगे।

परमी : पर राजू तो तुझे चौहान वंश की बता रहा था।—कि तुम राजपूत हो।

चन्नो : यही बकवास करते हुए तो उसने मुझे धोखे में ले लिया। मैं अल्हड़! मूर्ख! यकीन मान, परमी। क़समें खाईं, "ब्याह करूँगा। डी.सी. साहिब आएँगे। अख़बारों में नाम निकलेगा। मिसाल क़ायम करेंगे। आदर्श जोड़ा। ग़रीबी दूर करनी है, इस तरीक़े से, नई पीढ़ी ने, मुल्क की।"

जीती : ओ शट्ट अप! गरो अप, वुमन!

दलीप : धींगो ज़ोरी कोई लड़का किसी लड़की के साथ नहीं सो सकता। क्या सबूत है तेरे पास? तू आप चालाकी करके, ऊँची ज़ात का लड़का फँसाना चाहती थी। आप ललचाया तू ने राजीव को। मैं चार्ज लगाता हूँ तेरे पर। प्रूव कर कि मेरा अंदाज़ा गलत है।

परमी : नहीं, अंकल। चन्नो सीधी सादी लड़की है। आप तोहमत मत लगाओ।

जीती : माई गॉड! क्या सीता सावित्री की कथा ले बैठीं! डैडी आप बेशक कुछ सोचो।—''अपने मुल्क में कैपिटल इनवेस्ट करना है। तरक़्क़ी करनी है।''—आपका पैटरीऑटिज़्म, माई फुट! इस देश की ज़नानियाँ तो भेड़-बकरी ही रहेंगी। वो बीत पहाड़ का बंदा बता नहीं रहा था उस दिन? एक भेड़ का रस्सा खोल कर, भेड़िया, उसको बाड़े में से धकेल कर ले जाता है। दूसरी सारी भेड़ें, ख़ौफ से मर जाती हैं।—एक बार एक लड़के ने हाथ क्या लगा लिया, इसके लिए तो प्रलय आ गई!

चन्नो : चल, परमी, मैं ने तुम्हें फिज़ूल तकलीफ दी। माँ कहा करती है, हाथों की गाँठें बाँधी हुई, दाँतों के साथ खोलनी पड़ती हैं। मैं ने गाँठें कसी थीं। मैं ही खोलूँगीं

परमी : कसूर सारा मेरा है। मैं ने तुम्हें कबड्डी में मदद करने के लिए कहा। राजीव से मिलाया। तेरे सपनों में शरीक होने की कोशिश की। मैं बहुत शरमिंदा हूँ। **(आँसू पोंछती है)** बहन मेरी, मुझे माफ कर दे।

चन्नो : दूसरों को मैं कितनी देर तक कसूरवार ठहराऊँगी? कसूर सारा मेरा है। मैं ने आप बिगाड़ी है। मुझे आप ही बनानी पड़ेगी।

परमी : मैं प्रोफेसर नहीं बनूँगी। हो गया फैसला। मैं पुलिस अफसर बनूँगी। इस देश में घर-घर में चन्नो बैठी है। मैं भी उनमें से एक चन्नो हूँ। मैं पूरी ज़िंदगी राजीव जैसे भेड़ियों से जूझूँगी।—धन्यवाद, चन्नो, तेरा। तूने मुझे रौशनी दिखाई। मेरा धंधा सुझाया।

चन्नो : तुझे मैं क्या सुझा सकती हूँ, बहना? मेरी सूझ अपने काम नहीं आई।

परमी : उलटी मत सोचना। गुरमेजो वाली। ज़िंदगी बड़ी कीमती है।

जीती : सुइसाईड! बस! इन हिंदुस्तानी लड़कियों के पास सिर्फ इतनी सूझ है।

दलीप : सदियों के संस्कार। गले सड़े रिवाज।

चन्नो : परमी, इतना धोखा खा कर, पैरों की जूती बन कर, बिरादरी के सामने, घर वालों के सामने, जीना पड़े इन्सान को, तो पहाड़ जितना जिगर चाहिए। अच्छा हुआ, इन्होंने भी मेरी मदद करने से इन्कार कर दिया। झूठे लारों पर बंदा कब तक जी सकता है?—ख़ैर, कोई बात नहीं। मैं मरूँगी नहीं। यह स्वाद मैं राजीव पुत्र को नहीं लेने दूँगी।

परमी : क्या करेगी?

दलीप : **(रुपए निकाल कर)** पकड़। अगर तू प्रेगनेंट है, कल होशियारपुर जाकर, अबॉर्शन करा ले। हैल्प यूअरसेल्फ।

जीती : और ज़रूरत पड़ी तो मैं दूँगी।

चन्नो : थूह तुम्हारे पैसों पर! आज से चन्नो किसी के आगे हाथ नहीं फैलाएगी। मैं माँगकर खाने वाली नहीं हूँ। बाज़ीगरनी सही। बाज़ीगरनियाँ अपने कर पैर चला कर, इज़्ज़त की रोटी कमाती है। चौहान वंश डालो चूल्हे में! मैं जिस मरज़ी वंश की होऊँ। किसी ज़ात की होऊँ। मैं हूँ ख़ुद्दार कामगार। मेहनत मशक़्क़त करने वाली पुख़्ता मज़दूर। एक बार मेरी पीठ लगाकर, राजू बदमाश अखाड़े में से सूखा बचकर नहीं जा सकता। एक बार मेरा पंजा पड़ लेने दो मेरे बाप के साले राजीव पर!

झाँकी 15

गवैये : चन्नो चंचल चुलबुली, फाँसी न चढ़ाओ।
क़ानून गढ़े जो ज़ालिमों, झट आग लगाओ।।

सरकारी वकील : क़त्ल का मोटिव ज़ाहिर है। चन्नो की अंबिशन क्लीयर है। फाँसी से कम सज़ा नहीं होनी चाहिए। थैंक यू, माई लॉर्ड।

वकील सफाई : **(सुनकर)** हाँ, जी। सोमवार मैं अपनी दलीलें शुरू करूँगा। गवाह पेश करूँगा।

(जा रहे जज के आगे दोनों वकील झुकते हैं)

सरकारी वकील : सॉरी, पंडित जी। खेल ख़त्म। आपकी रानी ऐसी फँसी है, एक प्यादा भी मार सकता है। **(जाता है)**

वकील सफाई : चन्नो बेटा, फाँसी का फंदा तेरे गले में पड़ चुका है। मेरी मदद कर। मैं अभी भी तगड़ी कोशिश कर सकता हूँ। **(आँसू दबाता)** छिंदी मुझे छोड़ गया। छिंदी को बचाना मेरे बूते से बाहर था। तू तो मौक़ा दे मुझे। पूरा सच खोल। अगर तूने आप क़त्ल किया, कैसे किया? अगर बिरादरी से करवाया, तो भी बता।

चन्नो : मरने का डर नहीं रहा मुझे। इस अभागी ज़िंदगी का एक खेल तो जीत कर जा रही हूँ।

वकील : अगर तू मरने के लिए तैयार खड़ी है, तो सच बताने में हर्ज क्या है? मान लो, मैं बेईमान हूँ। फाँसी से ज़्यादा मैं तेरा क्या नुकसान करा सकता हूँ? और अगर एक परसेंट भी चाँस है तेरे बचने का, अगर मैं सच्चे दिल से तुम्हें बचाना चाहता हूँ, तो भी ज़िद छोड़ दे। अब तो तुम्हें हर हीले पूरी कहानी खोल देनी चाहिए। **(चुप)**

चन्नो : अच्छा।‥ मैंने फैसला किया, आगे नहीं पढ़ूँगी। परमी की तरह पुलिस में भरती होऊँगी। सिलैक्ट हो गई। जहानखेलां में टरेनिंग

शुरू हो गई। दिल में पक्की धार ली—राजीव की हड्डी पस्सली तोड़नी है। बग़ैर किसी का सहारा लिए।—शेरनी की तरह, मैं घुन्नी बन गई। मैं अपने अंदर का बल कैसे बरतूँ? अपने दिमाग़ में से कौन सी जुगत निकालूँ? बाज़ीगर परतापे की बेटी को विरासत में कौन सी दात मिली है? सोच सोच कर, मैं ने ऊँची छलाँग मारने के करतब को इस्तेमाल करना चाहा। साथ में, तेज़ दौड़ने को। मैंने बाँस पकड़कर, दूर से दौड़कर, ऊँची छलाँग लगाने की परैक्टिस शुरू कर दी। आधी रात को उठकर, मैदान में अकेली जा कर, बाँस के सहारे, अंबिया का पेड़ लाँघती रही। तीन महीने। लगातार। अंबिया के ऊपर से उड़ती रही। चन्नो चमगादड़िन। और एक रात, मैंने छावणी की ऊँची बाड़, आसानी से पार कर ली।

वकील : दौड़ कर भाम गाँव के नज़दीक पहुँची और राजीव मार गिराया?

चन्नो : इतनी जल्दबाज़ी नहीं करते, पंडित जी। बाज़ी डालने की कला जल्दबाज़ी मचाने वाला बंदा नहीं सीख सकता। अभ्यास ज़रूरी था। तने हुए रस्से पर चलना हो, बग़ैर गर्दन तुड़वाए, तो चोखा अभ्यास चाहिए। एक रात मैंने चारपाई पर सिरहाने लेटाकर, चादर लपेट दी।

वकील : ताकि साथिनें समझें, चन्नो सोई पड़ी है?

चन्नो : हाँ! छलाँग मारी। छावणी से बाहर। चग्गराँ गाँव की खड में से दौड़ी। दिन के वक़्त बाढ़ आई थी। रेत सड़क की तरह सख़्त थी। हारटे बडले गाँव तक नाले में दौड़ी। अपनी झोंपड़ियों तक पहुँची।—मद्दे! मद्दे!

मद्दा : **(आँखें मलता)** चन्नो? आधी रात को?

चन्नो : शश!!! धीरे बोल।

मद्दा : कैसे आई? कहाँ से आई?

चन्नो : एक मेरा काम कर।

मद्दा : बता।

चन्नो : राजीव की जासूसी कर। दो चार दिन। कहाँ जाता है? अकेला कहाँ मिल सकता है?

मद्दा : यह तू ने अच्छी सोची। मैं भी भैंस का सारा दूध अकेला पीता हूँ।

चन्नो : अगर तूने नांह नुक्कर करनी है, तो बता दे। मैं दो दिन छुट्टी लेकर आप उसका पीछा कर सकती हूँ। जितनी देर तक दबा कर

पीट न लूँ, मुझे नींद नहीं आएगी।

मद्दा : मद्दे पहलवान को क्या समझती है तू? इतवार को पहुँचा तेरे पास। पूरा प्रोगराम लेकर। पंचायत घर में तेरे साथ भाँवरे ले। नहीं तो ज़िंदा नहीं छोड़ूँगा। **(जाता है)**

चन्नो : और मद्दा वादे का पक्का निकला। मैंने कहा, मद्दे, बस! मैं अकेली काफी हूँ। तू मत आना।—नौ, अगस्त, सोमवार। मैंने रात की हाज़री लगवाई। सिरहानों पर कंबल लपेटा। बाँस से बाऊँडरी पार की। दस बजे, चित्तों गाँव और भाम के बीच में पहुँच गई। वो होशियारपुर से आया। स्कूटर पर। शराब से धुत्त।—**(राजीव का रास्ता रोकती है)**

राजीव : वाह वाह! आज तो मेरी चन्नी के दर्शन हो गए। मैं न कहूँ, मेरे होठों पर खुजली क्यों हो रही है। **(स्कूटर खड़ा करके)** अव्वल तो स्कूटर बाजरे में ले चलते हैं। पंद्रह बीस मिनट लगेंगे। है न टाईम?·· चल, यारों ने तुझे माफ किया। तू ने मेरी सगाई तोड़ने की कोशिश की। चुग़ली खाई। पर ख़ैर। जीती और जीती का बाप तेरे जैसे अनपढ़ नहीं। तू भी नए ज़माने के तौर तरीके सीख। आ, बाकी बातें बाजरे में बैठकर।

चन्नो : एक बात बता। अपने भगवान को हाज़िर नाज़िर समझकर।

राजीव : पूछ। मेरी जान, जो मरज़ी पूछ।

चन्नो : तू ने मेरे साथ ब्याह करने का वादा किया था?

राजीव : हाँ।

चन्नो : कितनी बार?

राजीव : पहली बार, जंगल में, जब हम ने प्यार किया। वो तो मुझे याद है।

चन्नो : मैं मना करती रही?

राजीव : मना तो सभी लड़कियाँ करती हैं। बेशक अंदर से पानी पानी हो रही हों।

चन्नो : तू ने दग़ा दिया।

राजीव : मेरी कबूतरी, हर लड़की ज़िंदगी में औसतन पाँच सात मर्दों संग तो प्यार करती होगी। वो हर मर्द के साथ तो भाँवरे नहीं लेती।

चन्नो : मैं हर लड़की नहीं।

राजीव : सदके मेरी हीर सलेटी! गुस्सा तो देखो।·· मैं इतना नामर्द नहीं। मैंने तरस किया, माफ कर दिया। वरना जैसे तूने जीती के पास बकवास किया मेरे ख़िलाफ, मैं थप्पड़ों से थोबड़ा तोड़ देता। परे

हट! स्कूटर छोड़! करूँ मैं शादी बाज़ीगरनी से। जिसने पता नहीं कितने गाँव की फसलें पीठ से रौंदी हैं। नासिका फिर फुलाना। रास्ता छोड़ मेरा! वाह! अगर मुझे हर लड़की से शादी करनी पड़ती, अब तक पचास बीवियों का रेवड़ न मेरे पीछे पीछे घूम रहा होता।

चन्नो : **(नीचे गिरा कर)** जान से मारूँगी। बाज़ीगरनी के पंजे नहीं लगे तुझे। पेट फाड़ूँगी!

राजीव : गला घुटा गया! चन्नो! **(उछल कर उठता है)** तेरे लिए काफी हूँ मैं!

(मद्दा आता है)

मद्दा : तेरे लिए मैं अकेला काफी हूँ।

चन्नो : मद्दे! तू ने हाथ नहीं लगाना। मैं अकेली सूली चढ़ूँगी।

राजीव : आ जाओ! तुम दोनों मेरे हाथों से मरोगे!

(चन्नों टाँगों की कैंची मार कर नीचे गिराती है)

मद्दा : बाजरे के अंदर को घिसीट! रास्ता चलता है!

राजीव : हाय माँ! मर गया!

मद्दा : कुएँ में गिराएँगे! उधर!

राजीव : चन्नो! एक बार! एक बार मिन्नत मान ले।

चन्नो : बोल।

राजीव : मुझे जान से मत मारो! इकलौता बेटा हूँ मैं माँ का। माँ मेरे ग़म में मर जाएगी।

चन्नो : मैं भी इकलौती बेटी हूँ। छोड़ी हुई माँ की।

मद्दा : गला घोंट, झटपट।

राजीव : मेरी जान बख़्श दो। रक़म जितनी मरज़ी ले लो।

चन्नो : मैं थूकती नहीं तेरी रक़म पर।

मद्दा : ख़त्म कर काम।

राजीव : मैं पाँव हाथ लगाता हूँ।

मद्दा : तू ढीली पड़ रही है! तू हट इधर! मैं कूल्हे में टाँग मार कर, जाँघें चूर चूर कर दूँगा।

राजीव : चन्नो, जो कहोगी, करूँगा।

चन्नो : मद्दे, रुक ज़रा। ज़िंदगी बड़ी कीमती है। इस कीड़े पतंगे के बदले, फाँसी चढ़ने में भी ज़्यादा अक्ल नहीं।—एक शर्त पर छोड़ सकती हूँ।

राजीव : बोल।

मद्दा : मैं बैठता हूँ पीछे स्कूटर पर। अभी चल माहिलपुर। मेरे साले जीती के बाप को कह : मैं सगाई तोड़ रहा हूँ।—चन्नो संग, हमारी बिरादरी के सामने ब्याह कर। है मन्जूर? अभी चल। नहीं तो, यह देख चाकू! छाती में से आर पार!

चन्नो : नहीं, मद्दे। तू ने चाकू नहीं चलाना।

मद्दा : चलेगा? या चीरूँ अंदर बाहर?

राजीव : (रोता) मेरे से ग़लती हो गई। चन्नी, माफ कर दे। मद्दे, बैठ पीछे।

चन्नो : ठहर, मुद्दे। इतनी जल्दी नहीं। मेरा गुस्सा तब ठंडा होगा—सोचा तो मैंने कुछ और था। मेरे पाँव हाथ लगा। नाक से लकीरें निकाल। सात बार।

मद्दा : भाम की पंचायत के सामने चन्नों संग भाँवरे लेने हैं।

राजीव : निकलवा ले लकीरें। और मेरे पास चारा क्या है?

चन्नो : मत निकाल। पंजों से गर्दन मरोडूँगी।

मद्दा : चाकू से सीना चाक करूँगा।

(पाँव हाथ लगाकर लकीरें निकालता है)

मद्दा : एक, दो, तीन··पूरी सात! चार, पाँच, छः, सात।··कर स्टार्ट। सीधा जीती की कोठी।

चन्नो : मद्दे, नहीं। उतर जा।

मद्दा : क्यों?

चन्नो : क्या मैं सारी उम्र इस नामर्द से बंधी रहूँगी? मुझे कीड़ा पतंगा पति नहीं चाहिए।

राजीव : सच?

मद्दा : सोच ले, भई। अब तो कीड़ा मुट्ठी में है। चाहे मसल दे, चाहे खसम बना ले।

चन्नो : ख़सम! यह कीड़ा? थूह! बरसाती कीड़ा उड़ने वाली चन्नो का ख़सम नहीं बन सकता। जा, कीड़े भाग जा।

(वक़्फा)

राजीव : **(स्कूटर स्टार्ट करके)** ही ही ही! मुझे पता था! चन्नो का जिगरा, फुस्स! ख़ून करने के लिए, असली राजपूत ख़ून चाहिए। बाज़ीगरनी निकली! माँग-खानी ज़ात!

चन्नो : माँग-खानी? तो रुक ज़रा! **(नीचे गिरा कर गला दबा देती है)**

मद्दा : उठ जा। मर गया। **(दस का नोट निकालता है)**

चन्नो : हैं?··यह तो मर गया!··अब क्या करें?

मद्दा : पकड़।

चन्नो : क्या है?

मद्दा : शर्त भूल गई? खाली हाथों से भेड़िया मारा है चन्नो गढ़न्नो ने! मद्दा पहलवान वादे से नहीं मुकरता। इसको मैं संभाल लूँगा। भागी चली जा। जहानखेलां को। काले रीठे की तरह।

चन्नो : कुछ भी हो, यही कहना है। तू यहाँ नहीं था पहुँचा। चन्नो अकेली ने बाज़ी मारी थी।

वकील सफाई : **(आँसू पोंछकर, बाँहों में लेकर)** थैंक यू, बेटा। बाकी मैं संभाल लूँगा।

झाँकी 16

गवैये : जुल्म सितम संग टक्कर की,
यह बात पुरानी।
सुनो, सुनो, मेरे बेलिओ,
एक अमर कहानी।।

वकील सफाई : जनाब, फैसला आपके हाथ में है। चन्नो बेकसूर है। पुलिस अफसर गवाही दे चुके हैं। बैरक की रकरूट साथिनें गवाही दे चुकी हैं। नौ अगस्त की रात चन्नो छावणी के बाहर गई ही नहीं। फिर चन्नो उड़ तो सकती नहीं। इतनी ऊँची दीवार कैसे पार कर गई? बीस किलोमीटर पर कैसे पहुँच गई? सरकमस्टैंश्यल ऐवीडैंस पूरी चन्नो के हक़ में है। चन्नो को बाइज़्ज़त बरी किया जाए।

सरकारी वकील : मीलॉर्ड, एक बाज़ीगरनी के लिए बाऊँडरी कूदना मुश्किल नहीं। एक ऐथलीट के लिए चालीस किलोमीटर की दौड़ कठिन नहीं। कंवर राजीव कटोच की क़ातिल चन्नो ही है। सूली के ऊपर! सज़ाये मौत!

वकील सफाई : जनाब! फैसला सुनाइए।
(लंबा वक़्फा)

सरकारी वकील : क्या हुकम सुनाया? बाइज़्ज़त बरी???

वकील सफाई : बाइज़्ज़त बरी!!! हिप हिप हुर्रे!!! **(चन्नो को उठाकर घुमाता है)** चन्नो, मेरा बेटा! मेरा छिंदी!

सरकारी वकील : सरकार हाई कोर्ट में अपील करेगी।

वकील सफाई : थैंक यू, माई लॉर्ड!··पाल साहिब, आओ कबड्डी हो जाए। **(उस को उठाता है)**

गवैये : कौड़ कबड्डी, कौड़ कबड्डी, कौड़ कबड्डी।
बांह पकड़ी जो चन्नों ने, कभी न छोड़ी।।

अगुआ : सुनो, गाँव के सब माई भाई। एक चन्नो की रास लीला, आज, यहाँ ख़त्म होती है। पर इस देश में घर-घर में चन्नो बैठी है।

सारे : जुल्म सितम संग टक्कर की, यह कथा पुरानी।
चन्नो चमगादड़िन की, यह अमर कहानी।

(परदा)

—ख़त्म—

(पहला प्रालेख : दिसंबर, 1988)

21

इक्कीसवीं मंज़िल

तगड़े दोस्त
डॉ. यशपाल ओबराए को
क्योंकि
वह इस दुखांत का पात्र
नहीं
बना

नाटककार की तरफ से

'इक्कीसवीं मंज़िल' देखकर, मेरा एक साथी कहने लगा, "तुम ने यह नाटक हंसराज कॉलेज में क्यों खेला? सड़क के पार जाकर खेल, जिस कॉलेज की यह कहानी है।"

दूसरा ड्राफ्ट शुरू करने से पहले, मैं ने इसकी कहानी एक पड़ोसी को सुनाई। उसने अपनी पहली पत्नी और उसके जीजा के बारे में और कई कुछ बताया।

हम तीन बार नाटक खेल चुके थे। मेरा दूसरा पड़ोसी सख़्त नाराज़ हो गया। संदेशा भेजा : "मेरा और अर्चना का प्रसंग नाटक में से निकाल फेंक। हमारे परदे लोगों के सामने खोल कर, हम दुखियों को, और मत दुखा।"

मैं अपने नाटकों के लिए पात्र और घटनाएँ कहाँ से लेता हूँ?

मैं वही पात्र चुनता हूँ जिनको मैं कई बरसों से जानता हूँ। सालों तक सोचे हुए पात्रों के जीवंत चित्रित होने की संभावना बढ़ जाती है।

इस नाटक के मुख्य पात्र की कहानी मैंने चालीस बरस पहले सुनी थी। उसकी कोठी और हमारे हॉस्टल के बीच में सिर्फ चार फुट की दीवार थी। मैंने उसके कैरियर को, कुनबे को, भली प्रकार जाना है। मामूली सी हेरा फेरा ज़रूर की, पर ज़्यादा नहीं।

एक अकस्मात् घटना। पहली रिहर्सल वाले दिन मेरे खलनायक का 'हिंदुस्तान टाईम्ज़' में आर्टीकल छपा। यह मैंने अपने विद्यार्थी—कलाकारों संग साझा किया। विषय था : "विधान सभाओं और लोक सभा में सदस्यों को दल बदलने की पूरी छूट होनी चाहिए। इन्सान के विचार नित्य बदलते रहते हैं। एक राजनैतिक दल के साथ हमेशा बंधे रहना संभव नहीं।" दग़ाबाज़ी, ज़िंदाबाद!

कुछ दोस्तों ने नाटक का विषय और शिल्प तो सराहे पर उनको गोयल का चरित्र स्वाभाविक नहीं दिखा। गोयल की मुजरिम अंतरात्मा उसको चुप क्यों नहीं कराती? वह अभिमन्यु का क़ातिल ढूँढ़ने की ज़िद क्यों करता है? जब कि वह जानता है, वह आप भी फँस सकता है?

शायद मेरे दोस्त सही कहते हैं। मेरा तजरबा अलग है। मैं ने बड़े भ्रष्ट अफसर देखे हैं, लीडर देखे हैं—जो ऐन चोटी पर पहुँचकर, नीचे गिरते हैं। ऐसे तमा-मारे मुजरिमों

के अंदर आत्म- हत्या का मादा भी भरा होता है। यह अचेत मादा उनको आगे धकेले जाने के लिए साँटे मारता रहता हैं। हरद्वारी लाल गोयल दुखांत के शिकंज में फँसा हुआ अहंकारी है। पूरी हैंकड़ दाव पर लगा कर गोयल के लिए पीछे हटना संभव नहीं है।

इला अपार्टमेंट्स (104 ए)
बी-7, वसुंधरा ऐनक्लेव
दिल्ली-110096

चरणदास सिद्धू

निर्देशक की ओर से

कुछ लोगों की सत्ता और ओहदा प्राप्त करने की लालसा सब सीमाएँ पार कर जाती है। आत्म लोलुप राजनीतिज्ञों ने राष्ट्र को तबाही के किनारे ला कर खड़ा कर दिया है। हर रोज़, समाचार पत्र घुटालों, षड्यंत्रों, गबनों से भरा होता है। झूठे शिक्षक, चरित्रहीन राजनीतिज्ञ, भ्रष्ट अधिकारी और मौत बेचने वाले औद्योगिक देश की ऊँची कुर्सियों को नीचे दबाए बैठे हैं।

और नौजवान रास्ता खो चुके हैं, लापरवाह हैं, परास्त हैं। नवयुवकों की बड़ों के लिए नफरत और आत्म ग्लानि उन्हें आत्महत्या की ओर धकेल रही हैं—कामवासनाओं में रत रहने की आत्महत्या, नशेबाज़ी, आतंकवाद और दूसरे देशों को पलायन कर जाने की आत्महत्या।

बुजुर्गों की अंतरात्मा मर चुकी है। नवयुवकों के अंदर का आदर्शवाद मर रहा है। स्वतंत्रता प्राप्ति के आधी सदी बाद, भारतवर्ष को हर तरफ गंभीर समस्याओं का सामना करना पड़ रहा है। क्या हमारा गणतंत्र सत्ता-लोलुप, चरित्रहीन, कोढ़ियों के आक्रमणों से बच पाएगा?

'इक्कीसवीं मंज़िल' में नवयुवक और बुड्ढे मरने-मारने के दंगल में पंजे फँसाए हुए हैं। हम आशा करते हैं, हमारा यह प्रयास कुछ अंतरात्माओं को जगाएगा, आदर्शवाद को पुनः जीवित करेगा।

चरणदास सिद्धू
और
उनके विद्यार्थी

पहला मंचन

'इक्कीसवीं मंज़िल' पहली बार 6 और 7 दिसंबर, 1991, लिटिल थियेटर ग्रुप, नई दिल्ली में खेला गया। कल्चर काउंसिल, दिल्ली यूनिवर्सिटी, ने हंसराज कॉलेज को ग्रांट दी। कॉलेजिएट ड्रामा सोसाइटी, दिल्ली, ने सहयोग दिया। कलाकार थे :

हरद्वारी लाल गोयल : राजीव कुमार / अश्वनी चड्डा
कैलाश गोयल : ज्ञान कौर सिद्धू
विनोद गोयल : रोहित विनायक / मोहित ओबराए
अर्चना बंसल : पुष्पिंद्र गंभीर / इंद्रजीत सिद्धू
तारा चंद मित्तल : रविंद्र सिंह / दिनेश आर्य
गोपाल बंसल : गजेंद्र कुमार / राजीव कुमार
राजेश बाजवा : रंजीत बहादुर /हर्ष सांभर
बिंदु बतरा : मनिषा राय / बुशरा दत्ता
केसरो : अलका गौतम / मनिषा राय

परदे के पीछे

मंच सज्जा : राजकुमार साहनी, शैलेंद्र जैन
प्रकाश : रवि तनेजा, सलोनी सिद्धू तनेजा
शृंगार : रविंद्र माथुर, नूपुर सिद्धू माथुर
वस्त्र : प्रमिला सिद्धू साहनी, पंकजा सिद्धू गोयल
वस्तुएँ : वीणा सिद्धू तनेजा, ज्ञान कौर सिद्धू
निर्देशन : डॉ. चरणदास सिद्धू

पात्र

हरद्वारी लाल गोयल	:	वाइस चांसलर, 61
कैलाश गोयल	:	उसकी पत्नी, 50
अर्चना बंसल	:	उसकी साली, 42
तारांचद मित्तल	:	उसका साला, 38
विनोद गोयल	:	उसका पुत्र, 28
गोपाल बंसल	:	अर्चना का पति, 47
राजेश बाजवा	:	पुलिस अफसर, 28
बिंदु बतरा	:	छात्रा, 21
केसरो	:	नौकरानी, 35

× × ×

जगह : हरद्वारी लाल गोयल का फ्लैट, नई दिल्ली

समय : आजकल

× × ×

दृश्य 1

गोयल : अर्चना, सब्र कर अब। कैलाश, रोना बंद कर। रो रो कर, परसों से, हम ने जान गँवा ली। क्या बनेगा आँसू बहा-बहा कर? अभिमन्यु कभी वापस नहीं आएगा।

अर्चना : बेटा, कैसा जुल्म कर गया तू मम्मी पर?

गोयल : मरने वाला नहीं मरता। मरते तो हैं पीछे जीने वाले।

कैलाश : मेरे अभिमन्यु ने किया क्या? ऐसा कौन सा सदमा लग गया मेरे बच्चे को?

गोयल : मनु तो मुक्ति पा गया। मर गए हम। जिन्होंने अभी बरसों तक ज़िंदगी का भार ढोना है। बुढ़ापे में। अकेले।

अर्चना : मेरा मनु! कभी मुझे मम्मी नहीं बुलाएगा?

गोयल : अभिमन्यु की यादें हमें नित्य कत्ल करेंगी।

कैलाश : दुःख होता कोई तो पुत्र मेरा बात न करता। मेरे से कभी इतनी सी बात भी छुपा कर नहीं था रखता।

गोयल : पता नहीं कौन से बदले निकाले। पिछले जन्मों के बदले। हमारे पापों के बदले।

अर्चना : एक बार तो माँ की गोदी बैठ के दिल का भार हलका कर लेता। कौन सी शै थी जो मैं अपने पुत्र को ढूँढ़ कर न देती।

कैलाश : अपनी जान आप लेना! इक्कीसवीं मंज़िल से छलाँग मार के! कैसे हौसला बना होगा मेरे कोमल फूल का?

गोयल : **(खिड़की से नीचे देखकर)** आप तो पहुँच गया। हर दुःख तकलीफ से दूर। हमें सदा के लिए दोषी बना गया।

अर्चना : जब तक साँस बाकी है, इस शरीर में, मनु पुत्र, तेरी मौत कैंसर की तरह खाएगी।

कैलाश : मनु बेटा, मौसी को भी बुला ले पास।

गोयल : अर्चना, प्लीज़। उठो, नहाओ धोओ। कैलाश, संभाल अपने आप को।

अर्चना : हाय, ऐक्सीडेंट हो जाता, कार का, मोबाइक का, तो भी कहते।

गोयल : अच्छा, सुनो। बच्चा हमारा तो गया। जला आए अपने हाथों से। राख का ढेर बन गया लाल मेरा।

कैलाश : रे बेटा, मैंने लाख लाड चाव से पाला था।

गोयल : मैंने पक्का फैसला कर लिया है। क़ातिल को खोज निकालूँगा। बदला लेकर मरूँगा।

अर्चना : क़ातिल?

कैलाश : क़ातिल कैसा?

गोयल : अभिमन्यु जैसा हँसमुख बच्चा आत्महत्या कर ही नहीं सकता। परसों का, सोच-सोच के, मैं इसी नतीजे पर पहुँचा हूँ। लड़का अपने आप नहीं मरा।

कैलाश : और किसने मारा?

अर्चना : चिट्ठी पत्र लिख जाता। कारण तो समझ लेते। यों चुपचाप आधे आसमान से गिर कर मर जाना। दिलों की बोटी-बोटी करके।

गोयल : मनु का कत्ल हुआ है।

अर्चना : सबूत मिला कोई?

गोयल : इतने प्यार दुलार से पला बच्चा सुइसाईड नहीं करता। कमी थी किसी चीज़ की उसे? हम तीनों जान देते थे। विनोद और शालू सगा भाई समझते थे।

कैलाश : भंवर में छोड़ गया नैया।

अर्चना : निर्मोही। किसी के पास तो भेद खोल जाता। मुझे नहीं तो दीदी को बता जाता। भाई विनोद को बता जाता। बहन शालू को बता जाता। चला गया दिल की दिल में रखे।

गोयल : नो। इट्स नाट ए सुइसाईड। आइम पॉज़िटिव। इट्स मरडर। प्लेन मरडर।

अर्चना : किसने किया मरडर?

कैलाश : अंदाज़ा ही लगा रहे हो?

अर्चना : आधी रात को कौन आ सकता था यहाँ? मनु को उठाकर नीचे फेंकने? छलाँग तो खिड़की में से उसने अपने आप मारी। सिर्फ कारण नहीं मिल रहा हमें। कारण मिल जाए, सब्र करके तो बैठें।

गोयल : अर्ची, बिलीव मी। किसी बंदे ने मनु को आत्महत्या करने पर मजबूर किया है। हो सकता है, लड़का हमारा कई हफ्ते से, महीने से, मुसीबत में फँसा हो। टैनशन हो। किसी से झगड़ा हो। और परसों रात यह टैनशन कलाईमेक्स पर पहुँच गई।

कैलाश : कुछ तो पता चलता, मुसीबत क्या थी?

अर्चना : अच्छा भला हँसता खेलता यूनिवर्सिटी गया। दोस्तों को टेलीफोन किए। बर्थडे पार्टी के लिए इनवाईट किया। मुझे लिस्ट पकड़ाई खाने की चीज़ों की। बोला, 'मम्मी, संपचुअस फीस्ट होनी चाहिए। पहली बार मैं नए फ्लैट में दोस्तों को बुला रहा हूँ। अपने बालिग होने की पार्टी पर। इट शुड बी ए मैमुरेबल उकेयन।''—क्या पता था, बर्थडे श्मशान में मनाना पड़ेगा।

कैलाश : मुझे कहता : ''मौसी-मम्मी, किचन का सारा काम आप देखना। केसरो नहीं संभाल सकती। चीज़ सैंडविच बनाना अपने हाथों से। मेरे फ्रैंड्ज़ मान जाएँ, मेरी मौसी-मम्मी जीनीयस है।''

गोयल : इतना ख़ुशमिज़ाज बच्चा, ख़ुदकुशी नहीं किया करता। ज़िंदगी देखी है मैंने भी। पूरी उम्र लड़के-लड़कियों को पढ़ाते काटी है। मैजिस्ट्रेट था जब मैं, हर क़िस्म के क्रिमीनल से पाला पड़ता था। साइक्लॉजीकली कमज़ोर लोगों से वास्ता पड़ता रहा। ज़िंदगी भर का तजरबा है मेरा। एक तरह से अभिमन्यु को क़त्ल ही किया गया है।

अर्चना : पर क़त्ल किया किसने?

गोयल : यह पता लगा कर साँस लूँगा। मेंने कार्यवाही शुरू कर दी है। ताराचंद को भेजा है। मुड़के आने वाला है। मेरा गैस्स ग़लत नहीं हो सकता।

कैलाश : कहाँ भेजा तारे को?

गोयल : राजेश बाजवा के पास।

अर्चना : राजेश? अभी तो साथ था, श्मशान घाट में। आप बिठा के गया हमें कार में।

गोयल : मैंने बुलाया है राजेश को—ताकि एक क्लू की पैरवी कर सकें। क़ातिल के पीछे जासूस लगाएँ।

कैलाश : राजेश तो ख़ुद कह के गया, आपके सामने कल। साफ आत्महत्या है। कोई फायदा नहीं पड़ताल करने का।

गोयल : राजेश अभी पूरी बात नहीं जानता। मैंने तारा चंद को कहा है, औटॉपसी रिपोर्ट ला। तब तक विनोद भी पहुँच जाएगा!—केसरो! कब पहुँच रहा है विनोद?

(केसरो आती है)

केसरो : साढ़े तीन बजे का जहाज़ बताया था। जापान का। कहते थे, मैं अपने आप नए घर पहुँच जाऊँगा।

कैलाश : आज साढ़े तीन बजे?

केसरो : राजेश साहिब को भी टैलीफोन करने लगे थे।

गोयल : विनोद की राजेश से भी बात हुई?

अर्चना : राजेश ने यह तो बताया नहीं।

गोयल : ताराचंद लौटता है तो उसे कहेंगे। एअरपोर्ट पहुँचे।

केसरो : मैंने खाना लगा दिया है। आप भूखे मत रहना। वरना तबीयत और ख़राब हो जाएगी।
(जाती है)

गोयल : क़ातिल का पता लगाए बग़ैर मैं खाना नहीं खा सकता।

अर्चना : कोई क़ातिल नहीं लगता। दिल का सदमा था।

गोयल : पर सदमा उसे किस ने पहुँचाया? यही तो मैं तफतीश करूँगा।

कैलाश : यह कैसे पता चलेगा आपको?

गोयल : पच्चीस जनवरी वाले दिन, अभिमन्यु ने किस किस बंदे से बात की? किस को मिला? किस दोस्त को, लड़के को, लड़की को?— हो सकता है, उस पागल कुत्ते से टकराया हो।

अर्चना : किस से?

गोयल : तेरी जिसने ज़िंदगी तबाह की है।

कैलाश : गोपाल बंसल?

गोयल : बदला निकाला हो हम तीनों पर।

अर्चना : मेरा मनु तो अपने बाप की शक्ल तक नहीं था पहचानता।

कैलाश : गोपाल बेचारा तो बेहोश हुआ जा रहा था। ग़म से। मनु के बग़ैर उसका भी दुनिया में दूसरा कौन था? वो क्यों लगा जवान बेटा कत्ल करने?

गोयल : इन सवालों के जवाब मैं ढूँढ़ कर ही दम लूँगा। चाहे कुछ कीमत अदा करनी पड़े। पुलिस का इस्तेमाल करूँगा। पराइवेट डिटैक्टिव पीछे लगाऊँगा। विनोद को कहूँगा, "अपने छोटे भाई के क़ातिल को ढूँढ़ कर, फाँसी पर पहुँचा।" आ लेने दो डॉक्टर की रिपोर्ट। पहुँच लेने दो राजेश को, विनोद को। आज से मेरी ज़िंदगी का सब से बड़ा मक़सद है : मेरे अभिमन्यु को मारने वाले की मौत!

(अँधेरा)

दृश्य 2

ताराचंद : भाई साहिब, डॉक्टर को मैंने अच्छी तरह पूछा। मैंने और एस.पी. साहिब ने भी।

गोयल : कहा क्या डॉक्टर ने? कत्ल किया किसी ने पुत्र हमारा। है कि नहीं?

तारा : डॉक्टर बोला, मैंने तो जो रिपोर्ट में लिख दिया है, उतना ही जानता हूँ। बाकी पुलिस जाने।

गोयल : कितना बदतमीज़ है! वो फिर डॉक्टर काहे का?

तारा : बोला, मैंने मैडिकल फैक्ट्स लिख दिए। इंटरप्रेटेशन पुलिस का काम है। वकीलों के ज़िम्मे है।

अर्चना : राजेश यहाँ नहीं आया तेरे साथ?

गोयल : तेरे सामने की थी पूरी बात राजेश ने डॉक्टर से?

तारा : ज़रूरी सवाल सारे राजेश ने ही तो पूछे। मुझे इतनी ख़बर थोड़ी है।

गोयल : उसने लिखा नहीं कि सुइसाईड की बजाय क़त्ल हो सकता है?

तारा : यह शक तो सिर्फ आपको है।

गोयल : 'शक' नहीं। मुझे यक़ीन है। लेकिन अगर डॉक्टर अपना 'शक' औटॉपसी में लिख दे, पुलिस को मजबूरन, केस ओपन रखना पड़ेगा।

अर्चना : रिपोर्ट पढ़ो तो सही—क्या लिखा है?

तारा : डॉक्टर कहता है, मनु ने ख़ुदकुशी की है।

गोयल : डॉक्टर ख़ुदा तो नहीं? उसे कैसे पता? आँखों से देखा उसने? आधी रात के वक़्त जब इस खिड़की में से क़ातिल ने इक्कीसवीं मंज़िल से लड़का नीचे गिराया, डॉक्टर क्या यहाँ बैठा था? ये सरकारी डॉक्टर काम ध्यान से नहीं करते। बेईमान। उनको क्या? किसी का बेटा हो, किसी की बेटी। उनके लिए तो लाश है—जिसे

डिसपोज़ ऑफ करना है। काम निपटाना है।

तारा : नहीं, भाई साहिब। डॉक्टर ने आप बड़ी दिलचस्पी लेकर सब कुछ देखा। और रिपोर्ट में लिखा। ऐस.पी. को और मुझे समझाया।

गोयल : मैं हैल्थ मिनिस्टर को कहूँगा। इन डॉक्टरों को भी सीधा कराऊँगा। पच्चीस तीस हज़ार लेकर, क़ातिल से, झूठी रिपोर्ट लिख दी होगी। मैं डिसमिस कराऊँगा सब को। करप्ट ईच वन ऑफ दीज़ डॉक्टर्ज़। आई विल नॉट स्पेयर ऐनी बास्टर्ड। मेरे बेटे का मरडरर मेरे से बचकर नहीं निकल सकता।

तारा : भाई साहिब, आप इतना गुस्सा मत करो। शांति से सुनो। ऐसी वारदात कुन्बे में हो जाए, तो बंदा अपसैंट हो ही जाता है। लेकिन इसका मतलब यह तो नहीं कि डॉक्टरों ने लापरवाही की।

गोयल : राजेश? मुझे इस पुलिस पर भी यक़ीन नहीं। क़ातिल सब के साथ मिलीभगत कर लेते हैं। पैसे की चाल है, सारी। मैं सब कुत्तों को मज़े चखाऊँगा।

तारा : प्लीज़! जीजा जी, इस वक़्त आप सही तरीके से नहीं सोच सकते। आराम करो कुछ घंटे। मैं शाम को आऊँगा। बड़े दीदी?

अर्चना : कांपोज़ की गोली देकर सुलाया है, ज़बरदस्ती। परसों की एक मिनट आँख थोड़े लगी है।

तारा : आप भी लेट लो। शाम को करेंगे बात।

गोयल : तू ने जाना है तो जा। तुझे क्या परवाह? भान्जा मरे चाहे बहन। तू कोचिंग सेंटर चला। रक्में बटोर लौंडे लौंडियों को बुद्धू बना कर।

अर्चना : उठो। आपको आराम की सख़्त ज़रूरत है।

तारा : दीदी, है न भाई साहिब बेइन्साफी कर रहे? **(रोता हुआ)** मुझे कम प्यारा नहीं था मनु। पर मेरे बस में क्या है? मेरा कसूर क्या है?

गोयल : फैक्ट्स लिखे कौन से हैं डॉक्टर ने?

तारा : पेट के अंदर के अनडाइजैसटिड मैटर से डॉक्टर ने गैस्स किया—

गोयल : गैस्स? वाह! साइंटिस्ट कहलाते हैं। ये ज्योतिषी हैं कि डॉक्टर?

अर्चना : आप धैर्य करो। अब लड़ने-झगड़ने का क्या फायदा?

गोयल : खाया भी कुछ होगा तो मरने से चार घंटे पहले। शरीर टुकड़े-टुकड़े हो गया था। डॉक्टर ने अन्डाइजैसटिड खाना कहाँ से ढूँढ़ लिया?

तारा : डॉक्टर भगत ने जो हमें बताया—

गोयल : तू रिपोर्ट साथ क्यों नहीं लाया?

तारा : राजेश बोला, मैं खुद गोयल अंकल को रिपोर्ट समझाऊँगा।

गोयल : मुझे समझाएगा! कल का छोकरा। मुझे समझाएगा।—पुलिस का कोई भरोसा नहीं। न डॉक्टर का भरोसा है न पुलिस का।

तारा : मेरा ख्याल है, मैं इस वक़्त यहाँ से जाऊँ तो बेहतर है। दीदी, मैं शाम को विनोद को मिलने आऊँगा।

अर्चना : तुम तीन बजे आ सकते हो?

तारा : हाँ। काम है कोई?

अर्चना : डराईवर को लेकर एअरपोर्ट चले जाना। केसरो ने फोन सुना था। साढ़े तीन बजे पहुँचेगा प्लेन।

तारा : ठीक है। मैं विनोद को रिसीव करूँगा।

गोयल : जाने दे, अर्ची, तू हसे। इसके कोचिंग सेंटर का सीज़न है। डॉक्टरी और इंजीनियरिंग में दाख़िला तलाश रहे लड़के-लड़कियों की इसने जेबें काटनी हैं। हम ख़ुद विनोद को ले आएँगे।

तारा : जीजा जी, आप सचमुच ज़्यादती कर रहे हैं। इतनी नाराज़गी अच्छी नहीं। गुस्सा किए कुछ नहीं बनता।

गोयल : जा तू। विनोद से यह शहर अनजाना नहीं। टैक्सी लेकर पहुँच जाएगा, अपने आप।

तारा : राजेश ख़ुद विनोद को लेने एअरपोर्ट जा रहा है। मैंने उसे कहा भी, मैं पहुँच जाऊँगा। राजेश कहने लगा, मुझे कोई तकलीफ नहीं। आफिस से सीधा जीप लेकर जाऊँगा।

गोयल : राजेश को फलाइट का टाईम कैसे पता चल गया?

अर्चना : हमें तो केसरो ने ताया।

गोयल : केसरो ने सुना था फोन।

तारा : राजेश को भी किया था विनोद ने फोन।

अर्चना : क्या बात हुई?

गोयल : यह बाजवे का छोकरा भी मिसटरी बढ़ाए जा रहा है। मुझे क्यों नहीं बताया सवेरे? मेरे बेटे का फोन आए। और मुझे ही अँधेरे में रखे?

तारा : अँधेरे में आपको क्या राजेश ने जानकर रखना था? सुबह बॉडी को हस्पताल से उठवा के श्मशान लेकर गया। किस वक़्त बताता आपको फोन के बारे में?

गोयल : महीने लगें क्या बताने में? एक फिकरा नहीं था डाल सकता मेरे कान में? चार घंटे और इंतज़ार कर लेते। विनोद के पहुँचने पर दाग़ देते।

अर्चना : विनोद ने केसरो को कहा था, मेरी इंतज़ार मत करना। जहाज़

लेट हो सकता है।—केसरो ने बताया तो था आपको।

गोयल : फोन पर क्या कहा विनोद ने राजेश को?

तारा : आप घर मिले नहीं। विनोद ने सोचा, केसरो को शायद ठीक संदेशा न समझ आया हो। उसने राजेश के घर फोन किया—अट्ठाईस तारीख साढ़े तीन बजे पहुँच रहा हूँ। पर करीमेशन मत रोकना।

गोयल : विनोद ने राजेश को ताड़ा नहीं, क़ातिलों का पता निकाले।

अर्चना : चार पाँच घंटे बाद, मिल के कर लेना बातचीत।

तारा : अभिमन्यु ने विनोद को ट्रंक काल की थी। राजेश ने बताया।

गोयल : मनु ने अमेरिका फोन किया?

अर्चना : कब?

तारा : पच्चीस तारीख, नौ बजे। सूइसाईड से पहले।

गोयल : क्या बताया विनोद को?

अर्चना : दिल की परेशानी बताई?

गोयल : ज़रूर क़ातिल का नाम लिया होगा।

तारा : राजेश ने मुझे सब कुछ तो नहीं बताया। लगता है, आत्महत्या का फैसला करके ही मनु ने अमरीका फोन किया।

अर्चना : क्या वजह बताई मरने की?

गोयल : मनु ने फोन कहाँ से किया? नौ बजे मैं यहाँ था। कैलाश थी।

अर्चना : मैं भी घर पर थी।

गोयल : काल बुक किस वक़्त कराई?

अर्चना : उस रात सारे हम यहाँ फ्लैट में सोए।

गोयल : यह तो नई बात निकली। विनोद को फोन किस लिए किया अभिमन्यु ने?

तारा : डिटेल तो सिर्फ विनोद ही बता सकता है। हाँ, डॉक्टर ने कहा, पेट से आधी दरजन कांपोज़ की गोलियाँ भी निकलीं। और···

गोयल : कांपोज़? उसने कहाँ से लीं?

अर्चना : तो मनु ने उठाई थीं?

तारा : आप की थीं?

अर्चना : मैं ढूँढ़ती रही। छः सात बची थीं।

तारा : डॉक्टर के मुताबिक, मनू ने पहले गोलियाँ खाकर खुदकुशी की कोशिश की होगी। लेकिन गोलियाँ काफी न होने पर, नीचे छलाँग मार दी।

गोयल : आई कांट बिलीव इट। जिस आदमी ने मनु को धक्का दिया,

उसी ने पहले पकड़ कर गोलियाँ मुँह में डाली होंगी।

तारा : धक्के से उसके मुँह में कोई गोलियाँ कैसे डाल सकता था? रात के बारह बजे? जब आप तीनों चारों यहीं थे?

अर्चना : मेरी गोलियाँ गुम ज़रूर हुई हैं उस रात।

गोयल : बस यही कुछ लिखा है डॉक्टर ने?

अर्चना : मनु ने घर आकर कुछ खाया ही नहीं। याद है आपको? बोला, मैं बाहर खा के आया हूँ, दोस्तों संग।

तारा : नूडल्ज़ नहीं खाए यहाँ?

गोयल : नूडल्ज़ कहाँ से आ गए? किसी ने बाहर कुछ खिला दिया। ज़हर देने की कोशिश की।

अर्चना : कभी-कभी, मजनू टीले या तिबत्तन ढाबे जाया करता था। चाईनीज़ खाने।

तारा : तब राजेश सही सोच रहा है।

गोयल : क्या?

तारा : कह रहा था, टिब ढाब जाऊँगा। मनु की फोटो साथ ले जाऊँगा।

अर्चना : फोटो किस लिए?

तारा : शायद पहचान कर, वेटर बता सकें, मनु के साथ कौन था।

गोयल : वही क़ातिल है। राजेश ने करैक्ट टरेल पकड़ी है।

तारा : राजेश बोला : विनोद को एअरपोर्ट पर मिलने से पहले मैं पक्का पता लगा लूँगा।

अर्चना : क्या?

तारा : मनु ने नूडल्ज़ किसके साथ बैठकर खाए?

गोयल : गुड! राजेश आप ही सुराग निकाल रहा है। वरना मेरे पास सब तरीके हैं। मैं सी बी आई को केस सौंपूंगा। अभिमन्यु के क़ातिल का पता लगा के हटूँगा। क़ातिल बेशक बाहर का हो चाहे घर के अंदर का।

(अँधेरा)

दृश्य 3

विनोद : मम्मी, मैं आपका अकेलापन समझता हूँ। पर मैं अभी अमेरिका छोड़कर नहीं आ सकता। अमेरिका में भी लोग ज़्यादा सुखी नहीं हैं। माँ-बाप अलग रहते हैं, बेटे-बेटियाँ अलग। अकेलापन वहाँ बल्कि यहाँ से ज़्यादा है। आपके पास शालू तो है। रोज़ यहाँ आती होगी। अमेरिका में रिश्तेदार एक दूसरे से सैकड़ों मील दूर बसते हैं। आप मैं बड़ी बार उदास हो जाता हूँ। लेकिन मैं करूँ क्या? अभी अभी एम.बी.ए. पास किया है। पल्ले से लाखों रुपए खर्च किए। मुश्किल से अच्छी नौकरी मिली है। एकदम इंडिया वापस कैसे आ जाऊँ?

कैलाश : बेटा, तेरे बग़ैर हमारा जीना दूभर है। मैं वक़्त कैसे गुज़ारूँ? तेरे डैडी, तू जानता है, हमेशा घर से बाहर रहते हैं। वाइस चांसलर बने हैं जब से, मैं एक-एक मिनट बात करने के लिए तरसती हूँ। तीन चार साल से यही हाल है। दिन-रात बिज़ी। लोगों का तांता लगा रहे। कोई-न-कोई झमेला बना रहता है। मैं किसके साथ बोलूँ चलूँ? नौकरों चपरासियों सहारे ज़िंदगी कट सके?

विनोद : अर्चना मौसी और आप हमेशा इकट्ठी रही हो। दोनों बहनें एक छत्त के नीचे। यू आर लक्की। अमेरिका में यह मुमकिन नहीं।

कैलाश : अर्चना कौन-सी घर बैठती है। रोज़ कॉलेज जाना होता है। पढ़ने-पढ़ाने लगी रहती है। मनु से घर भरा-भरा लगता था। अब हम प्रेतों की तरह एक दूसरी का मुँह देखेंगी। पुत्र, तू साल छः महीने बाद पक्के तौर पर आ जा। यहाँ बहुत सी नौकरी मिल जाएँगी। पैसे कितने चाहिए इन्सान को? तेरे लिए थोड़ा जमा कर रखा है तेरे डैडी ने?

विनोद : पैसे की बात नहीं, मम्मी। इंडिया में नौकरी करने का मज़ा नहीं। ईर्ष्या, द्वेष। यू.एस.ए. में दस साल के अंदर मैं किसी इंटरनेशनल

कारपोरेशन का प्रेज़ीडेंट बन जाऊँगा।

कैलाश : ब्याह नहीं कराएगा? पोते पोतियाँ नहीं चाहिए हमें?

विनोद : अभी नहीं, मम्मी। बच्चे तो हर ऐरा गैरा जमा सकता है। मुझे कुछ बन लेने दो। कहीं पहुँच लेने दो।

कैलाश : तेरे डैडी का कहना सच्चा तो नहीं? जब भी टैलीफोन करते हैं, लड़की उठाती है। क्या रिश्ता है तेरा जैनिस संग? ब्याह कर तो नहीं लिया? हमें पूछे बग़ैर?

विनोद : नहीं, मम्मी। अमरीकन लड़कियाँ शादी करने के लिए उतावली नहीं पड़ती। मैं और जैनिस सिर्फ दोस्त हैं। शादी करें, न करें। क्या पता?

कैलाश : यह खरा रिवाज! परिंदे भी ऐसे नहीं करते। सालों साल इकट्ठे बसो। फिर बेपहचानों की तरह, उड़के दूजे दरख़्त पर। न मेरा लाल। यहाँ आ जा। अपनी बिरादरी की लड़की संग शादी करा। हम कोई सुख का दिन देखें। मेरा बुढ़ापा मत ख़राब कर।

विनोद : ममा, यह मौक़ा ब्याह के मुहूर्त निकालने का नहीं। रहूँगा मैं अभी दो हफ्ते। परसों चौथ करेंगे ऐसी बातें।

कैलाश : सिर्फ दो हफ्ते? इतनी दूर से आया है। भाड़ा किराया ख़र्च कर।

(अर्चना आती है)

विनोद : मौसी, यू लुक गरेट।

अर्चना : नहा लेता। पानी गर्म है गीज़र में।

विनोद : मुँह हाथ धो लिया। शालू ठीक है?

कैलाश : सास है पास कि ननद?

अर्चना : सास है। पर अभी एक-दो दिन लग जाएँगे।

कैलाश : फिक्र की बात तो नहीं?

अर्चना : नौर्मल डिलिवरी है। ब्लड प्रैशर ज़रा ज़्यादा है। विनोद, मैंने शालू से कहा, सवेरे मिलने आएगा वीनू।

विनोद : फाईन। मम्मी और मैं सुबह जाएँगे।

(केसरो चाय लाती है)

केसरो : खाने के लिए बना दूँ कुछ?

विनोद : नहीं। ठहर के इकट्ठे सप्पर खाएँगे।

केसरो : ईसबगोल मँगवा दिया आपके लिए। लाऊँ?

अर्चना : अभी नहीं।

केसरो : राजमांह धरे हैं। आपके लिए हलकी चीज़ पका दूँ? घीया या खिचड़ी?

अर्चना : नहीं। आज कुछ नहीं खाऊँगी।

केसरो : अभी सोच लो। भूख लगने पर मत कहना, झटपट बनाओ।
(जाती है)

कैलाश : देख लो, इनकी मीटिंग का लफड़ा आज भी नहीं रुका।

अर्चना : कह रहे थे, पाँच मिनट बाद सब अजेंडा पोस्टपोन करके चला आऊँगा।

कैलाश : जिस दिन का तू गया है, राजेश ने भी आना छोड़ दिया हमारे घर।

अर्चना : तीन बरसों के बाद आया होगा, मनु के मरने पर।

कैलाश : बेगाने बेटों पर काहे की उम्मीद रखे इन्सान?

विनोद : भई राजेश अब एस.पी. है। कहता है, ज़रा वक़्त नहीं मिलता। सलोनी से खेलने का समय नहीं निकलता। महकमा ही ऐसा है। बोला, हमारे, बाप बेटे के, उलटे ग्रह पड़े हैं। दोनों का हर दम मुलज़िमों से वास्ता रहता है। डैडी का, कचहरियों में। मेरा, थाने में।

अर्चना : कॉलेज में पढ़ते थे जब, महीना महीना हमारे घर काटता था।

कैलाश : अफसर बनते ही लड़के भूल जाते हैं। जैसे हमारे वीनू, शालू, मनु, तीन बच्चे थे, वैसा ही चौथ बच्चा राजू था। लेकिन अफसर क्या बना, टेलीफोन तक नहीं किया कभी। कि पूछ ही ले, हम ज़िंदा हैं या मुर्दा।
(गोयल आता है)

विनोद : डैडी, मीटिंग पोस्टपोन कर दी?

कैलाश : घर तो नहीं बुलाया लोगों को पीछे-पीछे?

गोयल : हो जाएगी मीटिंग। रोज़ मीटिंगबाज़ी होवे। यूनिवर्सिटी में और होता क्या है आजकल? पढ़ाई थोड़े होवे। हड़तालें या धरने या मीटिंगें—राजेश नहीं पहुँचा? कह रहा था, पूरी पड़ताल कर ली।

विनोद : छः बजे आफिस से सीधा यहाँ आएगा।

गोयल : बेटा, आई हैव माई डाऊट्स। मुझे लगता है, राजेश ईमानदारी से केस की पैरवी नहीं कर रहा।

विनोद : क्यों? आपको ऐसा क्यों लगता है? राजू मेरा जिगरी है।

गोयल : तू राजेश को पूरी तरह नहीं समझता। उसके बाप को में पोतड़ों से जानता हूँ। बचपन से इकट्ठे पढ़े। इकट्ठे ऐल.ऐल.बी. की। पाँच साल वकालत की। फिर मैं मैजिस्ट्रेट मुकर्रर हो गया। बाजवा वकील का वकील रह गया। मैंने एक और जंप मारी।

टीचिंग में पहुँच गया। प्रिंसीपल बन गया। बाजवा कचहरियों में जूते घिसटता रहा। कहने को तो हम दोनों जिगरी दोस्त रहे हैं। पर बाजवा अंदर से हमेशा मेरे से जलता रहा है। मेरी तरक़्क़ी नहीं बरदाश्त कर सका कभी भी। मेरे नंबर हर इम्तिहान में इससे पाँच सात ज़्यादा रहते थे। मैं प्रिंसीपल से वाईस चांसलर बन गया। बाजवा वहीं ठग्गी मार रहा है। हसद! ऐनवी! हर वक़्त ईर्ष्या, चेहरे पर, झुर्रियाँ बनकर, खुदी रहती है। उसके बेटे का भी यही हाल है। राजेश यहाँ गली गली धूल फाँक रहा है। चोरों डाकुओं के पीछे। तुम अमेरिका में राज कर रहे हो। राजेश को तेरे से जलन है। दिल से बाप बेटा हमारे कुन्बे का बुरा मनाते हैं। इसी वजह से राजेश अभिमन्यु का क़त्ल ईमानदारी से इनवैस्टीगेट नहीं कर रहा।

विनोद : डैडी, क़त्ल का कनक्लूयन आप ने कैसे निकाल लिया?

कैलाश : पुत्र, अब बहस करने का क्या फायदा?

अर्चना : झगड़ा मत बढ़ाओ।

गोयल : तुम चुप बैठो ज़रा।—मैं मामले की तह तक जाऊँगा। होम मिनिस्टर को कहूँगा। ज़रूरत पड़ी तो पी.एम. तक पहुँचूँगा। राजेश परदा डाल रहा है।

अर्चना : भाई साहिब, आप राजेश पर ग़लत इलज़ाम लगा रहे हैं।

कैलाश : तेरा मामा आप साथ जाकर रिपोर्ट लाया है।

विनोद : राजू कहता है, ख़ुदकुशी है।

गोयल : यक़ीन के साथ वो कैसे कह सकता है? मैं क्या अभिमन्यु को जानता नहीं था? सच ए हैपी चाईल्ड। हम तीनों चारों बेहद प्यार करते थे। ख़र्च से तंग नहीं रखा कभी। ज़रूर किसी ने मनु को धक्का देकर इस खिड़की से नीचे फेंका।

विनोद : नहीं, डैडी।

गोयल : या फिर किसी ने, खुदकुशी करने पर मजबूर किया।

अर्चना : किस ने?

गोयल : उसका बाप हो सकता है।

विनोद : डॉक्टर गोपाल बंसल?

गोयल : यैस्स।

कैलाश : मैं कभी नहीं मान सकती।

अर्चना : बाप की तो शक्ल तक से वाक़िफ नहीं था मनु।

कैलाश : बारह तेरह बरसों में एक बार भी दोनों की मुलाकात नहीं हुई।

अर्चना : मेरे सामने कभी डैडी का नाम तक नहीं लिया।

गोयल : अर्ची, तू क्या हर वक़्त मनु के साथ रहती थी? तुम दोनों अनजान हो। बंसल बड़ा कमीना है। ख़तरनाक सकौरपियो।

विनोद : डैडी, राजेश का इंतज़ार तो करो। हो सकता है, मनु की कोई गर्ल फरेंड हो। लव वग़ैरा का मामला हो।

अर्चना : ऐसा कोई झमेला नहीं। मनु की जमाती कई लड़कियाँ घर आती जाती थीं। लेकिन किसी एक से मनु के गहरे संबंध नहीं थे।

कैलाश : संबंध होते तो मुझे ज़रूर बता देता। अर्ची को चाहे बताए, न बताए। मेरे साथ हर भेद सांझा कर लेता था।

विनोद : लेकिन, मम्मी, आप अभिमन्यु की सारी ज़िंदगी के बारे में कैसे जान सकते हो? किस लड़की के साथ बैठकर उसने नूडल्ज़ खाए थे? बताओ।

गोयल : राजेश ने बताया यह तुझे?—डॉक्टर झूठा है। राजेश भी झूठा है। ग़लत गैस्स लगा रहे हैं। इश्क़ मुश्क़ का लफड़ा बिलकुल नहीं है।

अर्चना : मैंने राजू को सारे ऐलबम भेज दिए। क्लास की पिकनिक्स। शिमला ट्रिप। स्कूल का फैंसी ड्रैस शो। और जिस भी फोटो में मनु के साथ लड़कियाँ थीं।

कैलाश : तारा चंद ने बताया। पोलिस तिबतन ढाबे के वेटरों को फोटो दिखा कर, लड़की की पहचान करवाना चाहती है।

अर्चना : शाम तक पता लगा लेगा राजेश कौन लड़की थी।

गोयल : मैंने यह कब कहा, क़ातिल मर्द था? लड़की भी हो सकती है। मैं तो कह रहा हूँ : अगर राजेश ने ढील की, अगर ताराचंद ने ग़फलत की, अगर डॉक्टर घूस खा गया है, मैं केस बंद नहीं करने दूँगा। विनोद, अब तुम भी पहुँच गए हो। मेरी मदद कर। क़ातिल रिश्तेदार हो चाहे पराया। लड़की हो चाहे लड़का। मैं ज़िंदा नहीं छोड़ूँगा।

विनोद : काम डाऊन, डैडी। राजेश को आ लेने दो। मनु के पेपर चैंक करेंगे। अलमारी देखेंगे। लैटर्ज़, नोट बुब्क्स, वग़ैरह।

गोयल : कुछ नहीं मिलेगा।

अर्चना : शेअर था एक कापी में।

गोयल : मनु की उम्र के लड़के-लड़कियाँ शेअर इकट्ठे किया ही करते हैं। कोई ख़ास सिगनीफीकैंस नहीं।

विनोद : शेअर दिखाओ तो सही।

अर्चना : केसरो, मनु के टेबल से कॉपी ला। लाल जिल्द वाली।

कैलाश : जाने दे, बेटा। बेकार है पूछ पड़ताल। न जाने क्या सूझी मन में जो छलाँग लगा दी।

(केसरो आकर अर्चना को कापी देती है। अर्चना खोलकर विनोद को पकड़ाती है)

केसरो : मनु के पलंग पर लगा दूँ आपका बिस्तरा?

कैलाश : नहीं। मनु का कमरा बंद रखो। उठाले तक। पूजा पाठ कराएँगे। गंगा जल छिड़केंगे। तब खोलना।

विनोद : मुझे ऐसा कोई वहम नहीं। मैं मनु के बिस्तरे में सो जाऊँगा।

कैलाश : मैं नहीं सोने दूँगी। मेरे कमरे में खाट बिछा दो।

केसरो : साहिब को डर नहीं तो आप क्यों घबराती हैं? **(जाती है)**

गोयल : एक ही शेअर है। बाकी तो नोट्स हैं।

अर्चना : यह रहा।

विनोद : ''लगा दी बाग़वां ने आग जब मेरे आशियाने को।''

गोयल : ''जिन पे तकिया था वही पत्ते हवा देने लगे।''

विनोद : ''जिन पे तकिया था''—तकिया माअने?

गोयल : सहारा।

अर्चना : आश्रय।

गोयल : यानी माँ बाप।

विनोद : रिश्तेदार?—''जिन पे तकिया था वही पत्ते हवा देने लगे।''

गोयल : यैस्स। दोस्त, क्लासमेट। मामा, चाचा। कोई भी नज़दीकी हो सकता है।

विनोद : मैंने पूछा भी अभिमन्यू से। एक तो आवाज़ साफ नहीं पहुँच रही थी। लाइन में गड़बड़ थी। पूरी बात पता नहीं चली। एक लफ्ज़ सुना साफ—''डैडी''।

अर्चना : मनु कह रहा था?

कैलाश : कब?

गोयल : फोन किया तुम्हें?

विनोद : आप के सामने नहीं की ट्रंक काल?

अर्चना : नहीं।

गोयल : पच्चीस जनवरी शाम को किया फोन?

कैलाश : हमें कोई ख़बर नहीं।

अर्चना : बाहर से किया फोन।

विनोद : कमाल है। इसका मतलब, तुम सब से चोरी किया मुझे टैलीफोन।

सुइसाईड से कुछ घंटे पहले।

गोयल : 'डडी'?—मेरा गैस्स सही निकला।

विनोद : क्या?

गोयल : बंसल ने क़त्ल किया।

विनोद : 'डैडी' शब्द मैंने ज़रूर सुना। लेकिन बाकी क्लीयर नहीं सुना। मैं आफिस में था। इट मीन्ज़, आठ बजे शाम को कॉल बुक करवाई। यहाँ था मनु आठ बजे?

कैलाश : नहीं।

अर्चना : घर तो नौ बजे पहुँचा।

कैलाश : बोला, खाना बाहर खाकर आया हूँ।

अर्चना : दोस्तों को बर्थडे पार्टी पर इनवाईट करने गया था।

गोयल : और क्या कहा? नाम नहीं बताया? कौन तंग कर रहा था उसे?

विनोद : "आई शुड किल हिम। मरडर हिम।" मैंने पूछा, किसको?—कुछ क्लीयर नहीं हुआ। शायद बोला : "यूअर डैडी। माई मदर।"

कैलाश : इन का नाम लिया?

विनोद : हिचकियाँ लेते बोला : "मैं हैमलट हूँ। क़त्ल करूँगा।" (खिड़की के पास खड़ा) चार पाँच घंटे बाद आपका फोन चला गया : "मनु ने इक्कीसवीं मंज़िल से छलाँग मार दी।"

अर्चना : दिमाग़ी परेशानी थी।

विनोद : ऑबब्यसली। **(नीचे देखकर)** इतनी ऊँचाई से नीचे देखते ही चक्कर आता है। किसी निचली मंज़िल पर नहीं मिलता था फ्लैट?

कैलाश : तेरे डैडी नहीं माने। कहते, अर्चना को आसमान पर पहुँचाऊँगा।

गोयल : जो भी आदमी पच्चीस जनवरी की मिला और धमकी दी, वही मनु का क़ातिल है। कौन था वो आदमी? मैं पता लगा कर रहूँगा। देखने को बेशक यह ख़ुदकुशी है। टैक्नीकली चाहे सुइसाईड है। पर असल में मरडर है। मरडरर की मौत ही मेरी प्यास बुझा सकती है। करूँ होम मिनिस्टर को फोन?
(चलने को तैयार)

विनोद : हो सकता है, पहले लड़की के साथ बैठकर नूडल्ज़ खाए। फिर मुझे फोन किया। लड़की कौन थी अभी पता चल जाएगा। राजेश के पहुँचने की इंतज़ार तो करो, डैडी। अगर यह वाक़ई क़त्ल है, क़ातिल हम से बचकर किधर निकल सकता है?

(अँधेरा)

दृश्य 4

राजेश : वेटर कहते, कई बार आई थी अभिमन्यु के साथ। और उसके दोस्तों के साथ। पच्चीस शाम को सात से आठ बजे तक दोनों कोने वाली मेज़ पर बैठे रहे। आधी प्लेट नूडल्ज़ आर्डर किए। सिर्फ मनु ने थोड़े से खाए, धीरे-धीरे। लड़की ने काफी पी।

अर्चना : **(फोटो से)** बिंदु ही है। देखो, दीदी।

कैलाश : हाँ। कई बार आ चुकी है हमारे घर।

अर्चना : क्रीमेशन पर आई थी। क्लासमेट्स के साथ।

कैलाश : फोन नंबर लिखा है, मनु के दोस्तों की लिस्ट में।

अर्चना : शिवदयाल बतरा की बेटी।

गोयल : कैबिनिट सैकरेटरी की बेटी?

राजेश : हाँ जी, अंकल।

अर्चना : बुलाऊँ फोन करके?

विनोद : डैडी, मैं और राजेश आप जाकर बिंदु को पूछ आएँ?

अर्चना : मैं भी चलती हूँ।

गोयल : नहीं। यहाँ बुलाओ। अर्ची, कर फोन। **(अर्चना जाती है)** राजेश को वर्दी में कैबिनिट सैकरेटरी के घर नहीं जाना चाहिए। बतरा ऐरा ग़ैरा तो है नहीं। न्यूज़ एजेंसी को भनक पड़ गई तो सुबह अख़बारों में बड़ी-बड़ी सुरख़ियाँ छप जाएँगी।

राजेश : सही फरमाया आप ने।

गोयल : और फिर बच्ची के डरने का अंदेशा है। पुलिस के सवाल सुनकर उसकी साँस सूख जाएगी। राजेश का प्रोफैशन भले मानसों का धंधा तो है नहीं। एक बार बिंदु ख़ौफ खा गई, झूठ बोलना शुरू कर देगी। क़ातिल का सुराग़ लगाना और मुश्किल हो जाएगा।

राजेश : अंकल, आप इतने डैफिनिट कैसे हो सकते हो क़त्ल के बारे में? जहाँ तक मेरी समझ चलती है, सुइसाईड है।

गोयल : सुइसाईड बिला वजह नहीं कर लेता एक लड़का। पीछे कोई बंदा है, जिसने साईकोलौजीकल शौक दिया।

विनोद : शौक हो सकता है, डैडी। पर मनु का क़त्ल नहीं किया किसी ने।

राजेश : यही नतीजा हम ने निकाला।

गोयल : तुम पुलिस वालों के लिए मुश्किल होगा क़ातिल ढूँढना। मेरे लिए मुश्किल नहीं। मैंने उम्र गुज़ारी है लड़के-लड़कियों से टक्कर लेते हुए। विनोद, तू भूल गया है अपने मुल्क की पोलिस को और डॉक्टरों को। यह अमेरिका नहीं है। यहाँ घूस दो, जो मर्ज़ी करवा लो। सरे आम क़त्ल करके, लोग बरी हो जाते हैं। पुलिस की मेहरबानी से। जजों की मेहरबानी से।

राजेश : अंकल, आप को ज़िंदगी का तजरबा है। नो डाऊट। आप पुलिस को मेरे से बेहतर जानते हैं। मेरे तो अभी तीन साल भी पूरे नहीं हुए। आप वकील रहे हैं। मैजिस्ट्रेट रहे हैं। नौजवानों को भी बेहतर जानते हैं। प्रिंसीपल रहे हैं। वाईस चांसलर हैं। चार साल से। हो सकता है रिश्वत डॉक्टरों को भी ख़रीद सके—बेशक डॉक्टर अचल भगत की इटैगरिटी पर मैं क़यामत तक भी शक नहीं कर सकता। आप एक बार मेरी मानें। केस को आगे मत बढ़ाएँ। गुस्सा छोड़ो। अडोलेसेंट डिपरैशन और ईमोशनल इनसटेबिलिटी के सिवा मुझे कुछ नहीं दिखता।

गोयल : अंधों वाली हाँक रहा है यह कि नहीं, वीनू?

विनोद : कैसे?

गोयल : कुछ भी नज़र नहीं आ रहा इसे।

विनोद : आई डोंट अंडरस्टैंड।

गोयल : पुलिस अफसर होकर ग़ैर ज़िम्मेदारों वाला ऐटीच्यूड ले रहा है। समझ में नहीं आता, यू.पी.एस.सी. ने कैसे आई.पी.एस. में चुन लिया। सच बताना, राजू। क़सम खा। बाजवे ने सिफारिश कराके दिलवाई यह नौकरी?

विनोद : डैडी, क्या हो गया है आपको?

कैलाश : किधर की किधर ले जा रहे हैं।

राजेश : नैवर माईंड, वीनू।

कैलाश : ज़रा शांति रखो।

विनोद : मनु की मौत के कारण आप दिमाग़ी बैलंस खो चुके हैं।

राजेश : बीनू, आईम सौरी। मेरा यहाँ और रुकना ठीक नहीं। तेरे पिता मेरा ठहरना नामुमकिन बना रहे हैं। पर मुझे गिला नहीं। घर का

जवान बेटा मर जाए, ऐसा रिएक्शन स्वाभाविक है। कल शाम घर आना। मम्मी और डैडी तुझे देखने को उतावाले हैं। स्वीटी भी।

(अर्चना आती है)

अर्चना : बिंदु की मम्मी ने फोन उठाया। बोली, "श्मशान से लौटकर, चार बजे तक रोती रही, अभी आँख लगी है। उठेगी तो भेजती हूँ।"

कैलाश : तू ने बताया, विनोद आया है अमरीका से?

अर्चना : हाँ। मैंने कहा, साधारण बातचीत करनी है। मनु और बिंदु की क्या बात हुई तिबतन ढाबे में।

गोयल : राजेश के बारे में तो नहीं बताया?

अर्चना : नहीं। उसकी मम्मी कहती, रो रो कर अधमुई हो गई है।

गोयल : इस लड़की को ज़रूर ख़बर होगी, मनु का दुश्मन कौन है।

अर्चना : मनु डिपरैस्ड था। बिंदु संग दो घंटे यमुना किनारे बैठा रहा। पच्चीस शाम।

राजेश : ओ के, विनोद। सी यू।

अर्चना : राजू, तू क्यों चल पड़ा?

कैलाश : तेरा यहाँ होना ज़रूरी है।

अर्चना : सात एक बजे छोड़ जाएगा, बतरा का ड्राईवर।

विनोद : नहीं, राजू। मैं नहीं जाने दूँगा तुझे। डैडी, आप संभालो अपने आप को। राजेश को रुकने के लिए कहो। शुरू से इसने इतनी मदद की है आपकी।

गोयल : अगर वो ख़ुद ही बचकर जाना चाहे?

राजेश : बचना मैंने किस से है?

गोयल : सब से। पुलिस की हमेशा एक ही कोशिश होती है—सब को छिपाओ। ताकि केस ठप्प कर दें। क़ातिल ढूँढ़ने की मेहनत न करनी पड़े। मुजरिम से टक्कर न लेनी पड़े। अपनी जान का ख़तरा न बने।

राजेश : बिंदु से मुझे कैसा ख़तरा? अगर उसका बाप कैबिनिट सैक्रेटरी है, मेरी बला जाने। मेरा क्या बिगाड़ सकता है?

विनोद : राजू, रिलैक्स।

कैलाश : इन का तो स्वभाव ही ऐसा है।

अर्चना : तुम गुस्सा मत करो।

राजेश : गोयल साहिब, मेरी तरफ से आप बेशक जो मर्ज़ी करो। मैं सच्चे दिल से आपको झमेले से बचाना चाहता हूँ। पूछ लो सब को।

न पुलिस का कसूर निकलेगा, न डॉक्टर का। बेकार हर आदमी पर शक करने का क्या फायदा? अभिमन्यु को अगर दिमाग़ी परेशानी हुई तो घर की किसी घटना को लेकर। कुन्बे के किसी बंदे के कारण। संभल जाओ अभी भी। ढकी ढकाई रहने दो घर की लाज। दबी चिंगारी मत नंगी करो।—उम्र में, अंकल, मैं छोटा सही। नौसिखिया सही। लेकिन इन तीन सालों में मेरा पचास ख़ुदकुशियों से वास्ता पड़ा होगा। हर बार मैं एक ही नतीजे पर पहुँचा हूँ। आत्मघाती के क़ातिल घर के अंदर ही होते हैं।—बेहतर है मनु की मौत को भूल भुला जाओ।

गोयल : सुनी इस बाजवे के छोकरे की?—मैं क़ातिल हूँ?

राजेश : मुझे क्या मालूम? आप क़ातिल हो सकते हैं। मनु की मम्मी क़ातिल हो सकती है। हाउ डू आई नो?

गोयल : हम दोनों पुत्र को जान से मारेंगे! अक़्ल ठिकाने है तेरी?

राजेश : सौ फीसदी केसों में असली मरडरर रिश्तेदार ही होता है। आप हों या आपकी वाइफ या आपकी साली। या साली का ऐसट्रेंजड ख़ाविंद।

विनोद : गर्ल फ्रैंड भी हो सकती है। मनु का दिल तोड़ सकती है।

राजेश : ऑफ कोर्स। व्हाई नाट बिंदु? लेकिन अब आप कर क्या सकते हैं? गवाह नहीं। सबूत नहीं। पुलिस सबूतों के बग़ैर कुछ नहीं कर सकती? गोयल साहिब, आप वकील रहे हैं। जज रहे हैं। मेरी जगह आप होते तो क्या करते? अभिमन्यु की मौत की सज़ा किसको देते?

(केसरो आती है)

केसरो : बीबी जी, खाना लगाऊँ?

अर्चना : रुक ज़रा।

राजेश : केसरो आंटी, बड़ी मज़बूत हड्डी है तेरी।

केसरो : क्या मतलब, साब?

राजेश : पच्चीस तारीख़ हस्पताल से निकली। फिर तीन दिन से खड़ी टाँग काम कर रही हो।

अर्चना : हस्पताल से?

केसरो : किस ने कहा?

गोयल : क्यों उलटी तरफ बात ले जा रहे हो?

कैलाश : गलती लगी, बेटा, तुझे।

केसरो : भाई भावज को मिलने गई थी मैं। यमुना पार।

अर्चना : सुबह गई, शाम को आ गई।

राजेश : सच बता। बच्चा निकलवाने गई थी?

विनोद : शादी हो गई, आंटी?

राजेश : बच्चे जनने के लिए इसे शादी की क्या ज़रूरत है?

केसरो : झूठ है सब। मेरी भाभी को पूछ लो जाके, गांधी नगर।

अर्चना : रोना फिर। पहले बता, राजू ठीक कहता है?

गोयल : बक रहा है बेकार। जा, बैठ उधर। और किसी ज़नानी को देखा होगा, क्लिनिक दाखिल होती हुई।

कैलाश : राजू, तुम्हें किसने बताया?

केसरो : सौगंध लगे मुझे जवानी की। मैं किसी हस्पताल नहीं गई।

गोयल : क़त्ल का केस छोड़कर, ज़नानियों की जेर सूँघता फिरे।

विनोद : छोड़, राजेश। मनु की मौत से केसरो के हमल का क्या संबंध? इटस हर प्राईवेट अफेयर।

राजेश : संबंध हो भी सकता है। नहीं भी।

गोयल : लेकिन तू ने आँखों देखा केसरो को अबॉरशन कराते वक़्त?

राजेश : ज़रूरी है क्या हर बात बंदा आँखों देखकर ही जाने?

गोयल : चलो, सच हो भी अगर, तुझे दो दिन के अंदर कौन सा फरिश्ता आ कर ख़बर दे गया?

राजेश : गोयल साहिब, पुलिस और डॉक्टर बड़े भेद जानते हैं। बेशक शराफत की वजह से वो भेद खोलते नहीं।

विनोद : शराफत या प्रोफैशनल ऐथिक्स?

राजेश : एक ही बात है।

विनोद : क्या अभिमन्यु केसरो संग ग़लत काम कर बैठा?
(फोन की घंटी)

गोयल : फोन उठा। **(केसरो जाती है)**

कैलाश : मैं सुनती हूँ। **(जाती है)**

राजेश : अच्छा, मैं चलूँ। वीनू, बंद समझूँ केस?

गोयल : तू कर दे बंद अपनी तरफ से। लेकिन तू हरद्वारी लाल गोयल को नहीं जानता। कचहरी छोड़े बेशक पच्चीस साल हो गए। देखना तुम मेरी करामात। तेरे बाप की तरह मैं फीस पर नज़र नहीं रखता। सच पर आँखें टिकाता हूँ। मैं दो टके में बिकने वाला बाजवा नहीं। यहाँ, तेरे सामने, क़ातिल खड़ा करूँगा।

राजेश : ज़रूर खड़ा करो, अंकल। माई बैस्ट विशिज़। मगर मेरी वॉरनिंग याद रखना। पछताओगे। ख़ुदकुशी करने वाला आप तो मर

जाता है। पीछे, वो दूसरों की ख़ुदकुशी की ख़्वाहिश, ज़िंदा छोड़ जाता है। मत ज़िद करो। बाकी कुन्बे को बचाओ। अपराध की ज़हर मत फैलाओ। सब को मुजरिम मत बनाओ।

अर्चना : छोड़ो, जीजा जी। मनु का तो हमें सब्र करना पड़ेगा। दुख को आगे मत बढ़ाओ। राजेश का कहा मान जाओ।

(कैलाश आती है)

कैलाश : बिंदु की माँ थी।

गोयल : क्या बोली?

कैलाश : बिंदु की तबीयत ख़राब है। कल आएगी, सायंकाल।

गोयल : ताड़ गई बिंदु। डर गई। ज़रूर कसूरवार है। मेरे से बचकर नहीं निकल सकती।

विनोद : डैडी, मैं अर्चना मौसी और राजेश के साथ सहमत हूँ। लैट्स ड्राप दी मैटर हीयर ऐंड नाउ।

गोयल : नो, वीनू। एक बार केस हाथ में लकर मैं छोड़ा नहीं करता। सच को आधे रास्ते त्याग देना गोयल ख़ानदान की रीति नहीं। मैं इस वकील के पुत्र को सबक़ सिखाऊँगा। सच कई परतों में छिपा रहता है। मैं सिखाऊँगा इस बाजवे के हाड़ को—क़त्ल क्या होता है? ख़ुदकुशी क्या होती है?

राजेश : मुझे ख़ुदकुशी सिखाते, कहीं आप ख़ुदकुशी मत सीख लेना।

गोयल : प्रोफेसर गोयल ख़ुदकुशी नहीं करेगा। क़ातिल को ढूँढ़ कर, क़त्ल करेगा।

राजेश : कुछ आदमी मनसूबे गढ़ते हैं दूसरों को क़त्ल करने के। कर बैठते हैं अपना क़त्ल!

(अँधेरा)

दृश्य 5

गोयल : बिंदु बेटा, डर मत। हमारा बच्चा मर गया। मेरा ईश्वर जानता है, मैंने विनोद और शालिनी और अभिमन्यु तीनों में कभी फर्क नहीं था रखा। अगर विनोद को अमेरिका पढ़ने भेजा, मेरा फर्ज़ था यह मौक़ा मनु को भी दिलाऊँ। मौसा ही सही। पर मैं अर्चना का गारडीयन रहा हूँ। मनु की ख़ातिर हर कुरबानी करने को तैयार था। लेकिन मनु ने मरने की सोच ली। या उसको किसी ने मार दिया। क्या वजह हो सकती है? हम सिर्फ मौत का कारण जानना चाहते हैं। तुम ने आख़िरी शाम मनु के साथ बिताई। दो तीन घंटे इकट्ठे रहे। हम तुम्हें दोषी नहीं ठहराते। तुम्हारे पर इलज़ाम नहीं लगाते।

विनोद : और इस वर्दी से मत डरना। सुपरिनटैंडेंट पोलिस होगा लोगों के लिए। राजू मेरा बचपन का लंगोटिया है।

राजेश : मैं सिर्फ परसनल कपैसिटी में बैठा हूँ। जसट क्यूरियस। मुझे मालूम है, तुम्हारा कोई कसूर नहीं।

गोयल : मुआफ करना, बेटा। तुम सिर्फ क्लासमेट थे? या, हाउ शुड आई पुट इट? तुम्हारा गहरा संबंध था? प्यार, मुहब्बत··?

अर्चना : क्या तुम ने पहले ही तय कर रखा था मिलने का?

गोयल : या तुम्हें ख़ास तौर पर बुलाया?

कैलाश : रो मत, बंदु। हमारा भी हौसला टूटता है।

गोयल : झिझक मत, बच्ची। क्या बताया उस शाम मनु ने तुम्हें?

बिंदु : एक तरह से, मैं क़ातिल समझती हूँ अपने आप को?

गोयल : क्या कहा?

विनोद : किस तरह?

बिंदु : मनु और मैं··मनु··मनु के बग़ैर, मेरे लिए यह दुनिया ख़ाली है।··

कैलाश : धैर्य रख।

अर्चना : हौसला कर, बेटा।

बिंदु : मैं भी मर क्यों न गई मनु के साथ?··उसके बिना, क्या करूँगी जी कर? पंद्रह साल इकट्ठे पढ़े। पहली से बी.ऐसी. तक।·· कहता था, ऐम.ऐसी. पूरी करते ही, ब्याह कर लेंगे।··छोड़ गया। ··जीने में साथ नहीं दिया। मरने में ही साथिन बना लेता।

गोयल : शांति से बता, बेटा।

कैलाश : पानी मँगाऊँ?

गोयल : तुम क्यों महसूस करती हो, मनु को तुम ने मारा?

अर्चना : जब कि शादी का फैसला भी कर चुके थे तुम दोनों?

गोयल : दूसरा लड़का आ गया था तेरी ज़िंदगी में? बेवफाई के··

बिंदु : मैंने कोई बेवफाई नहीं की। आपस में हमारा कभी झगड़ा नहीं हुआ।

विनोद : क़ातिल कैसे हुई फिर तुम?

बिंदु : क्योंकि मैं समझ गई थी, मनु बहुत परेशान है। उस शाम मनु कुछ भी कर सकता था। एक एक मिनट बाद टॉपिक बदल रहा था। मछली जैसी तड़पन लगी थी। रोने को होता। फिर एकदम मुस्करा पड़ता। एक मिनट बैठता, फिर उठ के चल पड़ता। बेचैन। पागलों की तरह। टिब ढाब में बैठे हुए, मैं ताड़ गई थी— मनु को अकेले छोड़ना ख़तरनाक है। यमुना किनारे घूमते समय, वो डूबने की बातें कर रहा था। मरने की बातें। मौत के बाद क्या होता है? रूह होती है कि नहीं? शरीर जलते ही आदमी सदा के लिए ख़तम नहीं हो जाता है? उखड़ी उखड़ी, डरावनी बातें। मैं भाँप गई, मनु को सदमा पहुँचा है। पर कौन सा सदमा? मैं तह तक नहीं पहुँच सकी। पच्चीस ईवनिंग, मुझे पूरा अंदेशा था। आई कुड ऐंटीसीपेट। मौत हमारे सिरों पर मंडरा रही थी।··फिर भी, मैं कुछ नहीं कर सकी। अपने मनु को नहीं बचा सकी। **(रोती है)**

अर्चना : मुझे टैलीफोन कर देती।

बिंदु : मैंने सोचा, रात गुज़ार ले। कल, छब्बीस जनवरी को छुट्टी है। मनु का बर्थडे है। मैं सारा दिन यहाँ बिताऊँगी। उसके साथ। पार्टी की तैयारी कराऊँगी। और··और··**(रोती है)**

कैलाश : हाँ, हाँ··

बिंदु : मनु इक्कीस साल का होता। बालिग। हम दोनों, आपको बताते—

अर्चना : क्या?

बिंदु : बहू बनकर जल्दी मैं इस फ्लैट में आ रही हूँ।

गोयल : बस, बेटा। और नहीं रोना। अर्चना, तू भी पगली बनती है।

कैलाश : रोना डाल गया पल्ले उम्र भर का।

गोयल : बिंदु, तुम्हारी लापरवाही हो सकती है। दूसरा तू ने कोई जुर्म नहीं किया। लापरवाही तो हम सब ने की।—किसी ख़ास आदमी का नाम तो नहीं लिया उसने? सदमा किस ने लगाया?

अर्चना : माँ को क्यों नहीं बताया उसने? बिंदु, तू ने मुझे क्यों नहीं ख़बरदार किया?

बिंदु : इसी ग़लती पर तो मैं रो रही हूँ—क्योंकि मनु आपके कारण सब से ज़्यादा परेशान लगता था।

अर्चना : मेरे कारण?

कैलाश : अजीब है। सारी उम्र की एक ही कमाई।

गोयल : अर्चना के बारे में क्या कहा?

बिंदु : पूरी बात मुझे अभी तक समझ नहीं आई। न उसने बताई। पूछा मैंने ज़रूर। झट बात दूसरी तरफ ले जाता था।—"मम्मी और डैडी"—कहता, "बिंदु, फर्ज़ कर, तू डिसकवर करती है, तेरी मम्मी ने जुर्म किया। सीक्रिट क्राईम। हैमलट की माँ की तरह। क्या करेगी तू?"—मैंने जवाब दिया, "माँ की ज़िंदगी माँ जाने। जैसे चाहे जिये। मैं अपनी ज़िंदगी को सही जी सकूँ, मेरे लिए काफी है। अगर मैं हैमलट होती, मैं गरटरूड और कलोडियस के बारे में कुछ न करती। बदला लेने में मैं अपनी ज़िंदगी क्यों कुरबान करूँ। मान लो, मेरे माँ बाप बदचलन हैं। उनकी वजह से मैं अपना जीवन क्यों बरबाद करूँ?" मनु बोला, "माँ बाप का कसूर—इतनी आसानी से तुम कैसे भुला सकती हो? माँ, माँ होती है। बच्चे के लिए ज़िंदगी भर का आदर्श।"

अर्चना : मेरी कौन सी बुराई देखी उसने?

गोयल : डैडी को अभिमन्यु मिला था? रीसेंटली?

राजेश : प्रोफेसर गोपाल बंसल को?

बिंदु : हाँ। शायद उसी को मिला था।

गोयल : तुझे मालूम है, मनु के मम्मी डैडी अलग रहते हैं?

कैलाश : चौदह बरस हो गए।

बिंदु : क्यों? हमें क्या नहीं मालूम? मनु सब जानता था। सैपेरेशन के बारे में। मुक़द्दमे के बारे में। फिर मुक़द्दमा वापस लेने के बारे में। ऐवरीथिंग।

गोयल : तू यक़ीन से कैसे कह सकती है?

बिंदु : क्या दुधमुँहाँ बच्चा था मनु? या मैं?—हम अपने माँ-बाप की हर बात डिसकस करते थे।

कैलाश : घर में तो कभी डैडी का ज़िक्र नहीं किया।

अर्चना : मुझे कभी अलग रहने के बारे में नहीं पूछा। न ही डैडी को मिलने की ख़्वाहिश ज़ाहिर की।

गोयल : हम दोनों यार दोस्त थे। कौन सा टॉपिक है जिस पर हम ने खुलकर बहस नहीं की? लेकिन मेरे सामने अपने बाप को कभी याद नहीं किया। ग़ैरहाज़िरी महसूस नहीं की। आई ऐम शुयर, अभिमन्यु को अपनी मम्मी की शादी टूटने के बारे में कुछ मालूम नहीं था।

बिंदु : **(हँसती)** वाह! सयाने! बड़ी उम्र वाले! आप सचमुच हम लड़के लड़कियों को बुद्धू समझते हो। प्लासटिक की गुड़ियाँ—जो न कुछ सोचती हैं, न महसूस करती हैं।—लिसन, मिसटर वाईसचांसलर। मनु नव्वे परसेंट मार्क्स लेकर पास होता था। हमेशा। मनु जैसा सैंसिटिव स्टूडेंट, ज़हीन लड़का, लाखों में एक होगा। क्या उसको माँ-बाप की ब्याहता ज़िंदगी के बारे में कुछ पता नहीं होगा?

गोयल : बंसल को कब मिला था वो?

बिंदु : मिलने के बारे में डिटेल तो मुझे नहीं दी। हाँ, पच्चीस तारीख़ शायद उन्हीं को मिला था। तीन बजे।

अर्चना : अपने डैडी को?

बिंदु : पाँच बजे, मैं घर पर थी। मनु ने फोन किया। ''यमुना पहुँच! ज़रूरी बात करनी है।''—मुर्दा आवाज़। घबराया हुआ। मैं डर गई। मैंने कहा, कल, तेरी बर्थडे पार्टी पर मिलना तो है।—पर मनु ने मिन्नत की : ''मेरे सामने ज़िंदगी मौत का सवाल है। ज़रूर मिल। मुझे अपनी मम्मी के बारे में · अच्छा, तू आ तो सही। सब कुछ बताऊँगा।''—लेकिन जब हम मिले, बात टाल गया।

गोयल : बंसल! विनोद, गोपाल बंसल है क़ातिल। उसी ने अर्चना की बाबत मनु से झूठ बोला। बदला निकालने के लिए। कर, वीनू, टैलीफोन। बुला कुत्ते को यहाँ। तुम पर शक नहीं करेगा। कहना, मैं अभी अमेरिका से पहुँचा हूँ। कल फूल चुनने हैं। तीस तारीख़, ग्यारह बजे, सुबह। पिता होने के नाते, हरिद्वार चल। तेरे और

अर्चना संग। बुला झटपट।

राजेश : मेरा विचार है, अंकल, आप मामला आगे मत बढ़ाओ।

गोयल : राजू, तू बीच में टाँग मत अड़ा। हमारे घर का मामला है। आई मस्ट ऐक्सपैरीमैंट विद टरूथ। नो कंपरोमाईज़। ऑल और नथिंग।—गायर हाल कर फोन। कहना, गोयल साहिब के घर से बोल रहा हूँ।

(विनोद जाता है)

बिंदु : गायर हाल रहते हैं मनु के डैडी?

कैलाश : हाँ।

अर्चना : क्यों?

बिंदु : तभी। अब समझी मैं।

अर्चना : क्या?

बिंदु : प्रैक्टीकल के बाद, मेरे साथ स्टूडेंट स्पैशल मैं नहीं चढ़ा। बोला, मैंने गायर हाल किसी को मिलना है।

अर्चना : उसी को मिलने गया होगा।

गोयल : बंसल ने लड़का मारा।

बिंदु : धौले बाल? ठिगना कद?

गोयल : छः इंच का पिल्ला। आस्तीन का साँप।

कैलाश : तू भी मिली थी उसे?

बिंदु : प्रैक्टीकल था हमारा। दो बजे आया। मनु लैब से बाहर गया। उसे मिलने। एक दो मिनट ठहरा। डैडी उसका रो रहा था। रूमाल से आँसू पोंछे जाए। गिफ्ट दिया।—मनु बोला, रिश्तेदार था। बर्थडे विश करने आया था।

(विनोद आता है)

विनोद : कमरे में नहीं। मैनेजर के पास मैसिज छोड़ दिया है।

गोयल : वही मुजरिम है। मनु को लैब में मिलने आया। फिर मनु गायरहाल गया उसके पास।—बिंदु, तुझे और क्या बताया? ऐसी कौन सी बात कह दी उसके बाप ने जो लड़का मरने पर तुल गया?

बिंदु : यही तो मजबूरी थी मेरी। मैं साईकायटरिस्ट तो हूँ नहीं। प्यार से पूछती रही। मनु ने पूरी बात बताई नहीं। यही बुड़बुड़ाता रहा : "इक्कीसवीं मंज़िल पर पहुँच गई मेरी माँ—और गोयल अंकल। लेकिन इस ऊँची बिल्डिंग की नींवें रेत पर टिकी हैं। झूठ पर। करप्शन पर। कराईम पर। और अगर हमारी नौजवान पीढ़ी को

पालने वाले, पढ़ाने वाले, मुजरिम हैं—स्कूलों में, कॉलेजों में, यूनिवर्सिटी के अंदर, कचहरियों के अंदर—दिस रॉटन ओल्ड जनरेशन—हमारे बाप, माएँ, टीचर, वाईस चांसलर, जज—चोटी पर बैठे हैं—जुर्म और पाप और रिश्वत की सीढ़ियाँ चढ़के''— **(रोती है)**

राजेश : बिंदु, बस। इतना काफी है।

गोयल : इसका भी सिर फिर गया है। डोंट लिसन टू हर। सब इसके चकराए दिमाग की उपज है। मनु ने ऐसा कुछ नहीं कहा। इसने डायलाग मन से गढ़ा है। इसके मुजरिम ज़मीर ने कल्पना की। सपना देखा।

बिंदु : **(हँसती)** हाँ, मैं कल्पना दौड़ा रही हूँ। मनु ने भी सब कुछ अपने मन से गढ़ा था। सपना था। न मनु डैडी को मिला। न पहली बार उसे ज़िंदगी की असलीयत पता लगी। बाप बेटे ने सपना देखा। इस वक़्त भी हम इस फ्लैट के अंदर थोड़े ही बैठे हैं। सब कुछ सपने में घट रहा है। है न, अर्चना मम्मी? **(इकट्ठे रोती और हँसती हैं)**

(केसरो पानी का गिलास और गोली लाती है)

केसरो : पकड़ो।

गोयल : क्या?

केसरो : आप की गोली।

गोयल : गोली का वक़्त हो गया?

केसरो : कब का।

विनोद : कैसी गोली, डैडी?

अर्चना : ब्लड प्रैशर।

विनोद : कब से?

केसरो : तीन चार बरस हो गए। हर रोज़ गोली खाना भूल जाते हैं।

कैलाश : जिस दिन से इस फ्लैट में शिफ्ट किया है, सुख मर गया इस कुन्बे का।

केसरो : मनु को बिलकुल नहीं भाया यहाँ आना।

बिंदु : मनु इसे मनहूस समझता था।

केसरो : हाँ। मुझे पूछा एक दिन : ''यहाँ हुआ करती थीं झुग्गियाँ जिन में तेरा छोटा भाई मरा था?'' मैं बोली, ''हाँ। पुलिस ने गोली चलाई। मेरा भैया मोहन चंद अगुआ था मज़दूरों का। बीस बंदे भून डाले। ऐसे खाली कराई थी जगह इन फ्लैटों के लिए।''

बिंदु : कहता था, "ब्याह करा के, हम दोनों किसी बाहर के महल्ले में रहेंगे।" मैंन कहा, "इतना महँगा फ्लैट ख़रीद कर दिया गोयल अंकल ने तुम्हारी मम्मी को। कनाटप्लेस। सिटी संटर में। किराए पर चढ़ाएगा?" —बोला, "नहीं। मामा को दूँगा। कोचिंग क्लासिज़ के जिए।"

गोयल : ताराचंद ने डाली थी यह स्कीम उसके दिमाग़ में?

बिंदु : यह मुझे नहीं मालूम।

गोयल : आजकल किसी का ऐतबार नहीं। मामा हो चाहे फूफा।

कैलाश : केसरो, रसोई देख।

केसरो : रसोई कौन उठाए ले जा रहा है?

(जाती है)

गोयल : अर्ची, तारे ने तुझे भी यह सलाह दी थी?

अर्चना : उसका क्या है? हँसी मज़ाक में बहुतेरी प्लैन गढ़ा करते थे मामा भान्जा।

कैलाश : मनु भी जाता विनोद के पास अमरीका, पढ़ने। तारा तब कह रहा था, खाली फ्लैट में, कॉलेज खोलने को।

गोयल : अब साफ हुई बात।

विनोद : क्या?

गोयल : तारा भी उतना ही क़ातिल है जितना गोपाल बंसल।

कैलाश : ख़ाहमख़ाह!

अर्चना : तारे का क्या कसूर इस में?

कैलाश : तोहमत लगा रहे हैं हमारे भोले भैया पर।

गोयल : लोभ! लोभ खा गया तारे को। फ्लैट हथियाने की चाल देखो क्या चलाई। किसी नाकामयाब आदमी पर कभी विश्वास मत करो। अभी कानों से घसीट कर लाता हूँ तारू कंजर को। साबित करूँगा जुर्म सबके सामने।

बिंदु : **(हँसती)** मनु सच कहता था। नज़दीकी रिश्तेदार भी आदमी के दुश्मन हो सकते हैं।

गोयल : ताराचंद पर इलज़ाम लगाया मनु ने?

बिंदु : पता नहीं। उस दिन मनु के लिए कुल दुनिया मुलज़िम थी। माँ बाप, टीचर, वाईस चांसलर—

गोयल : ओ शट्ट अप्प! मदद तो क्या करेगी। गंदला कर रही है केस। राजू, छोड़ आ। इसके घर वालों को कहना, दिमाग़ का इलाज कराओ।

बिंदु : (जाने को तैयार) मम्मी, मैं फूल चुनने चल सकती हूँ? आपके साथ?

अर्चना : ज़रूर बेटे।

कैलाश : दस बजे चलेंगे।

राजेश : विनोद, इसके बाद, मैं छुट्टी कर सकता हूँ?

विनोद : नॉट ऐट आल। अब तो आख़िर तक तुम्हें मेरा साथ देना होगा।

गोयल : बंसल का दोबारा पता लगा, बेटा। तारांचद को बुला। मैं दोनों को लम्बे हाथों लूँगा। मुजरिम कभी छिपा रह सकता है?

राजेश : सच फरमाया, अंकल। बरसों बाद भी बंदे का जुर्म ज़ाहिर हो जाता है। सही कहा न, अर्चना आंटी?

(अँधेरा)

(आधी छुट्टी)

दृश्य 6

गोयल : बंसल, तुम असली क़ातिल हो। दिल कहता है, अभी उठाकर नीचे फेंकूँ। इस खिड़की से। क्या हक़ था तुझे बच्चे से बात करने का? क्यों उखाड़ा तू ने दिल उसका? क्यों मजबूर किया ख़ुदकुशी पर? तू लगता कौन था मनु का?

बंसल : गोयल साहिब, अगर बाप को हक़ नहीं अपने बेटे से बात करने का, तो और किसे हक़ था? तुम्हें? जिसने ज़िंदगी तबाह की? माँ की, बाप की, उसकी?

गोयल : मैंने?—सुना, अर्चना? कैलाश, तू ने सुना, क्या कह रहा है, सांपोलिया? विनोद बेटा, धक्का दे। दरवाज़े से बाहर। नहीं तो, पता नहीं, मैं इस शनिश्चर का क्या कर डालूँ।

बंसल : **(जाने को तैयार)** मैं तो तेरी शक्ल देखने को तैयार नहीं था। गोयल, क़ातिल तू है। तू ने मेरा परिवार क़त्ल किया। वैवाहिक जीवन क़त्ल किया। मैं बेवकूफ़। अनजान। कमज़ोर। कुछ नहीं कर सका। वरना तेरे जैसे बदमाश को कब का ख़त्म कर चुका होता। क्या करता? इस उम्मीद में ज़िंदा रहा, कभी तो मेरी घर वाली को अक़्ल आएगी। कभी तो अर्चना दानव की गुफ़ा से निकलेगी। उम्मीद लगाए बैठा था : मेरा बेटा बालिग हो। बदला ले। गोयल चांडाल से। माँ बदकार से।

विनोद : ज़बान संभालो, अंकल।

राजेश : मामला ज़ाती हो रहा है। विनोद, मैं चलूँ। घर की बात आपस में निबट लो।

विनोद : **(रूआँसा)** राजू, स्टे विद मी। मुझे अमेरिका से आना ही नहीं चाहिए था।

कैलाश : रुक जा, बेटा। अभी कौन जाने क्या अनिष्ट होगा।

विनोद : पूअर मनु।

अर्चना : ले जा इसे। ग़लती की जीजा जी ने बुलाकर।

राजेश : आंटी सही कहती हैं। चलो, सर। गोयल साहिब, कुछ नहीं मिलेगा ज़िंदगी भर के परदे टटोल कर। लड़का मर चुका है।

गोयल : तेरी चालाकी मैं समझता हूँ। साज़िश है तुम्हारी राहू केतू की। राजू, तू शील्ड कर रहा है। आख़िर तू है तो मेरे रक़ीब का बेटा। फटेहाल, फेल्योर, वकील का बेटा। जाने अनजाने, तू बदले निकाल रहा है। मेरी तबाही चाहता है। मेरे कामयाब पुत्र का भी रक़ीब है तू। गोपाल बंसल गुरु है तेरा। बचा ले इस कमज़ात टीचर को। मैक्यावैली पर लैक्चर पिलाए थे तुझे। चेले का धर्म बनता है। पट्टी पढ़ा के लाया है तुझे। तू समझता है, क़ानून तेरा कुछ नहीं बिगाड़ सकता? मैं मुक़द्दमा करूँगा। जेल पहुँचाऊँगा। अबैटमैंट टू सुइसाईड। तू हिस्सेदार है। कीचड़ में घसीटूँगा, दोनों को।

बंसल : राजेश, जाना ही भला है। आ। इनका दिमाग़ हिल गया है।

राजेश : चलिए।

गोयल : **(आगे होकर)** यों नहीं भागने दूँगा क़ातिलों की मंडली को। जवाब दे पहले, कंजर। क्यों बुलाया पास तू ने बच्चे को? क्या बताया उसे? कौन सी तोहमत लगाई मेरे पर? या उसकी माँ पर? पूरी बात बता के जा। पड़ताल के बग़ैर मैं तुझे नहीं छोड़ूँगा।

बंसल : है हौसला इतना कि सुन सको? विनोद, तुम भी सुनो। मेरे लिए तू भी अभिमन्यु है। सच को निकालना, सच को जानना, तुम्हारा हक़ है। फ़र्ज़ है।

कैलाश : नहीं, वीनू। तुम और राजू, जाओ। तेरे पिता अड़ी कर रहे हैं। कलह बढ़ा रहे हैं। तू काहे फँसे? हमें क्या? पति पत्नी का मामला है। तू ने क्या लेना देना है? फिजूल आया तू आधी दुनिया पार करके इस अभागे कुटुम्ब के सोग में शरीक होने।

विनोद : ममा, शांत रहो। मैं मनु जैसा कमज़ोर नहीं हूँ। मेरे अंदर जुर्रत है सच जानने की।

गोयल : बक तू जो बकना है। मेरा कुन्बा सच से डरने वाला नहीं है।

विनोद : अंकल, कहो जो कहना है।

बंसल : अर्चना, मैं अपने इकलौते बच्चे को क़त्ल करूँ, यह सोच भी सकती हो तुम? **(आँसू दबाता है)** मेरा भगवान जानता है, कैसे गिन गिन कर काटा मैंने एक-एक मिनट। चौदह साल। चौदह बरस पहले तुम मेरा बच्चा उठा कर, मेरा घर छोड़ कर, आ गई।

वापस, इस बूचड़ की कंदरा में—जिसने दिखावे के लिए हमेशा तेरा भला चाहा—शादी की तेरी और मेरी—तुझे नौकरी दी—लेकिन असल में, इस मंगल ग्रह ने तुझे कभी अपनी हवस की भट्टी से बाहर नहीं निकलने दिया।

कैलाश : मैं यह बकवास नहीं सुन सकती।

अर्चना : क्यों अंदर आने दिया इस नरक के कीड़े को? जिस पर पंद्रह बरसों से मैंने थूका तक नहीं। धोखे से मुझे शादी के लिए मना लिया। सपने बुनकर फाँस लिया। सब्ज़ बाग़ दिखाए। उड़ रहा था सातवें आसमान के अंदर—"मुझे फुलब्राइट फैलोशिप मिल रही है। हार्वर्ड से पीएच.डी. करूँगा। केंब्रिज में प्रोफेसरशिप मिलेगी। चोटी के स्कॉलर्ज़ में नाम होंगे हम दोनों के। अमेरिका में बसेंगे। पूरी ज़िंदगी।"—मैं अल्हड़! उम्र की कच्ची! अक़ल की कच्ची! बातों में आ गई। जीजे की नसीहत सुन बैठी। बहन का कहना मान बैठी। ज़िंदगी बरबाद कर ली। विवाह करा लिया। निकला क्या? मिट्टी का लोंदा। लिजलिजा। खोखला। डींगें बघारने वाला भोंपू। बारह बरस में पीएच.डी. नहीं कर सका। दो पन्ने पढ़ नहीं सकता। दो लफ्ज़ लिख नहीं सकता। गप्प मरवा लो, दिन- रात। बकवास करवा लो, सुबह-शाम। अख़बार बांची और सारा दिन खुलासा दुनिया को सुनाते रहो। टैलिवियन देखा, और पूरा दिन कमैंटरी करते रहो। निज का विचार नहीं, वाक्य नहीं। थूका चाटो दूसरों का हर वक़्त। बुद्धिजीवी बना फिरे। इज़्ज़त माँगे मेरे से। हुक्म चलावे मेरे पर। हर वक़्त चिढ़ना। हर एक से लड़ाई। बीवी से कुढ़ना। बच्चे पर बरसना। और ज़िंदगी भर की अंबिशन? बढ़िया कप कॉफी! बढ़िया सोफासेट! और हवाई किले तामीर करना। भला किया, तुझ कापुरुष से पल्लू छुड़ा लिया। रीढ़ की हड्डी न हो जिस मकौड़े की, आग लगाए ज़नानी ऐसे ख़सम को?

कैलाश : इसके कारण बच्चे की देह दो दिन ख़्वार हुई।

(अर्चना जाने लगती है)

बंसल : नहीं। अब तुम बचकर नहीं निकल सकती। आज खुल जाने दो उम्र भर के परदे। आज मैं भी दिल की निकाल लूँ। विनोद बेटा, तेरे लिए शायद यह सच ज़हर साबित हो। जैसे मेरे मनु के लिए साबित हुआ। मुआफ करना, बेटा, भगवान तेरे बाप जैसा बाप किसी बच्चे को मत दे। मुजरिम बाप। गुनाहगार बाप। छिपा

अपराधी। पापों पर पलता हुआ राक्षस। जिसने सगा संबंधी नहीं छोड़ा। बेटी जैसी साली को ज़िंदगी भर ज़लील किया।

गोयल : तू यहाँ से ज़िंदा नहीं जाता। मेरे पर झूठे इलज़ाम मढ़कर, तू बचकर नहीं जाता।—क्या सबूत है तेरे पास? मैं कल ही मुक़द्दमा दायर करूँगा। दो मुक़द्दमें। एक मनु के क़त्ल का। दूसरा, मेरी और अर्चना की हत्तक इज़्ज़त का। राजेश, तू गवाह है इसके बकवास का।

बंसल : करो मुक़द्दमें। बड़ी ख़ुशी से करो। मेरे पल्ले और बचा ही क्या है जिसको मैं बचाऊँ? तू ने सब कुछ ख़त्म कर दिया। मेरी ज़नानी। इक्कीस बरस का बेटा। निगल गया तू दानव। एक कौर में हड़प कर गया। **(रोता है)**

राजेश : धीरज धरो, डॉक्टर बंसल।

बंसल : यक़ीन कर, अर्चना। पुत्र था हम दोनों का। मैं मनु का बुरा क्यों चाहूँगा? मैं तो बल्कि इंतज़ार कर रहा था—तुम दोनों मेरे साथ आकर रहोगे। मैंने मनु को बताया : बेटा, हमारा फ्लैट बन गया है। वसुंधरा ऐनक्लेव। सोसाइटी कल छब्बीस जनवरी को चाबी देगी। तुम मालिक हो। मेरे साथ चलकर चाबी पकड़ लो। मैं उधर से दो दिन के लिए देहरादून चला जाऊँगा। तेरी दादी को देखने।—फ्लैट मेरी मेहनत की कमाई से बना है। तुम और तुम्हारी मम्मी उस फ्लैट में रहो। मौसी मौसा का फ्लैट छोड़ दो—जो बेईमानी के पैसे से बना है। जिस की नीवें खोखली हैं।''

गोयल : कोरा झूठ बका बच्चे के आगे।

बंसल : निरा सच बताया मेंने अपने ख़ून को।··मुझे क्या ख़बर थी, मनु इतना कमज़ोर दिल है। इक्कीस बरस का लड़का बिलकुल बुद्धू नहीं होता। मुझे लगा, अंदर ही अंदर, मनु जानता कई कुछ था। कैलाश जी, मैं आपकी मजबूरी समझता हूँ। रखो आप पति को ढक कर। छोटी बहन की करतूत ने आपको बेबस बनाए रखा। विनोद भी कायरों की तरह अमरीका में रिश्वत की रक़मों के सहारे पढ़ सकता है।—मनु समझता बड़ा कुछ था। बहुत रोया मेरा बच्चा। अर्चना, तेरे बेटे को शक सालों से रहा है। मगर वो दिल का गुबार कभी किसी के पास नहीं निकाल सका। उस दिन ज़ार ज़ार रोया। विश्वास कर, अर्चना। मैंने तुझे और बेटे को वापस बुलाने का चारा किया था। बदक़िस्मत मैं। मेरी आख़िरी

उम्मीद भी ख़त्म हो गई। मेरा मनु भी दग़ा दे गया। सदा के लिए। **(आँसू दबाता)** गोयल साहिब, मेरी पत्नी तो आपने कभी मेरी होने नहीं दी। मेरा पुत्र तो बख़्श देते। मैं अकेले का अकेला। क्या धर्म है मेरे जीने का? पकड़, अर्चना, चाबी। तेरा फ्लैट है। जो मरज़ी कर। रिटायर होने तक मैं गायरहाल ठहर लूँगा। बाद में, ज़िंदा रहा तो, देहरादून चला जाऊँगा। फ्लैट की मुझे कभी ज़रूरत नहीं पड़ेगी।

गोयल : चाल देखो बिच्छू की। वीनू पुत्र, बड़ा मक्कार बंदा है। सौ फीसदी झूठ गढ़ा है। मैं कचहरी चढ़ाऊँगा। सबक सिखाऊँगा।—तारा चंद! तारा चंद संग सिट्टी पिट्टी लगाई है इसने। तरीक़े से, तारू यह फ्लैट ख़ाली करवा रहा था। कोचिंग सेंटर के लिए। लालच, पैसे का लालच, साधु संतों से जुर्म करवा लेता है। बक ओए, लालची कुत्ते। खा क़सम। कौन-कौन शामिल हैं तेरी साज़िश में? नाम बता कॅनसपीरेटर्ज़ के! जो मेरी पीठ में छुरा घोंप रहे हैं! तारा चंद ज़रूर होगा। और यह राजेश? इसका बाप बाजवा?

बंसल : तरस आता है मुझे तुझ पर, हरद्वारी लाल गोयल। ऐ स्काऊँडरल लाईक यू। हर एक पर शक। हर एक को चोर समझना। बड़ा चाणक्य बना फिरे। अंदर से तू कितना बेचैन, कितना भयभीत रहा होगा। आई पिटी यू। अर्चना, अभी भी वक़्त है। अपने बेटे के क़ातिल से पीछा छुड़ा। सवेरे अस्थियाँ चुनने चलना है। सामान तैयार रखना। मेरे साथ चल। अपने घर। **(जाता है)**

गोयल : ठहर ज़रा। हड्डियाँ तोड़ूँ तेरी।

विनोद : डैडी!

राजेश : अंकल, मैंने कहा था : मत ज़िद करो।

गोयल : ताराचंद! अभी बुलाता हूँ विभीषण को। षड्यंत्र रचे मेरे ख़िलाफ। जयद्रथ साला। अभिमन्यु का क़ातिल।

राजेश : संभलो, गोयल साहिब। दूसरों के आगे गड्डे खोदने वाला, ख़ुद ही गड्डे में गिरा करता है!

(अँधेरा)

दृश्य 7

तारा : दीदी, मेरे बारे में जीजा जी ने कहा क्या था? राजेश और डॉक्टर बंसल यहाँ थे जब?

कैलाश : गुस्से में इन्सान बहुत कुछ कह जाता है।

विनोद : गुस्से में और दुख में।

कैलाश : तुम मुँह मत खोलना। जो कहें, चुप चाप सुन लेना।

तारा : सच कहो, दीदी। क्या मैं अभिमन्यु की जान ले सकता हूँ? मेरे रवि से भी ज़्यादा प्यारा था मुझे। **(रोता है)**

विनोद : डैडी को मनु की मौत का सदमा लगा है। दिल, दिमाग़ कंट्रोल में नहीं।

कैलाश : शालिनी को देखने गए हैं, हस्पताल। अर्चना को साथ लेकर।

विनोद : आने वाले हैं।

कैलाश : अस्थियाँ चुन कर सीधे हरिद्वार चलेंगे।

विनोद : मामा जी, आप भी चलो।

कैलाश : तेरहवीं हो लेने दो लड़के की। तब तक, तू ने ज़बान से लफ्ज़ नहीं निकालना।

विनोद : रात आठ नौ बजे तक लौट आएँगे।

कैलाश : तारे! देख, बच्चों की तरह रोने लगा। पहले नहीं जानता तू इनके स्वभाव को। मैंने कैसे दाँतों तले जीभ दबाए रखी पूरी उम्र।

विनोद : आ गए।

(गोयल और अर्चना आते हैं)

कैलाश : शालू घबराई तो नहीं?

गोयल : मुलाकात ही नहीं हो सकी।

कैलाश : क्यों?

अर्चना : दो मिनट पहले, डिलिवरी रूम ले गए।

गोयल : कंपलीकेशन दिखे।

कैलाश : हाय राम।

अर्चना : एकदम ब्लड परैशर बढ़ गया।

कैलाश : ब्लड परैशर?

अर्चना : चौबीस बरस पूरे नहीं हुए। डैडी वाली बीमारी लगा ली।

गोयल : इट्स पॉसीबल, दो घंटे के अंदर बच्चा सही सलामत पैदा हो जाए।

कैलाश : प्रभु कृपा करें। पहले कम दुःखी बैठे हैं हम।

गोयल : इस को क्या हुआ? तू ने क्यों आँखें सूजाई हैं, ओए। तेरी टीचिंग शॉप का कोई गाहक बिदक गया?

कैलाश : ठंडे रहो। मत लड़के का लहू पिओ।

गोयल : अकेला आया? मंगल शनिश्चर कहाँ रह गए?

तारा : कौन?

गोयल : बाजवा और बाजवे का छोकरा। और वो कपटी बंसल।

तारा : मैं क्या जानूँ।

गोयल : मुझे बनाता है? खा सौगंध, बेटे की। क्या तू मेरे ख़िलाफ साज़िश में शामिल नहीं?

कैलाश : ख़त्म भी करो महाभारत।

अर्चना : उलटा खींचे जा रहे हैं।

विनोद : डैडी, दैट्स इनफ्फ।

तारा : दीदी, अपने कानों सुन लिया न? भाई साहिब क्या इलज़ाम मढ़ रहे हैं मुझ पर? राजेश से भी यही कहा।

गोयल : कहा, ज़रूर कहा। तुम तीनों मिलकर मुझे बदनाम कर रहे हो। मुझे तबाह करने पर तुले हो। मुझे किस का ख़ौफ है? मैं डंके की चोट पर कहता हूँ। कौटिल्य बाजवा और उसका लौंडा मुझे निशाना बनाना चाहते हैं। गोपाल हरामी के कंधे पर बंदूक रख के। और तू? तू इनके हाथों में कठपुतली बना नाच रहा है। मामूली से लोभ के पीछे। इस फ्लैट को क़ाबू करने के लिए। असफल मनुष्य से डरो। नामर्द किसी का दोस्त नहीं बन सकता। भाई नहीं बन सकता। किसको नहीं पता, आज यह फ्लैट पचास लाख का है। लालच खा गया तुझे। बहनों को उजाड़ने चला है। कितने धंधे किए? कहाँ-कहाँ की धूल नहीं फाँकी? शराब ने मार लिया। सट्टे ने मार लिया। ऐशपरस्ती ने, रंडीबाज़ी ने, तेरी हड्डियों में पानी भर दिया। सगा भान्जा क़त्ल करवा डाला। मेरे दुश्मनों का हथियार बन कर।

तारा : जीजा जी, बराए मेहरबानी, मत हवा दो इस चिंगारी को। मत मुझे सच बोलने पर मजबूर करो। ज़िंदगी भर के झूठ तूफान ढके रहने दो।

गोयल : धमकी देने आया है तू? झूठ? कौन-सा झूठ बाजवे ने बुना मेरे ख़िलाफ? बड़ा जन्मा सत्य का पुजारी। देख लूँगा मैं तुझे महात्मा गाँधी के जने को।

तारा : मैं ग़रीब क्या करूँगा। मगर बाजवे को मत छेड़ो। बाजवे के सब्र का प्याला भर चुका है। अगर आपने उसके बेटे को बदनाम किया, बाजवा आपका पुर्ज़ा पुर्ज़ा बिखेर देगा।

गोयल : अच्छा! अब समझा मैं। चाणक्य ने दूत बना कर भेजा है तुझे। जंग का चेलंज मुझे मंज़ूर है। जा, बता दे बाजवे को। राजेश को। गोपाल को। जो तेरी डोर खेंच रहे हैं। बाप का बेटा नहीं गोयल, अगर पीठ दिखाऊँ। तीनों का ख़ात्मा करूँगा।

अर्चना : भगवान के लिए। बस करो।

कैलाश : किसीका क्या कसूर? मंगलीक की मंगलीक से शादी। बेटा तो मरता ही।

विनोद : डैडी, कट इट आऊट।

गोयल : नो, विनोद। इन बदमाशों को नंगा करना ज़रूरी है। बाजवे की दुश्मनी की असली वजह मैं बताता हूँ तुमको। अभी तक मैं राज़ ज़ाहिर नहीं था करना चाहता। नॉमीनेशन होने तक।

विनोद : नॉमीनेशन? कैसी?

गोयल : मुझे राज्य सभा का मैंबर नामजद करने का प्रॉसस शुरू है। पराइम मिनिस्टर ने मेरा नाम प्रैज़ीडैंट तक भेज दिया था। लेकिन बाजवे को भनक पड़ गई। वो मेरा सियासी रक़ीब है। भगवान बचाए ऐसे दोस्तमारों से। उन्होंने पिछला केस निकलवा लिया। कैलाश, उन लुच्चों ने सारे लांछन जो कचहरी में लगाने की कोशिश की थी, मेरे और अर्चना के ख़िलाफ, वो लांछन अख़बारों से निकाल कर, कोर्ट रिकार्डज़ से निकाल कर, फोटो कॉपियाँ राष्ट्रपति को भेज दीं। पी.एम. को भेज दीं।

विनोद : क्या चार्ज लगाए आप पर?

कैलाश : बंद करो युद्ध।

अर्चना : भूत के भूत मत जगाओ।

गोयल : बाजवा याद रखेगा, हरद्वारी लाल गोयल से भिड़ा था। लगा मेरा पोलिटिकल कैरियर नष्ट करने। मनु के क़त्ल के पीछे लंबी हिस्ट्री है।

विनोद : डैडी, आपका ऐसा कौन सा जुर्म हो सकता है जिसे बाजवा बरसों बाद भी इस्तेमाल करने की सोचे?

गोयल : जुर्म नहीं, बेटा, इलज़ाम। ऐलीगेशन। मनघड़ंत क़िस्से। मैलिश्यस गॉसिप।—सुनो, विनोद, ध्यान से। अर्चना पर बंसल ने मुक़द्दमा चलाया। वकील रखा बाजवा। राजेश का बाप। घर का भेदी। बंसल की चाल कमाल थी। रैसटीच्यूशन ऑफ कौजूंगल राईटस का मुक़द्दमा। सकीम थी : अर्चना गोपाल बसंल संग जाने से इन्कार कर देगी। बाद में दूसरा केस दायर करेंगे। तलाक का। तलाक आसानी से मिल जाएगा।—लेकिन जब देखा, पहला केस हारने लगे हैं, वापस ले लिया। सीधा दूसरा केस किया। झूठे दोष गढ़े। अर्चना को बदनाम करने की सोची। मुझे बदनाम करना चाहा। मगर केस के अंदर दम नहीं था। कमज़ोर था। ऊपर-ऊपर से, बाजवा अर्चना और गोपाल और मेरी सुलह करावे। पर अंदर ही अंदर, गोपाल बंसल को भड़काता रहे।

विनोद : जीत गया केस?

गोयल : केस जीतता, मुर्दे का सिर। खोखला था। वापस लेना पड़ा। लेकिन बाजवा मेरे मुँह पर कालिख पोतने में कामयाब हो गया। कई साल मैं और अर्चना और तेरी माँ दोस्तों रिश्तेदारों को मुँह दिखाने लायक नहीं रहे। बड़ा ज़ुल्म कमाया बाजवे ने और अभिमन्यु के बाप ने हमारे कुन्बे के ख़िलाफ।

विनोद : राजेश का फादर ऐसा लगता तो नहीं।

तारा : मेरी नज़र में बाजवा इनका सच्चा दोस्त है। इनकी आदत है हर एक पर शक करना। हर एक को साँप समझना।

गोयल : कल जन्मा। तू बाजवे को मेरे से ज़्यादा जानता है?—बेटा, ऐकच्युअली, बाजवे की ईर्ष्या ने ही मुझे कचहरी से भगाया था।

विनोद : रियली? कैसे?

गोयल : कानाफूसी की मुहिम शुरू कर दी मेरे ख़िलाफ। झूठी। मगर उसका हसद मुझे रास आ गया। "कौओं के कहे, ढोर नहीं मरते, होवे रब का भाना।" कहते हैं, "कुब्ड़े के मारी लात, कुब्ड़े के काम आ गई"—बाजवा वहीं का वहीं धक्के खा रहा है। मैं धन्नामल कॉलेज का प्रिंसीपल बन गया। पीएच.डी. की। पहले पी.वी.सी. बना। चार साल से वाइसचांसलर हूँ। ऐजूकेशन मिनिस्टर बनाने की तजवीज़ है। पराइम मिनिस्टर नई एजूकेशन पॉलिसी लागू करने के लिए डायनैमिक आदमी ढूँढ़ रहा है। मेरे जैसा।

बाजवा यह बरदाश्त नहीं कर सकता। राजेश तेरा अमैरिका पढ़ना, मौज मस्ती करना, बरदाश्त नहीं कर सकता। और यह मेरा साला— उन लुच्चों का चमचा बना फिरे।

तारा : आपका दिमाग़ फिर गया है। आपके मन का चोर पता नहीं क्या क्या हौए बनाए बैठा है। हर शरीफ बंदे को आप पाँव तले रौंदे जा रहे हैं। शराबी हाथी की तरह। जैसे-जैसे आपका रुतबा ऊचा होता है, वैसे-वैसे आपका घमंड आसमान पर चढ़ता जाता है। घमंड से बचो। अहंकार ने आपको अंधा कर रखा है। वीनू, सौगंध है मुझे अपने रवि की। मैंने इनके विरुद्ध कोई षड्यंत्र नहीं रचा। बाजवे ने सच्चे दिल से कोशिश की—अर्चना दीदी और गोपाल जीजा मुड़कर प्यार के साथ रह सकें। लेकिन तेरे डैडी इतने अड़ियल हैं। यह किसी की नेक सलाह नहीं सुनते। इन्होंने अर्चना को गुमराह किए रखा। अब तुझे गुमराह करने जुते हैं। यह फ्लैट? मैं ग़रीब सही। पर रिश्वत से ख़रीदे इस फ्लैट को मैं आग न लगाऊँ। गोयल साहब, मैं भूखा सही। लेकिन आप की तरह मैंने ज़मीर बेच कर नहीं खाई।

विनोद : रिश्वत। रिश्वत कैसी?

गोयल : जा ओए। दफा हो जा मेरी नज़रों से। अगर तू कैलाश और अर्ची के माँ-बाप की अकेली निशानी न होता, पता नहीं मैं तेरा क्या करवा देता। शनिश्चर! तू शनिश्चर है मेरा। तू और बाजवा।— विनोद, पंद्रह बरस का था यह जब इसके माँ-बाप मर गए। मैंने बेटों की तरह पाला। इसको और अर्चना को। और यह फल दिया इसने मुझे। जिस थाली में खाया उसी में छेद किए। लेकिन मैं इस शनिश्चर से नहीं डरता। न ही बाजवे से। सारी उम्र, मैंने संघर्ष किया है। ग़रीबी से। यतीमी से। मेरी विधवा माँ लोगों के घरों में बरतन साफ करके मुझे स्कूल की फीस देती थी। पड़ोसियों के बच्चों को पढ़ा-पढ़ा कर, मैं किताबों के लिए पैसे जुटाता रहा। अपने पाँव पर खड़ा होकर, मेहनत सदका, कैबिनट रैंक तक पहुँचूंगा। मेरा कुछ नहीं बिगाड़ सकते, तू और बाजवा।

कैलाश : हाथ जोड़ती हूँ। कलह ख़त्म करो।

अर्चना : फूल चुनने चलो।

कैलाश : तीस जनवरी है आज। गाँधी जी की समाधि के पास भीड़ होगी। लाल किले की तरफ से निकल चलो!

गोयल : तू ज़रा थूथनी बंद नहीं रख सकती? आधा घंटे बाद चुन लेंगे

अस्थियाँ। अपने पुत्र को मैं अपनी ज़िंदगी के कुछ वाक़यात बताना चाहता हूँ। काम आएँगे इसके।—विनोद, एक दिलचस्प घटना तेरे साथ शेअर करूँ?

विनोद : बताइए। **(घड़ी देखकर)** दस बजे हैं। राजेश और बिंदू आते ही होंगे।

गोयल : एक बार एक ज्योतिषी मुझे बोला : शनिश्चर आपके लग्न में बैठा है। मीन राशी का शनि यों तो अशुभ नहीं होता। मित्र बृहस्पति के घर में बैठा है। ख़ूब ऊँचा उठाएगा। वज़ीर या गवर्नर बनाएगा। पर शनि का पता कुछ नहीं होता। पटक कर नीचे भी गिरा सकता है।—उस दिन मैंने प्रण किया : ज्योतिषी को झूठा साबित करूँगा। पूरी उम्र, समझो, मेरा उस ज्योतिषी संग युद्ध चलता रहा है। शनि के ख़िलाफ जंग चलती रही है। अपने दिमाग़ के सदके, मुशक़्क़त के भरोसे, मैं हमेशा ऊँचा ही चढ़ता रहा हूँ। मंज़िल दर मंज़िल। एक ही मॉटो रहा है हमेशा : "बी ग्रेट! थिंक बिग।"—शनि मेरा कुछ नहीं बिगाड़ सका। इकासठ साल का हो गया हूँ। वाईसचांसलर से एजूकेशन मिनिस्टर तक पहुँचूँगा। ग्रहों को झूठे साबित करूँगा। बाजवे शनिश्चर को लंबे हाथों लूँगा। वीनू, तू मेरा इकलौता लाल है। मेरी मदद कर।

विनोद : कौन सी?

गोयल : पराइम मिनिस्टर के पास, परैज़ीडैंट के पास, मेरा नाम निर्मल बनकर पहुँचना चाहिए। बाजवे ने जो कालिख मेरे मुँह पर थोपी है, उसे पोंछने में मेरी सहायता कर। मैं राजेश को करता हूँ टेलीफोन। अपने बाप को साथ लेकर आए। मैं दोनों को नंगा करूँगा। मुआफी माँगें मेरे से, बाप बेटा। लिख कर। पब्लिकली। अख़बार में। वरना? वरना या अमोलक चंद बाजवा ज़िंदा रहेगा या हरद्वारी लाल गोयल!

(अँधेरा)

दृश्य 8

राजेश : नहीं, नहीं। मैंने केसरो बेचारी से क्या लेना है? जान बूझकर मैंने कुछ नहीं किया।

विनोद : फिर पता कैसे लगा तुझे, अबॉरशन के बारे में?

राजेश : चांस। ऐक्सीडैंट। एक केस में मेरे साथी को क्लीनिक रिकार्डस की ज़रूरत पड़ी। दो भाइयों ने अपनी बहन के आशिक़ को क़त्ल किया था। बच्चा अबॉरट कराया था। हमारे दफ्तर ने क्लीनिक के रजिटर की फोटो कॉपी मँगवाई। साथ ही ऐंटरी थी केसरो की। ऐड्रैस भी इसी फ्लैट का था।

विनोद : अभिमन्यु घबरा गया होगा। इट्स माई कनसिडरड अपीनियन—

(बिंदु आती है)

राजेश : आओ, बिंदु।

बिंदु : बंसल अंकल भी पहुँच गए।

(अर्चना और तारा चंद अंदर से आते हैं)

अर्चना : दूध तो ले लिया। और कुछ तो नहीं मँगवाया पंडित ने?

तारा : पोटली? फूलों के लिए।

(गोपाल बंसल आता है)

बंसल : हैलो।

राजेश : सर, गुड मारनिंग।

(केसरो लाल पोटली पकड़ाती है)

केसरो : मैं भी चलूँ, छोटी बीबी?

अर्चना : घर में भी तो एक बंदा रहना चाहिए। मिला नहीं हस्पताल का फोन?

केसरो : अभी तक तो नहीं।

(कैलाश आती है)

कैलाश : मुझे तो शालू का फिक्र हो गया है। ख़बर नहीं आई।

अर्चना : तीन घंटे हो गए डिलिवरी रूम में गई को।

कैलाश : ब्लड परेशर की नई बिमारी लग गई, आग जली।

(गोयल आता है)

गोयल : फूल चुन कर, सीधे हस्पताल चलेंगे। तुम और मैं।

विनोद : पहले हस्पताल होते चलो। श्मशान घाट से हम सीधे हरिद्वार चले जाएँगे।

गोयल : बाजवा नहीं आया?

बसंल : अर्चना, एक सूटकेस ले चल। पहनने वाले कपड़ों का। बाकी का सामान, किताबें वग़ैरह, कल टैंपो में उठवा लेंगे।

गोयल : अर्ची, तुम यह फ्लैट छोड़कर जा रही हो?

विनोद : अंकल, मौसी हरिद्वार से लौटकर शिफ्ट कर लेंगी।

गोयल : बाजवा को नहीं लाया?

कैलाश : देर मत करो। शालिनी ने साँस सुखा रखी है मेरी।

गोयल : रुक ज़रा। अस्थियाँ भागी नहीं जा रहीं। लड़के के क़ातिलों से तो निबट लूँ।—राजेश, मैं बताता हूँ तेरा बापू क्यों मेरे सामने नहीं हुआ। चोर है दिल के अंदर। मगर मैं ऐसे मानने वाला नहीं। मुआफी माँगो मुझ से। रिटन अपॉलोजी। बाजवा और गोपाल। तारू, तू भी। मैं आसानी से नहीं छोड़ूँगा। नाम ही तो होता है इन्सान का। जिस पुरुष ने बेइज्ज़ती का बदला नहीं निकाला, दुश्मनों से, वो मर्द कैसा? लिखो मुआफी नामा।

कैलाश : हे परमात्मा! यह झगड़े करने की वेला है?

विनोद : डैडी, डोंट करीएट ए सीन।

गोयल : नो। मैं इस बाजवे के तुख़्म को एक क़दम नहीं उठाने दूँगा जब तक अपना जुर्म क़बूल नहीं करता।

राजेश : वीनू, पिता पर कालिख लगे, तो कोई पुत्र नहीं सहन कर सकता। लेकिन तेरा और मेरा आपस में मन मुटाव नहीं होना चाहिए। सच जान, मैं नहीं चाहता बात आगे बढ़ाऊँ। बेहतर यही है, सीन यहीं ख़त्म कर दें। तेरा क्या विचार है?

विनोद : डैडी, फिजूल ज़िद मत करो। मेरा विश्वास है, मनु की मौत की ज़िम्मेदार है, केसरो।

केसरो : मैं? हाय, मैं मर जाऊँ। **(रोती है)**

विनोद : इस मुल्क ने प्यार मुहब्बत को जुर्म बना रखा है। हज़ारों भोले भाले लड़के-लड़कियों को आत्महत्या करनी पड़ती है। अमैरिका में सेक्स को क्राईम नहीं मानते।

गोयल : नहीं, बेटा। मनु ऐसा बच्चा नहीं था। तू बाजवे की बदमाशी नहीं समझता। मेरा मिनिस्टर बनना वो कभी हज़म नहीं कर सकता। क्यों, राजू? तेरे बापू ने और इस फनियर ने यही चाल सोची मेरी तरक़्क़ी रोकने की? पीठ में डंक मारा।

विनोद : डैडी, आपको हो क्या गया है?

अर्चना : वीनू, चुप करा इनको किसी तरीके। मेरा मनु चला गया। मुझ कर्म-जली को और मत जलाओ।

गोयल : आज मामला साफ करके टलूँगा। बाजवा मुआफी छपवाए अख़बार में। वो मैं पराइम मिनिस्टर के आगे रखूँगा।

राजेश : अगर यह मर्ज़ी है आपकी, तो लो फिर। बैठो, सब। विनोद, शायद यह ठीक ही है। हम दोनों के लिए भला है। बाप के बारे में सच्चाई जानना ज़रूरी है।—ताकि हम दोनों इनकी ग़लतियाँ मत दोहराएँ। हौसला रखना। तेरे डैडी ने मेरे लिए कोई रास्ता नहीं छोड़ा।—शर्त है मेरी एक। अंकल, क्या मैं जिसको जो पूछना चाहूँ पूछ सकता हूँ?

गोयल : पूछ। डरते हैं हम क्या तुझ से?

राजेश : आपको मैं कोई सीधा सवाल नहीं करूँगा। जुर्म का इक़बाल करने के लिए नहीं कहूँगा। मगर गवाहों को सच बोलना पड़ेगा। मेरी कचहरी के अंदर सौगंध उठाने की ज़रूरत नहीं। सिर्फ सच बोलने की जुर्रत चाहिए।

विनोद : गो अहैड।

राजेश : पहला सवाल, वीनू, तुझे।

विनोद : शूट।

राजेश : तू ने अमरीका में पाँच साल पढ़ने का ख़र्च कहाँ से लिया?

विनोद : यू नो इट।

राजेश : फिर भी। नेम द सोर्स।

विनोद : धन्नामल एंटर पराईज़िज़ को इधर डैडी हिंदुस्तानी करंसी देते रहे। वो अमैरिका में मुझे अपना एंपलाई शो करके, डालर देते रहे। तनख़्वाह के तौर पर।

राजेश : फाईन। हिंदुस्तानी करंसी में टोटल तक़रीबन कितना ख़र्च किया तुम ने? मतलब, तुम्हारे डैडी ने कुल कितनी रक़म भेजी डी.एम. ऐंटरपराईज़िज़ के थरू?

विनोद : अबाऊट टैन लैक्स।

राजेश : दो लाख सालाना?

विनोद : हाँ।

राजेश : और गोयल साहिब की तन्ख़्वाह लगभग कितनी होगी?

विनोद : इस से ज़्यादा ही होगी।

राजेश : इतना अनजान मत बन। अस्सी नव्वे हज़ार रुपए सालाना तेरे पिता कमाते थे। उनमें से दो लाख तुझे भेजते रहे। ख़ूब!

विनोद : डैडी के दूसरे एसेट्स होंगे। कमाई के साधन होंगे।

राजेश : तेरे दादा कितना धन छोड़कर गए थे तेरे डैडी के लिए?

विनोद : शायद कुछ भी नहीं। डैडी पाँच बरस के थे जब दादा जी मर गए। दुकान बंद करनी पड़ी।

गोयल : सो व्हट? आई ऐम ए सेल्फ मेड मैन।

राजेश : नो नो, गोयल साब। आपका बीच में बोलने का हक़ नहीं।—हाँ तो, मिस्टर विनोद कुमार गोयल, यह दस लाख जो आपको अमरीका पहुँचता रहा, क्या यह क़ानून के मुताबिक़ था?

विनोद : नहीं। क़ानून के ख़िलाफ होगा। तू जानता है, हमारी सरकार को फॉरन ऐक्सचेंज की कितनी क़िल्लत है। लेकिन मैं अकेला हिंदुस्तानी विद्यार्थी नहीं हूँ जिसने यह रास्ता अपनाया।

राजेश : आई नो। तू अकेला नहीं। सब अमीर घरों के लड़के-लड़कियाँ विदेशों की सैर करते हैं काला धन ख़र्च कर। क़ानून तो सिर्फ ग़रीबों के लिए होता है।

विनोद : ओ.के.। ग़ैर कानूनी बात मैंने ज़रूर की। लेकिन बदइख़लाकी नहीं। बदचलनी नहीं। व्हट इज़ इल्लीगल इज़ नॉट ऑलवेज़ इम्मॉरल।

राजेश : ज़रूर। तेरे ख़ानदान को आदत नहीं है कि अच्छे इख़लाक की बारीकियों में उलझे।

गोयल : सवाल पूछ जो पूछने हों। ऊल जलूल बकने की ज़रूरत नहीं है।

विनोद : कीप कूल, डैड। गो ऑन, राजू।

राजेश : थैंक यू, विनोद। अब एक दो सवाल मित्तल साहिब को।

तारा : ऐस.पी. साहिब, मुझे आप मुआफ ही करें।

गोयल : डरता क्यों है तू इतना? तीनों चारों मिलकर भौंक लो जो भौंकना हो। मेरी बारी भी आएगी। एक-एक के चिथड़े उधेड़ूँगा।

राजेश : मित्तल साहिब, आपके जीजा जी ने कचहरी छोड़कर, धन्नामल कॉलेज की प्रिंसीपलशिप कैसे क़बूल कर ली? आप इस कायापलट के बारे में जो कुछ जानते हैं, सच सच बताइए।

तारा : जीजा जी से पूछ लो। नहीं तो बड़ी दीदी से।

गोयल : मुझे टीचिंग का कितना शौक रहा है हमेशा? तू बता नहीं सकता? तुझे पढ़ाया। अर्चना को पढ़ाया। अपने बच्चों की तरह। कैलाश को दसवीं से बी.ए. तक पढ़ाया था। बक दे तो। और बता, बाजवे ने कैसे मेरे अगेंस्ट चुग़ली की मुहिम शुरू कर रखी थी। हर शराब की महफिल में मेरे पर झूठे इलज़ाम थोपता था—घूसख़ोरी के। रिश्वत के। कचहरी के मुक़ाबिले प्रिंसीपल बनना स्वर्ग था। वो भी एक नए कॉलेज का प्रिंसीपल। जो कॉलेज को बीज से शुरू करके, फूलता हुआ, फलता हुआ, दरख़्त बना सकता था।

राजेश : अंकल या आप बोल सकते हैं या मैं। अभी भी मौक़ा है। क्लोज़ करें यहीं केस?

बंसल : दैट्स इनफ्फ, राजेश। अर्चना, उठा सूटकेस। निकल इस दानव के किले से।

गोयल : ठहर, अर्चना। मुझे गालियाँ निकलवा कर, तू फुर्रर नहीं उड़ सकती। मैं इनके लुच्चेपन की तह तक पहुँचूँगा।

राजेश : ऐज़ यू पलीज़।—हाँ, ताराचंद जी, बताइए। गोयल साब का सेठ धन्नामल से क्या सौदा हुआ था? क़िस्सा शुरू से सुनाना।

तारा : दीदी, बता दूँ?

कैलाश : मेरी बला से जो मर्ज़ी करो। मैं चली शालू के पास।

अर्चना : मैं भी चलती हूँ।

गोयल : सिर्फ दस मिनट और। बोल, तारू।

तारा : अच्छा, आज बात खुल ही गई है तो—। विनोद, मुझे सेठ धन्नामल के दामाद सरूपसिंह ने आप पूरा क़िस्सा सुनाया था। शराब की बोतल चढ़ा कर। भाई साब को 'शेर का बच्चा' मानता था। ये ज़रा नहीं डरे।

विनोद : किस बात से?

तारा : धन्नामल ने पचास करोड़ का टैक्स चोरी किया। केस लगा इनकी कचहरी। धन्ना मल के दो मुलाज़िम ब्लैक मेल करने पर तुल गए। बोले, "हमें पाँच-पाँच लाख दो। वरना हम सरकारी गवाह बन जाएँगे।" धन्ना मल जाल में फँस गया। सीधा गोयल साहिब के पास आया। सौदा किया : "जितनी तन्ख़्वाह आपको पूरी ज़िंदगी में, सरकार से मिलेगी उसका दस गुना मैं पहले ही दे दूँगा। जिस रूप में चाहो। यह नौकरी छोड़ दो। मैं कॉलेज खोल देता हूँ। प्रिंसीपल बन जाना। लेकिन पहले अपने हाथों पूरा

केस ख़ारिज करो। ख़ारिज भी ऐसे तरीके, सरकार पचास करोड़ में से, एक धेला वसूल न कर सके।''—भाई साब ने सौदा मंज़ूर कर लिया। सिर्फ एक मदद माँगी। ''किसी तरह दोनों गवाहों का ख़ात्मा करो।'' तरीका भी इन्होंने सुझाया।—हैडक्लर्क और कैशियर के लिए फस्ट क्लास में बर्थ रिज़र्व करा दिए। कहा, ''पाँच-पाँच लाख कैश हमारी कलकत्ता ब्रांच से वसूल कर लो। और धन्नामल ऐंटरपराईज़िज के पक्ष में स्टेटमेंट साइन कर दो।''

बिंदु : उन्होंने कर दिए साईन?

तारा : दोनों कलकत्ता कभी नहीं पहुँचे। उनकी जगह पहुँचे दूसरे आदमी, जो गाड़ी में सफर करके गए थे।

विनोद : कैशियर और हैड क्लर्क का क्या हुआ?

तारा : फरीदाबाद स्टील मिल की भट्टी में! बाल तक नहीं बचा!

गोयल : बकवास! लाइज़! हंड्रड परसेंट फालसहुड। बाजवे ने घड़ी यह कहानी?

तारा : क़सम है मुझे अपने रवि की। सरूप सिंह ने खुद सुनाया मुझे पूरा क़िस्सा।

बंसल : यूनिवर्सिटी के किसी बंदे से पूछ लो। सब जानते हैं गोयल दी गरेट को। कोई इनके मुँह पर न कहे। मगर सच बच्चा बच्चा जानता है।

बिंदु : पचास करोड़ बचा लिया धन्नामल ने?

तारा : पूरा। उसी का तो कॉलेज बना। और भाई साब की छोटे शिमले में कोठी। और यह फ्लैट। और विनोद की अमरीका की पढ़ाई।

राजेश : थैंक यू, मित्तल साहिब।

विनोद : डैडी, इज़ दिस ट्रू?

राजेश : एक सवाल केसरो को?

केसरो : मैं कुछ नहीं जानती।

राजेश : घबरा मत। सच बोल। यह नौकरी जाती है तो जाए। मेरी सलोनी को खेलाना।

विनोद : आपका सारा कैरियर क्रप्शन पर खड़ा है?

राजेश : तीन बरस पहले, अर्चना आंटी होस्टल में चले गए थे?

केसरो : हाँ।

राजेश : क्यों?

केसरो : उससे पूछ।

राजेश : तू घर में रहती है। तू बता।

केसरो : मुझे कुछ नहीं मालूम।

राजेश : मालूम तुझे सब है। मैं याद दिलाता हूँ। वजह थी तुम।

बंसल : केसरो? कैसे?

अर्चना : मेरे बारे में उलटा सीधा बका, तो तेरी जीभ जल जाए।

राजेश : तीन साल पहले भी तू ने बच्चा निकलवाया था?

केसरो : झूठ है।

राजेश : क्लीनिक का रजिस्टर झूठ नहीं बोलता। मैं बताता हूँ तुझे अर्चना के रूठकर जाने का कारण।—अर्चना, घर में दूसरी सौत नहीं सह सकती थी।

कैलाश : राजू, बकवास बहुत हो गया।

राजेश : आंटी, आप महान हो। आपकी सहनशक्ति के आफरीन। अठाईस साल बरदाश्त किया आपने गोयल साब की बेवफाई को। बेहयाई को। लेकिन अर्चना नौकरानी का सौत बनना नहीं सहन कर सकी। ख़ुद बेशक बहन का ख़सम चुराए बैठी रही। पूरी उम्र।

बंसल : एक दिन तो सच बाहर आना ही था। राजेश, बिलकुल सही कहा तू ने। मुझे बुद्धू बनाया। दोनों ने।

गोयल : झूठ के पहाड़ खड़े करके, मेरे ख़िलाफ़, तू यहाँ से ज़िंदा बच निकलेगा?

केसरो : जाने दो, साब। मत उलटी सोचो। कभी न कभी तो भेद खुलता ही। मेरा भाई मोहन चंद सही कहता था। मूर्ख मैं। पापी मैं। जो लोभ में फँस गई। पंद्रह साल लेखे लगा दिए इस टाबर के।—मनु की मौत ने मेरी मूर्खता मेरे सामने लाकर खड़ी कर दी। दूसरी अर्चना निकली मैं।—झूठे सपने लेती रही। कपड़े बरतन धोने आया करती थी। साब ने पक्की नौकरी का झाँसा दे दिया। फँस गई। आज न इधर की रही, न उधर की। ब्याह करा लेती किसी ग़रीब संग। चाहे झुग्गी में बसती। अपना परिवार होता मेरा। नन्हें-मुन्हें होते। क्या मिला मुझे अमीर संग मुँह काला करके? लालच मार लेवे ज़नानी को। लालच खा गया मेरी कोख। तुम बड़े लोगों का क्या बिगड़ेगा? गल गई मैं। ज़िंदगी मेरी तबाह हो गई।—मनु को मैंने बड़ा समझाया। आधी रात। नींद ना आए। मुझे जगाया। बोला, "बड़ी बहन हो। माँ के बराबर। सच बता। गोयल अंकल और मम्मी का क्या रिश्ता है?" मैंने कहा, "राजा, मत दुखी कर अपने आप को। बड़ा होकर, समझ जाएगा। अमीरों के चोंचले हैं, तुम लोगों के। पाप पुण्य कैसा

तुम्हारे वास्ते? बस एक ही फिक्र रहता है सब को। परदा ज़ाहिर न हो। अंदर की असलियत किसी को मालूम न होने पाए।''—मैं समझी दिल बहल गया है। अभिमन्यु में जिगरा हैगा माँ की करतूत क़बूलने का। मुझे बोला, ''सोने जा रहा हूँ।''—तभी पता चला जब धड़ाम से नीचे छलाँग लगा दी। चीख मारी चौकीदार ने नीचे से। मैं हड़बड़ाई उठी। नीचे देखा खिड़की में से। मुझे मनु नहीं दिखा। मुझे नज़र आया मेरा भाई मोहन चंद। वो भी ठीक उसी जगह गिरा था, नीम के पास। गोलियों से बींधा। पाँच बरस पहले। मुझे लगा, मैं अपने भाइयों की लाशों पर खड़ी हूँ। इक्कीसवीं मंज़िल पर। मैं पापिन। मैं लोभिन। भाई खा गई। बच्चे खा गई। भला करती, पीछे छलाँग मार देती। **(ज़ार ज़ार रोती है)**

(ख़ामोशी। टैलीफोन की घंटी बजती है।)

राजेश : केसरो आंटी। फोन उठाओ।

(केसरो जाती है)

विनोद : माँ, क्या यह सच है? डैडी और···

राजेश : लफ्ज़ बलफ्ज़ सच है।

बिंदु : केसरो और गोयल साब के रिलेशन्स के बारे में मनु ने मुझे कई बार बताया था। आई स्वेयर। बल्कि ही सीमड पराऊड ऑफ हिज़ अंकल। मेल शॉविनिज़्म।

विनोद : अर्चना आंटी और डैडी भी···?

राजेश : आंटी, वीनू की डेट ऑफ बर्थ क्या है?

बिंदु : उन्नीस जून?

राजेश : यैस।

बिंदु : पिछले साल मनु ने आपको कार्ड भेजा था न? वो मैं ने चुना था।

राजेश : जवानी में दोस्त बड़ा कुछ शेअर कर लेते हैं। विनोद, तू जिस दिन जन्मा था, सरकारी हस्पताल, संजोली के पास, तेरे बाप और अर्चना ने सुहाग रात मनाई थी। छोटे शिमले। यह गोयल साहिब ने मेरे डैडी के पास बोस्ट किया था। हस विजय के नाम पर जाम चढ़ाए थे।

(केसरो आती है)

केसरो : हस्पताल से फोन है।

कैलाश : क्या बताया?

केसरो : आपको बुलाया है। **(कैलाश जाती है)**

राजेश : अभिमन्यु का क़ातिल, हरद्वारी लाल गोयल, तू आप है। तू और अर्चना।

(वक़्फ़ा)

बंसल : अर्चना, उठाओ सूटकेस। सुबह का भूला संध्या को घर लौट आए, तो भूला नहीं मानते। हमारा बेटा तो गया। बाकी ज़िंदगी संभालें। बच्चा गोद ले लेंगे।

(वक़्फ़ा। कैलाश रोती हुई लौटती है)

तारा : दीदी, क्या हुआ?

कैलाश : बच्चा मरा हुआ था।

बिंदु : बहन जी का बच्चा?

तारा : शालू?

कैलाश : बेहोश पड़ी है।

राजेश : कोमा?

बंसल : आइम सॉरी।

कैलाश : ब्लड परेशर एकदम बढ़ गया।

तारा : जल्दी चलो।

राजेश : हम नीचे जा रहे हैं।

बंसल : **(केसरो को)** अर्चना का सूटकेस लाओ।

(अर्चना अंदर जाती है)

तारा : आओ, बिंदू।

(राजेश, गोपाल बंसल, तारा चंद और बिंदु जाते हैं)

गोयल : वीनू, पूरे का पूरा झूठ बका। तीनों ने।

विनोद : माँ, एक मिनट रुकना। **(अंदर से सूटकेस लाता है)**

गोयल : बाजवे बदमाश की एक मत मानना। कैलाश, मुझे बरबाद करने की चाल है।

कैलाश : सूटकेस क्यों उठाया?

विनोद : **(आँसू पोंछ कर)** मम्मी, मैं जा रहा हूँ।

गोयल : कहाँ?

विनोद : मुड़कर कभी इस बंदे का मुँह नहीं देखूँगा। मेरा बाप मर गया। मेरा रब मर गया। काश, मैं आपके लिए कुछ कर पाता! कितना दुःख झेला आपने। आज मेरे जैसा बदकिसमत बच्चा कोई नहीं होगा, इस धरती पर। एक कोढ़ी का बेटा भी मेरे से ज़्यादा सुखी होगा। बेचारा अभिमन्यु। किस आग में से गुज़रा होगा, जब पता चला होगा, माँ के बारे में। मुजरिम मौसा के बारे में। कायर! मनु

कायर निकला! अपनी हत्या कर ली। करनी चाहिए थी इस भेड़िये की हत्या। नीचे इस शैतान को गिराना चाहिए था। किसी तरह मैं इस कोढ़ी की दी हुई काया से छुटकारा पा सकता। भगवान करे, मैं अभी पुर्ज़ा पुर्ज़ा होकर बिखर जाऊँ। इस आदमी के ख़ानदान का कैंसर भरा ख़ून मेरी रगों से निकल जाए। मैं क्या करूँ, भगवान, मैं क्या करूँ? मुजरिम बाप को अपने दिलो दिमाग़ से निकाल कर कैसे फेंकू? मनु, तू ने अच्छा किया। इस आदमी संग जुड़कर, ज़िंदा रहना मुश्किल है। तू एक झटके में इस यमदूत से मुक्ति पा गया।

कैलाश : बेटा, मेरा अब यहाँ क्या रखा है? मैं भी तेरे साथ चलूँगी। सारी ज़िंदगी इसने मेरी जीभ जकड़े रखी। अब तो मेरे बंधन तोड़।

गोयल : बीनू, यों मुझे क़त्ल करके मत जा। मेरे दुश्मनों की शहादत मान कर, मुझे इतनी कड़ी सज़ा मत दे। **(आगे होकर रोकता हुआ)** मैं नहीं जाने दूँगा। पहले मेरा पक्ष सुन।

विनोद : क़ातिल, पीछे हट। वरना पता नहीं, मैं तेरा क्या कर दूँ।

गोयल : कैलाश, तू मना किसी तरह। मेरा बेटा मुझ से मत छीन।

कैलाश : सौ दिन चोर के, एक दिन साधु का। बहुतेरी मनमर्ज़ी की तू ने। अब तो अपने पुत्र को तेरी परछाई से बचाऊँ। चल, वीनू।

गोयल : वीनू, मुआफ कर दे मुझे। मैंने जो कुछ किया, तेरे लिए किया। शालू के लिए किया। मेरा और कौन है दुनिया के अंदर? जो कुछ है सब तेरा है। कितने साल और जीना है मुझे? "नदी किनारे रूखड़ा, आज उखड़ा, कल उखड़ा।" बुढ़ापे में मेरी हड्डियाँ मत बिखेर। मैं किसका मुँह देखकर जिऊँगा?

विनोद : मम्मी, उतरो नीचे।

गोयल : मिन्नत मान मेरी। वीनू, तू नहीं जानता ग़रीबी क्या होती है। पैसे के बग़ैर इन्सान का कोई अपना नहीं बनता। न बहन, न भाई। न चाचा, न ताया। सब रिश्ते पैसे सहारे खड़े हैं। ठीक है, धन्नामल की मैं ने मदद की। लेकिन क्यों?—पाँच साल का था मैं, जब मेरे बाप ने अफीम खा ली। ख़ुदकुशी कर ली। हाँ, यह सच है। बीमारी से नहीं था मरा तेरा दादा। मैंने और माँ ने सच को सदा छिपाए रखा।—व्यापार में घाटा पड़ गया। दीवाला लगा था देने। अफीम का गोला खा के सो गया। और हमें दर दर की भीख माँगने के लिए छोड़ गया। माँ बेटे को। विनोद, तुम ने मेरे जैसी ग़रीबी झेली होती तो यों मुझे नफरत न करता। सोच, कैसे

काटा होगा मैंने बचपन? कैसे जुटाए होंगे पैसे पढ़ाई के लिए। अख़बार बेचे। ट्यूशन पढ़ाई। मुनीमी की। और मेरी माँ? विधवा माँ। दिन-रात मशीन चलाती। पड़ोसियों के बच्चों की फ्राकें सिलती। पंसारियों के दाल मसाले साफ करती। मेरा दसवीं जमात का दाख़िला, पता है, मेरी माँ ने कैसे इकट्ठा किया था? चाचे मुकर गए। ताए मुकर गए। कोई न आया माँ की मदद को।···मंदिर के पुजारी की मिन्नत की। डेढ़ सौ रुपए लाई।··· और कई रात···कई रात माँ···पुजारी की कोठड़ी में काटती रही। क़र्ज़ उतारती रही। मैं सब समझता था। सब देख रहा था। लेकिन बेबस था। बेसहारा था। सिर्फ एक प्रण पक्का किया : "हर तरीके से ग़रीबी से छुटकारा लूँगा। अपने बेटे-बेटियों को अपने जैसी ज़लालत में नहीं गिरने दूँगा।"—होश कर, बेटा। शुक्र कर, मैंने अपनी अक़्ल से धन कमाया। तुझे अमेरिका में पढ़ाया। ग़रीबी के कोढ़ से बचाया।

विनोद : लोगों के बारे में सुनता आया था। बेईमानी से धन कमाते हैं। बदचलनी से ऐश लूटते हैं। यह नहीं था मालूम, मेरा अपना बाप नरक का कीड़ा है। कैसे काटूँगा मैं पूरी ज़िंदगी? ऐसे बाप की याद कैसे उखाड़कर फेंकूँ अपने दिमाग़ के अंदर से? कौन सी ज़हर खाऊँ जिस से गोयल ख़ानदान की प्लेग मेरे माँस से धुल जाए? जी करे, गोली मारूँ। पहले तेरे, फिर अपने।

गोयल : न, बेटा। तिरसकार मत मुझे। दुत्कार मत मुझे। मैं बुरा सही। मगर बाकी लोगों से ज़्यादा बुरा नहीं। तू अभी अनजान है। भोला है। दिखा मुझे कोई करोड़पति जिसने ईमानदारी बरत के धन इकट्ठा किया है। कोई वज़ीर, सियासतदान, बड़ा अफसर, जिसने रिश्वत के बग़ैर रुतबा लिया है। कुन्बा पाला है। सब परदे की बातें हैं। किसी बदक़िस्मत का परदा खुल गया। मेरे जैसे का। एक परसेंट कमज़ोर का। बाकी निन्यानवे फीसदी उसी तरह ऐश करते हैं। घूस लूटते हैं।—ठीक है, मैं मानता हूँ, मैंने ग़लती की। मुझे इतना कमज़ोर नहीं था होना चाहिए। शरीर की ज़रूरतों के आगे, ख़्वाहिशों के आगे, मुझे नहीं था झुकना चाहिए। मगर, बेटा, मैं देवता नहीं हूँ। फरिश्ता नहीं हूँ। मैंने ख़ुदा होने का कभी दावा नहीं किया। मुझे इतनी सख़्त सज़ा मत सुना। रहम कर। मेरी कमज़ोरी की वजह समझने की कोशिश कर। वजह थी मेरी मुफलिसी। मेरा अभाव मारा बचपन। अपने

बच्चों को ग़रीबी के कैंसर से बचाने की मेरी लालसा। विनोद, मिन्नत मान मेरी। घर छोड़कर मत जा। मुल्क छोड़कर मत जा। तू कहे तो, मैं संन्यास ले लेता हूँ। तू रह यहाँ। अपनी माँ के साथ।

केसरो : बदबू कैसी? जल रहा है कहीं कुछ। धुआँ हमारी रसोई से आ रहा है क्या? **(जाती है)**

गोयल : एक बार कह दे मुँह से—तू ने मुआफ किया मुझे।

विनोद : मुआफ? अभिमन्यु के क़ातिल को मुआफ कर दूँ? अर्चना के बलात्कारी को मुआफ कर दूँ? अपनी माँ के अत्याचारी को मुआफ कर दूँ? —रत्ती भर शर्म बाकी हो जो तेरे अंदर, जहाँ अभिमन्यु गया है, वहीं तू पहुँचे। सुना रहा है वजह मुझे बदकारी की। रिश्वतख़ोरी की। हर बदचलन के पास कोई न कोई वजह होती है। जिस ग़रीबी ने तुझे बेईमान बनना सिखाया, वो ग़रीबी तुम्हें ईमानदार बनना भी सिखा सकती थी। अगर मैंने बचपन में दुःख झेले हों, मेरी यह कोशिश भी हो सकती है, पूरी ज़िंदगी, दूसरे बच्चों का बचपन सुखी बनाने में लगा दूँ। किसी कमज़ोर लड़की का, किसी मासूम लड़के का, जीवन तबाह न करूँ। धन्नामल के पास बिकने के लिए, परिवार को वजह मत बना। अपनी बदचलनी हमारे सिर मत मढ़। हर बेईमान तेरी तरह यही कहता है, "मैंने बीवी के कारण घूस ली। बेटे की पढ़ाई के लिए रिश्वत माँगी। बेटी की शादी के लिए गबन किया।" जैसे संसार में सिर्फ तेरे बेटे बेटियाँ ही हों। करोड़ों ग़रीबों के बेटे-बेटियाँ तेरी किसी गिनती में नहीं—जिन ग़रीबों के पिंजरों पर तेरी यह इक्कीसवीं मंज़िल बनी है। तेरे जैसे बच्चाख़ोर दैत्य से मैं दूर भला। आज से, तू मेरे लिए मर गया। मैं तेरे लिए मर गया।—चल, माँ। **(तीखा सायरन बजता है)** सायरन? सायरन कैसा?

कैलाश : तीस जनवरी है आज। गांधी जी के मरने पर सायरन बजा करता है।

(केसरो आती है)

केसरो : अर्चना!!!

विनोद : क्या हुआ?

केसरो : जल गई!!!

विनोद : व्हट?

कैलाश : हाय राम!

केसरो : रसोई में! तेल छिड़का!

कैलाश : आग लगा ली?

विनोद : गुड गॉड!

(विनोद, कैलाश, केसरो भागकर जाते हैं। गोयल बिना हिले खड़ा है। दरवाज़ा तोड़ने की आवाज़ें : ''आंटी! अर्चना! दरवाज़ा खोल! अर्ची!!!'' ख़ामोशी। तीनों मुड़ते हैं।)

कैलाश : अर्ची! यह क्या किया तू ने!

विनोद : पूरी जल गई।

केसरो : गैस खोल ली।

विनोद : पिंजर रह गया।

कैलाश : मेरी लाडली! यह क्या किया!

विनोद : **(केसरो को)** राजेश को बुला।—दानव, चल। देख अपनी करतूत। **(गोयल खिड़की से छलाँग मारता है)**

केसरो : बाबू जी!

कैलाश : हाय मैं मर गई!

विनोद : डैडी!!!

कैलाश : मैं उजड़ गई! हाय मैं लुट गई! वीनू, यह क्या कहर टूट पड़ा! बेटा, मैं लुट गई! **(रोती है)**

विनोद : **(बाहों में लेकर)** धीरज धर, माँ! अभिमन्यु ने बदला ले लिया!

(अँधेरा)

(परदा)

—समाप्त—

(पहला प्रालेख : मार्च, 1987)

22

एकलव्य बोला

सलोनी उर्फ शहनाई सिद्धू तनेजा

को

जो हर काम आपे-आपे करती है

नाटककार की तरफ़ से

नाटक लिखना कठिन है। बच्चों के लिए नाटक लिखना और भी कठिन है। इसीलिए मैंने अपने 'एकलव्य' को कई पड़ावों में से गुज़ारा है।

मेरे अभी तक खेले गए बाईस नाटकों में से 'एकलव्य बोला' पहला नाटक है जो मैंने किसी के कहने पर लिखा था। ख़ास मौक़े के लिए लिखा था। इसी कारण, इसके अच्छे होने पर मुझे अरसे से शक रहा है।

मेरे वास्ते अच्छे नाटक की पहली कसौटी है कि वह लेखक के निज का प्रक्टाव हो। आपे की उपज हो। स्वाभाविक वलवला हो।

1985 में हमने 'एकलव्य' का छोटा रूप खेला। दर्शकों ने पौना घंटा स्वाद लिया। और इसके कई पहलुओं को सराहा। इसके बाल कलाकारों का जोश नाटक के सफल होने का पक्का सबूत था।

चार साल के बाद, इसको कॉलेज की लड़कियों ने खेला—और इनाम जीते। नाटक का मूल रूप सही था। इस को बेहतर बनाने पर मैंने कुछ और सोच व मेहनत ख़र्च की। 1989 में हाथ वाला बढ़ाया हुआ प्रालेख तैयार किया। तीन बरस बाद पूरा नाटक मंच पर परखा। अब यह हर पक्ष से कामयाब कृति दिखी। मोगा के एक पब्लिक स्कूल की प्रिंसीपल ने भी अपने विद्यार्थियों से खेलवाया। उन्होने 'एकलव्य बोला' के सफल होने की पुष्टि की।

बच्चों के लिए बनाया हुआ यह मेरा पहला नाटक है। इसको गढ़ते वक़्त कुछ पहलुओं का मैं ने ख़ास ख़्याल रखा है। इसका विषय और बनावट सादा हैं। बच्चे आसानी से समझ सकते हैं। शिक्षा इस के अंदर है मगर इतनी बोझल नहीं। बच्चों की अपनी समस्याएँ हैं—घर, स्कूल और समाज से संबंधित समस्याएँ। बच्चों के इर्दगिर्द को, नित्य प्रति के जीवन को, चित्रित करता है 'एकलव्य'।

पिछले पंद्रह बरसों में मैं ने 'एकलव्य बोला' को अपने आपे की गहराई से जोड़ने का यत्न किया है। और मज़े मारे हैं।

उम्मीद है, दूसरे बच्चे भी इस नाटक को पढ़कर, खेल कर, उतना ही आनंद प्राप्त कर सकेंगे जितना आनंद हमारे ओस पड़ोस के बच्चों ने प्राप्त किया।

इला अपार्टमेंट्स (ए 104)
बी-7, वसुंधरा ऐनक्लेव
दिल्ली-110096

चरणदास सिद्धू

निर्देशक की ओर से

अच्छे कामदी नाटक कम हैं। सार्थक अच्छे कामदी नाटक तो और भी कम हैं। विशेषकर, बच्चों के नज़रिए से लिखे गए कामदी नाटक।

'एकलव्य बोला' नवयुवकों और बुड्ढ़ों के, छात्रों और अध्यापिकों के, बच्चों और माँ-बाप के, बीच में घटने वाले शाश्वत टकराव को नाटकीय रूप देने की कोशिश करता है। एक बार तो बच्चे विजयी होते हैं। और हम उनकी विजय पर ख़ुश होते हैं।

यह नाटक एक संदेश देता है। परंतु इसका संदेश कभी भी भारी नहीं पड़ता। हँसी-हँसी में, यह आलेख शिक्षा की सामान्य-बुद्धि परिभाषा को रेखांकित कर जाता है। सच्ची शिक्षा के लिए डिगरी या डिपलोमा होना लाज़िमी नहीं है। शिक्षा तो जीवन की शागिर्दी है—कक्षा के बाहर के जीवन की शागिर्दी। एक विद्यार्थी के लिए उसका सबसे असरदार अध्यापक है उसकी अपनी शिक्षा ग्रहण करने की तीव्र इच्छा। हर छात्र के लिए एकलव्य बनना अनिवार्य है।

मेरे इस नाटक के लेखन और निर्देशन के पीछे है मेरा प्रतिदिन का अध्यापक और पिता होने का तजरबा। 'रंगमंच द्वारा शिक्षा' अथवा 'शिक्षाप्रद रंगमंच' मेरे जीवन का मुख्य ध्येय है।

मुझे विश्वास है—''एकलव्य बोला' दर्शकों के लिए सुबुद्धिपूर्ण मनोरंजन साबित होगा—जैसा कि यह बरसों से हमारे पड़ोस के बच्चों के लिए साबित हुआ है।

हंसराज कॉलेज
दिल्ली विश्वविद्यालय,
दिल्ली-110007

चरणदास सिद्धू

पहला मंचन

'एकलव्य बोला' कॉलेजिएट ड्रामा सोसाइटी, दिल्ली, ने 11 सितंबर, 1992 को श्रीराम सेंटर बेसमेंट में खेला।

कलाकार

प्रिंसीपल इंद्रानी चैटरजी	:	ज्ञानकौर सिद्धू
मास्टर सेखों	:	आनंद मधुकर
मिस टिवाणा	:	वीणा सिद्धू तनेजा
चपड़ासी तिवाड़ी	:	विवेक सिनहा
करोड़पति ट्रांसपोर्ट	:	राजीव कुमार
इसमत ज़ैदी	:	रितु सलिल
रंगा स्वामी	:	रंजीत बहादुर
रितु महाजन	:	रिचा सेठी / अनिता खेमका
कन्हैया कुलकर्णी	:	पंकज अनुराभ
देवाशीश मोहंती	:	ब्रिजेश
सारिका सलिल	:	दीपिका सुनेजा
कजली बख़्शी	:	कजली बख़्शी
शहनाई सिद्धू तनेजा	:	मीता ओबराए
विद्यार्थी	:	सलोनी तनेजा, अलपना महता, आरती, मोहित ओबराए, सुमित हंस
संगीत	:	वीणा (**हारमोनियम**), बौनी (**सिंथेसाईज़र**), पंकज अनुराभ (**तबला**), नूपुर सिद्धू माथुर।

परदे के पीछे

मंच सज्जा	:	राजकुमार साहनी
प्रकाश	:	रवि तनेजा
शृंगार	:	प्रमिला सिद्धू साहनी
वस्तुएं	:	पंकजा सिद्धू गोयल
वस्त्र	:	ज्ञान कौर सिद्धू
फोटोग्राफी	:	डॉ. यशपाल ओबराए
वीडियो रिकॉर्डिंग	:	रबिंद्र नारायण माथुर
निर्देशन	:	डॉ. चरणदास सिद्धू

नोट : 'एकलव्य बोला' का पहला छोटा रूप 1 दिसंबर, 1985 को वीणा सिद्धू तनेजा के निर्देशन में कमानी हॉल, नई दिल्ली, पंजाबी अकादमी के बाल नाटक समारोह में पेश किया गया। डॉ. प्रभजोत कौर कुलकर्णी ने विवेकानंद कॉलेज, नई दिल्ली, की छात्राओं से छोटा नाटक 22 दिसंबर, 1989 को खेलवाया।

पात्र

मिस जे. इंद्रानी चैटरजी	:	प्रिंसीपल, उम्र 40 साल
सोहन सिंह सेखों	:	साइंस मास्टर, 30
मिस दिलदार कौर टिवाणा	:	इंग्लिश टीचर, 25
कीमती लाल तिवारी	:	चपरासी, 40
अवतार सिंह ट्रांसपोर्ट	:	करोड़पति, मेयर, 45
इसमत ज़ैदी	:	बारहवीं जमात, ऐडीटर, 17
रंगा स्वामी	:	बारहवीं जमात, मॉनीटर, 17
रितु महाजन	:	ग्यारहवीं जमात, 16
कन्हैया कुलकर्णी	:	दसवीं जमात, 15
देवाशीश मोहंती	:	नवीं जमात, 14
सारिका सलिल	:	आठवीं जमात, 13
कजली बख़्शी	:	चौथी जमात, 9
शहनाई तनेजा	:	के.जी., 4

× × ×

समय : आजकल

स्थान : गांधी मेमोरियल स्कूल, दिल्ली

× : × ×

पहला अंक

समूह गान

(1) एकलव्य हम आज के,
काम हमारा पढ़ना।
शिक्षा की चोटी पर प्रतिदिन
सीढ़ी सीढ़ी चढ़ना।।

(2) मेहनत करें, लग्न लगाएँ
सीखें बातें नई नई।
न घबराएँ, बेशक आएँ
अड़चन राह में कई कई।।

(3) मात पिता की सोच पुरानी
हम सोचें कुछ और।
नए हौसले, नई मंज़िलें,
नया चलाएँ दौर।।

(4) गुरु सदा न सच्चा होवे,
हो सकता है झूठा।
कोई न द्रोणाचार्य हमारा
काट सके अँगूठा।।

एकलव्य हम आज के
काम हमारा पढ़ना।
शिक्षा की चोटी पर प्रतिदिन
सीढ़ी सीढ़ी चढ़ना।।

दृश्य 1

('गांधी मेमोरियल स्कूल, दिल्ली'। कैंटीन के पास बेंच, कुर्सियाँ, पौधे। रिसेस की घंटी। बच्चों का शोर। रोटी का डिब्बा पकड़े, इसमत आती है, रोती, दुखी। बेंच पर बैठती है। शोर नज़दीक आता है। कैंटीन से आवाज़ें। रंगा स्वामी डिब्बा खोले, इडली खाता हुआ, आता है)

रंगा : इसमत! तुम क्या लाई हो आज खाने के लिए?··अरे! तुम ने तो डिब्बा खोला तक नहीं। इडली खाएगी?··माई गॉड! तुम तो रो रही हो?··क्या हुआ? साइंस मास्टर ने तुम्हें भी धमकी दी? स्कूल से निकालने की?··बोल न। डर गई तुम?

इसमत : क्या कह रहे थे सेखों सर? सज़ा देंगे टीचर हमें?

रंगा : सज़ा देने की हिम्मत नहीं कर सकते स्कूल वाले। उलटी इनकी और बदनामी होगी। आजका अख़बार देखा तुमने?

इसमत : नहीं। और लैटर छपे हैं हमारे लैटर की सप्पोर्ट में?

रंगा : मेरी बुद्धू इसमत ज़ैदी! तुम ने अभी तक अख़बार भी नहीं देखा? पकड़ कटिंग।

इसमत : एडीटोरियल!!!

रंगा : येस! और पाँच के पाँचों लैटर हमारी फेवर में हैं।

इसमत : पटेल महाविद्यालय, टैगोर स्कूल, इसलामिया स्कूल, दयानंद मॉडल स्कूल, जैन कन्या महाविद्यालय।

रंगा : मेरी पड़ोसिन मिसिज़ रीटा कोठारी ऐडीटोरियल में तेरी प्रशंसा पढ़कर तेरे पर आशिक हो गई। घर आई हमारे। कहती, इसमत ज़ैदी से मिला। बहादुर जीनियस लगे यह लड़की। इसको ऐजूकेशन मिनिस्टर लगाना चाहिए। हिंदुस्तान के टीचरों को सीधा कर देगी।

इसमत : चिट्ठियाँ भी अलग-अलग स्कूलों से हैं।

रंगा : पूरी क्लास ने मिलकर लिखीं हैं। हमारी तरह सबने एक जैसे साईन किए हैं।

इसमत : टैगोर स्कूल के एकलव्य!

रंगा : इसलामिया स्कूल के एकलव्य!

इसमत : ऐडीटोरियल का हैडिंग भी ख़ूब है—एकलव्यो वाच! दस्स स्पेक एकलव्य!

रंगा : करें जुर्रत अब सेखों सर हमें सज़ा देने की।

इसमत : क्या धमकी दी सेखों सर ने?

रंगा : सेखों की माशूक़ मिली मुझे बरामदे में।

इसमत : मिस टिवाणा तो सेखों सर का पक्ष लेगी ही।

रंगा : जिधर मेढ़ा, उधर भेड़।

इसमत : लेकिन जिस घटना का तुम्हें सब से ज़्यादा ख़तरा था, वो तो नहीं घटी।

रंगा : कौन सी?

इसमत : प्रिंसीपल साहिबा ने तो मुझे बुलाया नहीं। तुम तो कह रहे थे, हमारा ख़त छपते ही, मिस चैटरजी हमें क्लासों से ससपैंड कर देंगी।

रंगा : यह तो मिस चैटरजी के घटिया प्रिंसीपल होने का सब से बढ़िया प्रूफ है। हमारी ऐलीगेशन के सच्ची होने का पक्का सबूत है।

इसमत : कैसे?

रंगा : स्कूल की सारे मुल्क में चर्चा हो रही है। हमारी चिट्ठी ने टीचरों की धज्जियाँ उड़ा दीं। न्यूज़पेपर ऐडीटोरियल लिख रहे हैं। लेकिन हमारी बहरी प्रिंसीपल के कानों में मक्खी तक नहीं भिनभिनाई।

इसमत : हाँ, मुझे याद आया। दशहरा आ रहा है। अब पूरा महीना चैटरजी को होश कहाँ?

रंगा : दैट्स राईट! पूजा हॉलीडेज़ होने वाली हैं। दुर्गापूजा ऑरगेनाइज़ करने में दिन-रात लगा रही होंगी।

इसमत : और उसकी तरफ से, हमेशा की तरह, स्कूल जाए जहन्नुम में।

रंगा : लेकिन, फरिश्ता-ए-जहन्नुम की पोती, सच्च बता, रो क्यों रही थी?

इसमत : मैं क्यों रोऊँगी?

रंगा : मेरे से छिपाने का क्या फायदा? मेरे से तेरे घर का क्या छिपा है? और तेरे से मेरे घर का क्या छिपा है? बारह साल हो गए इकट्ठे

हँसते रोते। इस क़साईवाड़े में। बोल, किसने डाँटा आज? अब्बा ने? कि इमाम साहिब ने?

इसमत : डाँटने वाली बात होती तो क्या था?

रंगा : ज़्यादा सीरियस हो गया कुछ?

इसमत : यू आर लक्की। तुझे तो तेरे घर वाले कॉलेज में पढ़ाएँगे। लेकिन मेरा आगे पढ़ना नामुमकिन लगता है। बारहवीं मुश्किल से पास कराएँगे। ज़िंदगी की सब ऊँची उम्मीदें तबाह हो रही हैं।

रंगा : अभी से इतनी मायूस हो रही हो? अभी तो ट्वैल्फथ के छः महीने बाकी हैं। कॉलेज में पढ़ना तुम्हारा तो आसान है। तुम होशियार हो। मैरिट लिस्ट में नाम आएगा। तुझे वज़ीफा मिल जाएगा। यारों की सोच। जो खींच तान करके मुश्किल से सैकिंड क्लास बनाएँगे।

इस्मत : वज़ीफे तो बंदा तब जीते अगर घर में पढ़ने का मौक़ा मिले।

रंगा : हर वक़्त तो किताबों से चिमटी रहती हो। दीमक की तरह। और कौन सी घर वाले तुम्हें लाइब्रेरी ख़रीद कर दें?

इसमत : लाइब्रेरी ख़रीद कर देने वाले दिन नहीं थे जन्मे मेरे अब्बू और अम्मी। आपस की लट्ठबाज़ी बंद हो तभी तो बच्चों के बारे में सोचें।

रंगा : ताज़ा जंग छिड़ गई?

इसमत : जंग बंद हीं कब हुई थी? रंगा, दूसरी बुराइयाँ बंदे के अंदर बेशक लाख हों। बंदा बुज़दिल न हो। कायर न हो।

रंगा : वैरी करैक्ट। हौसला ज़रूर चाहिए इन्सान के अंदर। लेकिन, फिलॉसफर साहिबा, काटैक्स्ट क्या है इस ग्रेट अब्ज़र्वेशन का?

इसमत : अब्बा ने शादी करते वक़्त बुज़दिली दिखाई। दादा जान का हुक्म नहीं टाल सके। ताऊ की बेटी से निकाह पढ़वाने के लिए राज़ी हो गए। लेकिन ज़िंदगी भर का सुख तबाह कर लिया। अपना भी और मम्मी का भी और हम पाँचों बहनों का भी। हर वक़्त कुढ़ते हैं। चिढ़ते हैं। मम्मी सिर्फ आठवीं पास हैं। कट्टर मुसलमान हैं। नौकरी नहीं कर सकते। दादा जान परदे से निकलने की इजाज़त भी कभी नहीं थे दे सकते। अकेले पापा की इन्कम इतनी नहीं है कि घर का ख़र्च चल सके। सो, हर समय मम्मी को कहते हैं : "मैं ऐम.ए. पास से शादी कर सकता था। तू ने तबाह की मेरी ज़िंदगी।"

रंगा : अब क्या हो सकता है? जिस तरह पहले बीस साल इकट्ठे

बिताए हैं, उसी तरह और पंद्रह साल निकाल लें।

इसमत : नहीं। मैं इस झूठी शादी के हक़ में नहीं। इससे तो बेहतर था, तलाक ले लेते। बरसों पहले।

रंगा : तलाक तुम सही समझती हो?

इसमत : रोज़ की लड़ाई से तलाक सौ गुना अच्छा है।

रंगा : तेरे दादा इजाज़त दे देते?

इसमत : दादा जान ने ही तो सब को एक ही पिंजरे में क़ैद किए रखा हे। वरना मम्मी डैडी कब के उड़कर अलग घौंसले बना लेते।

रंगा : इसका मतलब, मौलवी की पोती होना काफी ज़हमत है।

इसमत : ज़हमत क्या थोड़ी है? ख़ानदान की झूठी शान ने, मज़हब के सड़े गले उसूलों ने, बच्चों का जीना हराम किया हुआ है।

रंगा : तुम ख़ैर मनाओ। तेरे डैडी इन्सान तो हैं। कट्टरपंथी नहीं। दिल से गुलाम नहीं। ज़िहन तो आज़ाद है। मेरे मम्मी डैडी की भांति, बाबा संग तो नहीं ब्याहे हुए।

इसमत : जा रहे हैं दोबारा आश्रम? अक्तूबर की छुट्टियों में?

रंगा : और क्या? घर में कौड़ी नहीं। कापियों किताबों के वास्ते पैसे नहीं देते। फीस मैं दो-दो महीने बाद जमा कराता हूँ। लेकिन डैडी 'बाबा महाराज' पर रकमें ज़रूर फूँकेंगे। डेरे ज़रूर नाक रगड़ेंगे।

इसमत : तुम्हें आगे पढ़ाने के लिए मान गए?

रंगा : राख और मिट्टी! तेरे वाली हालत मेरी है। अब तो लगता है, पढ़ाई का यह आख़िरी साल है। आ रहे अप्रैल से, नमक तेल की हाँकनी पड़ेंगी। माँ-बाप वहमी हों, अंध-विश्वासी हों, तो बच्चे यों ही ख़्वार हुआ करते हैं। पर करूँ क्या? अपने चारों भाई बहनों पर तरस आता है। आई विश आई कुड हैल्प दैंम। काश मैं उनको डैडी के पाखंड पाठों से आज़ाद कर सकता।

(शहनाई सिद्धू तनेजा आती है)

इसमत : इडली बची है? कि निगल गए सब?

रंगा : डिब्बा भरा पड़ा है अभी तो।

शहनाई : दीदी, आपका नाम इसमत ज़ैदी है?

इसमत : हाँ, जी। और आपका?

शहनाई : शहनाई सिद्धू तेनेजा।

रंगा : शहनाई तो सुरीला नाम है।

शहनाई : मेरे नाना जी ने रखा था।

इसमत : सिद्धू और तनेजा? दोनों गोत्र एक नाम में कैसे समा गए?

शहनाई : सिद्धू मेरे नाना जी, तनेजा मेरे दादा जी।

इसमत : ख़ूब!

रंगा : आप के.जी. में हो?

शहनाई : यैस!

इसमत : पूनम श्रीवास्तव पढ़ाती हैं तुम्हें?

शहनाई : बहुत गंदी है पूनम आंटी। मेरे नाना जी कहते, अपनी इसमत दीदी के पास शिकायत लगाओ।

रंगा : अच्छा?

इसमत : तुम्हारे नाना मुझे कैसे जानते हैं?

शहनाई : अख़बार में आपका लैटर पढ़ा। बहुत ख़ुश हुए। बोले, इसमत दीदी को और रंगा भैया को मेरी शाबाश देना।

रंगा : थैंक यू।

इसमत : नाना जी को हमारा थैंक्यू कहना।

शहनाई : यह रंगा भैया हैं?

इसमत : हाँ। टवैल्फ्थ के मॉनीटर।

शहनाई : आपकी मम्मी इडली बना कर देते हैं?

रंगा : हाँ। तुम खाओगी?

शहनाई : इडली बड़ी स्वाद होती है।

इसमत : पकड़ो। खाओ।

रंगा : पूनम आंटी तुम्हें अच्छी नहीं लगतीं?

शहनाई : नहीं। हर समय बच्चों को डाँटती रहती हैं।

इसमत : क्यों?

शहनाई : बैठी स्वेटर बुनती रहें। न पढ़ाती हैं, न खेलने देती हैं।

इसमत : खेलने क्यों नहीं देतीं? तुम आपस में मिलकर खेलते रहा करो।

शहनाई : मैं ने कहा, ''आंटी, मैं और लवली सी-सौ पर झूलें?'' बोलीं, ''नहीं। चोट लग जाएगी। फिर तेरी मोटी मम्मी आएगी। मेरे से लड़ेगी।'' आज मैं ने कहा, ''आंटी, मैं बंदर देखूँगी। हमें चिड़िया घर ले चलो।''—बोलीं, ''इतनी दूर क्यों जाएँ? सारा स्कूल तेरे जैसी बंदरियों से भरा पड़ा है।''

इसमत : अरे, तुझे बंदरी कहा?

शहनाई : हाँ। पर मैंने आंटी से पूछा : ''पूंछ तो किसी बच्चे के है ही नहीं?'' बोलीं, ''शहनाई, अगर तू इसी तरह शरारतें करती रही, तेरे ज़रूर पूंछ उग आएगी।''

रंगा : मौज बन जाएगी। टपूसी मारी, पूनम की क्लास से बाहर।

शहनाई : दीदी, नहीं उगेगी न मेरे पूंछ?

इसमत : बच्चों के पूंछ नहीं उगा करती।

शहनाई : पूनम आंटी झूठ बोलते हैं न?

रंगा : नहीं। शहनाई जी, टीचर झूठ नहीं बोला करते।

शहनाई : आंटी कहतीं, पूंछ होती है। हनुमान जैसी।

रंगा : हो सकता है, उसके पति की पूंछ हो।

शहनाई : दीदी, पूंछ है पूनम आंटी के पति की?

इसमत : हाँ, शहनाई। बड़ी क्लासों में जाओगी तो तुम्हें पता चलेगा। हर टीचर का हसबंड पूंछ वाला होता है।

(उबासी मारता हुआ, तिवारी आता है। शहनाई बैठकर इडली खाती है)

तिवारी : अच्छा! हंसों की जोड़ी आज इधर बैठी है? मैं पुरानी जगह ढूँढ़ता आया हूँ।

रंगा : तिवारी, तुम्हें क्या ज़रूरत पड़ गई हमारी?

तिवारी : मुझे क्या ज़रूरत पड़ेगी, भई? तुम कौन सी मेरी रामलीला सफल बनाने चले हो? ज़रूरत होगी प्रिंसीपल को या टीचरों को।

इसमत : मिस चैटरजी ने बुलाया हमें?

तिवारी : हाँ, जी। आठवें पीरियड पहुँच जाना दफ्तर। तुम दोनों।

रंगा : वजह क्या है?

तिवारी : **(उबासी लेकर)** वजह है रावण का गधे का सिर! तुम दोनों ने शरारत की होगी। सेखों और टिवाणा दफ्तर में बैठे हैं। तुम्हारे ख़िलाफ बयान दे रहे हैं। अब क्या ऊधम मचाया?

(कजली बख़्शी आती है)

इसमत : हमने कोई ऊधम नहीं मचाया।

तिवारी : यों ही थोड़ी टीचर उबल पड़े तुम्हारे ख़िलाफ? कौन सी शरारत की?

रंगा : टीचरों की लापरवाही के बारे में अख़बार को चिट्ठी लिखी थी। गुनाह है कोई अगर हम कहें : "हमारे जीवन तबाह मत करो। तन्ख़ाह लेते हो। हमें पढ़ाओ।"

कजली : रंगा भैया, हमारा कमरा पूरी बरसात चूता रहा। एक दिन मेरी सारी किताबें भीग गईं। मैंने ढिल्लों आंटी से कहा, कमरे की छत मरम्मत करवाओ। बोलीं : "तू इंजीनियर लगी है? बड़ी फिक्र तुझे कमरे की छत की? जा, प्रिंसीपल को कह।"

तिवारी : सही जवाब दिया मिसिज़ ढिल्लों ने।

रंगा : कीमती लाल तिवारी, तुम हमेशा उलटी बात किया करो। बारह साल हो गए तुझे देखते। कीमती? तेरे दिमाग़ की धेला कीमत चाहिए।

इसमत : बच्चों का पक्ष कभी मत लेना।

रंगा : हमारी हिफाज़त की तुम्हें कोई चिंता नहीं?

शहनाई : मैंने पूनम आंटी से कहा, मुझे कहानी सुनाओ।—बोलीं : नानी से सुनना।

कजली : हमारे कमरे की एक दीवार गिरने वाली है। इतनी चौड़ी दरार पड़ी है। अगर छत गिर गई, चौथी जमात के सारे बच्चे मर जाएँगे।

तिवारी : पक्की ईंटों की दीवारें नहीं गिरा करतीं। बड़ों का अदब करना सीखो। राम लीला देखो। राम भगवान अपने गुरु की, माता पिता की, आज्ञा मानते थे। तुम लोग जन्मे हो नहीं। अभी से टीचरों को गालियाँ निकाल रहे हो। कलियुगी बच्चे हो। तुम नरक में जाओगे। **(उबासी लेता है)**

इसमत : नरक में तो हम अब हैं। बाद में राख जाएँगे?

तिवारी : पेशी हो रही है तुम्हारी। सज़ा देने के लिए सेखों और टिवाणा कमर कसे बैठे हैं। फिर तुम रावण की तरह अकड़ अकड़ कर बैठते हो? अगर तुम दोनों को स्कूल से निकाल दिया, क्या करोगे? उलटा माँ बाप तुम्हें घर में चपेड़ें मारेंगे। बदतमीज़ बच्चे को कोई पसंद नहीं करता। अक़्ल सीखो। श्रवण कुमार बनो। मर्यादा पुरुषोत्तम बनो। सीता जी से सीखो। **(उबासी लेता है)**

रंगा : बोलो, सियापती रामचन्द्र की—

बच्चे : **(हँसते)** जय!

इसमत : उबासी क्यों मारे जाते हो? अभी तो राम लीला शुरू नहीं हुई।

तिवारी : रिहर्सल तो करनी पड़ती है। अभ्यास के बग़ैर दस दिन का ड्रामा कौन खेल सकता है? महीना हुआ, आधी रात तक, मैं सिर खपाता हूँ। रोल याद कराता हूँ। लेकिन, कलयुगी छोकरे ऐसे हैं, तुम्हारे जैसे। दुखी कर रखा है।

रंगा : हमने तुम्हें कैसे दुखी किया?

तिवारी : हलवाई छांगे का पुत्र सीता का रोल कर रहा था। पंद्रह दिन प्रेकटिस की। छोड़ गया। बताओ, अब खड़े पैर क्या करूँ? सीता कहाँ से लाऊँ? सीता के बग़ैर राम लीला काहे की?

इसमत : दूसरा लड़का तैयार कर लो झटपट।

तिवारी : इतनी आसान होती ऐक्टिंग, तो सारे लड़के लड़कियाँ हीरो न बन जाते।

रंगा : चल, इसमत कर देगी तेरी सीता का रोल। तुम प्रिंसीपल को कह कर, हमें इस केस से छुड़ा दो। प्रिंसीपल तेरा हुक्म कभी नहीं टाल सकती।

तिवारी : मख़ौल मत उड़ा, रंगा। मैं सचमुच बड़ा दुखी बैठा हूँ। अगर इसमत के दादा को पता चल गया कि यह एक रात तिवारी की राम लीला देखने गई थी, तो मौलवी साहिब इसे घर से निकाल देंगे। और तुम सोच रहे हो, तेरी साथिन मेरी सीता खेल सकती है?

इसमत : सकने की बात नहीं है, तिवारी। एक्टिंग में मुझे बड़ा स्वाद आता है।

कजली : सिंडरेला का रोल तो दीदी ने बहुत बढ़िया किया था।

शहनाई : हाँ, दीदी। मज़ा आया था।

इसमत : रंगा, दैट्स ऐनअदर इन्सटेंस ऑफ माई गरैंड फादर्ज़ टिरिनी। काश, मैं ऐक्ट्रेस बन सकती।

रंगा : व्हाई नॉट?

इसमत : हौसला! हौसला कहाँ से लाऊँ? हुक्म अदूली करने के लिए जिगर कहाँ से लाऊँ?

तिवारी : सीता भागी तो राम ने भी थोबड़ा सुजा लिया। रंगरेज़ों का घुद्दू बोला, अगर छाँगे हलवाई का पुत्र मेरी सीता नहीं बनता, मैं राम नहीं बनूँगा। —बताओ, करूँ तो क्या करूँ?

कजली : पहले जाकर, प्रिंसीपल को बता। हमारे कमरे की छत मरम्मत कराएँ।

तिवारी : मैंने ठेका ले रखा है स्कूल के सब काम करने का? चपरासी की तन्ख़ाह मिलती है। मैं करोड़पति नहीं हूँ। शहर का मेयर नहीं लगा हुआ हूँ। अवतार सिंह ट्राँसपोर्ट की तरह। मैं अपनी रामलीला की छत दस दिन खड़ी रख सकूँ, मेरे लिए काफी है।—पहुँच जाना पेशी, आठवें पीरियड। **(उबासी मारता)** वरना सेखों की टिवाणा मेरे दाँत मारेगी। **(जाता है)**

रंगा : इसमत, आई चैलंज यू। चल, सचमुच तिवारी की रामलीला खेलें। डीफाई युअर गरैंड फादर। माँ-बाप के ख़िलाफ चल। जवान होने का दूसरा कोई तरीका नहीं है। वरना सारी उम्र बच्ची बनी रहोगी।

इसमत : इतना हौसला होता मेरे अंदर, तो फिक्र किसकी थी?

रंगा : हौसला आसमान से नहीं गिरा करता। तुम सीता बनो। मैं राम बनता हूँ। छुट्टियाँ होने वाली हैं। पढ़ाई तेरी का नुक़सान नहीं होता।

इसमत : मेरे घर वाले चुटिया पकड़ कर बाहर धकेल देंगे।

रंगा : तो फिर चूज़ी बनी रह। दुधमुँही नन्हीं। शहनाई, कल अपनी दूध की बोतल लाकर इसमत को देना। जिसमें तेरी मम्मी तुम्हें दूध पिलाती है।

शहनाई : ममा मुझे दूध नहीं पिलाती। मैं अपने आप पीती हूँ। गिलास में। बोतल छोड़ दी।

रंगा : शाबाश! सुना इसमत? तेरे से तो शहनाई सिद्धू तनेजा ज़्यादा बहादुर है।

शहनाई : मैं सब काम अपने आप करती हूँ।

कजली : रोटी भी आप ही पकाती हो?

शहनाई : हाँ। मेरी नानी ने सिखाई। नाना जी मेरी पकी रोटी खाते हैं।

इसमत : सचमुच?

शहनाई : ऑफ कोर्स!

रंगा : शहनाई, मैं राम बनूँगा। तू मेरा महाबीर। पवनपुत्र हनुमान। नाटक खेलेगी?

शहनाई : हाँ। पर मेरी पूंछ तो है ही नहीं।

इसमत : पूंछ तुम रंगा से ले लेना। इसके पीछे लगी है। छिपा के रखता है।

शहनाई : रंगा भैया, आप के पास है पूंछ?

रंगा : मेरे पास नहीं तो तिवारी के पास तो है। झट बना देगा सब को बंदर।

कजली : हमारी जमात के बच्चे राम की सेना बन सकते हैं। मुझे भी रामलीला में मिला लो, भैया।

रंगा : ज़रूर। इसमत, अब तो मान जा। दादा को कहना : ''सब धर्मों का एका करने के लिए, प्रिंसीपल ने नोटिस निकाला है। रामलीला में हिस्सा लेना कंप्लसरी है।''

(सारिका सलिल और देवाशीश मोहंती आते हैं)

सारिका : न टिवाणा पढ़ के आती है घर से, न सेखों।

देवाशीश : नुमैरिकल तो सेखों को बिलकुल नहीं आते।

इसमत : सारिका, आज फिर टिवाणा ने तुम्हें डाँटा?

सारिका : घर से कभी डिक्शनरी देख कर नहीं आती। अंग्रेज़ी के मुश्किल लफ़ज़ों के ग़लत मतलब बता जाती है।

रंगा : आज क्या हुआ?

सारिका : मिल्टन का सॉनट पढ़ा रही थी।

इसमत : ऑन हिज़ ब्लाइंडनेस?

सारिका : हाँ। 'टैलंट' का पता क्या मतलब बताया?

देवाशीश : पुराना सोने का सिक्का।

रंगा : आलसो, दिमाग़ की ताक़त।

सारिका : लेकिन टिवाणा को सोने का सिक्का बिलकुल नहीं था पता। मैंने बताया। बोली : "शट्अप! तेरा बाप घर में इंग्लिश की डिक्शनरियाँ गढ़ा करता है? बड़ी जन्मी शेक्सपीयर की बेटी।"

इसमत : गिरी गधे से, गुस्सा कुम्हार पर।

देवाशीश : उसका फ्रैंड सेखों तो मिस टिवाणा से भी ज़्यादा सुस्त है। कैमिस्ट्री और फिज़िक्स के नुमैरिकल कभी क्लास में ठीक नहीं निकाल सका। आज घंटा भर लगा रहा। अटामिक वेट का सवाल था। हार कर, मैंने ग़लती बताई।

रंगा : टिवाणा की तरह, सेखों ने भी तुम्हें झाड़ दिया?

देवाशीश : नहीं। शर्मिंदा तो बड़ा हुआ। उलटा शाबाश देने लगा। कहता, तुम अपने डैडी जैसे मशहूर डॉक्टर बनोगे।

सारिका : ऐसे निकम्मे साइंस टीचर होंगे, तो तुझे किसी मैडिकल कॉलेज में दाख़िला नहीं मिलेगा।

देवाशीश : **(ऐनक साफ करता हुआ)** मेरे डैडी भी यही कहते हैं। मैं प्राइवेट ट्यूटर रखने लगा हूँ।

इसमत : तुम तो अफोर्ड कर सकते हो। हमारे जैसे क्या करेंगे?

कजली : हम तो स्कूल छोड़कर जा नहीं सकते।

रंगा : सेखों तो ग़लती से टीचिंग में आ गया। उसको अपने असली परोफैशन में जाना चाहिए था।

देवाशीश : कौन सा परोफैशन?

सारिका : लेडी टीचर्ज़ संग हर वक़्त खुसर फुसर करना।

रंगा : वो तो करता ही है।

इसमत : ख़ासकर, टिवाणा संग।

रंगा : सेखों दर असल हर बेला पैसे बनाने के चक्कर में रहता है। इसका एक दोस्त बिजली का सामान बनाता है। सेखों उस का सामान बेचता है। कमीशन खाता है। गाहक ढूँढ़ता रहता है।

सीधा फैक्टरी से सामान उठवा कर गाहक के घर भेज दिया। कमीशन के पैसे बटोर लिए। दुकान खोलने की ज़रूरत ही नहीं।

कजली : अच्छा, तभी। मुझे पूछ रहा था, तेरे डैडी ने मकान बनाया है। अगर गीज़र चाहिए तो बताना। मैं सस्ता दिलवा दूँगा।

सारिका : खुद इतने बेईमान हैं, टिवाणा और सेखों। पर हमारे पीछे पड़े रहते हैं। इसमत दीदी, डरो मत। हमारी पूरी क्लास आपके साथ है।

देवाशीश : हम हड़ताल करेंगे तुम्हारी सप्पोर्ट में—अगर प्रिंसीपल ने तुम्हें सज़ा दी।

रंगा : टिवाणा ने कहा कुछ तुम्हें?

इसमत : इस लैटर टू दा ऐडीटर ने तो तूफान उठा दिया। शायद रसटीकेट कर दें, मुझे और रंगा को।

सारिका : यह हम बिलकुल नहीं होने देंगे।

शहनाई : छात्र शक्ति ज़िंदाबाद!

देवाशीश : सेखों ने भाषण दिया : "देवाशीश मोहंती, तेरे जैसे विद्यार्थी आदर्श हैं। जो अच्छे घरों से हैं। वो देखो इसमत ज़ैदी और रंगा स्वामी। स्कूल की कितनी बदनामी करवाई। दोनों को स्कूल से निकलवा कर दम लूँगा।"

इसमत : मैंने तुझे कहा था न, रंगा? टीचर हमारे कैरियर तबाह कर देंगे। **(बड़े सुंदर बालों और स्टाईल वाली रितु महाजन आती है। पीछे कन्हैया कुलकर्णी कैमरे का शॉट लेने की नक़ल करता हुआ)**

कन्हैया : हीरोइन जी, एक टेक और। बाल इसी तरह झटका देकर, हीरो को देखो। वेट! हिलो मत!

रितु : स्टॉप इट, कन्हैया।

कन्हैया : नाराज़ मत हो, मेरी मधुबाला। सिर्फ एक शॉट।

रंगा : कन्हैया, सेखों ने तुम्हारी क्लास में भी सज़ा देने की बात की?

रितु : हमें बताया। मिस टिवाणा ने। तुम्हें स्कूल से निकाल देंगे।

इसमत : रसटीकेशन?

रितु : मैडम जली भुनी बैठी है।

कन्हैया : साईलेंस!· ऐक्शन!

शहनाई : मेरी फोटो भी खींचो।

कन्हैया : शहनाई, तू ऐक्टरेस बनेगी? रितु महाजन की तरह?

शहनाई : हाँ। मैं रामलीला खेलूँगी।

रंगा : इसमत, चिंता छोड़।

सारिका : सेखों सिर्फ डरा रहा है।

देवाशीश : प्रिंसीपल हर मामले में सेखों और टिवाणा की सलाह लेती हैं।

इसमत : मेरे घर वाले मेरी जान निकाल देंगे।

सारिका : ऐसा शेर नहीं है सेखों कि हम सब से दुश्मनी मोल ले।

देवाशीश : दुश्मनी कैसी?

सारिका : हम हड़ताल करेंगे।

रितु : हड़तालें तो कॉलेजों में होती हैं।

रंगा : अगर टीचर ख़ाहमख़ाह हम पर ज़ुल्म ढायें, तो हम करें क्या?

सारिका : स्कूलों में भी हड़तालें शुरू करो। मैं रीसैस के बाद अपनी क्लास को लेक्चर दूँगी। सब स्ट्राईक करने के लिए तैयार हो जाएँगे।

कन्हैया : मैडम, दी लास्ट टेक।

(घंटी बजती है)

इसमत : आठवें पीरियड में है हमारी पेशी।

रंगा : तिवारी बुला कर गया है।

सारिका : घबराओ नहीं।

शहनाई : छात्र एकता!!!

सारे : ज़िंदाबाद!!!

(अँधेरा)

दृश्य 2

(प्रिंसीपल का दफ्तर। एक तरफ तिवारी स्टूल पर ऊँघ रहा है)

दिवाणा : (रोती) ऐसे बदतमीज़ों को कौन पढ़ा सकता है?

सेखों : दिलदार जी, आप रोइए मत। प्रिंसीपल को मैं संभालूँगा।

टिवाणा : अगर टीचर की इज़्ज़त नहीं होगी, वह पढ़ाएगी क्या?

सेखों : इसमत ज़ैदी और रंगा स्वामी कल से गांधी मैमोरियल स्कूल के विद्यार्थी नहीं रहेंगे। आई प्रॉमिज़ यू।

टिवाणा : सारा मुल्क अख़बार पढ़कर हम पर मिट्टी उछाल रहा है।

सेखों : इसमत को प्रिंसीपल ने सिर चढ़ाया हुआ है। दो लफ्ज़ क्या बोल लेती है, छोकरी ने स्कूल को जेब में दबा रखा है।

टिवाणा : रंगा भी कम बदमाश नहीं। जब प्रिंसीपल ने बारहवीं क्लास का मॉनीटर बनाया था, मैंने तभी वार्न कर दिया था। यह लफँगा स्टूडेंट्स को भड़काएगा।

सेखों : लेकिन प्रिंसीपल सुनती ही नहीं। सारा वक़्त 'रवींद्र शौंगीत' के पीछे पागल हुई रहती है।

टिवाणा : बंगाली समाज का कभी नाटक है, कभी नृत्य, कभी 'शौगीत शौभा'।

सेखों : अब दुर्गा पूजा आ गई। पूरा महीना स्कूल नहीं घुसेगी।

टिवाणा : छड़ी छड़ांट। न गाय न बछिया। फिर भी स्कूल के वास्ते वक़्त नहीं निकाल सकती।

सेखों : आज शो डाऊन करके हटेंगे। अगर सज़ा देने में हिचकचाहट की, पूरा स्टाफ स्ट्राइक करेंगे।

टिवाणा : स्कूल की कांय-कांय से जितनी जल्दी छुटकारा मिले, मैं शुक्र मनाऊँ।

सेखों : सिर्फ छः महीने इंतज़ार करो। मैं आपको जॉब के झमेलों में नहीं पड़ने दूँगा।

टिवाणा : ऐसे शोर गुल में कविता कौन लिख सकता है? कहानी कौन क़लम कर सकता है? मेरे जैसी जीनियस को टीचिंग जॉब तबाह कर देगा।

सेखों : थोड़ी सी रक़म जमा कर लेने दो। अपना मैग्ज़ीन निकाल लीजिए। अमृता प्रीतम की तरह।

टिवाणा : अगर ऐसा कर सकूँ, और क्या चाहिए? ऐडीटर मौज मारते हैं। ख़ास कर मासिक रसालों वाले। अपनी मर्ज़ी पर सोइये, अपने समय पर जागिये। जब मूड आए, कहानी लिखो। जब इन्सपीरेशन उतरे, कविता गुनगुनाओ।

सेखों : डिट्ज़ वालों से मेरी डील पक्की होने वाली है। मैं उनके गीज़र बिकवाया करूँगा। बीस परसेंट कमीशन। पल्ले से धेला नहीं ख़र्चना। दस हज़ार महीने का मुनाफा वो पड़ा।

टिवाणा : अच्छे लेखक बाहर के मुल्कों की सैर करते हैं। तजरबा हासिल करते हैं। लिखने के लिए मसाला इकट्ठा करते हैं। इस बिल में घुसकर बैठी रहूँ, तो मैं मास्टर पीस कैसे लिख सकती हूँ?

सेखों : थाईलैंड का ट्रिप तो बेशक अगले महीने लगा लो। हफ्ते का स्टेअ, फाईव स्टार होटल में।

टिवाणा : इतनी बड़ी रक़म कहाँ से लोगे? ट्यूशनें पहुँचा चुकीं थाईलैंड।

सेखों : हाँ, कहिए आप। रक़म का गफ्फा लग जाएगा।

टिवाणा : कहाँ से?

सेखों : नया होटल बना है न यमुना किनारे? तीन सौ कमरे हैं। मैं ठेकेदार से टाँका लड़ा रहा हूँ। गीज़र सप्लाई करूँगा। पाँच सौ भी बचा अगर एक पीस में से, पक्के हो गए न थाईलैंड के मज़े?

टिवाणा : ऐसा धंधा चलाओ। इस वानर सेना से छुटें।

सेखों : क़ौल पक्का फिर दोस्ती का?

टिवाणा : ईंट जैसा। मेरा अरसे से यही सपना है। स्वजीवनी 'खानाबदोश' पढ़ो। अगर अजीत कौर ओमे को न बनाती यार, तो कैसे बनती कहानीकार?

सेखों : **(हाथ मिलाकर)** तो अगले महीने?

टिवाणा : थाईलैंड!

सेखों : तिवारी?··तिवारी··

तिवारी : आया, मैडम। **(आँखें मलता है)**

सेखों : यार, तेरी प्रिंसीपल को कौन सा रावण उठाकर ले गया है?

तिवारी : अब उसको कौन मूर्ख उठाएगा? चालीस को पहुँच गई। न राम

मिला, न रावण।

टिवाणा : तो आज वह कौन सा स्वंवर रचाने गई है? घंटा हो गया इंतज़ार करते हुए।

तिवारी : दुर्गा पूजा के लिए सामग्री ख़रीदने गए हैं। चांदनी चौक। और नाटक के लिए मेक-अप का सामान लाना है। किनारी बाज़ार से।

टिवाणा : इन प्रिंसीपलों की पाँचों घी में हैं। काम करने के लिए हम टीचर जो हैं।

तिवारी : टिवाणा बहन जी, आप हमारी पूछो। ग़रीबों की। जिसे घर में चैन नहीं है। स्कूल में फुरसत नहीं है।

सेखों : घर में तू कौन सी गहरी खुदाई करता है?

टिवाणा : तेरी सिंहनी सारा दिन जुती रहती है। नन्हे-मुन्ने संभालती है, पाँच-छः। रोटी पकाती है। बाज़ार का देखती है।

सेखों : रामलीला में भी मदद करती है।

टिवाणा : फिर भी तू शिकायतें लगाता रहता है। तुम मर्द हम औरतों का शोषण करने से बाज़ मत आना।

तिवारी : टिवाणा जी, मेरे पर तोहमत क्यों मढ़ते हो? मेरी अमृत कौर हुई पंजाबिन शेरनी। मैं ने तो ब्याह ही इसी कारण से किया था। मथुरा के सारे बाहमन मेरे से रूठे बैठे हैं। रिश्तेदारों ने हुक्का पानी बंद कर रखा है। मैं ने कहा, "डूब मरो यमुना के अंदर। मैं तो देश की एकता बढ़ाऊँगा। पंजाबिन संग आनंद कार्य पढ़वाऊँगा।"

टिवाणा : शाबाश! इश्क़ हो तो ऐसा हो। रांझे का तू है असली वारिस।

तिवारी : इश्क़ मुश्क़ वाला छोकरापन मैं नहीं किया करता। मैं ने तो फायदा सोचा था।

सेखों : कौन सा?

तिवारी : मेरी सिंहनी काम करने के लिए बड़ी तगड़ी है। पूरा परिवार संभालती है। अगर मैं मथुरा की मरियल गोपी ब्याह लेता, सारी उम्र उसकी मुट्ठी चापी करनी पड़ती।

टिवाणा : यह तो बात हुई न। पत्नी को घरेलू काम के लिए करैडिट देना चाहिए।

तिवारी : मगर माथे का लिखा कौन मिटाए? गुलाम तो ज़नानी का मैं वैसे का वैसा रहा।

सेखों : वो कैसे?

तिवारी : अपनी जोरू का गुलाम नहीं, तो आपकी प्रिंसीपल का सही। उसके घर का काम ही नहीं ख़त्म होता। कभी प्याज़ छील। कभी भात पका।

सेखों : तेरी अपनी नाताक़ती है। चपरासी तू स्कूल का लगा है। मिस चैटरजी का परसनल सरवेंट नहीं है।

टिवाणा : तू घर का काम मना कर दिया कर।

तिवारी : टिवाणा जी, कहना सरल है। अफसर का हुक्म नकारना कठिन है।

सेखों : **(घड़ी देखकर)** ला, भई, अफसरनी ढूँढ़ कर।

टिवाणा : छुट्टी का वक़्त हो रहा है।

तिवारी : इसमत और रंगा दो बार आकर पूछ गए हैं।

सेखों : साँस सूखा है न दोनों का, सज़ा की ख़बर सुनकर?

तिवारी : इसमत तो सहमी हुई है। मगर रंगा वैसे ही मसख़री किए जा रहा है। बोला, "चल, इसमत, तू तिवारी की सीता बन जा। मैं राम बनता हूँ।" चोखा स्नेह भरा स्वभाव है जवान का।

टिवाणा : हाँ, तिवारी। तेरी तो तैयारियाँ चल रही होंगी। राम लीला की।

तिवारी : कला का धंधा बड़ा कठिन है, बहन जी। ख़ासकर नाटक का। जिसको सिखलाई दो, वही दूसरी टोली में जा मिलता है। मेरे राम और सीता दोनों भाग गए।

सेखों : हमारी शरूपनखा तो आ गई।

(प्रिंसीपल आती है)

प्रिंसीपल : तिवारी, तू गोंद की शीशी कितने की लाया था?

टिवाणा : गोंद?

प्रिंसीपल : दाढ़ी मूँछें चिपकाने वाली स्पिरट।

तिवारी : मैं तो बनी बनाई मूंछें लाया करता हूँ। राम लीला में महँगी मेकअप नहीं पुगती। हम ने कौन सी फिल्म बनानी है।

प्रिंसीपल : सोलह रुपए में शीशी दी। नन्ही सी। बताओ! नाटक कोई क्या खेले? कपड़ों का किराया भी बहुत माँगते हैं।

तिवारी : मेरे से पूछिए। राम लीला खेलना महाभारत जीतने के बराबर है।

सेखों : हम घंटे भर से इंतज़ार कर रहे हैं।

टिवाणा : इसमत और रंगा को स्कूल से निकालना है।

प्रिंसीपल : आईम सॉरी। मुझे देर हो गई। ट्रैफिक इतनी बढ़ गई है। मेयर साहिब चाँदनी चौक से गुज़र रहे थे।

सेखों : करोड़पति ट्रांसपोर्ट?

प्रिंसीपल : हाँ।

तिवारी : अवतार सिंह ट्रांसपोर्ट रिश्ते में मेरी अमृता का फूफा लगता है।

प्रिंसीपल : तंग गलियाँ। मेयर की सवारी ने पूरा घंटा ट्रैफिक रोके रखी।

टिवाणा : तिवारी, भेज झटपट दोनों मुजरिम।

सेखों : सबक सिखाएँ।

प्रिंसीपल : घर होते आना। माता जी को पूछ लेना। चाय बना देना। **(तिवारी जाता है)** सुन! कुक्कर में राजमांह धर देना। हलकी गैस पर।

सेखों : मिस चैटरजी, टीचर ऐजीटेटिड हैं। इन एकलव्यों के अँगूठे काटो।

टिवाणा : जो स्टूडेंट स्कूल की बदनामी करे, उसका क्या हक़ है यहाँ रहना?

सेखों : रस्टीकेशन!

टिवाणा : माईग्रेशन करके दफा हों दूसरे स्कूलों को।

प्रिंसीपल : प्रिंसीपलशिप बड़ी मुश्किल है। समझो, हर वक़्त सिर के ऊपर नंगी तलवार लटकी रहती है। प्रॉबलम्ज़! ऐवरीसाईड प्रॉबलम्ज़! **(इमसत और रंगा आते हैं)**

टिवाणा : अख़बारों को लैटर क्यों लिखे?

सेखों : पूरे देश से हमें फटकार क्यों डलवाई?

टिवाणा : महल्ले में से निकलना मुश्किल हो गया है। सारे पूछते हैं : ''आप गांधी मैमोरियल स्कूल में पढ़ाते हो? जहाँ विद्यार्थी गालियाँ निकालते हैं टीचरों को। गंदी गंदी?''

सेखों : ईदर रस्टीकेशन और माईग्रेशन।

प्रिंसीपल : तुम ने अपने डिफैंस में कुछ कहना है?

इसमत : बहुत कुछ।

रंगा : ज़रूर कहेंगे।

प्रिंसीपल : आज तो छुट्टी होने वाली है। मैं ने दुर्गा पूजा के लिए बंगाली समाज की मीटिंग बुला रखी है। कल रिसेस से पहले बुला लें इनको?

सेखों : नो! वी वांट दि डिसियन टुडेअ!

टिवाणा : आप इनडिसिप्लिन की अरजैंसी नहीं समझ रहे।

इसमत : मैडम, हम ने सिर्फ एक सवाल पूछना है।

रंगा : आपसे और आपके रेसपैक्टिड टीचरों से।

प्रिंसीपल : कौन सा?

इसमत : जो कुछ हमने लैटर टु दि ऐडीटर में लिखा है, उसमें झूठ क्या है?

रंगा : प्वायंट बाई प्वायंट, हमें साबित करके बताइए।

इसमत : हर क्लास के मॉनीटर बुला लो यहाँ।

रंगा : टीचिंग स्टाफ भी बैठ जाए।

इसमत : फिर हमें बताइए, हम ने ग़लत क्या लिखा है?

रंगा : कुछ टीचर वाक़ई लापरवाह हैं।

इसमत : हमारे कैरियर ख़तरे में हैं।

रंगा : हमारी लाईव्ज़ के साथ खेल रहे हैं टीचर।

इसमत : मुफ्त की तन्ख़ाहें मार रहे हैं।

टिवाणा : कितनी ज़बान खुल गई है इनकी!

(तिवारी आता है)

तिवारी : मैडम, टैलिवियन वाले आए हैं।

प्रिंसीपल : मुझे इंटरव्यू करना होगा, दुर्गा पूजा की सिगनीफीकैंस के बारे में।

टिवाणा : मॉडर्न कविता के बारे में शायद मेरे विचार रिकार्ड करना चाहते हैं।

सेखों : ''साइंस फेयर में स्कूलों का योगदान'' के बारे में मुझे शूट करना होगा।

तिवारी : लायब्रेरी में बिठाया है। शायद इनको मिलने आए हैं।

इसमत : मुझे और रंगा को?

तिवारी : आपस में बोल रहे थे—वो लड़की और लड़का जिन्होंने अख़बार को लिखा था।

टिवाणा : बेड़ा ग़र्क हो इस टी.वी., रेडियो का।

सेखों : बिगड़े हुए छोकरे छोकरियों को हीरो बना रहे हैं।

प्रिंसीपल : मुझे भी उलटे सीधे सवाल पूछेंगे।

सेखों : तिवारी, पूछ कर आ। किस क़िस्म का प्रोगराम बना रहे हैं?

(ज़ोरदार धमाका। शोर शराबा। रोना धोना। चीख़ पुकार)

इसमत : यह क्या हुआ?

रंगा : ऐक्सीडेंट! **(दोनों भागते हैं)**

प्रिंसीपल : देख कर आ। **(तिवारी जाता है)**

टिवाणा : सड़क पर हुई टक्कर।

सेखों : ट्रक बंद करवाने चाहिए आगे वाली सड़क पर।

प्रिंसीपल : बच्चे रो रहे हैं!

(इसमत और रंगा आते हैं)

इसमत : कमरा गिर पड़ा!

रंगा : बच्चे दब गए!

इसमत : मर गए बच्चे!

रंगा : चौथी कक्षा मर गई!

टिवाणा : मिसिज़ ढिल्लों तो वो खड़ी है।

सेखों : टैलिफोन करो, फायर ब्रिगेड को।

इसमत : मैडम, झटपट करो!

रंगा : बच्चे बचाओ!

(तिवारी आता है)

तिवारी : छत! दीवारें! बच्चे कुचले गए!

रंगा : ईंटें उठाओ! पूरा स्कूल!

इसमत : मास्टर जी, आप निकालो बच्चे! मैं फायर ब्रिगेड बुलाती हूँ!

(सब जाते हैं। चीख़ना चिल्लाना जारी रहता है। प्रिंसीपल फोन पर हैलो-हैलो कर रही है)

(अँधेरा)

दृश्य 3

(प्रिंसीपल का दफ्तर)

टिवाणा : मेरी तो कल तबीयत ढीली हो गई। खाट से उठ नहीं सकी। तिवारी, तू गया था बच्चों के साथ?

तिवारी : श्मशान घाट?

टिवाणा : हाँ।

तिवारी : कहाँ, जी। मैं भी नहीं पहुँच सका। प्रिंसीपल की अम्मा के लिए भात-माछ पकाना था। न ही मेरी रामलीला का सियापा ख़त्म हुआ है। लड़के नहीं मिले।

टिवाणा : हस्पताल तो मैं जा रही हूँ आज। सेखों साहब के संग।

तिवारी : जुल्म देखो प्रभु का। चार बच्चे माँ-बाप से बिछुड़ गए।

टिवाणा : ज़ख़्मी तो सारे बच जाएँगे न?

तिवारी : नहीं, जी। कुछ नहीं कहा जा सकता।

टिवाणा : कजली बख़्शी के तो मामूली चोटें थीं। मैं ने आप उठाकर लेटाई, हस्पताल की गाड़ी में।

तिवारी : कजली तो बच गई। पर तीन बच्चे अभी तक बेहोश पड़े हैं। डाक्टर बोले, वे तो शायद ही ज़िंदा बचें।

(सेखों आता है)

टिवाणा : कजली बख़्शी को हम ने सुना था न, कहते हुए—दीवारों में दरारें पड़ी हैं।

सेखों : हमारे सामने कहा था उसने।

टिवाणा : पर तेरी मिस चैटरजी ने कान नहीं दिया।

सेखों : प्रिंसीपल को बच्चों की जानों की क्या परवाह? दुर्गा पूजा उसकी सही चलनी चाहिए।

टिवाणा : यों तो मिस ढिल्लों का कसूर भी कम नहीं है।

तिवारी : लाख रुपए की बात कही है आपने। प्रिंसीपल, हर कमरे के अंदर

जा कर, रोज़ दीवारें छतें तो टनका नहीं सकती। क्लास टीचर की ड्यूटी है यह तो। जो हरदम बैठती है वहाँ।

सेखों : तिवारी, क्यों तू अपने पीछे मधुमक्खियों का छत्ता पड़वाता है? टीचरों की बदनामी कर रहा है? इसमत और रंगा से मिल गया है तू भी?

टिवाणा : हाँ, भई तिवारी। मिसिज़ ढिल्लों के सिर पर मौतें मत मढ़। वह तुम्हें कभी माफ नहीं करेगी।

तिवारी : अच्छा, जी। हमें क्या? बच्चे जानें। उनके माँ-बाप भुगतें। या प्रिंसीपल भुगतें। **(जाने लगता है)**

सेखों : तेरे रावण-मेध यज्ञ में विघ्न नहीं पड़ना चाहिए।

तिवारी : इतना बड़ा हादसा हो गया। बच्चों की जानें गईं। मास्टर जी, आपको रत्ती भर फर्क नहीं पड़ा। मसख़री सूझ रही है आपको। खिल्ली उड़ा रहे हैं आप मर्यादा पुरषोत्तम की। टी.वी. में इसमत और रंगा सही बोले थे। तुम मास्टरों की असावधानी है। लापरवाही है। और बदनाम करो मेरे जैसे निर्धन को।

टिवाणा : मुफ्त में गर्म मत हो। सेखों साब का मख़ौलिया स्वभाव तुम जानते ही हो। जा, चौक से दो गिलास जूस ला।

तिवारी : ठहर कर लाऊँगा। प्रिंसीपल ने ताड़ना की थी : मेरे हस्पताल से लौटने तक, दफ्तर छोड़कर मत जाना।

सेखों : अच्छा, भई। तू भी चला ले चाम की। हमारे ऊपर।—रंगा और इसमत को बुला सकते हो, एक मिनट?

तिवारी : फोन आए तो ध्यान रखना। **(जाता है)**

टिवाणा : यह हादसा मुझे ज़िंदगी भर नहीं भूलेगा।

सेखों : ऐक्सीडेंट देखो! टी.वी. वालों ने भी उसी दिन आना था।

टिवाणा : पूरा देश त्राहि-त्राहि मचा रहा है। मरे हुए बच्चे दिखाए। ज़ख़्मियों को मलवे में से निकालते हुए दिखाया।

सेखों : शरम होती अगर प्रिंसीपल को, डूब कर मर जाती।

टिवाणा : पाखंडिन! मेयर आया जब देखने बच्चों को, हस्पताल के अंदर, रोती न हटे। बोली, मेरे अपने बेटे-बेटियाँ हैं, सारे लड़के-लड़कियाँ।

सेखों : मगर टी.वी. कैमरे के सामने कुछ नहीं सूझा। होश हवास उड़े रहे।

टिवाणा : इसमत और रंगा ने भी जन्मों के बदले निकाले। ठाह-ठाह बोली इसमत कैमरे के आगे। सारा जुर्म टीचरों के सिर पर मढ़ा। मुझे ये दोनों ज़हर दिखाई देते हैं। मेरा बस चले, तो दोनों के थोबड़े

थप्पड़ों से तोड़ दूँ। और आप दोनों संग यारियाँ गाँठ रहे हो। मैं प्रिंसीपल होती, अब तक रसटीकेट किए होते।

सेखों : दिलदार जी, गालों पर गुस्से की लाली न चढ़ाओ। वो तो पहले ही कुदरत ने लाल सुर्ख बना रखी हैं।—राजनीति समझो। मैं ने स्कीम गढ़ी है एक।

टिवाणा : इसमत और रंगा को सज़ा नहीं दे रहे?

सेखों : सज़ा ज़रूर देंगे।

टिवाणा : परसों टी.वी. पर बकवास करने के लिए भी?

सेखों : दोनों कसूरों के लिए। पर अभी कुछ दिन रुकना पड़ेगा। इन्कवाइरी का मामला ठंडा पड़ जाए।

टिवाणा : इन्कवाइरी? इन्कवाइरी कैसी?

सेखों : मेरी जान, आपने अख़बार नहीं पढ़ा आज? सरकार ने ऐलान किया है। हमारे स्कूल पर कमिश्न बैठेगा। पूरी पड़ताल करेगा।

टिवाणा : माई गॉड! यह तो बुरा हुआ।

सेखों : आप कहाँ भूले बैठे हो? प्रिंसीपल तो डर के मारे कब्रस्तान पहुँचने वाली है।

टिवाणा : मेयर ट्रांसपोर्ट ने बैठाई है इन्कवाइरी?

सेखों : हाँ, मेरी सरकार। हो सकता है, मिस चैटरजी को ससपेंड कर दें।

टिवाणा : मिसिज़ ढिल्लों को मुअत्तल करना चाहिए। डिसमिस करना चाहिए।

सेखों : प्रिंसीपल ने सवेरे मुझे घर बुलाया था। कहने लगी, किसी तरीके से स्टूडेंट्स को पुचकारो। यह मामला ठप्प हो जाए। बाद में दोनों को सज़ा दे सकते हैं। अभी तो कोशिश करो—कमिश्न के सामने रंगा और इसमत ज़्यादा बकवास न करें।

(प्रिंसीपल आती है)

टिवाणा : गुड मॉरनिंग, मिस चैटरजी।

प्रिंसीपल : **(रुमाल से आँसू पोंछती)** मिस्टर सेखों, इट्स करैक्ट। मैं मेयर के दफ्तर गई थी। हस्पताल जाने से पहले। इन्कवाइरी के लिए उन्होंने मैजिस्ट्रेट मुकर्रर कर दिया है।

सेखों : हौसला मत हारिए। हमारा आप का कुछ नहीं बिगड़ेगा।

प्रिंसीपल : किसी हीले रंगा और इसमत को फुसलाओ। विद्यार्थी हमारे ख़िलाफ नहीं होने चाहिए।

सेखों : डिपेंड ऑन माई डिपलोमेसी, मिस चैटरजी। छात्र तो मक्खी-मच्छर हैं। मैंने ऐसा जाल बुना है, खुद मेयर अवतार सिंह ट्रांसपोर्ट घड़े

की मछली बन कर रह जाएगा।

प्रिंसीपल : हाऊ?

सेखों : करोड़पति तो है वो—मगर अक़्ल कौड़ी की नहीं है। ट्रकों का काम चल पड़ा। सरमायेदार बन गया। है निरा अनपढ़। ख़ुशामद का भूखा। फंक्शन करो। बुलाओ यहाँ। दान माँगो। कमरे बनवाने के लिए चोखी रक़म माँगो। बुद्धू करोड़पति क़ाबू आ जाएगा।

टिवाणा : गरेट! एक तीर, दो निशाने!

सेखों : रक़म देकर जाएगा!

टिवाणा : इन्कवाइरी भी ठुस्स!

(इसमत, रंगा और तिवारी आते हैं)

प्रिंसीपल : ठीक है। करो फंक्शन। आप संभालो सब बंदोबस्त।

इसमत : मैडम, कजली बख़्शी को होश आई?

प्रिंसीपल : थैंक जीज़स! शी विल लिव।

रंगा : हमने सुना है, तीन चार बच्चे सीरियस हैं?

सेखों : डॉक्टर पूरा ज़ोर लगा रहे हैं।

तिवारी : प्रसाद की मन्नत मनाओ, जी। राम भगवान रखेंगे बच्चों की जानें।

सेखों : इसमत, हम करोड़पति मेयर साहिब को स्कूल में बुला रहे हैं।

टिवाणा : कमरों के लिए रक़म चाहिए।

सेखों : आप दोनों फंक्शन को कामयाब बना सकते हो।

इसमत : कैसे?

सेखों : सवाल सोचो। करोड़पति से इंटीमेट डिटेल्ज़ पूछो। उसकी ज़िंदगी की वारदातें।

टिवाणा : उसके जीवन से आप कौन सी शिक्षा ले सकते हो?

तिवारी : करोड़पति क्या आपको करोड़ों कमाने सिखा देगा?

सेखों : क्यों नहीं? चलो। यही टॉपिक सही। हम मेयर साहिब से विनती करेंगे। विद्यार्थियों को बताइये : मैं करोड़पति कैसे बना?

इसमत : पर इसमें हम छात्र क्या कर सकते हैं? आप बुला लो। भाषण दिलवा लो।

प्रिंसीपल : बेटा, तुम्हारे सहयोग के बग़ैर, फंक्शन केसे हो सकता है?

टिवाणा : तुम्हारी भलाई के लिए ही हम सब कुछ कर रहे हैं।

सेखों : तुम कुछ बच्चे तैयार करो। सवाल बनाओ। मेयर साहिब से पूछेंगे। तुम दोनों लीडर हो। मेयर साहिब ख़ुश हो कर जाएँ।

स्कूल से। ग्रांट दिलवायें बिल्डिंग के लिए।

प्रिंसीपल : रंगा, बेटा। हैल्प यूयर स्कूल। इसमत, तुम इतना अच्छा बोल सकती हो। लिख लेती हो। स्पीचिज़ तैयार करो।

टिवाणा : मैं लिखवा दूँगी तुम्हारी स्वागत की पंक्तियाँ। शेरो शायरी मिला कर।

सेखों : हम दोनों तुम्हारी मदद करेंगे।

टिवाणा : दूसरे लड़के-लड़कियाँ भी तैयार करो।

प्रिंसीपल : पाँच छः बच्चे बोलें।

इसमत : अच्छा, जी।

रंगा : कब आ रहे हैं मेयर साहिब?

प्रिंसीपल : मैं आज ही जाती हूँ टाईम लेने। इसी हफ्ते आ जाएँ शायद।

इसमत : ओ के, मैडम।

रंगा : वी विल ट्राई अवर बेस्ट।

सेखों : गुड चिल्डरन!

(इसमत और रंगा जाते हैं)

टिवाणा : कुछ हफ्ते बाद इन को सज़ा ज़रूर देना।

सेखों : सज़ा देंगे। किसी दूसरे केस में फँसा लेंगे।

प्रिंसीपल : अभी, प्लीज़, कुछ मत बोलो। पहले इन्क्वाइरी के फंदे में से निकलें। पता नहीं, महकमा किस किस टीचर को नौकरी से निकालेगा।

तिवारी : कलियुग आ गया है। किस को सज़ा मिलेगी? पढ़ने वालों को? या पढ़ाने वालों को?—राम कौन है? रावण कौन है?—कोई पता नहीं चल रहा। देखें, किस किस का पुतला जलेगा, दशहरे वाले दिन!

(अँधेरा)

(आधी छुट्टी)

दूसरा अंक

(स्कूल का हॉल। इसमत अंदर आती है। यत्न से हिचकी बंद करती है। उंगली से मेज़ कुर्सियों के ऊपर से धूल देखती है।)

इसमत : रंगा!‥रंगा स्वामी।

रंगा : कमिंग!

इसमत : तू ने तिवारी को सफाई करने के लिए नहीं कहा?

रंगा : **(अंदर आकर)** कहा तो था। हुई नहीं सफाई? **(ध्यान से देखकर)** रो रही थी तू? **(मेज़ पर कपड़ा बिछाता है)**

इसमत : **(उंगली से धूल दिखाकर)** इसको सफाई कहते हैं? घुटने घुटने गरद बैठी है मेज़ों कुर्सियों के ऊपर। हॉल के अंदर के बैंच भी कीचड़ से नहाए दिखते हैं। इस स्कूल का अल्ला बेली है।

रंगा : मैं लाता हूँ बुलाकर तिवारी को।

इसमत : तेरे कहने पर तिवारी आने लगा है?

रंगा : प्रिंसीपल को कहूँ? डाँट पिलाए?

इसमत : प्रिंसीपल साहिबा की इतनी हिम्मत कहाँ? रोटियाँ किस मर्द की पकी खाएगी?

रंगा : इतना बिगड़ गया है तिवारी?

इसमत : प्रिंसीपल ने ख़ुद बिगाड़ा है। घर की बेगार करा करा कर।

रंगा : मिस चैटरजी भी अजीब औरत है। ब्याह करवाया नहीं। अकेली अम्मा है घर में। आप नहीं कर सकती रसोई का काम?

इसमत : दो दिन मगरमच्छ वाले आँसू बहाए बच्चों की मौत पर। फिर वही लापरवाही। मौजें मनाती है। परिवार के बग़ैर।

रंगा : परिवार? अच्छा! तू फिर अपने परिवार के झगड़े के कारण रो रही थी? सच बता।—या, तुझे अभी भी ख़तरा खा रहा है? फंक्शन के बाद, टिवाणा और सेखों हमें सज़ा देंगे?

इसमत : **(रोती)** मैं क़सम खाती हूँ—कभी शादी नहीं करवाऊँगी।

रंगा : बेवकूफी की क़समें नहीं खाया करते।· ·इसमत, प्लीज़! चुप कर।· ·दोबारा लड़ाई हो गई तेरे डैडी और मम्मी की?

इसमत : या ख़ुदा! उस दिन चौथी जमात की छत न गिरती। हमारी छत ढहा जाती। अकेली मैं नीचे दब कर मर जाती।

रंगा : आज क्या कारण हुआ?

इसमत : मर जाऊँ तो छुट्टी मिले।

रंगा : तू पुराना रेड़का ले बैठी होगी। आगे पढ़ाने के लिए नहीं माने होंगे? मेरे बाप की तरह।

इसमत : आगे ख़ाक पढ़ाएँगे वो। अगर मैं बारहवीं पास कर जाऊँ इस साल, शुक्र मनाऊँगी। नौकरी लूँगी। शाम के कॉलेज में दाख़िल हूँगी। या कॉरसपाँडेंस कोर्स करूँगी।

रंगा : इसमत ज़ैदी, कोठे चढ़कर देख। घर-घर यही आग है।

इसमत : तू तो हमेशा खिला रहता है। गुलाब की तरह।

रंगा : मेरी शायरा, आपा भूल कर दूसरों के दुख देख।

इसमत : तेरे मम्मी डैडी नित्य तलाक़ की धमकी तो नहीं देते।

रंगा : ओ नो! नॉट तलाक। मगर तेरे मम्मी डैडी ने, हमारे माँ-बाप की तरह, दो-दो विवाह तो नहीं कर रखे।

इसमत : दो-दो विवाह? पहेली बुझा रहा है?

रंगा : एक विवाह आपस में। दूसरा, दूसरा दोनों ने इकट्ठे, 'बाबा साहिब' संग कर रखा है।

इसमत : शुक्र कर, तेरा सगा बाबा मर चुका है। हमारे तंग दिल मौलवी की तरह, ज़िंदा नहीं है।

रंगा : असली बाबा तो मेरा मर चुका है। लेकिन दूसरे बाबा ने मेरे वहमी बुड्ढे बुड्ढी को नाकारा बना रखा है। बच्चे जमा-जमाकर फेंकते रहे। न अच्छा खाने को दे सकते हैं, न पहनने को। मैं मुश्किल से बारहवीं तक पहुँचा हूँ। ट्यूशनें पढ़ा-पढ़ाकर। बुड्ढा कह रहा है, "तू जेठा है। नौकरी ले ले फटाफट। बढ़िया सी। चारों बहन भाइयों को पढ़ा।"—पगलाए हुए हैं "बाबा साहिब" के! आधी कमाई वहमों में, भ्रमों में, गाले जा रहे हैं।

इसमत : हम पाँचों बहनें भी यही सोचती रहती हैं। हमारे अब्बा ने, अम्मी ने, कई साल पहले, डाइवोर्स क्यों नहीं ले लिया?

रंगा : बुड्ढे हमेशा कहते हैं, "बच्चे ढंग से नहीं पढ़ते!"—ऐसे परिवारों में पलकर, कौन बच्चा पढ़ सकता है?

इसमत : मास्टर सेखों और टिवाणा ने खरा किया।

रंगा : कैसे?

इसमत : करोड़पति बुलाया है।

रंगा : हाँ। बातचीत का विषय भी उपयोगी चुना है।

इसमत : मैं अमीर बनने के तरीके सीखना चाहती हूँ। जो ढंग करोड़पति बताएगा, मैं आज़माऊँगी। चोखे पैसे कमाऊँगी। माँ बाप की गुलामी से छुटूँगी।

रंगा : टॉपिक तो लैक्चर का सचमुच मज़ेदार है : मैं करोड़पति कैसे बना?

(तिवारी आता है। उबासी मार रहा है)

इसमत : फंक्शन शुरू होने वाला है। क्विंटल क्विंटल धूल पड़ी है कुर्सियों-मेज़ों पर।

तिवारी : कर देता हूँ साफ। मेयर साब ने सारी कुर्सियों पर तो नहीं बैठना। बाकियों पर तो बच्चों ने बैठना है।

रंगा : बच्चों को गंदगी में बैठाएगा?

इसमत : हमारे कपड़े नहीं ख़राब होते?

तिवारी : आप ही धो लेंगी तुम्हारी अम्माएँ। बहुतेरे पैसे हैं तुम लोगों के पास।

इसमत : देखा, रंगा? ऐसे करते हैं ये लोग। बच्चा घर में भी दुखी, स्कूल में भी दुखी।

रंगा : अपनी ड्यूटी करने की तो किसी को परवाह ही नहीं।

(तिवारी उबासी लेता है)

इसमत : तेरे जैसों की असावधानी बच्चों की दुश्मन है। अगर चौथी क्लास का कमरा तू पहले चेक कर लेता, क्यों मरते चार मायों के लाडले।

रंगा : और पंद्रह ज़ख़्मी क्यों होते?

तिवारी : सलीके से बोल, छोकरी। बच्चों की मौतें मेरे माथे मत मढ़। तुम ने मुझे गवर्नर तो नहीं लगा रखा है। चपरासी की तन्ख़ाह देते हो। कहना है, तो मास्टरों को कहो। प्रिंसीपल को कहो। कमेटी के मेम्बरों की कोठियों के आगे, उनकी अर्थियाँ फूँको। मेरे जैसे कलाकार को क्यों फटकारते हो? **(उबासी लेकर)** पहले कम दुखी बैठा हूँ मैं?

इसमत : सोया नहीं रात?

तिवारी : रामलीला खेलनी आसान है क्या?

रंगा : मिले नहीं राम और सीता?

तिवारी : टकरे ही नहीं ढंग के लड़के। पैर पैर पर हज़ार चीज़ का बंदोबस्त करना पड़ता है। रात दो बजे तक रिहर्सल करता रहा।

इसमत : और अब स्कूल में सोते रहना।

रंगा : हॉल कौन साफ करेगा?

तिवारी : दशरथ भी रूठ गया। मुकट उतार कर वो मारा। घर को भाग गया। उसी वक़्त, मुझे रोल संभालना पड़ा। डाइरेक्शन भी दो। लाईटें भी संभालो। दशरथ भी खेलो। रावण भी बनो। (मेज़ पर कपड़ा मार कर) स्कूल पहुँचो तो धूल फाँको।

इसमत : फटाफट हाथ घिसा। करोड़पति साहिब पहुँचने वाले हैं।

तिवारी : मैं फटाफट क्यों करूँ? करोड़पति कौन सा मुझे करोड़ दो करोड़ दे जाएगा?

रंगा : माँग लेना। तू भी बनवा लेना स्टेज रामलीला के लिए।

तिवारी : अमीर सब अपने आपके लिए होते हैं। स्वार्थी! यह तो हमारे जैसे ग़रीब ही हैं जो तकलीफ उठा कर भी, मुल्क का भला सोचते हैं।

इसमत : तुम कौन सा भला करते हो हिंदुस्तान का?

तिवारी : रामलीला खेलना तू मामूली काम समझती है? कला भी है, धर्म भी। देश प्रेम जगाना, जनता के दिलों के अंदर। देखो मेरी उदाहरण। मैंने हौसला जुटाया और पंजाबिन ब्याह ली। अमृत कौर। किस वास्ते? मुल्क को एक ही मुहब्बत की माला में पिरोने के लिए। बताओ तो। कितने मर्द इतनी बड़ी कुरबानी दे सकते हैं।

इसमत : कुरबानी? सिंहनी ने तुम्हें बलि का बकरा बना लिया है?

रंगा : तिवारी, यह तो तूने सच बोला। ट्रांसपोर्ट साहिब को देख ले। करोड़पति बन गया। राजधानी का मेयर बन गया। मगर अभी तक कँवारा घूम रहा है।

तिवारी : पंजाबिन संग बंधने का ज़िगरा नहीं जगा सका।

रंगा : तू बंदा बहादुर है।

(टिवाणा आती है)

तिवारी : बहुत मर्द मिले हैं मुझे। जिनका ज़नानी के सामने जाते हुए, साँस सूख जाता है। पड़ोसी है हमारा एक। दुआबे का। होशियारपुर का। भाम गाँव का। निरा जोरू का गुलाम। एक बार क्या हुआ···

टिवाणा : सफाई चल रही है कि गप्पें?

रंगा : गुड मॉर्निंग, मैडम।

इसमत : नमस्ते, बहन जी।

तिवारी : आप ही मुझे छेड़ रहे हैं। मैं तो अभी तक पूरे स्कूल के अंदर झाड़ू झुला देता।

टिवाणा : हार आ गए?

तिवारी : मैं आप ख़रीद कर लाया हूँ। लाल किले से। **(हॉल के अंदर जाता है)**

टिवाणा : सेखों साहिब नहीं आए इधर?

रंगा : अभी तक तो नहीं?

इसमत : कविता सुनानी है नई?

टिवाणा : लिखी तो है एक।

इसमत : हमें सुना दीजिए।

टिवाणा : फंक्शन शुरू होने वाला है। कल क्लास में सुनाऊँगी।

रंगा : मैडम, कल आप फिल्म देखने गए थे? सेखों सर के साथ? रीगल पर?

टिवाणा : हाँ, हाँ। · · मैं खादी भंडार गई थी। लहँगा कुरती ख़रीदने। वहाँ सेखों साहिब टकरा गए। बोले, बाई चांस इकट्‌ठे हुए हैं। पिक्चर चलो।

इसमत : छपी कितनी हैं आपकी कविताएँ?

टिवाणा : लिखी तो मैं ने सौ से ऊपर हैं। छपी सिर्फ एक थी। ऐडीटर मिन्नतें करते हैं, "टिवाणा जी, नज़्म भेजो। गीत दीजिए।" मगर मैं टुटपूंजिये रसालों में नहीं छपाना चाहती।

रंगा : एक कहानी भी तो छपी है इनकी।

इसमत : वो तो इन्होंने दी है मुझे, स्कूल मैगज़ीन के लिए। कहते हैं, पहले किसी सहेली के नाम पर छपा चुके हैं, कॉलेज मैगज़ीन में।

टिवाणा : कहानियाँ भी, मैं ने सोचा, घटिया पत्रकाओं में नहीं छपाऊँगी। किताब की शक्ल में ही पब्लिश करूँगी। —तिवारी, बैंच ख़त्म करके, खिड़कियों के जाले भी उतार फेंकना।

इसमत : आप की कविता पन्ने पर सुंदर तो लगती है। लेकिन मैं, चार बार पढ़कर भी, मतलब नहीं निकाल सकी।

टिवाणा : मैं कविता के लिए न मीटर का बंधन मानती हूँ, न मीनिग का।

इसमत : प्रोज़ लगती है मुझे तो। ग़ालिब की ग़ज़लों से सौ फीसदी अलग।

रंगा : मॉडर्न कविता समझने के लिए थोड़े ही होती है? क्यों, मैडम जी? **(सेखों आता है)**

इसमत : गुड मॉर्निंग, सर।

सेखों : मैं आपको उधर ढूँढ़ रहा था।

टिवाणा : मैं आपको इधर ढूँढ़ रही हूँ।

सेखों : पूरी तैयारी कर ली?

इसमत : हाँ, जी।

सेखों : सवाल सोच लिए जो करोड़पति से पूछने हैं?

रंगा : येस्स, सर।

टिवाणा : गाना?

इसमत : याद है।

सेखों : फाईन! अगर करोड़पति ख़ुश हो गया, एक दो कमरे बनवा देगा। ट्रांसपोर्ट जैसे अनपढ़ अमीरों को उल्लू बनाना मुश्किल नहीं होता।

टिवाणा : सिफत के शिकार होते हैं।

रंगा : अनपढ़ हैं हमारे मेयर साहिब?

सेखों : इसमत, जाओ गाने की प्रेकटिस करो। **(इसमत और रंगा जाते हैं)** तिवारी, अभी तक सफाई कर्मचारी बने हो?

तिवारी : **(उबासी मारता आता है)** और कौन सा आप मुझे प्रिंसीपल की गद्दी पर बैठाएँगे?

सेखों : तेरा कल्याण हम करेंगे।

तिवारी : कैसे?

सेखों : दिलदार जी से पूछ।

तिवारी : बताइये, टिवाणा जी।

टिवाणा : आप ही बता दो। मेरा माईंड इस वक़्त एक आइडिये पर वर्क कर रहा है।

सेखों : कौन सा?

टिवाणा : करोड़पति पर कहानी लिखूँ, मॉडर्न।

सेखों : तिवारी, ट्रांसपोर्ट एक पब्लिक सकूल लगा है खोलने। अपना नाम जीवित रखने का प्रयत्न कर रहा है। दिलदार जी और मैं कोशिश कर रहे हैं—किसी तरीके, इस ख़सता स्कूल से पल्ला छुड़ाएँ।

टिवाणा : ये प्रिंसीपल लग जाएँ वहाँ।

तिवारी : सीयापति रामचंद्र आप की इच्छाएँ पूरी करें। हॉस्टल तो होगा, नए स्कूल के अंदर?

सेखों : हाँ। रैज़ीडैंशल स्कूल बनेगा।

तिवारी : मुझे और मेरी सिंहनी को हॉस्टल के मैनेजर लगवा देना।

सेखों : **(हाथ मिलाकर)** पक्की रही।

तिवारी : और टिवाणा बहन जी?

टिवाणा : ये स्कूल के ऊपर प्रिंसीपल। मैं इनके ऊपर प्रिंसीपल।

तिवारी : मेरी तिवारिन सही कह रही थी।

सेखों : क्या?

तिवारी : बोली—लगता है, सेखों ने टिवाणा का धनुष तोड़ दिया है।

टिवाणा : सचमुच।

तिवारी : तो आप इनके वरमाला डालने वाले हो?

सेखों : तिवारिन कैसे ताड़ गई?

टिवाणा : पंजाबिन जो हुई। —मगर, सेखों साहिब, ध्यान रखना। कहीं मुझे दोबारा स्कूल की टैंटैं-पैंपैं में मत फँसा देना।

तिवारी : नौकरी मत छोड़ना, बहन जी। बड़े शहर में, एक तन्ख़ाह के साथ, कुनबे का गुज़ारा मुश्किल होता है।

टिवाणा : पढ़ाने से मेरा जी उकता गया है। मग्ज़ खपाई है निरी।

सेखों : धीरज धरो, दिलदार जी। मैं ने खुद पढ़ा था अमृता प्रीतम की पत्रिका 'नागमणी' में। करोड़पति ने दिया था इश्तहार। साप्ताहिक निकालना चाहता है। आप इतने महान कवि हो। उपन्यासकार हो। ट्रांसपोर्ट आपको अपनी ऐडीटर ज़रूर लगा लेगा।

तिवारी : ऐडीटर? बढ़िया। तन्ख़ाह की तन्ख़ाह। बच्चों से भी दुपट्टा छुटेगा।

सेखों : दैट्स राईट।

तिवारी : दूर की सोचते हैं सेखों साब।

सेखों : **(तीर कमान बनाता)** एक वार!

टिवाणा : तीन शिकार!

तिवारी : पहला, स्कूल के कमरे बनवाओ।

टिवाणा : दूसरा, सेखों सर, प्रिंसीपल।

सेखों : तीसरा, दिलदार कौर टिवाणा, ऐडीटर।

टिवाणा : और उसके बाद?

तिवारी : दोनों का आनंद कार्य।

सेखों : ठीक।

तिवारी : एक मिन्नत मेरी मान लो।

टिवाणा : बोल।

तिवारी : अपनी शादी पर हमारा रामलीला का शो करवा लो। पैसे जितने

मरज़ी दे देना।

सेखों : **(पाँच रुपए पकड़ाकर)** साई पकड़। हमने कौन सा बार-बार स्वयंवर रचाना है।

तिवारी : धन्यवाद। एक नन्हीं सी और मान लो।

टिवाणा : बता।

तिवारी : मेयर साहिब से रामलीला के शो स्पाँसर करवा दीजिए। वे अकादमी को हुक्म दें। आख़िर पंजाबिन संग विवाह करवाने का मुझे कुछ तो इवज़ाना दिलवाओ।

टिवाणा : रामलीला हिंदी में करेगा या पंजाबी में?

तिवारी : रक़म चोखी दिलवा दो। मैं झट हिंदन को पंजाबिन बना दूँगा।

सेखों : अपनी इंद्रानी से सिफारिश करवा।

तिवारी : प्रिंसीपल भी करोड़पति को कहेंगी। आप भी कह दो।

(प्रिंसीपल आती है)

प्रिंसीपल : तैयारी हो गई?

सेखों : हंडरड परसेंट।

तिवारी : शीशे की तरह चमका दिए मैं ने कुर्सियाँ मेज़।

प्रिंसीपल : लाओ बच्चों को। **(सेखों और टिवाणा जाते हैं)** पानी का गिलास लाकर रख।

(तिवारी जाता है। रंगा और इसमत हार लाते हैं)

इसमत : मैडम, जो हार आपने मेयर साहिब के गले में डालना है, लगता है, तिवारी सीता स्वयंवर वाला उठा लाया।

प्रिंसीपल : वहाँ मत रख। इस कुर्सी को सीधी कर। माईक सही जगह रखो।

(शहनाई आती है)

शहनाई : आंटी, मैं कौन सी कुर्सी पर बैठूँ?

प्रिंसीपल : नीचे बैठ। हॉल में।

शहनाई : मैं ने हार पहनाना है चीफ गेस्ट को।

प्रिंसीपल : नीचे से आकर पहना देना।

रितू : **(हॉल में से)** मैडम, हमने सवाल पूछने हैं करोड़पति से। क्या हमें भी स्टेज पर बैठना है?

प्रिंसीपल : नहीं। मेरे सिर पर बैठना है।—इस बंदरी को वहीं ले जा।

शहनाई : मैं आपे-आपे जाऊँगी। **(जाती है)**

प्रिंसीपल : **(हॉल को)** शोर बंद!

कजली : **(हॉल में)** कन्हैया भैया, तू कौन सा सवाल पूछेगा?

कन्हैया : **(हॉल में)** क्या करोड़पति मेरी फिल्म के लिए दस करोड़ उधार दे

सकता है?

कजली : रितु महाजन मान गई तेरी हीरोइन बनने के लिए?

प्रिंसीपल : ओए छोरी, चपड़ चपड़ मत कर। ओए छोकरे, लाईन मत तोड़। मेयर साहिब को दिखाना है, हमारे स्कूल का डिसिप्लिन बहुत बढ़िया है। नहीं तो वे छत्तों के लिए ग्रांट नहीं देंगे। **(गुस्से में)** तू क्यों खड़ी है?

सारिका : **(हॉल में)** मैं देवाशीश मोहंती के पास बैठूँगी।

प्रिंसीपल : देवाशीश तुझे अंगूर देगा?

देवाशीश : **(हॉल से)** हम दोनों ने मिलकर सवाल तैयार किए हैं।

प्रिंसीपल : सो व्हट्ट?

सारिका : हम दोनों के इकट्ठे बैठने से स्कूल का क्या बिगड़ता है?

प्रिंसीपल : अगर दोबारा बोली, थप्पड़ मारूँगी। कितने बदतमीज़ बच्चे हैं। सिर खा जाते हैं। —माईक टैस्ट कर लिए?

रंगा : यैस्स, मैम।

प्रिंसीपल : वन, टू—

बच्चे : **(हॉल से)** थ्री, टैस्टिंग! वन, टू, थ्री, टैस्टिंग!

प्रिंसीपल : ख़ामोश!

सेखों : चीफ गेस्ट पहुँच गए!

(प्रिंसीपल भागती है। करोड़पति के पीछे-पीछे सब आकर बैठते हैं। तिवारी कोने में खड़ा है)

सेखों : बैठ जाओ।

दिवाणा : सिट डाऊन।

इसमत : स्वागत संगीत। ऋग्वेद मंत्र :

बैठो मिल सब साथ साथ,
बोलो एक ही वाणी।
तन मन होवें एक सुर,
एक सोच, एक ढाणी।।
एक चित्त, एक मन बराबर,
एक ही चढ़े सरूर।
एक मुट्ठ, एक सोच विचार,
सब को जो मंजूर।।
बैठो मिल सब साथ साथ··

इसमत : प्रिंसीपल जे. इंद्रानी चैटरजी मेयर अवतार सिंह ट्रांसपोर्ट जी को फूल माला पहनाएँगी। **(तालियाँ)** अध्यापिकों की तरफ से, मास्टर

सोहन सिंह सेखों जी ट्रांसपोर्ट साहिब का स्वागत करेंगे। ··· प्राईमरी क्लासों की ओर से, कजली बख़्शी अवतार जी को पुष्प चढ़ाएँगी।

करोड़पति : धन्यवाद, कजली रानी।

इसमत : नर्सरी क्लासिज़ की तरफ से शहनाई सिद्धू तनेजा, मेयर साहिब को सम्मान प्रदान करेंगी।

करोड़पति : शुक्रिया, शहनाई पुत्र।

इसमत : प्रिंसीपल जे. इंद्रानी चैटरजी का स्वागती भाषण।

प्रिंसीपल : सम्मान योग्य ट्रांसपोर्ट साहिब, हमारे लिए आज बड़ा फख़र का दिन है। बच्चो, तुम्हें यह जानकर खुशी होगी कि जब मैं ने मेयर जी को विनती की, यहाँ आने के लिए, तुम्हें शिक्षा के कुछ शब्द बोलने के लिए, ये झट मान गए। जब ऐक्सीडेंट हुआ, चार बच्चों की डेथ हो गई, आप उस शाम को भी आए थे। हस्पताल भी गए थे। ज़ख़्मियों को देखने। मेरी ट्रांसपोर्ट जी के आगे फरियाद है। इस भयानक हादसे में हम टीचरों का क़तई कसूर नहीं है। हमें पक्की आशा है, मेयर साहिब खुले दिल से सहायता देंगे।— ओए शरारती लड़के, खुसर फुसर मत कर। शहनाई, तू उबासियाँ क्यों मार रही है? **(तिवारी ऊँची उबासी लेता है)** ··· हाँ, तो मैं कह रही थी, ट्राँसपोर्ट साहिब के हम तहेदिल से धन्यवादी हैं।

इसमत : मास्टर सोहन सिंह सेखों जी।

सेखों : रेसपैक्टिड सर ट्रांसपोर्ट, आप टैक्सियों, ट्रकों के बिज़नसमैन ही नहीं। शिक्षा के भी पारखी हैं। आप अपने नाम पर स्कूल स्थापित करने लगे हो। मैं उम्मीद करता हूँ, उस स्कूल का प्रिंसीपल आप किसी करियेटिव, तजरबेकार, अध्यापक को चुनेंगे। इस नए प्रॉजैक्ट में योगदान डालने के लिए, मैं सदा तैयार हूँ। तन से, मन से, मैं आपका और आपके स्कूल का नाम रौशन कर सकता हूँ। यू आर वैलकम!

इसमत : दिलदार कौर टिवाणा जी।

टिवाणा : करोड़पति होने के साथ-साथ, आप अच्छे साहित्य के विवेचक हैं। कलाकारों के क़दरदान हैं। मैं कवियित्री हूँ। कहानीकार हूँ। आपकी पत्रिका निकालने की योजना की तहेदिल से तारीफ करती हूँ। आशा है, किसी महान लेखिका को ऐडीटर नियुक्त करके, आप अपने मैगज़ीन को चमकाएँगे। मैं आपकी हर सेवा के लिए हरदम हाज़िर हूँ। ए बिग हॉट स्वागतम्!

इसमत : रंगा स्वामी।

रंगा : अंकल अवतार जी, हमारे देश के बजट का सत्रह फीसदी हिस्सा फौजों पर, तोपों पर, बमों पर, ख़र्च किया जाता है। सिर्फ तीन फीसदी हिस्सा स्कूलों कॉलेजों पर ख़र्च होता है। हर एक घंटे में हिंदुस्तान के अंदर 260 बच्चे मरते हैं। तेईस लाख बच्चे अपना पहला जन्म दिन नहीं मना पाते। बच्चों की बहुत बड़ी संख्या हमेशा के लिए अपाहिज हो जाती है। जान लेवा बीमारियाँ—टिटनस, काली खांसी, गलाघोटू, पोलियो, तपेदिक, ख़सरा, दस्त वगैरह—हमें हमेशा घेरे रखती हैं। ग़रीबी के कारण, लापरवाही के कारण, जैसे, थोड़े दिन पहले, हमारे चार साथी हम से सदा के लिए बिछुड़ गए। पंद्रह अभी तक हस्पताल में तड़प रह हैं। जिस देश के अंदर बच्चों की रक्षा नहीं की जाती, जहाँ शिक्षा पर वाजब ख़र्च नहीं किया जाता, उस जैसा बदनसीब देश और कोई नहीं। अंकल, आप जानकार हैं। हर प्रकार के लोगों से मिले बरते हैं। आप जैसी मेहनती और हमदर्द हस्ती के चरण हमारे स्कूल में पड़े। यह हमारा सौभाग्य है। थैंक यू।

इसमत : अब मैं मेयर साहिब से विनती करूँगी। वे हमें अपने जीवन के बारे में बताएँ। उनके भाषण का विषय है : मैं करोड़पति कैसे बना?—ट्रांसपोर्ट जी।

करोड़पति : प्रिंसीपल जे. इंद्रानी जी और बच्चो! मैं आपके स्कूल में आकर तगड़ा ख़ुश हुआ हूँ। **(प्रिंसीपल को)** पर मैं ने आपको बताया था, मैं भाषण झाड़ना नहीं जानता।

प्रिंसीपल : माफ करना, जी। स्टूडेंट्स, तुम सवाल पूछो। छोटे-छोटे।

करोड़पति : बेटा, मुश्किल सवाल मत पूछना। तुम्हें पता है, पर्चे में मुश्किल सवाल आ जाएँ तो तुम मास्टरों को कितनी गालियाँ निकालते हो।

सेखों : मैं ने सवाल सुझाए थे।

टिवाणा : मैं ने लिख कर दिए थे इसमत को।

रंगा : हम आप शुरू करें?

प्रिंसीपल : **(गुस्से में)** जल्दी करो। इन का वक़्त बरबाद होता है।

इसमत : **(हॉल की तरफ)** वो हाथ खड़ा है, जी।

करोड़पति : ऊपर आ जा, पुत्र।

देवाशीश : अंकल, अगर आप लेक्चर झाड़ना नही जानते, चुनाव कैसे जीत गए? मेयर कैसे बन गए?

करोड़पति : बेटा, वोट जीतना, ज़बान की नहीं, पैसे की करामात होती है।—पार्टी हमारे से हर साल तीन चार लाख चंदा निकलवा लेती थी। मेरे भाइयों, भतीजों को गुस्सा आया। बोले, मुफ्त में रक़में क्यों खिलाएँ? फायदा उठाओ। टिकिट माँगो। मैं मना भी करता रहा। भाई नहीं माने। ज़बरदस्ती मुझे इलेक्शन लड़ा दिया। अमीर था। जीत गया। मुझे आप भाषण देने की ज़रूरत नहीं पड़ी। स्कूलों कॉलेजों के मास्टर भाड़े पर रख लिए। वो भाषण झाड़ते रहे।

रितु : सर, आप ने कौन से पब्लिक स्कूल से ऐजूकेशन ली थी?

करोड़पति : गली महल्ला पब्लिक स्कूल।

सेखों : वो किस शहर में है?

करोड़पति : हर एक गाँव में। हर एक शहर के अंदर।

शहनाई : अंकल का भाव है : मैं स्कूल में दाख़िल नहीं हुआ था। घर में बैठकर सब कुछ सीखा था। —है न, अंकल?

करोड़पति : शाबाश, शहनाई।—मेरे माँ-बाप ग़रीब थे। मुझे पढ़ने नहीं बैठा सके। मैं ने ज़िंद्गी में जो कुछ सीखा है, अपने तजरबे से सीखा है।

रंगा : अंकल, इसमत ज़ैदी और मैं आपकी मिसाल से हौसला लेंगे।

टिवाणा : कैसे?

इसमत : हम निराश हैं। हमारे घर वालों ने आगे पढ़ाने से मना कर दिया है। कहते हैं, कॉलेज का ख़र्चा नहीं दे सकते।

रंगा : हम नौकरी करेंगे।

इसमत : साथ-साथ पढ़ाई जारी रखेंगे।

रंगा : शाम के कॉलेज में।

प्रिंसीपल : साईलेंस!

करोड़पति : सुंदर सोची तुम ने, पुत्रो। दुनिया का सब से बढ़िया स्कूल है ज़िंदगी। तुम्हारा इर्द गिर्द! —और कोई सवाल?

सेखों : व्यवहारिक एवम् औद्योगिक शिक्षण संवंधी आपके क्या शुभ विचार हैं?

करोड़पति : **(भुल भुलैया में)** क्या बोला?

सेखों : प्रेक्टीकल एज़ वैल ऐज़ वोकेशनल एजूकेशन।

करोड़पति : वो क्या होवे?

रंगा : जी, मैं समझाऊँ?

टिवाणा : साईलेंस!

प्रिंसीपल : नेक्सट कुऐस्चन?

टिवाणा : साहित्य की उन्नती के वास्ते, आर्ट ऐंड कल्चर की प्रॉगरेस के वास्ते, हमें कौन सी योजना बनानी चाहिए?

करोड़पति : ऐसी योजना जिस में बच्चे जो चाहें, बिना झिझक, पूछ सकें।

कजली : अंकल, आपके मम्मी किस महकमे में सरविस करते थे?

करोड़पति : मेरी माँ? रोटी पकाती थी। बरतन माँजती थी। कपड़े धोती थी।

कजली : नौकरी नहीं करती थीं?

करोड़पति : मेरी माँ के लिए, अपने बच्चां के वास्ते काम करना, सबसे ज़्यादा ज़ायकेदार नौकरी थी।

सारिका : आपके डैडी का क्या प्रोफ़ेशन था?

कराड़पति : गाँव-गाँव आवाज़ें देकर, बरतन भांडे कलई करता था।

सारिका : कहाँ?

करोड़पति : चक्क नंबर सत्तर, ज़िला लायलपुर। पीछे पाकिस्तान में रह गया।

इसमत : सेखों सर, आपका पुश्तैनी गाँव भी यही नहीं था?

सारिका : आप भांडे कलई करना जानते हैं?

करोड़पति : अच्छी तरह। बचपन में, मैं बापू संग फेरी लगाने जाया करता था। मगर दंगे फसादों में हमारा बापू क़त्ल हो गया। लायलपुर से उजड़ कर आए। पहले पटियाला रहे। रफीजी कैंप के अंदर। फिर, पुराना किला, दिल्ली। बाद में, कई बरस, चूना मंडी पहाड़गंज। मेरे तीन छोटे भाई हैं। एक बहन है। मैं ने बाड़ा हिंदूराव, पुरानी सब्ज़ी मडी, करोल बाग, घूम-घूम कर, भांडे कलई किए। और परिवार पाला।

कन्हैया : आपने अपने डैडी से और कुछ भी सीखा?

करोड़पति : कई कुछ। पर सब से क़ीमती सबक जो मेरे बापू ने मुझे सिखाया, वह था बाबा नानक वाला। ग़रीब बढ़ई भाई लालो निठल्ले अमीर मलिक भागो से ऊँचा है।—मेरा बापू अपने धंधे से कभी शरमिंदा नहीं था हुआ। —जूते बनाने वाले का काम भी उतना ही ज़रूरी है जितना किताबें बनाने वाले का। सफाई करने वाला और पढ़ाई करने वाला बराबर हैं। सब धंधों को बराबर समझना चाहिए। मैं ने ज़िंदगी में कई काम किए। मज़दूरी की। ड्राईवरी की। अपने काम से कभी शरमिंदा नहीं हुआ। शरमिंदा बेईमानी से होइये। धंधे से नहीं।

देवाशीश : सर, आप क्रिकिट खेलते थे या हॉकी?

करोड़पति : न क्रिकिट, न हॉकी। हाँ, गुल्ली डंडे में सात गाँव का अगुआ था। कबड्डी का कप्तान था। चाहे तो, तुम्हारा मास्टर सेखों अभी

कौड़ कबड्डी खेल ले। वो जफ्फा मारूँगा, सेखों छुड़ा नहीं सकता।

प्रिंसीपल : फिजूल सवाल मत पूछो।

सेखों : ऐजूकेशन के बारे में पूछो।

टिवाणा : कविता कहानी के बारे में प्रश्न उठाओ।

रंगा : टॉपिक पर जो सवाल मैं ने और इसमत ने सोचे हैं, वे पूछें?

प्रिंसीपल : सिर्फ वही पूछो। जल्दी करो। मेयर साहिब बिज़ी हैं। ईडियट्स!

करोड़पति : कोई हरज नहीं, इंद्रा जी। बच्चों को जी ख़ुश कर लेने दो।

इसमत : करोड़पति बनने के लिए, आपंने कौन सा ढग अपनाया?

तिवारी : **(उबासी रोकता)** भगवान की मरज़ी होती है। बंदे के हाथ में, बस में, कुछ नहीं होता।

करोड़पति : नहीं, मेरे वीर। अगर कोई मनुष्य सदा निर्धन रहता है, कसूर उसका अपना है। भगवान को दोष नहीं देना चाहिए। बच्चो, मुझे जो कुछ मिला, अपनी मेहनत के बल पर मिला। हमारी जगह, भगवान धंधा नहीं कमा सकता। काम तो हमें आप ही करना पड़ेगा।

शहनाई : मैं सब काम आपे-आपे करती हूँ।

करोड़पति : आप सियाने हो, शहनाई जी। —अच्छा, एक पहेली बूझोगे?

बच्चे : हाँ हाँ!!!

करोड़पति : बूझो। कौन सा इंजन मरम्मत करना सबसे मुश्किल होता है?... कौन सी गाड़ी चलानी सब से कठिन होती है?... नहीं बूझ सकते?... हार गए?

कजली : हाँ।

करोड़पति : मैं बताऊँ?

बच्चे : बताइये!

करोड़पति : सबसे कठिन होता है अपने आप को मरम्मत करना। अपने आप को सही स्पीड से चलाना। मैं ने सारी उम्र में हर क़िस्म के इंजन दुरुस्त किए हैं। सैकड़ों ट्रक और टैक्सियाँ चलाई हैं। मगर, सब से ज़्यादा कठिनाई मुझे अपना मिस्त्री आप बनने में आई है। पुत्रो, आपका दोस्त भी आपके भीतर बसता है। आपका दुश्मन भी आपके अंदर रहता है। अपने अंदर के कायर को निकाल कर बाहर फेंको। सुस्ती चुड़ैल को दूर भगाओ। बेहतर बनने की इच्छा तीखी करो। ताक़तवर बनने की ख़ाहिश तेज़ करो। तुम्हारा चरित्र ही तुम्हारी किस्मत है। तुम्हारी आदतें ही तुम्हारा भाग्य है।

मैं ने हर मोड़ पर अपने आप को चैंक किया। अपना पेट्रोल देखा। ब्रेकें टैंस्ट कीं। पहिए परखे। नतीजा यह कि मैं हमेशा अपनी मंज़िल पर पहुँचा हूँ। ऐक्सीडेंट से बचा रहा हूँ।

इसमत : बहुत बढ़िया सीख दी है आपने। शुक्रिया।

रंगा : और कोई सबक जो आप हमें सिखा सकते हैं।

करोड़पति : जहाँ तक मुझे याद है, मैं ने ज़िंदगी से तीन बहुमूल्य सबक सीखे थे। उन तीनों सबकों ने मुझे बरतन माँजने वाले से उठाकर करोड़पति बना दिया।

इसमत : पहला सबक कौन सा था?

रंगा : और वो किस तजरबे से सीखा?

करोड़पति : पंद्रह साल का था। करोल बाग, मैं ने एक बंदे के बरतन कलई किए। चोखी प्रीत से। एकाग्र होकर। वो बहुत खुश हुआ। कहने लगा : "मेरी वर्कशाप में वेलडिंग का काम कर। इंजन मरम्मत करने सीख।"—मैं मान गया। उसने मेरी तन्ख़ाह बाँध दी। अजीब हालत देखी मैं ने, उस वर्कशॉप के अंदर।

रंगा : क्या?

करोड़पति : हम आठ नौ थे, वर्कशॉप में नौकरी करने वाले। मैं ने देखा, उन में से हर एक की कोशिश होती थी : "तन्ख़ाह मुझे ज़्यादा से ज़्यादा मिले। मगर मैं काम कम से कम करूँ।" —ज़रा मालिक इधर- उधर हुआ नहीं, कामगार बीड़ी फूँकने बैठ जाते। गप्पों पर डट जाते।—मैं ने अपने आप को बताया : "अवतार सिंह, तू इन सब से उलट काम कर।"

सेखों : कौन सा?

करोड़पति : जितनी तुम्हें तन्ख़ाह मिलती है, उससे अधिक काम कर।

इसमत : ग्रेट!

रंगा : नेक नसीहत है।

करोड़पति : नतीजा सुनो इस उसूल का।··मालिक ने एक महीना मेरा काम देखा। मैं सब से पहले पहुँचा करता था। सबके बाद में छुट्टी करता था। वो हैरान रह गया। मेरी मज़दूरी एक ही हल्ले में दुगनी कर दी। फोरमैन बना दिया। वर्कशॉप का इंचार्ज बना डाला। पंद्रह बरस के अलोम छोकरे को। यह था मेरे जीवन का पहला पाठ। उस दिन से मैं ने फैसला कर लिया : "मैं, हमेशा, जितनी मुझे तन्ख़ाह मिलेगी, जितना पैसा मिलेगा, उसके बदले में, ज़्यादा काम करूँगा। बेहतर काम करूँगा।"

प्रिंसीपल : बच्चो, कापियों पर लिख लो। ट्रांसपोर्ट साहिब ने सुंदर शिक्षा दी है।

सेखों : लेकिन अधिकतर सरमायेदार बेईमान हैं। मज़दूरों का मांस चबाते हैं।

करोड़पति : लोगों की बेईमानी लोग जानें। आप ख़ुद ईमानदार कामगार बनने की क़सम उठाओ। इस तरह, अपने आप, तुम हज़ारों कामगारों को पीछे छोड़ जाओगे। उन से आगे निकल जाओगे। सबसे पहले, तुम्हारी तरक्की होगी। कमाई बढ़ेगी।

सारिका : इस वर्कशॉप में आप ने कितने साल काम किया?

करोड़पति : तीन बरस। छोटे भाई भी मैंने वहीं लगवा दिए। आप मैंने टैक्सी ख़रीद ली। परिवार का ख़र्चा मोकला निकलता रहा। तीन सालों के अंदर हमारे पास तीन टैक्सियाँ हो गईं। फिर हम ने एक ट्रक ख़रीद लिया।

देवाशीश : यह सब कुछ आपने इक्कीस साल की उम्र तक कर लिया।

करोड़पति : हाँ, पुत्र। "तन्ख़ाह से ज़्यादा काम करो" के उसूल ने जादू का कमाल कर दिखाया।

प्रिंसीपल : चिल्डरन, ऐसे महापुरुषों के वाक्य रोज़ नहीं मिलते। याद कर लो।

इसमत : दिल्ली में ही रहे आप?

करोड़पति : नहीं, बेटा। मुझे घूमने फिरने की लत लगी हुई है।

सेखों : फेरी वाले के बेटे जो हुए।

करोड़पति : सही फरमाया सेखों जी ने। बंध कर एक स्थान पर बसना मेरे लिए कठिन था। इसी कारण मैं ने ब्याह नहीं करवाया। माँ ने बहुतेरा ज़ोर लगाया। मेरा जी नहीं माना। छोटे भाइयों की शादियाँ कर दीं। आप मैं आज़ाद पंछी बनकर, उड़ना चाहता था।

प्रिंसीपल : सुना है, आप हमारे कोलकत्ता में भी रहे हैं?

करोड़पति : हाँ, जी। एक बार मैं ट्रक लेकर कलकत्ता गया। पहुँचते ही एक अनोखा ...ऐक्सीडेंट हो गया।

प्रिंसीपल : ऐक्सीडेंट?

करोड़पति : मेरा दिल ज़ख़्मी हो गया। टूट गया।

प्रिंसपील : जीज़स बलैस्स यू!

करोड़पति : जवान तो था। मन मौजी। रमता। क़सम खा बैठा। ब्याह कराऊँगा तो बंगाली लड़की के साथ। नहीं तो जीवन भर कुँआरा

रहूँगा।

तिवारी : मेरे जैसे हो। मैं ने सिखनी परनाई।

करोड़पति : पाँच बरस इसी बावलेपन में गुज़ार दिए।

रितु : ट्रक चलाते रहे? या टैक्सी?

करोड़पति : धंधे के पक्ष से बंगाल मुझे चोखा रास आया। बड़ी वर्कशाप बना ली। दस ट्रक, पाँच बसें, बीस एक टैक्सियाँ—हमारी अपनी हो गईं। भाई पहुँच गए। व्यापार संभालते रहे।

प्रिंसीपल : दिल कैसे टूटा आपका?

करोड़पति : सुंदर बंगालिन लड़की थी एक। सस्ती दुकान पर चाय पिलाने ले गया। आप जानते हैं लड़कियों को। बंदे की परख नहीं जानती। पैसे के पीछे भागती हैं। वो रूठ गई। कहने लगी, "तू कंजूस है। पैसे का पूत। तू बरतन कलई करने वाला रहेगा, सदा।"—मैं गुस्से से लाल लोहा हो गया। मैं बोला, "तुझे करोड़पति बनकर दिखलाऊँगा।"

कन्हैया : फिर मान गई?

करोड़पति : एक बार जो पानी हावड़ा पुल के नीचे से निकल जाता है, वो मुड़कर नहीं निकलता।

टिवाणा : टूटे दिल से आपने शायरी नहीं शुरू की?

कराड़पति : बेकार शायरों वाला सौदाईपन मैं नहीं किया करता। लड़की को भुलाने के लिए मैं ने ज़्यादा काम करने का नशा लगा लिया। कलकत्ते से मेरा जी उठ गया। मद्रास को उड़ गया। वहाँ कारख़ाना खोल लिया—लायलपुर बॉडी बिलडर्ज़। सरकारी ठेके मिल गए। धंधा ख़ूब चल पड़ा। छः बरस मैं वहाँ मेनेजर रहा।

रंगा : दूसरा सबक आपने हमारे तमिलनाडू में सीखा?

करोड़पति : हाँ।··दूसरा पाठ भी पहले जितना ज़रूरी निकला।—मान लो, मैं किसी कामगार से पूछूँ : "यह काम सवेरे दस बजे तक मुकम्मल कर सकते हो?"—वो झट कहेगा, "ज़रूर, जी।"—मगर दूसरे दिन, दस बजे बहाना गढ़कर आ जाएगा। काम पूरा नहीं हुआ। ऐसे बीस कामगारों में से, उन्नीस वादे के झूठे निकलेंगे। सिर्फ एक माई का लाल पार पहुँचेगा। जो वक़्त पर काम पूरा करके दे देगा।—सो, मैं ने अपने तजरबे से दूसरा सबक निकाला : "हर काम तयशुदा वक़्त से पहले पूरा करो।"

सेखों : मिस्टर ट्रांसपोर्ट इज़ राईट। एक धोबी ज़िंदगी भर धोबी क्यों रहता है।

तिवारी : मरज़ी सियापति राम की।

टिवाणा : क्योंकि धोबी कभी कपड़े वक़्त पर धो कर नहीं देता।

सेखों : दर्ज़ी, मोची, बढ़ई—सब ऐसे हमारा समय बरबाद करते हैं।

टिवाणा : वेटर की कहानी सुनाओ।

सेखों : यैस्स! मैं और लेखिका जी, कल, बाई चांस, कनॉट प्लेस टकर गए। कॉफी पीने स्टैंडर्ड में बैठ गए। आधा घंटा बैरा कॉफी नहीं लाया। फिल्म के लिए लेट करा दिया।

टिवाणा : हम ने भी एक पैसा टिप नहीं दी।

करोड़पति : देखा, बच्चो। कितने सियाने हैं तुम्हारे उस्ताद!

कजली : मद्रास से आप दिल्ली कब लौटे?

करोड़पति : मेरे तलबों पर बाबा नानक वाला चक्कर उकेरा हुआ लगता है। घर के अंदर टिक कर बैठना मेरे लिए मुहाल है। मेरा एक यार, मद्रास से, विलायत ले गया।

प्रिंसीपल : विलायत यानि इंग्लैंड।

तिवारी : श्रीलंका जा आते। भगवान राम का बनाया हुआ पुल हैगा।

सेखों : विलायत में भी वर्कशॉप खोली?

करोड़पति : नहीं। मैं ने सोचा, एक बार दोबारा मज़दूर बनूँ। अंग्रेज़ों से कारख़ाना चलाने का ढंग सीखूँ। एक ट्रांसपोर्ट फैक्टरी में मकैनिक भरती हो गया।

रंगा : तीसरा लैसन आपने इंग्लैंड में सीखा?

करोड़पति : हाँ, पुत्र। · मान लो, आपका अफसर आपको बुलाकर कहता है : "मिस्टर सेखों, ये बीस फाइलें हमारी फरीदाबाद वाली फेक्टरी के बारे में हैं। किस आरकीटेक्ट ने प्लैन बनाई थी? ठेकेदार कौन था? ख़र्चा कितना हुआ? नक्शा क्या है? वग़ैरह। · क्या तुम फाइलें पढ़कर, समझकर, हमें सलाह दे सकते हो?—कि हम लुधियाना में नई फेक्टरी कैसे बनवाएँ? दोबारा फरीदाबाद वाली ग़लती न करें?"—बूझो, बच्चो, मिस्टर सेखों क्या करेगा?

सेखों : ख़ुशी-ख़ुशी नई ज़िम्मेदारी संभालेगा। फाइलें उठाकर घर ले जाएगा। —अगर आज मुझे नए स्कूल का प्रिंसीपल बना दिया जाए, मैं ज़िम्मेदारी ख़ूब निभाऊँगा।

टिवाणा : अगर मैं नए रसाले की संपादक लग जाऊँ, मॉडर्न कविता तीखी तरक़्क़ी करेगी।

करोड़पति : ख़ुशी ख़ुशी, सेखों जैसा बंदा फाइलें उठाकर घर ले जाएगा। है न, बच्चो?

बच्चे : हाँ, जी।

करोड़पति : ज़रूर। बेवकूफ जो हुआ।

रंगा : बेवकूफ?

इसमत : कैसे, जी?

करोड़पति : असल में, सेखों को कारख़ाना बनाने का क ख ग नहीं आता। मगर वो नई ज़िम्मेदारी को जफ्फा ज़रूर डालेगा। पता है क्यों?

सेखों : चैलंज है।

करोड़पति : नहीं।··दिल से सेखों चाहता है, सारी तरक़्क़ी मुझे मिले। मालिक किसी और को अहम काम न सौंपे। उसके विरोधी को फाइलें न पकड़ाए। सेखों नहीं चाहता, दफ्तर का दूसरा बंदा, काम को पूरा करके, बॉस की नज़रों में ऊँचा उठे। ईर्ष्या, द्वेष, जलन—बहुत बुरे होते हैं। सेखों जैसे उतावले मनुष्य आप दुखी होते हैं। परिवारों को दुखी करते हैं। घर पहुँच कर, बीवी से लड़ते हैं। नन्हे मुन्नों को पीटते हैं। और आख़िर में, कंपनी को ग़लत सलाह देकर, करोड़ों का नुक्सान करा देते हैं। तरक़्क़ी के लिए उछलते हैं, लेकिन नौकरी खो बैठते हैं।··सो, मेरा तीसरा सबक था : "ईमानदारी पहली पौड़ी है। भरोसे योग्य बनो। इतबार के क़ाबिल बनो। सब का विश्वास जीतो। साथियों संग जलन मत करो। ईर्ष्या, खुन्नस, क़ाबू में रखो। दूसरों की तरक़्क़ी में सहायक बनो। तुम्हारी नेक नीयती पर सबको यक़ीन हो।··फायदा सुनो इन तीन सबकों का। आज हमारे परिवार की दो फैक्टरी हैं, ऑटो पार्ट्स, फरीदाबाद। नानक बॉडी बिल्डर्ज़, गाज़ियाबाद। कलकत्ता, मद्रास, वर्कशापें और ट्रकों के अड्डे। साईकल पार्ट्स कारख़ाना, सोनीपत। ऑल इंडिया ट्रांसपोर्ट कारपोरेशन, दिल्ली। अवतार भांडा भंडार, जगाधरी। सरदार बनियान, जुराबें, जांघिये, लुधियाना।

सेखों : ट्रांसपोर्ट साहिब, हम लक्की हैं। आपने हमें नए सबक सिखाए हैं।

करोड़पति : नए? मैं इतना बुद्धू नहीं कि इन सबकों को नए समझूँ। नई-नई स्कीमें तो आप जैसे पोथा-पढ़ों के पल्ले होती हैं।—बच्चो, ईमानदारी का पाठ ढेर समय पुराना है। मेरा नयापन सिर्फ एक बात में था। मैं ने पुराने विचारों को असलियत का रूप दिया। रोज़ाना ज़िंदगी का हिस्सा बनाया। अपने चरित्र का अंग बनाया।

कन्हैया : ओबराए होटल्ज़ वाला सरदार आपका भाई है?

करोड़पति : नहीं। यह सवाल तुम्हें कैसे सूझा?

कन्हैया : वो भी वेटर से करोड़पति बना था।

रितु : आप अभी तक कुँआरे हैं?

सारिका : नहीं। इनका विवाह हो चुका है।

करोड़पति : कैसे? मैं तो छड़ा—

सारिका : आप ज़नानी के पति नहीं। करोड़ों रुपयों के पति हो। **(ऊँची और लंबी हँसी)**

करोड़पति : वाह, पुत्र! क्या अक़्ल सिखाई है। तू ने मुझे करोड़ों रुपयों का सबक सिखा दिया। मैं मूर्ख! जीवन भर पैसे बनाने की मशीन बना रहा। बचपन की ग़रीबी का ख़ौफ सदा मुझे खाता रहा। कंजूसी ने मेरे सैकड़ों स्वाद मारे रखे। आज से मैं ने सबक सीख लिया : ''पैसा मेरे वास्ते है। मैं पैसे के वास्ते नहीं हूँ।''—मैं तुम्हारे स्कूल के पाँच कमरे बनवाऊँगा।''

प्रिंसपील : थैंक यू! **(तालियाँ)**

करोड़पति : इसमत ज़ैदी और इस बेटे को—

रंगा : रंगा स्वामी।

करोड़पति : रंगा और इसमत को कॉलेज में पढ़ने का पूरा ख़र्च दूँगा।

रंगा : थैंक्स, अंकल।

इसमत : **(आँसू रोकती)** शुक्रिया, अब्बा हुजूर।

करोड़पति : मगर एक शर्त है।

रंगा : बताइये।

करोड़पति : सरमायेदार मुफ्त में कभी कुछ नहीं देता।

इसमत : बदले में हमें क्या करना पड़ेगा?

करोड़पति : तू पत्रिका का काम संभाल।

इसमत : ज़रूर, जी।

करोड़पति : रंगा, तू बन मेरे स्कूल का प्रिंसीपल।

रंगा : ग्लैडली, सर।

सेखों : बारहवीं पास नहीं की अभी तक।

करोड़पति : स्कूल पहली जमात से शुरू करना है। बारहवीं तक पहुँचेंगे जब विद्यार्थी—?

रंगा : मैं पीऐच.डी. कर लूँगा।

टिवाणा : ऐडीटर मशहूर लेखिका होनी चाहिए।

सेखों : प्रिंसीपलशिप के लिए ऐक्सपीरिऐंस लाज़िमी है।

करोड़पति : माफ करना, मास्टर जी। आपके पिता उधर से आए थे?

इसमत : लायलपुर से।

करोड़पति : तू ज़रूर फुम्मण सिंह का छोहरा है।

सेखों : हूँ तो सही। आपने कैसे पहचाना?

करोड़पति : फुम्मण मेरा यार बेली है। गुल्ली डंडे का आड़ी था। आजकल लुधियाना में फोरमैन लगा है। हमारे कारख़ाने में। तेरा और फुम्मण का चेहरा एक है।

सेखों : मेरे फादर हैं।

करोड़पति : ओए, तू बहूटी को ख़र्चा क्यों नहीं देता? बेटियों को पास क्यों नहीं रखता? बावले, कम पढ़ी-लिखी पत्नी बल्कि ज़्यादा सेवा करती है। तू ज्ञान कौर को छोड़ने की क्यों सोच रहा है?

टिवाणा : **(रोती)** तेरा विवाह हो चुका है?

कजली : अंकल जिन टीचरों के विवाह नहीं हुए, वे हमें बहुत डाँटती हैं।

करोड़पति : प्रिंसीपल साहिबा भी डाँटती हैं तुम्हें?

शहनाई : अंकल, आप आंटी से शादी कर लो।

बच्चे : हाँ, हाँ! शादी करो!

करोड़पति : जे. इंद्राणी चैटरजी? बंगालिन? ज़रूर, ज़रूर। अगर इंद्राणी जी मान जाएँ।

बच्चे : मैडम, मान जाओ।

कन्हैया : बन जाओ करोड़ पत्नी।

करोड़पति : जे. इंद्राणी? यह 'जे' क्या हुआ, जी?

प्रिंसीपल : जूडिथ।

करोड़पति : ईसाई हो?

प्रिंसीपल : जी, मेरी पहली पक्की नौकरी कॉनवेंट में थी। ईसाई बनना पड़ा।

करोड़पति : कोई हरज नहीं। मैं नानक का सेवादार हूँ। सब धर्म बराबर समझता हूँ। करो, इंद्रा जी, बच्चो को ख़ुश। हाँ, कहिए। आमी तोमाय भालोबाशी।

प्रिंसीपल : जी, अच्छा। आमी आपनाके भालोबाशी।

करोड़पति : पुत्रो, मेहरबानी। तुम लोगों ने मेरा विवाह करवा दिया। **(तालियाँ)**

तिवारी : जी, अपनी शादी पर हमारा एक रामलीला का शो करवा लीजिए।

करोड़पति : कर लेना।

तिवारी : साई पकड़ाइए। **(करोड़पति सौ का नोट देता है)**

इसमत : तिवारी जी, मैं ने भी आज से कट्टर कुनबे की गुलामी छोड़ दी।

तिवारी : सीता बनोगी?

इसमत : ज़रूर। **(रौब से)** रंगा, तू राम खेलेगा!

रंगा : **(कान पकड़कर)** जो हुक्म!

इसमत : अवतार अंकल, हमारा आख़िरी सवाल।

करोड़पति : पूछ।

इसमत : क्या आप भी एकलव्य नहीं हो?

रंगा : हमारे जैसे।

करोड़पति : एकलव्य?

देवाशीश : ख़ुद-ब-ख़ुद सबक सीखे आपने।

रितु : द्रोणाचार्य के बग़ैर।

करोड़पति : अच्छा, अच्छा! एकलव्य! महाभारत वाला? ज़रूर। एक तरह ऐसे ही समझो। एकलव्य ने द्रोणाचार्य की मूर्ती बनाकर सामने रख ली। और धनुष विद्या सीख ली। देह धारी गुरु की सहायता नहीं ली। सुंदर साखी है यह।—गुरु कौन होता है?—विद्यार्थी के अपने अंदर की शक्ति का नाम ही गुरु है। सीखने की तीखी अभिलाषा को ही गुरु कहते हैं।

सेखों : टीचर किताब घोट कर तो पिला नहीं सकते?

टिवाणा : जो छात्र मेरे से इंग्लिश पढ़ना नहीं चाहते, मैं उनको इंग्लिश का इंजैक्शन तो ठोक नहीं सकती?

करोड़पति : मान लिया, बच्चो। मैं भी तुम्हारी तरह एकलव्य हूँ। लेकिन मैं पुराने एकलव्य वाली एक भूल कभी नहीं दोहराऊँगा।

इसमत : कौन सी?

करोड़पति : मैं द्रोणाचार्य को अँगूठा काटकर कभी नहीं पकड़ाऊँगा। सच्चे गुरु और झूठे गुरु के बीच में परख करनी सीखो।

तिवारी : पानी पीजिए छानकर। गुरु कीजिये जानकर।

रितु : अंकल, आपकी मेरिज की हमें एक छुट्टी मिलनी चाहिए।

करोड़पति : मिलेगी।

प्रिंसीपल : एक छुट्टी? नहीं। एक मेरे दूल्हे की तरफ से। एक मेरी तरफ से।

(तालियाँ)

कजली : पकड़ो जी हार।

शहनाई : पहनाओ एक दूजे को।

(हार डालते हैं। तालियाँ)

इसमत : हम ने फंक्शन ख़त्म करना था क़ौमी तराना गाकर : "सारे जहाँ से अच्छा, हिंदोस्तां हमारा। हम बुलबुले हैं इसकी, यह गुलसितां हमारा।" मगर अब तो—

तिवारी : आरती गाओ।

रंगा : भांगड़ा नाचना चाहिए।

इसमत : सुहाग गाने चाहिएं।

सारिका : हाँ, हाँ। शादी की घोड़ियाँ गाओ।

(विद्यार्थी कापियाँ आगे करते हैं)

रितू : ऑटोग्राफ।

कन्हैया : पंजाबी?

रितु : मैं नहीं पढ़ सकती।

देवाशीश : इंग्लिश लिखो।

करोड़पति : बेटा, लिखनी मैं सिर्फ गुरमुखी सीखा था। गुरद्वारे के भाई से।

सेखों : **(टिवाणा को, हँसता)** इंग्लिश नहीं आती।

करोड़पति : इंग्लिश लिखनी तो मैं नहीं जानता। बट, माई डयर सेखों, आई कैन स्पीक बंगाली विद माई वाईफ। तमिल विद रंगा स्वामी। उर्दू विद इसमत। ऐंड ब्रज भाषा विद दिस सीयापति रामचंद्र।

इसमत : पंजाबी में आप सुहाग और घोड़ियाँ सुन सकते हो न?

करोड़पति : एक शर्त पर।

प्रिंसीपल : कौन सी?

करोड़पति : पहले, बच्चों के वास्ते लड्डू और जलेबयाँ मँगवाओ।

तिवारी : रकम निकालो। अभी हाज़िर।

(करोड़पति हज़ार रुपए पकड़ाता है)

इसमत : अंकल, आप हमारे स्कूल में पधारे हैं। हमारी प्रिंसीपल साहिबा के बन्ना बनकर। हम आपको देंगे—

बच्चे : सीठने! **(नाचते, गाते, तालियाँ बजाते)**
तेरी भाग निकलीं, रे दूल्हे दादकियाँ।
पी रखी पीछ, जन्मे थे रीछ—तेरी भाग निकलीं, रे···

हमारे अंगना मांदरी,
बन्ने की बहना बांदरी।
हमारे अंगना ताना तनें,
बन्ने का बापू काना सुनें।

करोड़पति : रुको, पुत्रो, रुको।··· ऐसे गाने तो मेरे जैसे अनपढ़ भी गा लेते हैं। तुम लोग वो गीत गाओ जो आजकल के एकलव्यों को गाना चाहिए।

बच्चे : अच्छा, अंकल। **(पंक्ति बनाकर)**

एकलव्य हम आज के
काम हमारा पढ़ना।
शिक्षा की चोटी पर प्रतिदिन
सीढ़ी-सीढ़ी चढ़ना।...

(परदा)

—ख़त्म—

(पहला प्रालेख : दिसंबर, 1989)

23

बब्बी गई कोहकाफ

बब्बी उर्फ नूपुर

वल्लोह उर्फ रबिंद्र

तथा

उनके सुपुत्र सारंग सिद्धू माथुर

को

नाटककार और निर्देशक की तरफ से

'बब्बी गई कोह काफ' (**मेरा तेईसवाँ मौलिक पूर्ण नाटक**) हमारी पाँचवीं और सबसे छोटी बेटी बब्बी उर्फ नूपुर का देनदार है। हम बब्बी के धन्यवादी हैं क्योंकि उसने हमें अपने माँ-बाप चुना।

इस नाटक को लिखने का विचार मेरे मन में बब्बी के सोलहवें जन्म दिन (**14.9.1987**) पर आया था। मैं ने देखा, बब्बी अपनी विलक्षण शख़्सियत सिरज रही है। संगीत-हीन पंजाबी घर में जन्म ले कर भी, बब्बी शास्त्री गायन और सितार वादन को अपना धंधा बनाने पर दृढ़ है। ऐम.फिल. (**संगीत**) में उसके शानदार नतीजे (**1994**) ने साबित कर दिया कि मेरा बब्बी के रुझान और विकास के बारे में अनुमान सही था।

यह मेरा पहला आलेख है जिसको मैंने, तय करके, "बच्चों के बारे में, बच्चों के लिए, बच्चों द्वारा, नाटक" बनाकर गढ़ा है। इसकी तीन-पलड़े की बनावट सादी है—परीकथा जैसी। इसके विषयों में मेरे पहले नाटकों का कुछ दोहराव दिखेगा। पर मुझे उम्मीद है इसकी रचना —यथार्थी चौखट के अंदर जड़ी हुई स्वपन-देश या यूटोपिया की यात्रा —सबको ताज़ा और मन-मोहिनी लगेगी।

बच्चों का नाटक भी ढंग के विचार पेश करने की कोशिश क्यों न करे?

चरणदास सिद्धू

इला अपार्टमेंट्स (ए-104)
बी-7, वसुंधरा ऐनक्लेव,
दिल्ली-110096

पहला मंचन

'बब्बी गई कोह काफ' पहली बार श्रीराम सेंटर बेसमेंट, नई दिल्ली, 11 से 12 जुलाई, 1994, को पेश किया गया। इस को माता जय कौर स्कूल, अशोक विहार और जसपाल कौर स्कूल, शालीमार बाग, दिल्ली में भी खेला गया। इसकी तैयारी बच्चों की नाट्य कार्यशाला में की गई। यह छः सप्ताह की वर्कशॉप पंजाबी अकादमी, दिल्ली की सहायता से लगाई गई। इसमें 15 स्कूलों के 25 विद्यार्थियों ने भाग लिया। अभिनय और गाना सीखने वाले बच्चों की उम्र 5 से 17 साल तक थी।

कार्यशाला का संचालन और निर्देशन डॉ. चरणदास सिद्धू ने किया। डॉ. सिद्धू के सहायक थे कॉलेजिएट ड्रामा सोसाइटी के अनुभवी कलाकार : वीणा सिद्धू तनेजा और नूपुर सिद्धू माथुर (**संगीत**), प्रमिला सिद्धू साहनी (**वस्त्र**), राजकुमार साहनी (**शृंगार**) रवि तनेजा (**प्रकाश**), रबिंद्र नारायण माथुर (**मंच सज्जा**), ज्ञान कौर सिद्धू (**वस्तुएँ**)।

वर्कशाप के दूसरे सहायक और साथी थे पाँच स्कूल टीचर (**रचना जैन, रितु सलिल, वीणा, प्रमिला, नूपुर**) और चार कॉलेज टीचर (**सुभाष सहगल, डॉ. नीरा सहगल, कुलदीप सलिल, डॉ. यशपाल ओबराए**)।

कलाकार

गंगू : संजीव कुमार / आशुतोष हंस
गंगी : सुगंधा सहगल / शैली भसीन
सजनी : आस्था भूषण
खिमा : रितु सलिल / सारिका सलिल
बब्बी : मीता ओबराए / कजली बख़्शी
मिल मालिक : वैभव सहगल / मोहित ओबराए
मिल मालिकिन : सुर्भी सहगल / शैफाली भसीन
मास्टर : मोहित ओबराए / वैभव सहगल
मास्टरनी : शैफाली भसीन / सुर्मी सहगल
छात्र : शम्मी, नम्रता, सुमित, सलोनी, स्निग्धा, गौतम

सिद्धार्थ, रोहिणी, ब्रिजेश, नित्या

सांझ बाबा	:	आशुतोष हंस
दादी पालको	:	कजली बख़शी / रितु सलिल / ज्ञान कौर सिद्धू
बल्लाह बांसुरी वाला	:	सुमित हंस / वैभव सहगल
मज़दूर	:	संजीव कुमार
मज़दूरिन	:	शैली भसीन / सुगंधा सहगल
सज्जू	:	आस्था भूषण
खब्बू	:	रितु सलिल / सारिका सलिल
बब्बू	:	कजली बख़शी / मीता ओबराए
राजा झोटा सींगना	:	वैभव सहगल / मोहित ओबराए
रानी झोटी सींगनी	:	सुर्भी सहगल / शैफाली भसीन
लोहार	:	मोहित ओबराए / शम्मी अहूजा
किसान	:	शैफाली भसीन / नम्रता बंगा
माली	:	आशुतोष हंस
मालिन	:	कजली बख़शी / रितु सलिल
लड़का बांसुरी वाला	:	सुमित हंस / वैभव सहगल

नोट (क) इस नाटक के तीसरे भाग 'ज़ालिम को मार भगाओ' को जून 1995 में डॉ. नीरा सहगल तथा प्रोफेसर सुभाष सहगल ने चार बार खेला। यह पंजाबी अकादमी, दिल्ली, द्वारा आयोजित बच्चों की नाट्य कार्यशाला का हिस्सा था।

(ख) रवि तनेजा ने इस नाटक का संक्षिप्त रूप 'ज़ालिम को जड़ से काटो' नाम से जून, 1999 को श्रीराम सेंटर, दिल्ली में दो बार प्रस्तुत किया। यह साहित्य कला परिषद, दिल्ली द्वारा आयोजित बाल नाट्य कार्यशालाओं की एक कड़ी थी। पौन घंटे की प्रस्तुती में 25 स्कूलों के 70 बच्चों ने भाग लिया। महाराजा अग्रसेन विद्यालय, पीतमपुरा ने संपूर्ण सहयोग दिया। संगीत संयोजन : सलोनी सिद्धू तनेजा। सह निर्देशक : गौरव पारीक।

पात्र

गंगू : मज़दूर, उम्र 45 साल
गंगी : उसकी घर वाली, 40
सजनी : उनकी बेटी, 15
खिमा : उनकी बेटी, 14
बब्बी : उनकी बेटी, 13
मिल मालिक : 40
मिल मालकिन : 37
मास्टर : 40
मास्टरनी : 37
छात्र

सांझ बाबा : 75
दादी पालको : 70
वल्लाह बांसुरी वाला : 15
मज़दूर : 60
मज़दूरिन : 55
सज्जू : 15
खब्बू : 14
बब्बू : 13
राजा झोटा सींगना : 40
रानी झोटी सींगनी : 37

झाँकी 1

गाना

बब्बी : करूँ तो क्या करूँ?
क्या यत्न करूँ?
कौन सा दारू ढूँढूँ?
कौन सा ढंग अपनाऊँ?
क्या जादू चलाऊँ?

निर्धनता ने जकड़ा मुझ को।
ग़रीबी ने है पकड़ा मुझ को।।
है सख़्त पढ़ाई।
नित्य घर में लड़ाई।।

कोई चैन न मुझ को।
आराम न मुझ को।।

घर में घर वाले पीटें।
स्कूल में मास्टर पीटें।।

दोनों बहनें लड़ती हैं।
जमाती सभी चिढ़ाते हैं।।
करूँ तो क्या करूँ?
ग़रीबी से कैसे पाऊँ छुटकारा?
पढ़ाई का कैसे हो निपटारा?
घर की कलह से पीछा छूटे।
दुख दर्दों से पीछा छूटे।।

मैं क्या करूँ?
करूँ तो क्या करूँ?

टोली : करें तो क्या करें?
क्यों हम ग़रीबी में जन्में?
क्यों हम ग़रीबी में मरें?

यह बेइन्साफी! यह जुल्म सितम!
ग़रीबों को जकड़े बैठे, कुछ जाबिर लोग।
दीनों को दबाए बैठे, कुछ सोने वाले।।

इन ज़ालिमों को, कैसे मार मिटाएँ?
सितम के बादल, कैसे दूर हटाएँ?

आओ, ग़रीबो, तरीका तलाशें।
छक कर खाएँ, सुंदर पहनें।।

बंदर-बाँट को, मार भगाएँ।
कंगाली के पंजे से, अंग पैर छुड़ाएँ।।

पर तरीका कौन सा करें?
करें तो क्या करें?

(अँधेरा)

× × ×

झाँकी 3

(दाएँ-1 : गंगू भागा हाँफता आता है)

मिल मालिक : गंगू, तू आज फिर देर से आया है?

गंगू : माफी दो, मालिक। आगे को जल्दी आया करूँगा।

मालिक : नौकरी चाहिए तुझे कि नहीं?

(बाएँ-1 : गंगी हाँफती हुई आती है। झाड़ू लगाती है। मिल मालकिन बड़े शीशे के आगे खड़ी, क्रीम, पौडर, सुर्ख़ी लगा रही है)

मालकिन : गंगी, यह वक़्त है तेरे आने का? रसोई गंदे बरतनों से भरी पड़ी है। चाय पीने के लिए प्याला तक नहीं। और तू, पटरानी, दोपहर को उठ कर आ रही है?

गंगी : बीबी जी, आज माफी दो। फिर कभी लेट नहीं होऊँगी।

मालकिन : होश कर कुछ, गंगी। तेरे जैसी बरतन मांजने वाली माई, उन्नतीस सौ घूम रही हैं। गली गली। नौकरी चाहिए तुझे कि नहीं?

(दाएँ-2 : गंगू मशीन चलाने का स्वांग करता है। ऊँघता है। फिर झटके से जाग पड़ता है)

मालिक : गंगू! एक बात पूछूँ? झूठ मत बोलना।

गंगू : पूछो, मालिक।

मालिक : अब तू कहाँ से आया है?

गंगू : जी, घर से! अपनी झुग्गी से।

मालिक : झूठ! तू तो, दोनों की गठड़ी उठाए, पूरी-किचौरी कूचे में घूम रहा था। हलवाइयों को दोने बेच रहा था। सही है? मंगलू ने बताया मुझे।

गंगू : क्या करूँ, साहिब? ग़रीबी! तीन बेटियाँ हैं हमारी। नहीं भरता पेट इस तन्ख़्वाह से। लड़कियों की पढ़ाई का ख़र्चा है। किताबें, कापियाँ, फीसें। कहाँ से निकालें इतना पैसा?

मालिक : दोने बनाने से कद्दू मिलता है तुझे?

गंगू : बूंद बूंद से घड़ा भर जाता है, मालिक। कुछ तो सहारा होता ही है। परिवार मिलकर बना लेते हैं, छुट्टी वाले दिन।

मालिक : क्यों तूफान तोल रहा है, गंगू? सारी सारी रात तू दोने बनाता रहता है। इसी कारण, मशीन पर बैठा, ऊँघता रहता है।

(बाएँ-2 : गंगी पोचा लगा रही है। मालकिन लिपस्टिक लगाती है। कांटे, हार पहनती है)

मालकिन : **(छींक मार कर)** यह तेरे से बदबू कैसी आ रही है, री? नाक सड़ गई। मिर्च की सढ़ांद आ रही है। सच बोल। किस के घर गई थी पहले? हमारे बरतन छोड़ कर?

गंगी : किसी दूसरे के घर नहीं गई, जी।

मालकिन : चड्डों के गई थी?

गंगी : उनके तो मैं आपके घर के बाद जाती हूँ।

मालकिन : **(छींकती)** फिर यह मिर्चों की धूल कैसे घुस गई तेरे कपड़ों के अंदर? खोपड़ी फट गई।

गंगी : जी, क्या करें? तीन बेटियाँ हैं, जवान। ख़र्चा चलता नहीं।

मालकिन : न जमाती तीन। ज़रूरी है कोई? न ख़ामख़ा बच्चे जन्म-जन्म कर फेंको, और न ग़रीब बनो।

गंगी : लड़कियों को कहा था। स्कूल से लौट कर, चड्डे की दुकान के लिए, मिर्च मिसाले कूटो। लिफाफे भरो। किताबों का ख़र्च ही निकले।

मालकिन : **(छींकती)** ख़बरदार, जो मेरे आँगन में गंदे कपड़े पहन कर घुसी। मेरी तरफ से मरो भूखे। अगर दोबारा देर करके आई, मैं गेट से अंदर नहीं आने दूँगी।

(दाएँ - 3 : गंगू हाथ जोड़े खड़ा है। मालिक बैठा शराब पी रहा है)

मालिक : पूरी-पूरी रात दोने बनाते हो? तू और तेरी जोरू?

गंगू : रात के वक़्त नहीं, सरकार। छुट्टी वाले दिन। मैं पत्ते लाता हूँ, जंगल से। शाम सवेरे बेटियाँ मेरी बना देती हैं।

मालिक : जा, ओए। गप्प मत हाँक। आख़िरी बार ताड़ रहा हूँ तुझे। मशीन पर बैठ कर ऊँघना नहीं। अगर मशीन में फँस कर मर गया, मेरे लिए सियापा होगा। हड़तालें! और तफतीशें! और मुझे हज़ारों भरने पड़ेंगे, तेरी मौत के।

(बाएँ - 3 : गंगी बरतन माँज रही है। मालकिन कंघी करती है। जूड़ा बनाती है)

मालकिन : अरी, तू इतनी चतुर बनती है? झोंपड़ी में बैठी महलों के सपने देखती है? भला क्या जरूरत है तुझे अपने बुड्ढे हाड़ घिसटने की? बड़ी लड़की को भेज अपनी जगह। काम कर जाया करे हमारे, झटपट झटपट। तू फाँक चड्डे का मिर्च मिसाला।

गंगी : पढ़ाई करेंगी बेटियाँ, तो ग़रीबी से छुटेंगे।

मालकिन : सपनों को आग लगा। नहीं तेरी बेटियाँ गोरी मेमें बन कर विलायत को उड़ चलीं। नाली के कीड़े नाली के कीड़े रहा करते हैं। पढ़ाई छुड़ा दे। मज़दूरी करवा। जवान लड़कियों का मुकाबिला तू नहीं कर सकती। चल, दो रुपए ज़्यादा दे दिया करूँगी।

(दाएँ - 4 : मालिक मुर्ग़ा चबा रहा है। गंगू पाँव पड़ता है)

मालिक : दफा हो, गंगू। नित्य सिर मत खा मेरा। पकड़ बाकी की मज़दूरी। तेरा हिसाब चुकता हो गया। बड़ी लड़की को भेज दे कल। फेक्टरी मैं ने धर्म खाते में नहीं खोल रखी। काम नहीं करोगे, तो मैं तन्ख़ाह कहाँ से दूँगा? हटा ले बेटी को स्कूल से। तू बेच दोने। नहीं तेरी बेटी ने पढ़ाई करके कोह काफ पर चढ़ना। तुझे नौकरी से निकाल कर, तेरी बेटी को रख लेता हूँ।

गंगू : इतना ज़ुल्म न करो, मालिक।

गंगी : मालिकन, आगे को मैं समय पर आया करूँगी।

दोनों : हमें नौकरी से मत निकालो। दया करो ग़रीबों पर।

(अँधेरा)

झाँकी 3

बब्बी : सजनी, तू ने मेरा पैंन तो नहीं लिया?

सजनी : स्कूल का काम कर लेने दे।

बब्बी : मैं ने भी तो काम करना है।

सजनी : तू मेरे वाला पुराना ले ले।

बब्बी : उसकी निब टूटी हुई है।

सजनी : ठीक चलता है।

बब्बी : तो तू क्यों नहीं लिखती उसके साथ?

सजनी : नाली ख़राब है। स्याही नहीं भरती। तू डुबो डुबो कर लिखे जा।

बब्बी : तू नहीं डुबो डुबो कर लिख सकती?

सजनी : मेरी टीचर पीटती है, अगर अक्षर टेढ़े मेढ़े हों।

बब्बी : मेरी नई कापी कहाँ हैं? मिल नहीं रही। रात को मैं ने बस्ते में रखी थी। खिमा, तू ने तो नहीं देखी?

खिमा : मैं ने अंग्रेज़ी का काम करना है। लाइनदार कापी चाहिए थी।

बब्बी : **(रोती)** क्यों ली तूने मेरी कापी? मुश्किल से पैसे जोड़कर ख़रीदी थी मैं ने।

खिमा : क्यों चिल्लाना शुरू कर दिया? तू मेरे वाली पुरानी कापी पर गणित कर ले। हैं कई पन्ने खाली उसमें।

बब्बू : क्यों लूँ, मैं पुरानी?

सजनी : पुरानी हो चाहे नई। खाली पन्ने हैं तो सवाल निकाल ले।

बब्बी : अगर गणित के सर ने पीटा मुझे? गंदा काम हो तो वह थप्पड़ों से गालें लाल कर देता है।

खिमा : तू कल ख़रीद लेना नई।

बब्बी : पैसे कहाँ से आएँगे?

खिमा : भापे से माँग लेना। तन्ख़ाह मिल जाएगी ; सात तारीख़ है आज।

बब्बी : उनके पास कहाँ से बचेंगे? बाज़ार के पैसे देने हैं। दूध के। आटे

के। तू माँग लेना अगर इतना हौसला है तेरे में।

सजनी : माँ से ले लेना। आज शायद वह भी ले आए मालकिन से।

बब्बी : मेरी हर चीज़ छीन लेती हो तुम। क्यों? आप नहीं ख़रीद सकतीं?

खिमा : सज्जो, तू ने बूटियों वाली फ्रॉक भी पहनी थी शाम को?

सजनी : नहीं।

बब्बी : पहनी थी, जी। झूठ बक रही है यह।

सजनी : (**मुक्का मारकर**) तुझे मज़ा चख़ाती हूँ। शिकायतें लगाने का।

खिमा : कल धोई थी मैं ने। बखिया सिला इतनी कठिनाई से। फिर गंदी क्यों की तू ने?

सजनी : तू ने ससुराल जाना है नई फरॉकें पहन कर?

खिमा : मैं नहीं जाऊँगी ससुराल, तो क्या तू गई थी रात को ससुराल?

सजनी : झांपड़ मारकर थूथना तोड़ दूँगी। बड़ी बहन को ऐसे बकती है?

खिमा : आ, झांपड़ मारकर दिखा। मेरे क्या हाथ नहीं चलते?

सजनी : ज़्यादा अकड़ मत। भापे ने बब्बी को जो नई फरॉक सिला कर दी है, गुलाबी, वह पहन लिया कर। बूटियों वाली मुझे दे दो।

बब्बी : क्यों दूँ मैं नई फरॉक तुझे? हर वक़्त धींगा ज़ोरी करती हैं। कभी नया कपड़ा पहन कर नहीं देखा। तुम दोनों के उतारे कपड़े पहनती हूँ, हमेशा। चिप्पियाँ लगा लगा कर। या, जो माँ लाती है माँग कर, लोगों के घरों से। कैसी किस्मत है मेरी! (**रोती है**)

सजनी : स्कूल का वक़्त हो गया। तू फिर सायरन बजाने लग पड़ी।

खिमा : जी करता है, पीट-पीट कर, फलूदा बना दूँ तेरा। रोज़ सवेरे, चीज़ों को लेकर, लड़ाई शुरू कर देती है। स्कूल का काम मेरा फिर नहीं हुआ आज।

सजनी : मेरा भी नहीं पूरा हुआ। (**मुक्का मार कर**) इस बब्बी गढ़ब्बी का कसूर है सारा। यही युद्ध छेड़ती है नित्य।

बब्बी : तुम मेरी सब से बड़ी दुश्मन हो। कमज़ोर समझ कर मुझे, हर चीज़ छीन लेती हो। मेरा हक़ मुझ से छीन लेती हो। (**एकतारा उठाती है**) मेरा एकतारा किसने तोड़ा? (**रोती है**) बाजा भी तोड़ डाला। (**एकतारा ठीक करके गाती है**)—

घर में लड़ाई।
है सख़्त पढ़ाई।।
माँ बाप दुखी।
है कम कमाई।।

किस कुएँ के अंदर
मैं डूब मरूँ?
मैं करूँ, तो क्या करूँ?

(अँधेरा)

× × ×

झाँकी 4

(पाँचवीं कक्षा का कमरा)

मास्टर : फिर काम नहीं किया तू ने?

बब्बी : जी, मेरी कॉपी मेरी बहन ने ले ली थी।

मास्टर : रोज़ बहाना। **(चपेड़ मारकर)** और कापियाँ क्या ख़त्म हो गईं इस मुल्क में? ख़रीद लेती।

बब्बी : पैसे नहीं थे।

मास्टर : यह मेरा कसूर है? माँ बाप को कहती, न पैदा करते तुझे।

बब्बी : अब कहने का क्या फायदा? अब तो मैं इतनी बड़ी हो चुकी हूँ।

मास्टर : **(मुक्का मारकर)** चपड़ चपड़ ज़बान चलाती है। बदतमीज़! पैदा करते वक़्त सोचते नहीं। फिर सारी उम्र आप दुखी, मास्टर दुखी।

(नवमी कक्षा का कमरा)

मास्टरनी : नहीं समझ आता गणित, तो घर में मरा कर। यहाँ क्यों आ जाती है, मेरा मग़ज़ चाटने?

सजनी : माफी दो, जी। कल ज़रूर निकाल कर लाऊँगी सवाल।

मास्टरनी : ट्यूशन रख ले। ट्यूशन के बग़ैर नहीं समझ आएगा मैथ्स तुझे।

सजनी : जी, हमारे पास पैसे नहीं हैं। भापा हमारा मज़दूर है, मिल में। माँ अमीरों के बरतन माँजती है। गुज़ारा नहीं होता।

मास्टरनी : थोड़े पैसे लूँगी। ग्रुप बनाया है मैं ने दस लड़के-लड़कियों का। दो सौ रुपए महीना दे देना। पास ज़रूर करा दूँगी।

सजनी : हमारे पास इतने पैसे कभी नहीं बचे।

मास्टरनी : तो मर परे। नवमी में छः साल रगड़े खाना। तू दसवीं में नहीं चढ़ेगी।

(आठवी कक्षा का कमरा)

मास्टर : अब आना तू मेरी क्लास में, बग़ैर काम किए। चोंडा उखाड़ कर हाथ में पकड़ा दूँगा।

खिमा : जी, मैं कल दिखा दूँगी लेख।

मास्टर : नरक के कीड़े हो तुम लोग। झुग्गी झोंपड़ी से उठकर, स्वर्गों के

सपने देख रहे हो। आठमीं में तू नहीं पास होगी। घर में बैठ जा। माँ की तरह, कपड़े धो लोगों के। माई लग जा। पढ़ाई तेरे बस का रोग नहीं है।

खिमा : अगर मैं दसवीं पास कर जाऊँ किसी तरह···

मास्टर : दसवीं पास करना कोई खेल है? तेरी खोपरी में कूड़ा-कचरा भरा पड़ा है। अनपढ़ माँ बाप की पैदाइश। अनपढ़ डांगर।

खिमा : जी, मैं अब माँ बाप थोड़े ही बदल सकती हूँ?

मास्टर : **(थप्पड़ मारकर)** आगे बोलती है? तुझे मैं बुलवाता हूँ सामने बड़ों के।

(पाँचवीं कक्षा का कमरा)

बब्बी : हाँ, बहन जी। मेरे माँ बाप ग़रीब हैं। नीच हैं। कमज़ोर हैं। पर इस में मेरा क्या कसूर है? इसका इलाज अब मैं क्या कर सकती हूँ?

मास्टरनी : है तेरा कसूर। न करती पाप पिछले जन्मों के अंदर, न ग़रीबों के घर पैदा होती। अभी भी अक़्ल कर। रोज़ भगवान के आगे प्रार्थना किया कर। पापों की क्षमा माँग। धर्म का पक्का पालन कर। भगवान चाहे तो तुम्हें ग़रीबी से छुटकारा दे सकता है। इस योनि में नरक भोग ही रही हो। अगला जन्म तो संवार।

बब्बी : क्या भगवान की भगती करने से मेरी सब मुसीबतें दूर हो जाएँगी?

मास्टरनी : भगवान सब कुछ कर सकता है। एक तरफ उसने करोड़पति बनाए हैं। दूसरी तरफ, तेरे जैसे कंगाल। जिन लोगों ने, पिछले जन्मों के अंदर, पुण्यदान किए थे, प्रभु की भगती की थी, वे आज स्वर्ग भोग रहे हैं, इसी धरती के ऊपर। तेरे जैसे घमंडी, नास्तिक, पाप कमा रहे हैं। अगली योनि के अंदर भी तू नरक भोगेगी। अभी संभल जा।

बब्बी : जी, कैसे संभलूँ? कौन सा तरीका बरतूँ कि मेरे दुख दूर हो जाएँ? मुसीबतें कट जाएँ?

मास्टरनी : धर्म का पालन कर। बड़ों का आदर कर। गुरु जनों की पूजा कर। ऊँची जातियों को देवता समझ। अपनी हालत में संतुष्ट रह। नित्य बैठ कर पाठ कर। प्रभु से माफी माँग अपने पापों की। वरना, जिस गंदगी में अब जी रही हो, उसी में फँसी रहोगी, जन्म जन्मांतर।

बब्बी : ओ रब्बा, क्या तेरे आगे नित्य नाक रगड़ने से, सचमुच, सब मुसीबतें, ख़त्म हो जाती हैं?

(अँधेरा)

झाँकी 5

(बब्बी का घर। बब्बी टरंकी टटोल रही है)

बब्बी : **(रुआँसी)** सजनी, तू ने मेरी बालियाँ तो नहीं चुराईं?

सजनी : मैं ने आग लगानी है तेरी बालियों को?

बब्बी : तू ने ही टरंकी में से निकाली हैं। इस रुमाल में बँधी थीं।

सजनी : चोरटी बनावे मुझे। रुक ज़रा। तेरी मरम्मत करती हूँ। **(पीटती है)**

खिमा : ओए, तुम पढ़ने नहीं दोगी। फेल कराओगी मुझे?

सजनी : बकवास मत कर फिजूल का। तेरी अकेली की परीक्षा नहीं। हमारा भी पेपर है कल।—चुप नहीं हुई तू? बालियाँ सजा कर, कौन से बॉय फ्रेंड को मिलने जाना है? सालाना इम्तिहान है। पढ़ती क्यों नहीं बैठकर? बालियाँ क्या तुझे पास करा देंगी?

खिमा : टरड़ टरड़ किए जा रही हैं। तुम्हारे शोर शराबे में भला पढ़ सकता है कोई?

बब्बी : खिमा, तू ने उठाई होंगी। दे मेरी बालियाँ।

खिमा : कौन सी बालियाँ?

बब्बी : दादी ने दी थीं जो मुझे। सोने की।

सजनी : **(हँसती)** मरी हुई दादी को रो रही है! गई गंगा में बहकर तेरी दादी दूर खाड़ी बंगाल के अंदर।

खिमा : अच्छा हुआ खो गईं। जो तेरी हिमायती बनती थी दादी पालको, हमेशा। अकेली को बालियाँ देकर मरी थी।

सजनी : हम दोनों का भी हिस्सा था उन में। अकेली संभाल कर बैठ गई। चोरटी तो तुम हो।

खिमा : तुझे आज किधर से याद आ गए, भूतनी प्रेतनी के गहने?

सजनी : पेपर बालियाँ पहन कर दिए, तो क्या ज़्यादा नंबर आ जाएँगे?

बब्बी : मैं ने तो यों ही माथा टेकना था। दादी से आशीर्वाद लेना था। पहननी थोड़े ही हैं।

खिमा : (**हँसती**) गधी है तू, बब्बी। निरी गर्दभी।

सजनी : मरी हुई दादी को माथे टेक कर, क्या बनेगा तेरा?

बब्बू : तुम्हें क्या? तुम बालियाँ दो मेरी। दादी मुझे प्यार करती थी। मेरा हौसला बढ़ेगा उसको याद करके। प्रणाम करके। निकालो मेरी बालियाँ। नहीं तो मैं बाल उखाड़ दूँगी दोनों के। (**पकड़ती है**)

सजनी : छोड़ मेरे बाल!

खिमा : (**मारकर**) तुझे मैं सीधी करती हूँ।

बब्बी : चोर! चोर!

सजनी : शौकीन बड़ी!

खिमा : दादी के साथ तू भी जल जाती सिवे के अंदर।
(**तीनों फँसती हैं। गंगी आती है**)

गंगी : अरी! अरी! बब्बी को क्यों मार रही हो?

सजनी : हमें चोर बना रही है।

गंगी : यह पढ़ाई हो रही है?

खिमा : कह रही है, बालियाँ चुराईं। दादी वाली।

बब्बी : तुम ने चुराई हैं। माँ, लेकर दे इन से।

गंगी : बब्बी, चैन कर। ये कहाँ से चुराएँगी?

बब्बी : फिर गईं कहाँ?

गंगी : पिछले साल बेच लीं थी तेरे जनने वाले ने।

बब्बी : बेच दीं? क्यों?

सजनी : देखा! कुतिया हमें चोर बना रही थी।

खिमा : बब्बी, आगे कभी गाली निकालना तू मुझ को। मुक्का मारकर दाँत तोड़ दूँगी।

गंगी : मंदिर वाले पंडित से कर्ज़ा ले रखा था तेरे बापू ने। सूद मूल मिलाकर, हज़ार से ज़्यादा बना दिया उसने। सूद में दे दीं थीं बालियाँ। मूल अभी वैसे का वैसा खड़ा है। बही में लिखा है। चुप कर। रोने से क्या बनेगा? पढ़ बैठ कर।

खिमा : भापा आ गया। ढीं ढीं बंद कर।
(**गंगू आता है**)

गंगू : बब्बी, तू हर वक़्त बाजा क्यों बजाती रहती है?

गंगी : लड़ रहीं थी तीनों जनी।

गंगू : ठोकीं नहीं तू ने चार-चार, तीनों के। थका टूटा बंदा घर घुसता है। आगे ये जंग छेड़े रखती हैं।

सजनी : बालियाँ आप ने बेचीं थीं। हमें कह रही है, हम ने चुराईं।

गंगू : अच्छा, बंद करो टर्रर टर्रर। चाय का गिलास बना। मैं ने बाज़ार जाना है। दोने लेकर।

बब्बी : दूध तो है ही नहीं।

गंगी : घर में बैठी तुम दूध भी नहीं डलवा सकती?

खिमा : दूध वाला बोला, पिछले महीने के पैसे चुकता करो पहले।

बब्बी : मैं डोलू लेकर गई। सारी गली के सामने मेरी बेइज़्ज़ती की।

गंगी : ला, जो तेरी तन्ख़ाह में से बचे हैं। माथे मारूँ कंजर के।

गंगू : मैं तो सारे बनिए को पकड़ा आया।

गंगी : सारे?

गंगू : आटा दाल कहाँ से ख़रीदेगी फिर तू? अभी तो दो सौ बकाया रहता है। तुझे मिली तन्ख़ाह कि नहीं?

गंगी : मैं मुलखे को दे आई। किताबों कापियों के पैसे चुकाने थे। पैंन ख़रीदे तीनों ने। दवातें लीं। पेपर हैं कल।

गंगू : पूरे महीने की मज़दूरी इनकी पढ़ाई पर फूँक डाली?

गंगी : पंद्रह रुपए बचे हैं। पकड़। आग लगा ले, जहाँ जी चाहे।

गंगू : अरी, फिर भी? इतनी तन्ख़ाह है तेरी। पूरा महीना तुम बरतन मांजती हो। कपड़े धोती हो। कुल पंद्रह बचे हैं? नसवार लूँगा पंद्रह की?

गंगी : कंजरी मालकिन। पत्थर दिल। मैं शीशे का मरतबान धो रही थी। पास आकर, डांटा मुझे। मैं ठिठक गई। हाथ काँप गया। मरतबान लगा टोंटी में।

बब्बी : टूट गया?

गंगी : पापिन ने पचास रुपए काट लिए तन्ख़ाह में से।

गंगू : दोने लाओ। मैं देकर आऊँ हलवाइयों को। चार पैसे बनाएँ।

बब्बी : दोने तो हम बना नहीं सकीं।

सजनी : परचा है हमारा कल।

गंगी : लिफाफे नहीं भरे? मिसाले तोल तोल कर? चड्डे की दुकान के लिए?

खिमा : टाइम नहीं मिला।

बब्बी : पढ़ाई करें या दुकानदारों की गुलामी?

सजनी : नवमी की पढ़ाई है मेरी।

गंगू : **(गंगी को पीटता)** तूने ही दुखी किया है मुझे। जन्म जन्म कर फेंकती रही पिल्ले। भर अब पेट इनके।

गंगी : हाय मर गई!

बब्बी : भापा!

सजनी : माँ मर गई!

खिमा : हट इधर!

गंगू : जा, आप बिक जा। कमा कर खिला तिकड़ी को। नहीं तो, इन को बेच दे।

गंगी : डूब के मर जा ऐसा बाप! शब्द बोल रहा है, बेटियों, कन्याओं के बारे में!

गंगू : बेटियाँ? बेटियाँ नहीं। ये यम हैं, यम! मेरी हड्डियों को चिमटे हुए। कोढ़! **(तीनों को पीटता है)** फाँसी लगा कर मर जाओ। तीनों जनीं। जैसे कानपुर की तीन बहने मर गईं थीं। पंखे से लटक कर। **(रोता)** पालने से छुटूँ मैं। ब्याहने से छुटूँ। दाज दहेज ढोने से छुटूँ।—तू भी मिलजा इनके साथ। ले ले फाँसी। नहीं तो आ। दोनों जने, गाड़ी के नीचे सिर दे दें। या दरिया में छलाँग मार दें। छुटें इन चुड़ैलों से। **(गंगी को घसीटता, रोता)** आ, यमदूत! सियापा ख़त्म करें! **(पाँचों रो रहे हैं)**

बब्बी : जीयूँ? या, मरूँ?
है सख़्त पढ़ाई!
नित्य घर में लड़ाई!
करूँ तो क्या करूँ?

(अँधेरा)

झाँकी 6

(परीक्षा का कमरा। बब्बी प्रार्थना कर रही है)

सजनी : मैं तो आज ज़रूर फेल हो जाऊँगी।

छात्र-1 : मुझे भी कुछ नहीं आता।

खिमा : मेरे किसी तरह तेंतीस नंबर बन जाएँ इस परचे में। माता रानी का व्रत रखूँगी।

छात्र-2 : अगर मैं फेल हो गया, मेरा भापा, पीट-पीट कर, मेरा कचूमर निकाल देगा।

छात्र-3 : अगर नतीजे वाले दिन, मेरा नाम आ गया फेल होने वालों में, मैं ने फैसला कर रखा है—मैं ज़िंदा घर नहीं पहुँचूँगा!

छात्र-1 : मैं भी गाड़ी के नीचे सिर दे दूँगा।

सजनी : उसको देखो।

खिमा : क्या प्रार्थना कर रही हो?

छात्र-2 : प्रार्थना से क्या तुम्हें सवालों के जवाब सूझ जाएँगे?

बब्बी : मैं दादी जी को याद कर रही हूँ।

खिमा : क्यों? दादी क्या कुंजी थी किताब की? जो संक्षेप में उत्तर लिखवा देगी?

सजनी : डिक्शनरी थी तेरी दादी? जो तेरे कानों में कठिन शब्दों के अर्थ बोलती जाएगी?

बब्बी : काश एक नन्ही सी वायरसलेस होती। बटन जितनी। जिस में बाहर बैठे बंदे को, मैं, बोल बोल कर, पेपर के सवाल बताती जाती। वो बाहर से, किताब पढ़ पढ़ कर, जवाब भेजता रहता। मैं लिखती जाती।

छात्र-1 : और मास्टरों को पता न चलता नक़ल का।

सजनी : तू जवाब ज़रा मोटे मोटे लिखना। और कापी थोड़ी मेरी तरफ रखना।

छात्र-3 : अच्छा। पर जो जवाब तुझे पक्की तरह आता हो, उसे क्वैस्चन पेपर पर लिख लेना। हम पेपर अदला बदली कर लेंगे।

खिमा : काश मुझे इस किस्म का काग़ज मिल जाता जो सिर्फ मुझे दिखता। मास्टरों को न दिखता।

छात्र-2 : हाँ हाँ! घर से लिख कर जवाब ले आते। देख देख कर, कापी पर लिखते रहते। चोरी चोरी।

बब्बी : हे भगवान, यों ही मुझे परचा मिले, भूकंप आ जाए। सारे कमरे ढहा जाएँ। हमारी जानें बच जाएँ।

सजनी : अकेला प्रिंसीपल का दफ्तर ही गिर जाए।

छात्र-3 : इम्तिहान तो कैंसल हो।

खिमा : दोबारा भी परचा हो अगर, तैयारी के लिए, ज़्यादा दिन मिल जाएँगे।

बब्बी : कई बार सच्चे दिल से बिनती निकली हुई, पूरी हो जाती है। अगर कहीं मास्टरों से पेपरों का पूरा बंडल खो जाए!

छात्र-1 : तब तो मौज बन जाएगी।

बब्बी : प्रिंसीपल का दुश्मन हो कोई। परचों के ऊपर तेज़ाब डाल जाए।

सजनी : या रब्ब, मास्टर का मूड ठीक रखना। उसकी बीवी लड़े मत। वह सब को पास कर दे।

छात्र-2 : मास्टर के घर में बाढ़ आ जाए। पूरे परचे गल जाएँ।

बब्बी : कोई ऐसी दुनिया भी होगी जहाँ छात्रों को परीक्षा नहीं देनी पड़ती?

खिमा : स्वर्ग में ऐसा होता होगा।

छात्र-3 : कैलाश पर्वत पर।

छात्र-1 : भौंदू! स्वर्ग कैलाश पर नहीं होता। वहाँ तो शिव जी बसते हैं। पार्वती के साथ। तिब्बत में है। बर्फ ही बर्फ। मैं ने फोटो देखी थी।

बब्बी : परी देश में सब बच्चे सुखी होंगे। काफ पर्वत के ऊपर।

सजनी : गपड़ चौथ मत मार। परी देश कोई नहीं होता।

खिमा : सपने देखने का क्या फायदा है? परचा तो सब को देना पड़ेगा।

(बब्बी गाना शुरू करती है। दूसरे बच्चे साथ में गाते हैं, नाचते हैं)

गाना

(1) भगवन, भेजो उस विद्यालय,
हो न जहाँ परीक्षा।

मुश्किल कोई सवाल न पूछे,
समझ सकूँ हर शिक्षा।।

(2) लेना चाहे टैंस्ट जब भी,
गर कोई टीचर अक्खड़।
उसी समय तुम भेजो, भगवन,
भूकंप, बिजली, झक्कड़।।

(3) इम्तिहानी हॉल से हम,
उड़ जाएँ लगा कर पंख।
प्रिंसीपल के दफ्तर भीतर
फट जाए मोटा बंब।।

(4) टीचर मैडम जो अगर
दिमाग़ हमारे ख़र्चे।
ख़सम ज़हरीला लड़ जाए रात को,
फाड़ दे सारे परचे।।

(5) कोई बच्चा, किसी क्लास में,
कभी न होए फेल।
डाँटे डपटे जो भी टीचर,
सीधा पहुँचे जेल।।

(6) हम सियाने बच्चे बताएँ
वह स्कूल है बैंस्ट।
जहाँ भूल कर कोई भी टीचर,
कभी न लेता टैंस्ट।।

भगवन, भेजो उस विद्यालय,
हो न जहाँ परीक्षा।
मुश्किल कोई सवाल न पूछे,
समझ सकूँ हर शिक्षा।।

(मास्टर और मास्टरनी आकर परचे बाँटते हैं)

मास्टर : साइलेंस!

मास्टरनी : ख़ामोश!

मास्टर : जो बोला, उसका पेपर कैंसल।

मास्टरनी : नक़ल मारने की कोशिश बिलकुल नहीं करनी।

मास्टर : बब्बी, ठीक तरह हो कर बैठ। इधर उधर थूथनी मत घुमा।

मास्टरनी : अपने काम की तरफ ध्यान रख।

मास्टर : अगर किसी की जेब से परची निकल आई, तीन साल के लिए, स्कूल से बाहर।

मास्टरनी : कानाफूसी बंद।

(बब्बी सिर गिराकर सोने लगती है। बाकी बच्चे लिख रहे हैं)

मास्टर : बब्बी, परचा क्यों नहीं कर रही?

मास्टरनी : आँखें बंद कर लीं।

मास्टर : नहीं आता है कुछ भी।

मास्टरनी : सारा साल नहीं पढ़ी।

मास्टर : जिसको सवाल नहीं आते, उसे नींद ही आएगी।

(बच्चे दुखी, सिर खुजलाते हैं। बब्बी सपनों की दुनिया में पहुँच जाती है। संगीत। रंगदार रौशनी। दादी पालको आती है)

दादी : बब्बी!

बब्बी : दादी जी!

दादी : बब्बी बेटा, परेशान क्यों है तू?

बब्बी : परचा बहुत कठिन है। मैं फेल हो जाऊँगी। भापा पीटेंगे। माँ चमड़ी उधेड़ देगी।

दादी : आग लगे तेरे परचे को। चल मेरे साथ।

बब्बी : कहाँ?

दादी : हमारे देश।

बब्बी : आपके देश? कहाँ है वह?

दादी : दूर! कोह काफ!

बब्बी : मैं कैसे पहुँच सकती हूँ वहाँ? मैं तो अभी जीवित हूँ। शरीर है मेरा, हाड़ मांस का। आप रूह हो। आत्मा। उड़ सकते हो।

दादी : मैं उड़ा कर ले जाऊँगी तुझे। तू मेरी उंगली पकड़ कर रखना। कस्स के। ऐसे। और आँखें बंद रखना। तब खोलना जब मैं कहूँ। कोह काफ पर पहुँच कर। तैयार हो?

बब्बी : हाँ, दादी जी। उड़िए!

दादी : चल, मेरी लाली, कोह काफ पर!
उड़, मेरे बबुआ, कोह काफ पर!
चल, मेरी लाली···

(दोनों उड़ जाती हैं)

(अँधेरा)

झाँकी 7

(बब्बी और दादी उड़ी चली जा रही हैं)

बब्बी : यह कौन सी जगह है, दादी जी?

दादी : बब्बी बिटिया, यह है कोह काफ। नीचे देख। उधर।

बब्बी : वाह वाह! कैसा सुंदर देश है! इतना विशाल! लंबा चौड़ा। बसंत का मौसम। सदा बहार। फूल ही फूल। पेड़, पौधे, हरियाली। वो दरिया कौन सा है? चिट्टी चाँदी की लकीर। बल खाती हुई। खेतों में से, पर्वतों में से। और बाग ही बाग! फलों से लदे दरख़्त। आम, अंगूर, केले, संगतरे, सेब, नाशपातियाँ, अनार। यह तो स्वर्ग है! दादी जी, आपको भगवान इसी स्वर्ग में रखता है?

दादी : भगवान? न, बेटा। यह नाम नहीं लेना इस देश के अंदर।

बब्बी : क्यों?

दादी : यह बड़ा सख़्त क़ानून है यहाँ। ध्यान से देख, इन देहात को। कोई फर्क दिखता है तुझे? तेरे देश और इस देश में?

बब्बी : हाँ, दादी। कमाल है। किसी गाँव में कोई मंदिर नहीं। मसजिद नहीं। गिरजा नहीं। गुरुद्वारा नहीं। मेरे मुल्क के हर गाँव में—ग़रीबों के सिर पर सिरकंडे की छत हो, या न हो। तन के लिए चिथड़े जुड़ें, चाहे न जुड़ें। ऊँचा मंदिर ज़रूर होगा। मसजिद ज़रूर होगी। सवेरे शाम लाऊड स्पीकर कान फाड़ता है। लड़के लड़कियों को फेल कराता है।—यही फर्क है न, दादी?

दादी : शाबाश! बब्बी, तू ने झट ताड़ लिया फर्क दोनों देशों में।

बब्बी : यह क़ानून किसने बनाया यहाँ? भगवान ने?

दादी : फिर तू ने गंदी बात बोली? सपन देश की बेइज़्ज़ती की?

बब्बी : नहीं, दादी। मैं ने बेइज़्ज़ती जानकर नहीं की। आपने मेरे सवाल का जवाब जो नहीं दिया अभी तक। प्रभु का नाम लेना क्यों मना

है यहाँ? जब कि उसने यह स्वर्ग सरजा है।

दादी : आ। यह सवाल साँझ बाबा से पूछ। उसके आश्रम पहुँच चुके हैं हम।

बब्बी : साँझ बाबा? वह कौन हुआ?

दादी : तेरा नया बाबा।

बब्बी : नया बाबा? पहला बाबा कहाँ गया? मानो बाबा?

दादी : मानो बाबा हर पीर फकीर का हुक्म मानता था। सरमायेदारों के काले क़ानून मानता था। भगवान का डर दिल में बैठा कर, हर भाई पुजारी के पैर छूता था। सारी उम्र अपमानित होता रहा। मोटे लोग उसका शोषण करते रहे। मैं सदा उसकी कमज़ोरी के कारण दुखी हुई। यहाँ पहुँच कर, मेंने पहला काम यही किया—साँझ बाबा के साथ प्यार की साँझ डाल ली।

बब्बी : आप ने नया पति वर लिया? इस उम्र में?

दादी : क्यों? मेरी उम्र कोई ज़्यादा है। सत्तर बरस भी कोई उम्र होती है?

बब्बी : फिर भी, दादी, मैं ने पहले तो कभी सुना नहीं था—सत्तर साल की बुड्ढी नया ख़सम करे।

दादी : तू भूल रही है—तू किस स्थान पर है। इस मुल्क में जवान और बुड्ढे में फर्क नहीं होता। दोनों के हक़ बराबर हैं। एक जितनी इज़्ज़त होती है। और, यहाँ उम्र\मन के मुताबिक होती है। मन जवान होना चाहिए। शरीर जवान हो सकता है अगर दिल जवान रहे।—ठहर। तेरा बाबा तो घूमने फिरने गया लगता है। **(नन्हा सा एकतारा बजाती है)**

बब्बी : यह क्या है, दादी? एकतारा?

दादी : इसको 'एकसुर' कहते हैं। दूर संदेश भेजने वाली वायरलेंस। **(मुरली की धुन)** लो, आ गए तेरे बाबा जी। वल्लाह भी साथ है। **(वल्लाह और सांझ बाबा आते हैं। बब्बी पाँव छूने लगती है। वल्लाह के हाथ में मुरली है)**

बाबा : नहीं, बब्बी। हमारे मुल्क का पहला उसूल। कोई बंदा किसी को बड़ा नहीं मानेगा।

वल्लाह : और अपने आप को छोटा नहीं मानेगा।

बाबा : एक दूसरे के आगे झुकना नहीं।

वल्लाह : न किसी पर हुक्म चलाओ। न किसी के हुक्म पर चलो।

बाबा : न शोषण करो। न अपना शोषण होने दो।

बल्लाह : बराबर! सब बराबर!

बब्बी : मेरा नाम बब्बी है। बब्बी उर्फ नूपुर।

वल्लाह : मैं जानता हूँ। पालको दादी जब तुम्हें लेकर, कराकुर्म पर्वत पार कर रही थी, हमने तुम्हें देख लिया था। हम तेरे बारे में सब कुछ जानते हैं।

बब्बी : मैं तेरे बारे में कुछ नहीं जानती।

बाबा : जल्दी जान जाएगी, बेटा। हम तुम्हें अपने देश की सैर कराएँगे। —क़ानून के मुताबिक, लड़के लड़कियाँ बुड्ढों की संगत में ज़्यादा देर तक नहीं ठहर सकते।

बब्बी : दादी जी, क्यों? मैं तो आप के साथ रहना चाहूँगी।

दादी : नहीं, बब्बी। यहाँ का क़ानून है। अकेला लड़का या लड़की, दो, या दो से ज़्यादा, बुड्ढों के साथ, अधिक समय नहीं बिता सकता। हर सभा के अंदर, जवानों और बुड्ढों की गिनती एक जितनी होनी चाहिए।

बब्बी : क्या वजह? सियानों से अक्ल सीखनी बुरी है क्या?

बल्लाह : **(हँसता)** सियानों ने अक्ल का ठेका ले रखा है? पगली है तू तो।

बाबा : इसी कारण, मैं वलादीमीर अफलातून यानि वल्लाह को साथ लाया हूँ—ताकि तुम दोनों जवान हम बुड्ढा बुड्ढी के साथ इकट्ठे समय बिता सको।

बब्बी : वल्लाह मुझे अच्छा लगा।

वल्लाह : तू भी बहुत सुंदर है। मेरे साथ खाली समय में खेल सकती हो। घूम सकती हो। पर तू उलटा चक्र मत चला।

बब्बी : उलटा चक्र कौन सा?

वल्लाह : सदियों के संघर्ष के बाद, हम ने बुड्ढों का राज ख़त्म किया है। पंडों को, पुजारियों को, सिरों पर से उतारा है। क्या तू दोबारा हमें गुलामों वाली आदतों में फँसाना चाहती हो? अपने आप को हीन समझती हो? दूसरों को अधिक अक्लमंद समझती हो?

बब्बी : पागल मत बना मुझे। उलटी पोथियाँ तो तू पढ़ा रहा है।

वल्लाह : पालको दादी, इस चूज़ी बच्ची को क्यों उठा लाए आप? इस से तो हमारा साल भर का बच्चा ज़्यादा दिमाग़ रखता है।

बब्बी : **(रोती)** दादी, देखो यह लड़का! मुझे मूर्ख समझता है। बताओ इसको। मैं बच्ची नहीं। जवान हूँ।

दादी : बच्ची, वल्लाह अफलातून ठीक कह रहा है। अपने मुल्क वाली मूर्खता भूल जा। उम्र बढ़ने के साथ-साथ बुद्धि नहीं बढ़ती।

बब्बी : तजरबा तो बढ़ता ही है।

वल्लाह : **(हँसता)** सुना आपने, सांझ बाबा?

बाबा : बिटिया, तजरबा हमेशा अच्छा नहीं होता। तजरबा बंदे को डरपोक बना देता है। नए ढंग से काम करने का हौसला ढहा देता है।—"पुरानी लकीरों पर चलते रहो, सदियों तक।" —यही तो कोढ़ है जो तेरे देश को खा रहा है। हमारे देश को भी बरसों पहले यही कोढ़ लगा था।

वल्लाह : तजरबे का नाम है : "बुज़दिली। पुरानी सोच। तरक्की के रास्ते में रोड़े।"—दलेर सोच के लिए, नए आविष्कारों के लिए, प्रगति के लिए, लाज़िमी है कि बुड्ढे बुड्ढियाँ, लगातार, बच्चों से शिक्षा लेते रहें।

बब्बी : **(हँसती)** ख़ूब! स्वर्ग नहीं। पागलों का देश है तुम्हारा। बेटे-बेटियाँ माँ बाप का पालन करें! वाह! मैं तुम्हारे स्कूल और कॉलेज ज़रूर देखना चाहूँगी। इस उलटे देश के अंदर उलटी पढ़ाई कैसे कराई जाती है।

वल्लाह : चल, अभी देख ले हमारे स्कूल।

बाबा : और जल्दी ही, पुत्र, तू समझ जाएगी। उलटा कौन है? हमारा मुल्क? या तेरा देश?

दादी : उड़ो। **(उड़कर जाते हैं)**

वल्लाह : यह देख।

(बच्चे आते हैं। पढ़ाई में, खेलों में, व्यस्त)

बब्बी : यह स्कूल है? कोई बच्चा अकेला बैठा है। कोई दो तीन जने मिलकर कुछ कर रहे हैं। कोई कहीं है, कोई कहीं। स्कूल है कि पशुओं की चरागाह? क्लासें कहाँ हैं? कमरे कहाँ हैं? जहाँ लड़के-लड़कियों को बैठा कर, अध्यापक पढ़ा रहे हों?

वल्लाह : पढ़ ही तो रहे हैं सारे। ध्यान से देख। मग्न हैं कि नहीं अपनी अपनी पढ़ाई में? है कोई वक़्त बरबाद कर रहा?

बब्बी : सचमुच! वो देख! मशीनें खोलकर मरम्मत करता हुआ दिखता है। वो बूटे उगा रहा है। माली हो जैसे। उस लड़की को देखो। सितार बजाने में कितनी माहिर है। वाह डिक्शनरी महाराज! कितने बड़े-बड़े पोथे खोले बैठा है।

बाबा : यह भाषा वैज्ञानिक बनेगा। अभी से पुराने ग्रंथ पढ़ रहा है। शब्दों में, उनके बनने में, विकास में, तीखी रुचि रखता है।

बब्बी : और वो जनाब!...देखो, देखो!...पट्टी सी पर बैठा। सफेदे के पेड़ से ऊँचा उड़ रहा है।

वल्लाह : मैं जानता हूँ उसको। सेतुंग नाम है। उड़ने वाली मशीनों में गहरी दिलचस्पी है इसे। दूसरे ग्रहों तक उड़ने वाले रॉकट का आविष्कार करेगा।

बब्बी : पर, दादी जी, क्लास कहाँ है? यह तो खाली वक़्त के धंधे हैं हर छात्र के।

दादी : बब्बी, हमारे स्कूलों में पढ़ाई का वक़्त और खाली वक़्त—इन में कोई फर्क नहीं होता।

बब्बी : क्यों?

बाबा : इनमें से हर बच्चा वही पढ़ाई पढ़ रहा है जिस में उसकी कुदरती इतनी दिलचस्पी है कि वह पढ़ाई को छोड़ता ही नहीं।

बब्बी : ज़बरदस्ती नहीं करते टीचर उसको दूसरे विषय पढ़ाने के लिए?

वल्लाह : ज़बरदस्ती का क्या काम हमारे स्कूलों के अंदर?

बाबा : या हमारे देश के अंदर?

वल्लाह : रुचि के अनुसार चले इन्सान, तो पढ़ाई और हॉबी में कोई अंतर नहीं रहता। स्कूल और घर, खेल और धंधा—कोई अंतर नहीं। **(स्कूल के बच्चे जाते हैं)**

बब्बी : तू ने कौन सा खेल चुना है जीवन के लिए?

वल्लाह : नाटक बनाने का। बेहतर दुनिया के सपने गढ़ने का।

बब्बी : नाटक? पूरी उम्र डरामे बनाएगा?

वल्लाह : जी, हाँ। डरामे लिखूँगा। खेलूँगा।

बब्बी : आप भूखा मरेगा। परिवार को भूखा मारेगा।

वल्लाह : इस बावली से मैं बहस नहीं कर सकता।

दादी : पुत्र, हमारे देश में नाटकघर का वही स्थान है जो तुम्हारे देश में मंदिर का होता है। मसजिद या गुरुद्वारे का होता है।

बाबा : वल्लाह ने कला का पेशा चुना है। पुजारी बनेगा। पीर पैग़ंबर। मेरी तरह। समाज को सीध देने वाला।

वल्लाह : नई कहानी कहना। बेहतर गीत गाना। संगीत। **(बांसुरी बजाता है)**

बब्बी : गीत? गीत तो मुझे भी अच्छे लगते हैं।

दादी : अभी दिखाते हैं तुझे बच्चे गीत गा रहे।

बाबा : नाटक बना रहे।

बब्बी : अच्छा, इम्तिहान के वक़्त क्या करते हैं ये विद्यार्थी?

वल्लाह : विद्यार्थियों का इम्तिहान कैसा?

बाबा : बब्बी, यहाँ परीक्षा छात्र नहीं देते। परीक्षा सिर्फ अध्यापिकों की

होती है।

बब्बी : **(हँसी से लोट पोट)** मास्टरों के ऐग्ज़ाम! भई, हद ही हो गई! शाबाश! कौन लेता है टीचरों के परचे? लड़के लड़कियाँ?

वल्लाह : और कौन?

बब्बी : और तुम अपने मास्टरों को फेल भी कर सकते हो?

वल्लाह : क्यों नहीं?

बब्बी : मैं नहीं मानती। दिखाओ तो।

दादी : उधर चल।

(बच्चे और मास्टरनी आकर स्वांग खेलते हैं)

बाबा : वह देख प्रमिला मास्टरनी। कैसे बच्चे दौड़-दौड़ कर उसे खेंचते हैं, अपनी तरफ।

बब्बी : हाँ! परेशान लगती है बेचारी। बच्चे सब उतावले हैं। क्यों?

वल्लाह : जिस छात्र ने अपनी दिलचस्पी के मुताबिक चलते हुए, नए विचार सोचे हों, वह टीचर को दिखाना चाहता है। उस लड़की ने ज्योमीटरी की थ्यूरम नए तरीके से हल की है। देख! कैसे ज़िद कर रही है कि अध्यापिका उसकी खोज देखे।

दादी : उस लड़की ने कितने सुंदर फूल बनाए हैं। पक्षी बनाए हैं। चित्र में। वह जल्दी मचा रही है कि बहन जी उसकी कला देखे और सराहे।

बाबा : उस जनाब को देखो।

वल्लाह : अचल को?

बाबा : हाँ।

वल्लाह : हर वक़्त लैबॉरेटरी में घुसा रहता है। जड़ी-बूटियाँ टैस्ट करता है। बीमारियों का इलाज तलाश रहा है।

बाबा : अपनी कामयाबी टीचर को दिखाना चाहता है।

बब्बी : कमाल है यहाँ तो।—हम तो स्कूल को जेल समझा करती हैं। और टीचर को जेलर। होमवर्क से सब विद्यार्थी भागते हैं। यहाँ उलटी बात है। मास्टर को ज़बरदस्ती बच्चे अपना काम दिखाते हैं।

वल्लाह : क्यांकि यहाँ के बच्चे गुलाम नहीं हैं। इनकी बुद्धि बुड्ढों ने हुक्म सुना सुना कर नष्ट नहीं की। नए आविष्कार, नए विचार, अध्यापिकों के लिए भी नए हैं। रोचक हैं।

(बच्चे और अध्यापिका जाते हैं)

बब्बी : मतलब, आपके अध्यापक, छात्र हैं। और छात्र, अध्यापक। सही है?

वल्लाह : अब समझी तू। दादी पालको, बब्बी सुंदर तो थी। मेरे साथ रहकर, समझदार भी बन रही है।

दादी : इसी कारण मैं इसे यहाँ लाई हूँ। सैर कराने।

बब्बी : वल्लाह, तू अपने आप को कुछ ज़्यादा ही अफलातून समझता है।

वल्लाह : कैसे?

बब्बी : तेरा साथ मेरी समझ ख़ाक बढ़ाएगा? हुस्न और अक़्ल ख़ुदा की देन होते हैं।

दादी : बब्बी! तू ने फिर ग़लती की। यह लफ़्ज़ बोलने की मनाही है।

बब्बी : हाँ, साँझ बाबा। आप ख़ुदा को नहीं मानते?

वल्लाह : वह क्या होता है?

बब्बी : भगवान, प्रभु, रब्ब, वाहे गुरु।

वल्लाह : सरनामा क्या है उसका?

बब्बी : इस दुनिया को बनाने वाला।

वल्लाह : उस को किसने बनाया था?

बब्बी : भगवान को? किसने बनाया?· · हार गई। तू बता।

बाबा : बेटा, फिजूल सवाल जवाब छोड़ो। इन सवालों के कोई जवाब नहीं हैं। जवाबों की ज़रूरत भी नहीं है। अपने वक़्त को रचनात्मक कामों में लगाओ। भगवान के भूल भुलैये में फँसकर, जीवन बरबाद न करो।

बब्बी : पर आपने अपने मुल्क में से मंदिरों को क्यों ढहाया? भगवान को क्यों भगाया? मज़हब को क्यों हटाया?

वल्लाह : मज़हब अफीम है कमज़ोर दिमाग़ों की।

बाबा : पुत्र, अभी तक जितना ज़ुल्म धर्म के नाम पर हुआ है, दूसरे किसी कारण से नहीं हुआ।

वल्लाह : जो बुराई तुम ख़ुद दूर नहीं कर सकते, वो ख़ुदा के नाम मढ़ दो! छीः! भगवान एक छलावा बन कर रह गया है। दुनिया की बेहतरी रोकने का बहाना बनकर रह गया है।

बाबा : सो, भगवान के नाम पर दूसरों को ठगना, हम, अपने मुल्क के अंदर, नहीं चलने देते।

वल्लाह : दादी जी, इस सुंदर बुद्धू को मेरा लिखा गीत ज़रूर सुनाओ।

दादी : अभी सुनाते हैं।

वल्लाह : मैं आप भगवान हूँ। बेहतर दुनिया का कल्पनाकार। सृजनहार। वल्लाह बांसुरी वाला।

बब्बी : घमंडी, पाप पुण्य को नहीं मानता तू?

वल्लाह : जो तेरे मन को भाता है, कर। वो पाप कैसे हुआ?

दादी : सिर्फ एक बंधन है।

बाबा : तुम्हारे स्वाद लेने में, मज़े मारने में, दूसरों को दुख न पहुँचे। शोषण न हो। किसी को धोखा मत दो। अपने आप जो जी चाहता है खाओ, खेलो, करो।

बब्बी : लड़कियाँ भी अपनी मरज़ी कर सकती हैं?

वल्लाह : लड़की और लड़के में फर्क कैसा?

बब्बी : दादी, लड़की जिसके साथ चाहे, ब्याह कर सकती है?

दादी : ज़रूर।

बब्बी : ब्याह के लिए पंडित, पादरी, मुल्ला, या भाई होना चाहिए। अब बता, बच्चू, मज़हब की ज़रूरत पड़ती है कि नहीं?

वल्लाह : फर्ज़ कर, तू और मैं शादी करनी चाहें। इसमें तीसरे की क्या ज़रूरत है?

बब्बी : दादी जी की इजाज़त नहीं लेनी पड़ेगी तुझे?

वल्लाह : शादी मैं ने तेरे से करनी है कि दादी से?

बब्बी : बस, ऐसे ही कोई मर्द किसी औरत से ब्याह कर सकता है?

बाबा : हाँ, बेटा। अगर दोनों जने राज़ी हों तो वे अपने आप इकट्ठे वक़्त बिताने की, खेलने की, काम करने की, ज़िंदगी शुरू कर सकते हैं। बच्चे पैदा कर सकते हैं। इसमें किसी दूसरे का न दख़ल चलता है, न इजाज़त।

बब्बी : नांह, जी। मर्द धोखेबाज़ होते हैं। अगर कोई शादी करके, बच्चे जमा कर, दौड़ जाए? हमारी बस्ती में फख़रू क़साई ने ऐसे ही किया था। फातिमा से चार बच्चे जमा कर, भाग गया। बेचारी ने भिखारिन बनकर, बच्चे पाले।

वल्लाह : सौदाइयों वाली हाँक रही है यह। सही है न, साँझ बाबा?

बाबा : नहीं, वल्लाह पुत्र। धीरे चल। बब्बी के दिल के अंदर डर हैं, ख़ौफ हैं। ग़रीबी के पैदा किए हुए डर। शोषण के पैदा किए हुए ख़ौफ। जब यह हमारा सामाजिक ढाँचा समझ जाएगी, तब यह हमारे रसम रिवाज भी समझ जाएगी।

दादी : बब्बी, इस मुल्क का अगर कोई मज़हब है तो वो है—सांझ! किसी बंदे के पास अपने अकेले की जायदाद नहीं। पैसा नहीं। मकान नहीं। दुकान नहीं। घर नहीं। खेत नहीं।

वल्लाह : सारे देश का सब कुछ सांझा।

बब्बी : सपना सा लगता है।

वल्लाह : हाँ। इस सपनों के संसार का सृजन करना, उसे जीवित रखना, हम सब का धर्म है। ले सुन गाना। मैं ने लिखा है। **(बच्चे आकर गीत गाते हैं)**

गाना

सांझ का सपना, ज़िंदा रखो।
प्यार का जज़्बा, ज़िंदा रखो।।
मैं—मेरे से, ऊपर उठो।
तू—तेरे से, ऊपर उठो।।
ख़ुदग़र्ज़ी का, झंझट छोड़ो।
द्वेष ईर्ष्या, जड़ से उखाड़ो।।
सब को समझो, एक बराबर।
सब को प्यारो, एक बराबर।।
ओस पड़ोस का, पक्ष न मारो।
इक दूजे का, हक़ न मारो।।
हिस्से आता, काम कराओ।
साथी का भी, बोझ उठाओ।।
हर प्राणी का, दर्द बंटाओ।
जानें वार कर, सांझ पुगाओ।।
प्यार का जज़्बा, ज़िंदा रखो।
सांझ का सपना, ज़िंदा रखो।।

(अँधेरा)

(आधी छुट्टी)

झाँकी 8

(गाना ख़त्म हो रहा है—"सांझ का सपना ज़िंदा रखो।")

बब्बी : क्या हमेशा सांझ का राज रहा है आपके मुल्क में?

बाबा : नहीं, पुत्र। यह ढांचा सदियों की सोच का नतीजा है। लाखों सूरमों की कुरबानी का सदका है।

बब्बी : यह इनक़लाब आप लाए कैसे?

वल्लाह : हम सांझ बाबा की शिक्षा पर चले। ज़ालिमों से लड़ना सीखा। शोषिकों को हराया। ग़रीबों को इकट्ठे किया। अपने अधिकारों के लिए जंग लड़ी।

दादी : नाटक दिखाओ इसको। अपने अधिकारों के लिए जूझना सिखाओ।

बाबा : हाँ, बब्बी। हम हर पीढ़ी के आगे अपना इतिहास दोहराते हैं। क्रांति का तरीका ज़िंदा रखते हैं।

बब्बी : कैसे?

वल्लाह : नाटक खेल कर। कहानी सुना कर—कैसे ग़रीब अपनी कमाई ज़ालिमों से बचा कर रख सकते हैं।

बब्बी : मैं यह ड्रामा ज़रूर देखूँगी।

बाबा : चलो। **(उड़कर जाते हैं)**

वल्लाह : यह रहा हमारा मंच। हमारा मंदिर।

दादी : जहाँ नाटक समझ नहीं आया, पूछ लेना।

वल्लाह : घुग्घू बन कर मत बैठी रहना—जैसे दर्शक तेरे देस में बैठते हैं।

बाबा : देखो वलादीमीर अफलातून उर्फ वल्लाह का लिखा और निर्देशित किया नाटक 'ज़ालिम को मार भगाओ'।

(संगीत)

× × ×

ज़ालिम को जड़ से उखाड़ो

दृश्य - 1

(बूढ़ा खेत मज़दूर, उसकी पत्नी और बेटियाँ, सज्जू, खब्बू और बब्बू)

बब्बू : **(गाती है)** या रब, मैं क्या करूँ?
ग़रीबी मुझे तोड़ रही।
शोषण मुझे काट रहा।
या रब, मैं क्या करूँ?

सारे : भगवन, हम क्या करें?
केसे जियें? कैसे मरें?
भगवन, हम क्या करें?
(दृश्य बदलने की धुन)

दृश्य - 2

राजा झोटा सींगना : सुन, किसान, तेरा लगान, बढ़ गया।
पहले था तेरी उपज का आधा,
अब, तेरे अर्ध का अर्ध गया।

मज़दूर : ज़ुल्म न करो, मालिक। हम खाएँगे कहाँ से? तीनों बेटी भूखी मर जाएँगी।

राजा : मैं राजा, मैं मालिक सारे खेतों का।
पौना हिस्सा महल में पहुँचे फसलों का।
वरना, मैं जलाऊँ तेरी झोंपड़ी।
मार लाठियाँ फाड़ूँ तेरी खोपड़ी।

मज़दूरिन : दया करो, महाराज।

रानी झोटी सींगनी : करो हमारी टहल सेवा।
रब्ब बख़्शेगा स्वर्ग का मेवा।

मज़दूर : मेरे बाप दादा आधी पैदावार, सदा, आपके ख़ज़ाने में पहुँचाते रहे हैं।

मज़दूरिन : आधी से भी मुश्किल ही पेट भरे हमारा।

मज़दूर : क्यों, एकदम बढ़ाकर, चार में से तीन हिस्से कर दिया लगान?

राजा : भूरी आँखों वाला, सांढ राजा कपटी है बड़ा।
हमला करने को तैयार सरहद के पार है खड़ा।
तेरी जान बचाने के लिए, मैं लड़ूँगा जंग।
रक़्में भेजो, झट ख़रीदूँ, तोपें गोले बंब।

रानी : सूरज पूजक हम बनायें दुनिया सारी।
धर्म हमारे को मगर, खा गया ख़तरा भारी।
चंद्र पूजक गिरा रहे हमारे मंदिर।
बदला लेंगे, क़त्ल किये क्यों कई पुजारी?

मज़दूर : हथियारों के लिए हमारे पास रक़्में कहाँ?

मज़दूरिन : भूखे मरते हुए मज़दूरों का कैसा धर्म, रानी जी?

राजा : तब तो तुम सब भागो दूर।
रखें हम दूजे मज़दूर।
(सज्जू आती है)

सज्जू : **(पाँव छू कर)** नमस्कार, राजा झोटा सींगना जी।

रानी : तुम्हारी बड़ी बेटी?

सज्जू : पाँव पड़ती हूँ, रानी झोटी सींगनी जी।

राजा : क्या नाम तेरा?

सज्जू : सज्जू।

रानी : जवान हो गई।

राजा : सुंदर निकली।

रानी : आज से मेरी बांदी तू
करना मेरा हार शृंगार।

राजा : मेरे महल में आना रोज़
करना मेरी सेज तैयार।

मज़दूरिन : बिटिया को तो क्षमा करो जी।

मज़दूर : लगान हमारा माफ करो जी।

रानी : अगर हुक्म नहीं स्वीकार,
हो जाओ कल ज़मीन से बाहर।

(धुन)

दृश्य - 3

बब्बू : मेरी रोटी दो।

खब्बू : मुझे ज़्यादा भूख लगी है।

बब्बू : मुझे रात को दाल भी नहीं मिली।

खब्बू : कल मेरे लिए भाजी नहीं बचाई तुम ने।

(सज्जू आती है)

बब्बू : सज्जू ने खाया हम दोनों का हिस्सा।

सज्जू : मैंने खेत में बापू संग काम कराया।

खब्बू : मैं ने माँ संग कुएँ से पानी भराया।

बब्बू : मैं ने बापू के कुरते को टाँकी लगाईं।

सज्जू : मैं ने भैंस के वास्ते घास काटी।

खब्बू : मैं ने बोआई कराई।

बब्बू : मैं ने गोड़ाई कराई।

सज्जू : मैं उम्र में बड़ी हूँ। मुझे ज़्यादा रोटियाँ मिलनी चाहिएं।

खब्बू : अब खाइयो तू मेरा हिस्सा। टाँगें तोड़ दूँगी।

बब्बू : मैं दाँतों से काट काट कर, तुम्हारा माँस खा जाऊँगी।

सज्जू : **(खब्बू के मुक्का मारकर)** तुझे तमीज़ सिखाऊँ? तुझ से बड़ों का आदर करवाऊँ?

(तीनों एक दूसरी को पीटती हैं। मज़दूर और उसकी पत्नी आते हैं)

मज़दूर : **(डंडे से पीटता)** हर वेला लड़ाई!

मज़दूरिन : **(चपेड़ मारती)** हर वेला कलह!

मज़दूर : खेतों में काम करता, दुखी हो गया हूँ।

मज़दूरिन : पशुओं को चारा डालती का, लहू सूख गया।

मज़दूर : घर आओ, तो तुम्हारी जंग।

मज़दूरिन : मर क्यों नहीं जातीं, तुम रेवड़?

सारे : हाय! हम क्या करें?
या रब! हम क्या करें?

(धुन)

दृश्य - 4

(सज्जू, खेत मज़दूर और उसकी पत्नी सिर झुकाए खड़े हैं)

राजा : ऐसी निकम्मी!

रानी : क्यों थी जन्मी?

राजा : की नहीं मेरी मालिश।
रानी : बरत लिआ मेरा नख-पालिश।
राजा : मेरी टाँगें नहीं दबाईं।
रानी : मेरे शीशे में मुँह देखा।
राजा : घुसे नहीं यह मेरे महल।
रानी : करे नहीं यह मेरी टहल।
राजा : खब्बू को तुम भेजो शाम को।
रानी : देश निकाला इस हराम को।

(राजा और रानी जाते हैं। खब्बू आती है)

मज़दूर : **(सज्जू को पीटता)** खाऊ कुतिया।
मज़दूरिन : हर दम सोती।
मज़दूर : हाड़ हरामी।
मज़दूरिन : कराई बदनामी।
मज़दूर : राजे को किया नाराज़।
मज़दूरिन : रानी को किया ख़फ़ा।
मज़दूर : मेरे घर से हो दफा।
मज़दूरिन : निकलो मेरे दर से बाहर।
मज़दूर : मुड़कर यहाँ न डालो पैर।
मज़दूरिन : जिधर दिल करे, धूल चाटना।
मज़दूर : और कहीं पर, मर मिट जाना।

(सज्जू को धक्के देकर निकालते हैं)

मज़दूरिन : खब्बिये, रानी का श्रृंगार सजाओ।
मज़दूर : रात को राज महल में जाओ।

(धुन)

दृश्य - 5

(खबू, खेत मज़दूर और मज़दूरिन खड़े रो रहे हैं)

राजा : मेरा पट्ठा चढ़ गया।
रानी : मेरे नाख़ून मारा।
राजा : सेवा की न जाने जाँच।
रानी : नहीं कर सकती चंदन लेप।
राजा : ये लक्षण होवें ग़रीब की बेटी के?

रानी : ये नखरे होवें किसान की जनी के?
राजा : छोटी को भेज शाम को।
रानी : बब्बू को पहुँचाओ हवेली।
(राजा और रानी जाते हैं। बब्बू आती है)
मज़दूर : **(खब्बू को पीटता)** खाने को परातें।
मज़दूरिन : काम के वक़्त सिर्फ बातें।
मज़दूर : राजा की सेज नहीं बिछाई।
मज़दूरिन : रानी को नाराज़ करके आई।
मज़दूर : राजे का जी नहीं परचाया।
मज़दूरिन : रानी का सिर नहीं दबाया।
मज़दूर : जा, निकल मेरे घर से।
मज़दूरिन : चल, दफा हो, मेरे दर से।
(रोती हुई खब्बू को धक्के देकर निकालते हैं)
मज़दूर : बब्बू, तू जा आज, रानी को रिझाने।
मज़दूरिन : बेटी, तू लग अब, राजा को परचाने।

(धुन)

दृश्य - 6

(बब्बू, खेत मज़दूर और पत्नी खड़े काँप रहे हैं)
राजा : यह लड़की है कि चुड़ैल?
रानी : गिरा दिया मेरा तेल।
राजा : सहलाए नहीं मेरे कंधे।
रानी : झुलाया नहीं मुझे चँवर।
राजा : चाहे बुरा मेरे शरीर का।
रानी : हर उंगली कांटा करीर का।
राजा : समझाओ इस कमज़ात को।
रानी : दफनाओ इस बदज़ात को।
राजा : उठाओ झुग्गी मेरी ज़मीन से।
रानी : पीछा छूटे नीच कमीन से।
(राजा और रानी जाते हैं)
मज़दूर : **(बब्बू को पीटता)** जितनी छुटकी।
मज़दूरिन : उतनी तीखी।

मज़दूर : कौड़ी का काम न करे।
मज़दूरिन : ज़र्रा भी बात न सहे।
मज़दूर : बाप को ज़मीन से निकलवाए।
मज़दूरिन : जननी को भूखी मरवाए।
मज़दूर : निकल मेरे दर से बाहर।
मज़दूरिन : खाओ ख़ाक अब घर से बाहर।
मज़दूर : थूथनी फिर मत यहाँ दिखाना।
मज़दूरिन : बेशक अब श्मशान को जाना।

(बंब्बू रोती हुई जाती है)

मज़दूर : खेत का काम अब कैसे करेंगे?
मज़दूरिन : बूढ़ी उम्र में भूखे मरेंगे।
मज़दूर : राजा हम को क़त्ल करेगा।
मज़दूरिन : या, घर घाट से जुदा करेगा।
दोनों : **(गाते)** हाय! हम क्या करें?
रब्बा! हम क्या करें?

(धुन)

× × ×

दृश्य - 7

सज्जू : **(रोती हुई)** या रब, मैं किधर जाऊँ?
खाने के लिए कैसे कमाऊँ?
कोई रिश्तेदार नहीं।
किसी का प्यार नहीं।
करूँ तो क्या करूँ?

(लोहार आता है, हाथ में बड़ा हथौड़ा)

लोहार : बेटी, कौन हो तुम? रोती क्यों?
सज्जू : मैं परदेसन, मैं दुखियारी।
राजा रानी, अत्याचारी।
माँ बाप पर जुल्म कमाया।
मुझे देश से, मार भगाया।
मैं भूखी हूँ। मैं थकी हूँ।
लोहार : मेरे घर चल। मैं दूँगा रोटी। मैं दूँगा काम। आप कमा और खा।

सज्जू : कौन सा काम?

लोहार : मैं हूँ लोहार। चल मेरे कारख़ाने। हथौड़ा चलाना सीख। औज़ार बनाना सीख। मशीनें बनाना सीख। चलाना सीख।

सज्जू : मैं हूँ बेटी किसान की।
लोहारा काम नहीं जानती।

लोहार : मैं किसान का साथी, यार बेली।
मैं बनाऊँ हल, दाँती, कुदाली।
सीख लोहारा धंधा, बनकर मेरी चेली।
(दोनों चल कर कारख़ाने पहुँचते हैं)

गाना

हथौड़ा चला, ठकाठक, ठकाठक।
औज़ार बना, ठकाठक, ठकाठक।
लोहा भट्टी तपा, ठकाठक, ठकाठक।
दाँती खुरपा बना, ठकाठक, ठकाठक।
आला यंत्र चला, ठकाठक, ठकाठक।
रोज़ी सच्ची कमा, ठकाठक ठकाठक।

लोहार : सज्जू बिटिया, तुम ने लोहार का, बढ़ई का सारा काम सीख लिया। इतने बरस तुम ने निश्चय से काम किया। मेरी मदद की। क्या तुम्हें माँ, बाप, बहनें याद नहीं आते?

सज्जू : बहुत याद आते हैं। कौन जाने, राजा ने मरवा दिए हों। मालिया न चुका सके हों।

लोहार : उनके पास जाना चाहती हो?

सज्जू : हाँ। पर जाऊँ कैसे?

लोहार : रुकावट क्या है?

सज्जू : खाली हाथ कैसे जाऊँ?

लोहार : हाथ खाली क्यों? तेरी मज़दूरी कई बरस की, मेरी तरफ निकलती है। पकड़। **(थाल हथौड़ा देता है)**

सज्जू : थाल और हथौड़ा? इन से मेरा क्या बनेगा?

लोहार : यह जादू का थाल है। मैंने अपने हाथों से बनाया है। मज़दूर का पेट भरता है उसका औज़ार। मेरा हथौड़ा, मेरा रब्ब!

सज्जू : अच्छा, तभी आप, सवेरे शाम, अपने औज़ारों को नमस्कार करते हैं?

लोहार : हाँ, बेटा। कामगार का रिज़्क हैं उसके यंत्र।—थाल ले जा।

हथौड़े से थाल पर चोट मारना। बोलना, "थाल, थाल, भरजा।" पकवानों से थाल भर जाएगा। झटपट।

सज्जू : दिन में कितनी बार?

लोहार : जितनी बार तुम चाहो।

सज्जू : मेरे माँ बाप बड़े खुश होंगे। खब्बू और बब्बू नाचेंगी। हम भूख से नहीं मरेंगे। चांडाल राजा और रानी की चाकरी नहीं करनी पड़ेगी। जीते रहें मेरे थाल हथौड़ा। **(लोहार आशिर्वाद देता है। सज्जू गाती हुई जाती है)** जीते रहें मेरे थाल हथौड़ा...

(धुन)

दृश्य - 8

(सफर करती हुई सज्जू को राजा और रानी टकर जाते हैं)

राजा : कौन है तू, राज्य में से भागती?

रानी : आँखें फाड़े घूमे, रत्ती नहीं लजाती?

राजा : डाकू हो कि डायन?

सज्जू : नहीं, राजा। मैं हूँ खब्बू और बब्बू की बहन।

रानी : बूढ़े मज़दूर की बेटी?

सज्जू : हाँ, रानी जी।

राजा : कहाँ गुज़ारे इतने साल?

सज्जू : काम सिखाया एक लोहार।

रानी : करी होगी ख़ूब कमाई?

राजा : गठरी कैसी बाँध के लाई?

रानी : झुग्गी तक है लंबी बाट।

राजा : हमारे महल में काटो रात।

रानी : रोटी माँग लेना गोली से।

सज्जू : नहीं जी, मैं छक लूँगी झोली से।

राजा : निरा हथौड़ा, खाली थाल?

सज्जू : देखो जादू का कमाल! **(हथौड़ा मारकर)** थाल, थाल, भरजा! **(थाल खाने से भर जाता है)** भर गया!

रानी : भाग्यवान हो, सज्जू बेटी।

राजा : सो जा, ठंडा करके जी।

(सज्जू खर्राटे मार रही। संगीत। राजा और रानी थाल और हथोड़ा बदल देते हैं)

(धुन)

दृश्य - 9

सज्जू : माँ! बापू!

मज़दूरिन : मेरी सज्जू!

मज़दूर : मेरी लाडली!

मज़दूरिन : तुम आई, हम मरते हुए, ज़िंदा हो गए।

सज्जू : खब्बू और बब्बू?

मज़दूर : दौड़ गईं थीं वे भी घर से।

मज़दूरिन : कई बरस हुए।

मज़दूर : मर गए हम ज़मीन जोतते, बोते।

मज़दूरिन : पापी राजे का लगान भरते।

मज़दूर : कुछ कमा के लाई?

सज्जू : बहुत कुछ। देखो।

मज़दूरिन : खाली थाल?

मज़दूर : निरा हथौड़ा?

मज़दूरिन : इनको बेचकर तो दो जून का आटा नहीं मिलेगा।

सज्जू : बुद्धुओ, ये मामूली थाल हथौड़ा नहीं। जादू के हैं। जिस भी पकवान की इच्छा करो, जलेबी, दाल भाजी, पूरी कचौरी की इच्छा करो, एकदम थाल भर जाता है।

मज़दूर : एक ही जून के वास्ते?

सज्जू : नहीं। बार बार! सारे गाँव को न्योता दे दो।

मज़दूरिन : अभी आज़मा कर देखें?

मज़दूर : ओए बंतू! ओ ख़ुशिया! जगते!

मज़दूरिन : अरी तापी! री धन्तो! नामो!

(पड़ोसी आते हैं)

जगता : मैं तो हलवा खाऊँगा।

धन्तो : मैं लड्डू जलेबी।

ख़ुशिया : मैं तो खीर खाऊँगी।

नामो : मेरी जीभ भल्ले पकौड़ी को तरस रही है।

मज़दूर : चला जादू।

सज्जू : **(हथौड़ा मारकर)** थाल, थाल, भर जा!

(सब ध्यान से देखते हैं। थाल नहीं भरता। सब हँसते हैं)

सारे : नहीं भरा!

जगता : मैं होंठों पर जीभ घुमाता रह गया।

नामो : धन्तो, जलेबी ज़्यादा गर्म तो नहीं?

ख़ुशिया : खीर में खांड रत्ती भर कम थी।

(पड़ोसी जाते हैं)

मज़दूरिन : धोखेबाज़! जा दफा हो दोबारा।

मज़दूर : ऐसी मूर्ख मर क्यों न गई परदेसों में?

(दोनों जाते हैं)

सज्जू : हुआ क्या? पहले तो सचमुच थाल और हथोड़ा मेरा पेट भर दिया करते थे। कहीं राजा और रानी ने धोखा तो नहीं किया?—करूँ तो क्या करूँ? **(रोती जाती है)**

(धुन)

× × ×

दृश्य 10

खब्बू : **(रोती)** मैं भूखी! मैं थकी। करूँ तो क्या करूँ?

किसान : बेटी, मेरे साथ खेती करा। धरती माँ पेट भरती है सब का। मगर शर्त एक है। माँ की मुट्ठी चापी करो। हल चलाओ। गोड़ाई करो। पानी पिलाओ। तब जाकर फसल देगी। फल देगी। पकड़ दांती।

खब्बू : किस वास्ते?

किसान : चारा लाओ काटकर। पशुओं के लिए। गऊ को घास खिलाओ। दूध देगी। गधे को चारा डालो। भार ढोएगा।

गाना

मैं किसान, मैं सिरजनहारा।
धरती माँ का, राज दुलारा।।
भैंस गऊ और बकरी बोता।
बलद बछेरा, सांढ खोता।।
सब हैं मेरे, साथी संगी।
खान पान की, कभी न तंगी।।

मिलकर करते, माँ की सेवा।
धरती देती, मीठा मेवा।।

किसान : खब्बू बिटिया, कई बरस सहायता की तुम ने मेरी। मेरे परिवार की। ढोर डांगर की। माँ-बाप याद नहीं आते?

खब्बू : बहुत। सज्जू और बब्बू याद आती हैं।

किसान : जा, मुड़जा अपने देश को।

खब्बू : खाली हाथ?

किसान : तेरी ईमानदारी का इनाम—यह संतोषी दांती और चरनू गधा। चरनू, इधर आ। खब्बू के साथ जा।

खब्बू : गर्दभ पर चढ़कर जाऊँ अपने परिवार के पास?

किसान : नहीं, खब्बो बेटी। चरनू गधा और संतोषी दांती हैं जादू भरे। दांती से घास काट। खोते को खिला। और बोल—

चरनू नाना, घोना मोना।
खाए घास, उगले सोना।
शाबाश नाना, सोना फेंक!

खब्बू : वाह! मेरे माँ-बाप की ग़रीबी उड़ंतर!

किसान : हाँ। अगर तू संभालकर उन तक ले जाए। जाओ। **(सिर छू कर प्यार देता है)**

खब्बू : धन्यवाद। **(गधा और दांती लेकर गाती जाती है)** चरनू नाना घोना मोना···

(धुन)

दृश्य - 11

राजा : खब्बू?

खब्बू : हाँ, राजा जी।

रानी : पैदल चल रही?

राजा : गधे पर चढ़।

खब्बू : चरनू सवारी के लिए नहीं। सोना उगलता है। इस दांती की घास खा कर।

राजा : झूठ!

खब्बू : मैं झूठ क्यों बकूँगी। आजमा कर देखो।

रानी : दिखा।

खब्बू : (दांती चलाकर, घास खिलाकर)—

चरनू नाना, घोना मोना।
खाये घास, उगले सोना।
शाबाश नाना, सोना फेंक!

राजा : कमाल है!

रानी : जादू सच्चा!

राजा : खब्बू बेटी, तुम हो थकी।

रानी : रात अँधेरी।

राजा : यहीं सो जा।

रानी : सवेरे जाना।

खब्बू : अच्छा।

(खब्बू खर्राटे मार रही। संगीत। राजा और रानी, गधा और दांती बदल देते हैं। चरनू दुलत्ती मारता रहता है।)

(धुन)

दृश्य - 12

मज़दूर : बरसों बाद लौटी। साथ लाई गधा!

खब्बू : दांती भी तो है।

मज़दूर : सिर मे मार लो।

मज़दूरिन : क्यों जन्मे ऐसे निकम्मे बच्चे?

खब्बू : आओ करामात दिखाऊँ। चाहो तो ओस पड़ोस इकट्ठा कर लो।

मज़दूरिन : किस वास्ते?

खब्बू : टन्न टन्न गिरेगा सोने का सिक्का, चरनू के मुँह से।

मज़दूर : सोना नहीं। लीद हगेगा गधा!

मज़दूरिन : सज्जू की तरह, तू भी हमारे सिर पर राख फेंकवाएगी?

खब्बू : तुम समझते क्या हो? बुलाओ पड़ोसी।

मज़दूर : ओए किरपा! ओ बिष्ना! काबिल!

मज़दूरिन : अरी भजनो! री रुक्को! शंकरी!

(पड़ोसी आते हैं। खबू का जादू नहीं चलता)

सारे : सोना नहीं निकला! **(सब हँसते हुए जाते हैं)**

भजनो : उठा ले, किरपा, सोने का ढेला।

बिष्ना : कंठा बनाऊँगा मैं पाँच तोले का।

काबिल : नई चाची ले आना, चाचा।

मज़दूर : जा, गिर कुएँ खाई में।

मज़दूरिन : जैसी बड़ी मूर्ख, वैसी तू।

खब्बू : चरनू सचमुच सोना फेंकता था।

मज़दूर : मेरे लिए मर गई तू।

खब्बू : **(रोती)** करूँ तो क्या करूँ?

(धुन)

× × ×

दृश्य - 13

बब्बू : **(रोती, गाती)** करूँ तो क्या करूँ?

लड़का : कौन है तू?

बब्बू : बब्बू।

लड़का : मैं, बांसुरीवाला। रोती क्यों?

बब्बू : परदेसन हूँ। भूखी, थकी, दुखियारी।

लड़का : चल हमारे घर। मेरे माँ बाप माली हैं। तुम हमारे पास रहो। बागीचे में काम कराओ। बराबर का खाओ।
(चलकर माली और मालिन के पास आते हैं)

बब्बू : मुझे माली का काम सिखा दो।

माली : सीख लो।

मालिन : खुशी से।

लड़का : यह बागीचा, स्वर्ग का हिलोरा। सुख संतोष की एक निशानी—सुबह सवेरे बाग़बानी।

बब्बू : वाह! पेड़, पौधे! फूल, फल! चिड़िया, कोयल, तोता, गलहरी, कौआ, तितलियाँ, घुग्घी, मोर!

गाना

करो फूलों से प्यार, करो पेड़ों से प्यार।
फूल हमारे यार, पेड़ हमारे यार।।
जो सुख चाहो बारमबार।
करो फूलों से प्यार।।

जो चाहे तू वस्तु हज़ार।
कर पेड़ों संग प्यार।।
जो बनना तूने सुखी प्राणी।
कर शाम सवेरे बाग़बानी।।
करो फूलों से प्यार।
करो पेड़ों से प्यार।।

लड़का : बापू, यह देख!

बब्बू : शहतूत दबता जा रहा।

लड़का : कांटेदार कीकर दबा रहा।

माली : मेरे राज्य में, ज़ोरावर किसी ग़रीब को क्यों मारे?

मालिन : ज़ालिम किसी कमज़ोर का मांस क्यों खाए?

माली : पकड़ा कुल्हाड़ी। काँटे काटूँ।

बब्बू : हाय हाय! दर्द नहीं होगा कीकर को?

मालिन : दिल इतना नर्म नहीं चाहिए।

लड़का : दुर्बल ग़रीब वाली सोच छोड़। इस नन्हे पौधे का धूप, पवन, पानी, वह बड़ा दरख़्त हड़प किए जा रहा।

मालिन : बब्बू बेटा, डंडे के बग़ैर, तू इन्साफ नहीं कर सकती।

लड़का : कुछ बेदर्दी सिर्फ अपना पेट पालने की सोचते हैं।

मालिन : शोषक की छंटनी ज़रूरी है।

माली : माली इन्साफ दे हर पौधे को।

लड़का : बापू, उधर देख। आकाश बेल!

मालिन : पीलिया प्लेग फिर फैल गई?

बब्बू : निचली बेरी की हरी पत्ती नहीं दिखती।

लड़का : मुफ्तख़ोर, लहू चूस, चुड़ैल से हमदर्दी कैसी?

माली : दिल सख़्त करके, डंडा चलाओ।
शोषक की हड्डी पसली पार लगाओ।।

लड़का : माली के दो काम। एक को उखाड़ना, दूजे को लगाना।

मालिन : कमज़ोर को आश्रय देना।

लड़का : ज़ोरावर को हदों के अंदर बंद रखना।

माली : गेहूँ को गोड़ाई करके सहारा दो। मगर कांटेदार 'लेह' और 'पौहली' को खुरपे से क़त्ल करो।

गाना

ज़ालिम को मार भगाओ।
शोषक को परे हटाओ।।
बिन ताक़त, न जाबिर डरता।
बिन मारे, न दुश्मन मरता।।
ज़ालिम को··

लड़का : बब्बू, ख़ुश है तू हमारे घर?

बब्बू : ख़ुश तो बहुत हूँ। मगर माँ और बापू याद आते हैं। सज्जू और खब्बू को मिलने के लिए जी तड़प रहा है।

मालिन : तुम ने हमारी बड़ी मदद की।

माली : पकड़ अपना इनाम।

बब्बू : सोंटा और रस्सी?

लड़का : और यह बांसुरी।

बब्बू : ये खिलौने मेरे किस काम? पैसा धेला दो तो पेट भरे।

माली : रसद पानी भी मिलेगा।

लड़का : एकसुरता बांसुरी बजा।

मालिन : जादू की रस्सी को बोल : "ज़ालिम को बाँध।"

माली : डंडे को कह : "जाबिर की हड्डियाँ तोड़।"

बब्बू : धन्यवाद! **(गाती जाती है)** रस्सिये, बाँध ले। डंडे, मारो पीटो। रस्सिये, बाँध ले··

(धुन)

× × ×

दृश्य - 14

सज्जू : राजा और रानी ने बदले होंगे।

खब्बू : मुझे भी यही शक है।

सज्जू : मैं ने आप थाल भरा था। कई बार। हथौड़ा मारकर। घर पहुँची, तो जादू चला ही नहीं।

खब्बू : मैं ने भी दांती से घास काटी। चरनू गधे को खिलाई। उसने

सोना उगला। कई बार। घर पहुँची, सब बेकार। मुझे पड़ी फटकार।

बब्बू : **(गाती आती है)** ज़ालिम को मार भगाओ।
शोषक को परे हटाओ।।

सज्जू : गाती हुई कौन आ रही है?

खब्बू : बब्बू!!!

सज्जू : मेरी प्यारी बहन!!!

बब्बू : सज्जू और खब्बू!!!

सज्जू : इतने बरसों बाद!

बब्बू : सुखी रहीं तुम?

खब्बू : सुखी होतीं तो घर बापू और माँ के पास न रहतीं?

बब्बू : कैसी घटी तुम्हारे संग?

सज्जू : तुम क्या लाई हो कमा के?

बब्बू : रस्सी, डंडा और बांसुरी।

खब्बू : किस काम आवें?

बब्बू : कामगारों के हथियार।
मज़दूरों के पहरेदार।।
एक सुर होकर कमाओ।
पर ज़ालिम से कमाई बचाओ।।

सज्जू : कैसे?

बब्बू : रस्सी चलाओ। डंडा बरसाओ।

खब्बू : बन गया काम!

सज्जू : चलो!

तीनों : कायर की ज़िंदगी लानत।
दुर्बल की होती दुर्गत।।
बिन ताक़त, न जाबिर डरता।
बिन मारे, न दुश्मन मरता।।
ज़ालिम को मार भगाओ।
शोषक को परे हटाओ।।

(धुन)

दृश्य - 15

राजा : बब्बू, कौन सी करी कमाई?

रानी : गठरी अंदर क्या ले आई?

बब्बू : जादू की रस्सी और डंडा।

राजा : किस काम आवें?

रानी : हथियार कहलावें?

बब्बू : रस्सी बाँधे जकड़े ज़ालिम।
डंडा पीट उतारे चाम।।

राजा : ये हथियार राजाओं वाले।

बब्बू : मैं न करती किसी हवाले।

रानी : सो जाओ यहाँ, हो निडर।

राजा : सवेरे पहुँचो अपने घर।
(राजा और रानी जाते हैं)

सज्जू : बब्बू मूर्ख, तू ने सोंटे और रस्सी के बारे में क्यों बताया?

खब्बू : तू भी धोखा खाएगी।
खाली हाथ घर जाएगी।।

बब्बू : क्योंकि मैं तुम से उम्र में छोटी हूँ, इस कारण मैं तुम से अक़्ल में बड़ी हूँ।

सज्जू : कैसे?

बब्बू : रस्सी और डंडा चलाने का मंत्र तो मैं ने बताया ही नहीं।

खब्बू : कौन सा?

बब्बू : बांसुरी की धुन के बग़ैर, राजा और रानी सोंटा और रस्सी नहीं चला सकते। फिक्र मत करो! थाल-हथौड़ी और गधा-दांती मैं निकलवा के हटूँगी।
(तीनों खर्राटे मारती हैं। राजा और रानी चोरों की तरह गठरी टटोलते हैं। बब्बी बांसुरी बजाती है)

बब्बू : रस्सिये, बाँध ले! डंडे, मारो पीटो!
(राजा और रानी रोते चिल्लाते हैं। तीनों हँसती हैं)

सज्जू : निकालो मेरे थाल-हथौड़ा।

खब्बू : मोड़ो मेरे गधा-दांती।

राजा : हाय मर गया!

रानी : जान निकल गई!

राजा : अभी लौटाते हैं चीज़ें।

रानी : जान बख़्शो हमारी।

बब्बू : रस्सिये, रुक! डंडे, ठहर!

सज्जू : पकड़ाओ झटपट।

खब्बू : ले आओ एकदम।

राजा : साँस तो ले लूँ।

रानी : दर्द तो मिटा लूँ।

बब्बू : रस्सिये, बाँध ले···

राजा : अब बस करो!

रानी : मैं मर गई!

(दोनों भागते हैं। चीज़ें लौटाते हैं। सज्जू और खब्बू जादू परखती हैं)

सज्जू : थाल, थाल भर जा!

तीनों : भर गया!!!

खब्बू : चरनू नाना, सोना फेंक!

तीनों : फेंक दिया!!!

सज्जू : बोलो, हमारे बापू का लगान माफ।

राजा : सारा माफ।

खब्बू : कहो, हमारी माँ की बेगार माफ।

रानी : पूरी माफ।

बब्बू : बोलो, किसान ज़मीन के मालिक।

दोनों : किसान ज़मीन के मालिक।

तीनों : कहो—

पूरा देश है सब का सांझा।
सभी लोग हैं एक बराबर।

राजा-रानी : **(पाँव छूकर)** पूरा देश है सबका सांझा।
सभी लोग हैं एक बराबर।

(तीनों बहनें हँसती हुई गाती हैं। राजा और रानी रोते हुए गाते हैं। चरनू उनको लगातार दुलत्ती मार रहा है)

(छोटे मंच पर अँधेरा)

झाँकी 9

वल्लाह : देखा, बब्बी? इनक़लाब ताक़त से लाना पड़ता है।
दादी : एकजुट होकर लड़ना पड़ता है।
बाबा : कमाओ! ख़ूब कमाओ—पर अपनी कमाई ज़ालिमों से बचाओ।
वल्लाह : डंडे के ज़ोर से।
बब्बी : आपसी प्यार से!
चारों : कायर की ज़िंदगी लानत!
दुर्बल की होती दुर्गत।।
शोषक को मारो फाड़ो।
ज़ालिम को जड़ से उखाड़ो।।

(अँधेरा)

× × ×

झाँकी 10

(बब्बी खर्राटे मार रही है। झटके से उठती है)

बब्बी : हाय! मेरा पेपर! मैडम मेरा पेपर!
(सजनी, खिमा, माँ, बाप भागे आते हैं)
सजनी : बब्बी, क्या हुआ?
बब्बी : मैं फेल हो जाऊँगी। मेरा परचा पूरा नहीं हुआ।
खिमा : कौन सा परचा?
बब्बी : दसवीं का। कुल इकतालीस प्रतिशत अंक आएँगे। **(रोती है)**

सजनी : इस छोकरी को पागलख़ाने भेजो।

माँ : लाली, दसवीं तो तू बरसों पहले पास कर चुकी।

खिमा : फस्ट निकली थी तू स्कूल में।

बाप : बब्बी, पुत्र, तू तो ऐम.ए., ऐम.फिल., पीऐच.डी. प्राप्त कर चुकी है।

सजनी : **(ऊँची आवाज़ देकर)** वल्लोह, अपनी बब्बी उर्फ नूपुर के दिमाग़ की ठोका ठाकी करवा।

माँ : सपना था कोई?

बब्बी : सपना?⋯हाँ। सपना!

खिमा : डरावना?

बब्बी : डरावना भी। सुहावना भी।

माँ : **(ऊँचे दूर बैठे बच्चे को)** सारंग!!! तेरी मम्मी सपने से डर गई! कह, मम्मी बुद्धू है।

बाप : सपना अंदर से आई अक़्ल की चिट्ठी होता है—अगर तुम खोलकर, उस का भेद पढ़ सको।

बब्बी : कितना प्यारा सपना था! सांझ का सपना!

बाप : सपना सदा चित्त चेत रखो। कभी तो सच होगा।

सारे : सांझ का सपना, ज़िंदा रखो।
प्यार का जज़्बा, ज़िंदा रखो।।
सांझ का सपना, ज़िंदा रखो। (3)

(अँधेरा)

(परदा)

—ख़त्म—

(पहला प्रालेख : मार्च, 1989)

24

क़िस्सा पंडित कालू कुम्हार

हिंदुस्तान के उन करोड़ों लड़के
लड़कियों के लिए जिनको
बचपन से फिरका-परस्ती
के अंधे कुओं में फेंक
दिया जाता है

नाटककार की तरफ से

धर्म के नाम पर बड़ी नफरत फैलाई जाती है। फ़िरक़ापरस्ती असल में नफरत-परस्ती है। हर मज़हबी जनूनी अपनों संग प्यार करना कम सिखाता है, परायों से वैर कमाना अधिक सिखाता है।

'किस्सा पंडित कालू कुम्हार' के कुलश्रेष्ठ चतुर्वेदी और रौशनआरा अब्बासी, सीमा उपाध्याय और वामिक अब्बासी, इसी फ़िरक्कापरस्ती के शिकार हैं। उनकी होनी हिंदुस्तान का हर लड़की-लड़का भुगत रहा है।

अधिकतर माँ-बाप बच्चों को गुलाम बनाए रखने का हर हीला करते हैं। बच्चों को अपने जैसे प्रतिक्रियावादी, रूढ़िवादी कट्टरपंथी बनाना अपना धर्म समझते हैं। आश्रमों, मदरसों, गुरुकाशियों के अंदर दी जा रही शिक्षा इसी प्रकार की ज़हर है।

अंत में, कुलश्रेष्ठ परंपरागत ज़हरीली शिक्षा से छुटकारा पाता है। दुनिया को नई, प्यार भरी, नज़रों से देखना सीखता है। अपने वर्तमान को भूतकाल की परछाईं से आज़ाद करता है। नए ज्ञान के बल पर, उज्ज्वल भविष्य की तरफ बढ़ता है।

चरणदास सिद्धू

इला अपार्टमेंट्स (ए-104)
बी-7, वसुंधरा ऐनकलेव
दिल्ली-10096

निर्देशक की ओर से

'क़िस्सा पंडित कालू कुम्हार' आज के सुलगते हुए हिंदुस्तान की तसवीर है। भारत को आज़ाद हुए बेशक पचास बरस हो गए, कट्टरपंथी आतंकवाद के पक्ष से यह देश अभी भी रूढ़िवादी मनु के ज़माने वाला है। ज़ात-पात, ऊँच-नीच, धर्म-कर्म, आज भी मुल्क को बिच्छू और साँप की तरह डंक मार रहे हैं।

सलाम है कबीर और नानक जैसे महापुरुषों को जो सदियों से हठ-धर्मियों का विरोध करते रहे हैं। सलाम है इस नाटक के मास्टर मोहन सिंह को, कुलश्रेष्ठ और रौशन आरा को, जो नफरत फैलाने वालों से जूझते हैं। और कामयाब होते हैं।

डॉ. सिद्धू के नाटक खुला सेहन माँगते हैं—खुला आकाश, खेत-खलियाण, ट्यूवैल, बाग़-बाग़ीची, पंचायत-घर, मैदान। 'भजनो', 'बाबा बंतू', 'अंबियों को तरसेगी', 'भाइया हाकिम सिंह', 'पंज कुएँ वाले', 'मंगू और बिक्कर'—सब चार दीवारी के तंग घेरे को तोड़ते हैं। फिर 'क़िस्सा पंडित कालू कुम्हार' तो है ही मिट्टी के साथ जुड़ा हुआ। इसको यथार्थवादी ज़ंजीरों से कैसे जकड़ा जा सकता है?

मैं मंच की सादगी का आशिक़ हूँ। बचपन से रामलीला और लोकनाटक के साथ जुड़ा हुआ हूँ। मुझे दर्शकों से घिरे हुए गोलाकार मंच से मोह है। इस संगीत भरे क़िस्से को लोगों के बीच में बैठ कर सुनाना मुझे बेहतर लगा।

मैं अपनी टोली के कलाकारों का शुक्रगुज़ार हूँ। सबने मुझे पूरा सहयोग दिया। अपने-अपने किरदार को उभारने के लिए बहुत से नए विचार आप सोचे। मेरी बेटी सलोनी ने संगीत में वीणा और नूपुर को कई बढ़िया सुझाव दिए। सबका धन्यवाद।

सहबा फारूक़ी जी और जनाब ज़फीरुल हसन के हम क़र्ज़दार हैं। उन्होंने हमारी ज़बान को 'भ्रष्ट' होने से बचाने की चोखी कोशिश की।

रवि तनेजा

19-20/जी-21
सेक्टर 7, रोहिणी
दिल्ली-110085

पहला मंचन

'किस्सा पंडित कालू कुम्हार' पहली बार कॉलेजिएट ड्रामा सोसाइटी, दिल्ली ने 2, 3, 4 फरवरी, 1995 को श्रीराम सेंटर बेसमेंट में खेला। दूसरी बार, 15 और 16 नवम्बर, 1996 को खेला। कलाकार थे :

रौशन आरा	:	अनिता खेमका / अमृता नंदी / आरती कपूर
अकबर अली	:	राजीव रंजन / रवि तनेजा
मोहन सिंह	:	सतीश भल्ला
कुलश्रेष्ठ	:	अश्वनी चड्डा / नवीन भास्कर / जितेंद्र शर्मा
पंडित लालकृष्ण	:	डॉ. चरणदास सिद्धू
कुंती	:	ज्ञान कौर सिद्धू
नाथूराम	:	राजेश नरूला / रबिंद्र नारायण माथुर
जनको	:	अमृता नंदी / शम्मी पंत / वीणा सिद्धू तनेजा
मुहम्मद अली	:	गुरदीप सेहरा
संगीत	:	वीणा तथा सलोनी सिद्धू तनेजा
गवैये	:	नूपुर सिद्धू माथुर, रबिंद्र माथुर, नव सिंगल (**ढोलकी**), सुनीता रत्न और कलाकार।

परदे के पीछे

रौशनी	:	गिरधारी, रबिंद्र, रवि
सेट्ट	:	रवि
कपड़े	:	नूपुर, ज्ञानकौर, वीणा
सिंगार	:	गुरदीप सेहरा, रवि, सरबजीत सिंह
फोटोग्राफी	:	अनिता खेमका
निर्देशक	:	रवि तनेजा

किरदार

अकबर अली	:	कुम्हार, उम्र 45 साल
रौशन आरा	:	अकबर अली की बेटी, 18
मुहम्मद अली	:	बसती ग़ाज़ी खाँ का चौधरी, 30
लाल कृष्ण चतुर्वेदी	:	ब्राह्मण, 50
कुलश्रेष्ठ	:	लालकृष्ण का बेटा, 20
कुंती	:	लालकृष्ण की बीवी, 48
जानकी	:	लालकृष्ण की बेटी, 25
नाथूराम आर्य	:	लालकृष्ण का दामाद, 28
मास्टर मोहन सिंह	:	सरपंच, 70
गवैये		

× × ×

जगह	:	गाँव भाम, जिला होशियारपुर, पंजाब।
ज़माना	:	आजकल।

× × ×

स्टेज :

दायें	:	अकबर अली कुम्हार का नया घर। सेहन में मिट्टी का ढेर, चाक, बरतन, खाट, मूढ़ा, हुक़्क़ा वग़ैरा।
बायें	:	पंडित लालकृष्ण की हवेली। बाग़ीची। तुलसी का पौधा। कुर्सी, मूढ़ा वग़ैरा।

इफ़्तताहिया

(गीत के साथ कुलश्रेष्ठ मंच पर आता है। उसको लालकृष्ण और मुहम्मद अली अपनी अपनी तरफ खींचते हैं। दोनों को झटका देकर, कुलश्रेष्ठ परे मारता है।)

गवैये

सुनो, सुनायें क़िस्सा एक कमाल का।
इश्क़ के उरूज का, नफ़रत के ज़वाल का।।

अँधेरों में भटक रहा, लड़का भोला भाला।
मज़हब ने, ज़ात ने, आँख पे परदा डाला।।

हिम्मत करके लड़के ने, नफ़रत को दी हार।
नई नज़र, नया इल्म, पंडित बना कुम्हार।।

सुनो, सुनायें क़िस्सा एक कमाल का।
इश्क़ के उरूज का, नफ़रत के ज़वाल का।।

पहला मंज़र

(रौशन आरा, अकबर अली और मास्टर मोहन सिंह सामान लेकर दाख़िल होते हैं। रात के ग्यारह बज रहे हैं)

मास्टर मोहन सिंह : यहाँ कोई ख़तरा नहीं। शौक़ से रहो, बेशक सालों तक। अपना घर समझो इसे। कमाओ और खाओ। बेख़ौफ़ होकर। रौशन आरा, खाट होगी अंदर। लाकर बिछा दो बाहर अपने अब्बू के लिए। थक गया होगा अकबर अली। सामान भी काफ़ी निकला तुम्हारे घर में।

रौशन आरा : चिराग जगा दिया मैंने चूल्हे के पास। अब्बू, हिम्मत करके, आटे की मटकी पहुँचा दो वहाँ। भारी है। मैं अकेली नहीं उठा सकती। दो रोटी सेंके देती हूँ, झट से। खाओ और सो जाओ। सुबह इतमीनान से उठना।

मोहन सिंह : नहीं, बेटी। खाना बनाने की तकलीफ नहीं करनी पड़ेगी इस वक़्त तुझे। कस्तूर कौर कब की हमारी राह देख रही होगी।

रौशनी : ताई जी को क्यों दिक़ किया आपने? मास्टर जी, आप इस उम्र में भी इतना तंग करते हैं उन्हें।

मोहन सिंह : इसकी फिक्र मत कर तू। सत्तर की होने को आई। मेरे से ज़्यादा हिम्मत रखती है।—अकबर अली, तुम इतने पस्त क्यों नज़र आ रहे हो? माना कि पूरे घर का सामान लादना पड़ा टराली में, हम तीनों को।

रौशनी : उतारा भी तो।

मोहन सिंह : हाँ, उतारा भी। लेकिन, अब डर तो मिट गया दिल का। सुबह जाना और दोनों गधे खोलकर ले आना चुपके से।

रौशनी : रोज़ मर्रह की तरह।

मोहन सिंह : हाँ। दो चार दिन किसी को पता मत चलने देना कि तुम और रौशनी बसती ग़ाज़ी ख़ाँ छोड़कर किसी दूसरे गाँव चले गए हो।

रौशनी : आते हुए गधे लादकर लाओ, मिट्टी से। ब्रह्मपुरा के जोहड़ के क़रीबी गढे से।

अकबर अली : नहीं, बेटा। ब्रह्मपुरा की तरफ मैं मुँह नहीं करूँगा, कुछ साल। ऐसी दहशत बैठा दी है गुंडों ने दिल में।

मोहन सिंह : मैंने कहा न, हमारे गाँव में रहोगे तो कोई ख़तरा नहीं। भाम के लोग शरीफ़ हैं। डरपोक हैं। लड़ाई झगड़े को हद से नहीं बढ़ाते। ग़रीब गुरबा का तो ख़ास ख़्याल रखते हैं। और फिर तुम घर-घर के वाक़िफ़ हो। बचपन से घड़े कूज़े बेच रहे हो यहाँ।

रौशनी : हम कौन-सा परदेस पहुँच गए? दो मील तो रही बसती ग़ाज़ी खाँ। कुछ महीनों के बाद लौटकर जा भी सकते हैं, अपने घर।

मोहन सिंह : तुम्हें वापस जाने की ज़रूरत ही क्या है? हाँ भई, यह रहा ताला। और चाबी। सुरिंद्र सिंह का कुनबा कनाडा छोड़कर कभी नहीं आएगा। यह मकान समझो तुम्हारा हो गया। हमेशा के लिए।

रौशनी : किराया कितना देना पड़ेगा हमें, मास्टर जी?

मोहन सिंह : भोली बातें करती हो तुम तो, रौशनी। किराया कैसा? कनाडा की कमाई से हवेली तो इतनी बड़ी खड़ी कर ली। गाँव को अपनी शान दिखाने के लिए। लेकिन यहाँ बसने वाला कौन है? ख़ाली पड़ी है सालों से।—तुम इसकी सफाई करती रहो। बारिश आँधी से बचाए रखो। यही काफ़ी है। सुरिंद्र सिंह ने मुझे खुद बार-बार ताकीद की थी, किसी को बैठा दूँ यहाँ। मज़े से रहो जब तक मरज़ी हो। न सुरिंद्र वापस आएगा हिंदोस्तान, न हमारे बेटे।—अच्छा, मैं खाना ला दूँ पहले।

रौशनी : मैं चलूँ आपके साथ?

मोहन सिंह : अरी, नहीं। पीछे ही तो है हमारा मकान। दीवार से दीवार जुड़ी है। हाँ, बेटी। अकेली मत समझना अपने आपको। एक आवाज़ दो। तेरी ताई आ जाएगी।—अकबर अली, बिलकुल महफ़ूज़ हो तुम यहाँ। कोई ऐसी वैसी हो भी जाए, एक आवाज़ देना। मैं पूरा भाम इकट्ठा कर लूँगा, तेरी हिफ़ाज़ित के लिए।

रौशनी : ब्राह्मण होते भी हैं फितरती कायर। अब्बा जान, इतना भी मत घबराओ। ब्रह्मपुरा का कोई ब्राह्मण जुर्रत नहीं कर सकता कि यहाँ पहुँचकर हम पर हमला करे।

मोहन सिंह : फिर मैं सरपंच किस बात का हूँ? हमारी पंचायत तुम पर ज़ुल्म नहीं होने देगी।

रौशनी : बहुत बहादुर थे तो अपनी बेटी को रोक लेते। सीमा ने ही तो

सुझाया मेरे भाई को, चलो भाग कर शादी कर लें।—वरना हमारे वामिक़ में हिम्मत नहीं थी कि इलाक़े के हिंदुओं से दुश्मनी मोल ले। रोज़ आती थी उसे मिलने, बहाने बना बना कर। जब भी भैया मिट्टी लाने जाता था। उसके गाँव के पास। थोड़ी दूर पर उसका बाप बैठा होता था मंदिर का पुजारी बनकर। उसे क्या पता न चला होगा सीमा और वामिक़ के इश्क़ का?

मोहन सिंह : ठीक कह रही है तू, रौशन आरा। गंगाराम उपाध्याय ठहरा ग़रीब पुजारी। मैं जानता हूँ उसे अच्छी तरह। थोड़ा मुआमला ठंडा पड़े, मैं ख़ुद जाऊँगा उसे समझाने। बेटी मरज़ी से गई लड़के के साथ। मज़हब अलग हुए तो क्या हुआ। सुखी ज़िंदगी बिताएँगे मियाँ बीवी बनकर।

रौशनी : मुझे तो बल्कि यक़ीन है। सीमा भाभी का पिता दिल से ख़ुश होगा। जहेज़ नहीं जुटाना पड़ेगा।

मोहन सिंह : बहुत समझदार हो, रौशनी बिटिया। असलियत यही है। पिछले साल बता रहा था गंगाराम मुझे। ग़रीब की बेटी कोई कुनबा क़बूल करने को तैयार नहीं होता। लड़के वाले बेशर्म होकर ढेरों जहेज़ माँगते हैं। उम्र बढ़ती जा रही थी लड़की की। मिट्टी का पुतला है इन्सान। हाड़ माँस पर हमेशा हुक्म नहीं चलता। मजबूरन लड़के और लड़की को भागना पड़ा। मैं समझाऊँगा सीमा के पिता को।

अकबर अली : गंगाराम बेचारा भी मेरी तरह मुफलिसी का मारा। वो शायद न भी पीछा करे वामिक़ और सीमा का। लेकिन ग़रीब जिये तब अगर अमीर पड़ोसी उसे जीने दें। सारे महल्ले के ब्राह्मण पहुँचे शाम चुरासी और माहिलपुर। दोनों कस्बों के राष्ट्रीय स्वयं सेवक संघ के संचालकों के पास। उन्होंने पंचायत की। ब्रह्मपुरा आए। हिंदू राजपूतों को उकसाया। भड़काया। लड़के और लड़की का पीछा करने की स्कीम गढ़ी। चंदा इकट्ठा किया। **(आँसू दबाता)** मेरे बेटे की जान ख़तरे में है।

मोहन सिंह : हौसला रख, अकबर भाई। मैं कोशिश करूँगा। हमारी पंचायत हर कोशिश करेगी। बेटे और बहू का बाल भी बाँका नहीं होगा।

रौशनी : मास्टर जी, आप शाम को पूरी पंचायत ले कर जाइए, ब्रह्मपुरा की पंचायत के पास। किसी तरह आग ठंडी हो।

मोहन सिंह : हमारी पंचायत ज़रूर मिलेगी ब्रह्मपुरा के बुजुर्गों को। हम हर हीला करेंगे। अकबर अली, तू अब ख़ून मत सुखा।

अकबरअली : इतना आसान होता मुआमला तो क्या फ़िक्र थी? एक बात मैंने आपको कल नहीं बताई, जब आपसे दरख़्वास्त करने आया था कि हमारा अपने गाँव में ठहरने का इंतज़ाम कर दीजिए कुछ महीने।

मोहन सिंह : कौन सी बात नहीं बताई?

अकबर अली : ब्रह्मपुरा की पंचायत ने, पता है, क्या फैसला किया? हिंदू अखाड़ों के लौंडों के उकसाने पर?

रौशनी : क्या?

अकबर अली : आपको याद है मेरठ के एक गाँव का ऐसा ही क़िस्सा?

मोहन सिंह : ज़ालिम! वहशी! पूरी पंचायत में दरिंदे भरे थे।

रौशनी : जिन्होंने लड़के और लड़की को पंचायत घर में बुलाकर, पूरे गाँव के सामने, सिर काट दिए थे?

अकबर अली : हाँ। कहते हैं, वामिक़ और सीमा को भी ऐसे ही ढूँढ़ कर लाएँगे। और क़त्ल करेंगे।

रौशनी : या अल्लाह! रहम कर मेरे भाई पर।

मोहन सिंह : बात बढ़ तो बहुत गई है। ऐसी अफ़वाह मेरे कानों तक भी पहुँची थी। इसीलिए मैंने कल तुम्हें सलाह दी—रातों रात टराली पर तुम्हारे गाँव से पूरा सामान यहाँ उठा लाएँ।

रौशनी : ऐसा ही एक केस मथुरा के गाँव में भी तो हुआ था?

अकबर अली : दो लड़कों और लड़की को फाँसी पर लटका दिया था पंचायत नें। बिलकुल वैसा ही करना चाहते हैं। ब्रह्मपुरा वाले हमारे बच्चों के साथ।

मोहन सिंह : अकबर अली, जब तक मैं ज़िंदा हूँ, मैं यह ज़ुल्म नहीं होने दूँगा। इन्सानियत बाक़ी है अभी इस मुल्क में। क़ानून बाकी है। पुलिस है। हुकूमत है। इस से पहले कि वो ज़ालिम बच्चों तक पहुँचें, हम उनकी हिफाज़ित का पूरा बंदोबस्त कर लेंगे।

रौशनी : अब्बू, वामिक़ और सीमा को जिस भी जगह भेजा है, तुमने, वो महफ़ूज़ है कि नहीं? दूर तो है?

मोहन सिंह : अकबर अली, यह राज़ अब तुम मुझ पे खोल ही दो। ताकि हम मिलकर पूरी तरह इहतियात बरत सकें।

अकबर अली : बेटा, किसी को बताना मत। भूले से भी।

रौशनी : मैं क्यों लगी अपने भाई की जान जोखों में डालने?

अकबर अली : वामिक़ और सीमा को पहले मैंने भेजा है मलेरकोटला।

रौशनी : मामूं के पास?

अकबर अली : हाँ। मैंने रुक्क़ा लिख कर दिया महमूद के नाम। मैंने कहा, पहले दोनों का निकाह ब्याह कर दो। जल्दी से। जैसे ये चाहें।

मोहन सिंह : अच्छा किया। बिरादरी के सामने शादी कर रखी होगी, तो पुलिस वाले ख़ामख़ाह परेशान नहीं कर सकते।

अकबर अली : यही सलाह दी मैंने। परचा कटवा लेंगे, मियाँ बीवी होने का।

रौशनी : लेकिन मलेरकोटला तो ज़्यादा दूर नहीं। उनके पकड़े जाने का अंदेशा है।

अकबर अली : अपनी तरफ से मैंने यह ताकीद भी कर दी महमूद को। शायद वो मेरठ या बुलंदशहर की तरफ चले जाएँ। काम धंधा शुरू कर दें किसी कस्बे में।

मोहन सिंह : यह तुमने अच्छी सोची।

रौशनी : हाँ, हाँ। याद आया मुझे। मामूं का बड़ा बेटा उधर ही तो रहता है। सलीम यू पी में काम करता है। ग़ाज़ियाबाद के पास। दिल्ली के नज़दीक। शहर का नाम भी बताया था उसने। अजीब सा नाम। शायद नोएडा बताया था। मेमार का काम करता है। कहता था, कई साल एक ही जगह लग जाएँगे। आश्रम बना रहा है कोई योगी वहाँ मीलों में। वामिक़ भाई भी अगर वहाँ पहुँचकर मेमार का काम सीख ले तो बढ़िया रहे।

मोहन सिंह : वाहेगुरु करे, ऐसा ही हो। फिर भी, याद रखना। मैं भी सीमा और वामिक़ के ठहरने का इंतज़ाम कर सकता हूँ।

अकबर अली : कहाँ?

रौशनी : किसी दूर के शहर में?

मोहन सिंह : हाँ। देहरादून। गुरु रामराय के डेरे में। महंत चरणदास से मेरी अच्छी वाक़फ़ीयत है। मेरे कुनबे के गुरु हैं। करोड़ों अरबों की जागीर है। जायदाद है। औरंगज़ेब ने बख़्शी थी, गुरु रामराय को। कई स्कूल और कॉलेज चलाते हैं। कहीं-न-कहीं ज़रूर काम पर लगा देंगे तुम्हारे बेटे और बहू को।

अकबर अली : शुक्रिया। ज़रूरत पड़ी तो ज़रूर मदद लेंगे आप से।

मोहन सिंह : एक बात और। तुम्हारे गाँव के मुसलमान तो सब तुम्हारा साथ देंगे? अगर कोई भली बुरी हो जाए और हमारी पंचायत को बसती ग़ाज़ी खाँ की पंचायत की हिमायत की ज़रूरत पड़े?

अकबर अली : कुछ नहीं कह सकता मैं, सरपंच साहिब। मुसीबत आ पड़े बंदे पर तो अपने भी पराए हो जाते हैं। अपनी बिरादरी क्या और दूसरी

बिरादरी क्या। कौन जाने क्या होगा। लड़का लड़की यह काम कर बैठे। मुझे उनका साथ देना ज़रूरी था। वरना यह उम्र है मेरे घर से, गाँव से, उजड़ने की? **(रोता है)**

मोहन सिंह : अकबर, हौसला रख, मेरे भाई। कुछ वक़्त गुज़रने दे। सब भूल जाएँगे, दोनों गाँव के लोग। नफ़रत के बादल छट जाएँगे।

रौशनी : अगर अखाड़े के लड़के कूद पड़े बीच में, तो नफ़रत और बढ़ेगी। वो भी पड़ोस के दोनों क़स्बों के शाखा वाले।

मोहन सिंह : कल मैं तुम्हारे गाँव जाऊँगा। तुम्हारा सरपंच नौजवान है। जोशीला है। मुहम्मद अली को मैं कहूँगा—अपने लोगों की मदद कर। लड़के और लड़की की जानें ख़तरे में हैं।

अकबर अली : नहीं, नहीं। मोहन सिंह जी, मुहम्मद अली के पास हरगिज़ मत जाना। मैंने गाँव के किसी बंदे को नहीं बताया, वामिक़ और सीमा कहाँ गए हैं।

मोहन सिंह : ऐसी क्या बात है जो मुहम्मद अली तुम्हारे बच्चों से दुश्मनी निकाले? मदद करने की बजाए?

अकबर अली : हमारे से दुश्मनी नहीं। मगर अखाड़े के लौंडों के साथ उसका ईंट और कुत्ते का बैर है।

रौशनी : हर वक़्त ज़हर उगलता है हिंदुओं के ख़िलाफ़।

अकबर अली : वो तो बल्कि चाहेगा, उसे बहाना मिले ओर वो मज़हबी तअस्सुब की जंग तेज़ करे।

मोहन सिंह : क्या बदकिस्मती है हमारे मुल्क की। मुहब्बत का क़त्ल करो। भाईचारे का क़त्ल करो। मज़हब के नाम पर। नस्ल के नाम पर।

अकबर अली : अब तो अल्लाह ही बेली है मेरे बच्चों का।

मोहन सिंह : ख़ैर, अच्छा किया, जो तुम यहाँ पहुँच गए। सामान उठा कर। याद रख। भाम वाले तेरे साथ भाई बहन बन कर खड़े होंगे। हर सूरत में। ब्रह्मपुरा में होंगे ज़हरीले साँप। बसती ग़ाज़ी खाँ में होंगे ज़हरीले साँप। लेकिन भाम के बारे में मिसल मशहूर है। भाम के बुजुर्ग बताते हैं। इस अम्नपसंद गाँव में कोई बंदा कभी साँप के काटे से नहीं मरा। कुछ लोग कहते हैं, हमारे गाँव को शाह नूर जमाल की बख़्शिश है। जिसके मज़ार पर जुमा को मेला लगता है। दूसरे लोग कहते हैं, वैष्णों माता का अशीर्वाद है। जिसके मंदिर पर हर मंगलवार लोग सिर झुकाने आते हैं। मज़हब के नाम पर, अकबर अली, हमारे गाँव में कभी न झगड़ा हुआ है, न

कभी झगड़ा होगा। जब तक तुम और रौशन आरा हमारे पास रहोगे, तुम और तुम्हारा बेटा वामिक और बहू सीमा पूरी तरह महफ़ूज़ हो। हमेशा के लिए।

अकबर अली : ख़ुदा आपके अलफ़ाज़ सच्चे साबित करे।

रौशनी : अल्लाह। रहम का चिराग़ रौशन कर हर दिल में!

(अँधेरा)

दूसरा मंज़र

गवैये

नफ़रत की आँधी है गर चल रही
मुहब्बत का जज़्बा भी कम तो नहीं।
भाई भाई को लड़वाता शैतां फिरे
शैतां के दुश्मन भी कम तो नहीं।
बहुत झेले धरती ने चंगेज़ो हिटलर।
जिये सुक़रातो गौतम भी कम तो नहीं।
क़त्लो ग़ारत है तारीख़ का हर सफ़ा
क़िस्से लैला व मजनूं भी कम तो नहीं।

(सुबह। पंडित लालकृष्ण कोई शास्त्र पढ़ रहा है। कुंती तुलसी को पानी दे रही है और गायत्री मंत्र का जाप कर रही है। कुलश्रेष्ठ आता है। लंबी चोटी। खद्दर के कुर्ता धोती पहने है। तिलक लगाए है।)

कुलश्रेष्ठ : चरण बंदना, पिताश्री।
लालकृष्ण : सुखी रहो।
कुलश्रेष्ठ : प्रणाम, माताश्री।
कुंती : जीते रहो, बेटा।
लालकृष्ण : अब सो कर उठे हो? इतनी देर से?
कुलश्रेष्ठ : नहीं, पिताश्री। मैं तो चार बजे उठ गया था। हर रोज़ की तरह। आश्रम की आदत है।
कुंती : सफ़र की थकान नहीं थी? आराम से उठता।
कुलश्रेष्ठ : क्या बात करती हो, माँ। थकान और मुझे? चार बजे रोज़ उठाया जाता है हमें। व्यायाम के लिए। योगासन करते हैं। पाठ करते

हैं।

लालकृष्ण : बहुत बढ़िया आश्रम है। कितने साल हो गए तुम्हें वहाँ दाख़िल हुए? पाँच?

कुलश्रेष्ठ : छः साल।

कुंती : पाँचवीं पास करके गया था यहाँ से।

लालकृष्ण : गिरीश योगी के आश्रम भेजना, बहुत अच्छा ख़्याल था। इन सरकारी स्कूलों में कुछ नहीं रखा। नास्तिक बना रहे हैं, भारत के लड़के लड़कियों को। संस्कृत के बग़ैर, वेद शास्त्रों के बग़ैर, अनपढ़ के अनपढ़ रहते हैं।

कुलश्रेष्ठ : पिताश्री, याद आया मुझे। छुट्टियों के बाद, हमें चुनाव करना है। या तो हम ज्योतिष शास्त्र ले सकते हैं, या आयुर्वेद। मैं क्या चुनूँ ज़िंदगी भर के लिए? बड़े आचार्य जी ने कहा था, माता पिता से सलाह करके आना।

कुंती : बेटा, मेरा कहा माने तो वैद हकीम बन। कमाई ज़्यादा होगी। और लोगों का भला भी।

लालकृष्ण : अजी छोड़ो। देसी दवाई कौन पूछता है आजकल? डॉक्टरों का ज़माना है। हस्पतालों का। मगर इतनी महँगी पढ़ाई करवाने की हमारे में ताकत नहीं थी। अब अक़्ल इसी में है कि पिता पुरखी धंधा जारी रख।

कुलश्रेष्ठ : ज्योतिषी बनूँ? आपकी तरह?

लालकृष्ण : मंदिर भी तो है अपने घर का।

कुंती : मंदिर की कमाई तो कुछ रह नहीं गई। सारी दुनिया दुर्गा मंदिर जाने लगी। भूले भटके भी कोई हिंदू हमारे मंदिर नहीं आता। दिन के दो रुपए नहीं चढ़ाते लोग। हमारे से तो पीर की मज़ार वाले ज़्यादा कमा लेते हैं। दो तीन सौ रुपए की आमदनी होती है जुमा के जुमा।

लालकृष्ण : हिंदू समाज भ्रष्ट हो रहा है। कोई धर्म ईमान नहीं रहा आर्य जाति का। आ रहा है आज नाथूराम यहाँ। मैंने ख़ास इसी मुद्दे के लिए बुला भेजा है। लोगों में जागृति लाएँ।

कुलश्रेष्ठ : जीज्राश्री यहाँ आ रहे हैं? ख़ूब। मैं उनके साथ जाऊँगा। छुट्टियों के दस दिन उनके हाँ काटूँगा, शाम चुरासी।

कुंती : जनको भी आ रही है?

लालकृष्ण : जनको का तो मैं कह नहीं सकता। हाँ नाथूराम और उसके साथी संचालकों को ज़रूर ताकीद की है मैंने।

कुलश्रेष्ठ : कैसी ताकीद?

लालकृष्ण : आर्य नस्ल को म्लेच्छों के हमलों से कैसे बचाया जाए।

कुंती : कौन से हमले हो रहे हैं? आप भी, बस, बात का बतंगड़ बनाए जा रहे हैं। लड़के-लड़की के क़िस्से को लेकर।

कुलश्रेष्ठ : कौन सा क़िस्सा?

कुंती : हुआ है एक ब्रह्मपुरा में। ब्राह्मणों की एक लड़की और मुसलमान कुम्हारों का लड़का। बसती ग़ाज़ी ख़ाँ का।

लालकृष्ण : ज़बान बंद नहीं रख सकती तुम? ये बातें बालक को बताने की होती हैं? माँ होकर, इसका ब्रह्मचर्य भंग करोगी? मनुस्मृति में ऋषि जी सही लिख गए हैं। स्त्रियों को ज़्यादा छूट नहीं देनी चाहिए।

कुंती : इतनी सी बात से क्या बिगड़ गया इसके ब्रह्मचर्य का? घड़ा कूज़ा है क्या ब्रह्मचर्य, जो कंकर लगने से फूट जाएगा?

लालकृष्ण : अच्छा, जा। मेरा भेजा मत चाट। इतनी बात नहीं समझती—गंदी बातें नहीं करते बच्चों के सामने।

कुलश्रेष्ठ : बच्चा? पिताश्री, मैं बीस साल का हो रहा हूँ इस पूर्णमाशी को।

कुंती : बुद्धू रखोगे क्या इसे? अपने जैसा? कभी घर गृहस्थी भी तो चलानी है इसने?

लालकृष्ण : वर्ण आश्रम धर्म तू समझाएगी मुझे? पच्चीस साल तक पूरा ब्रह्मचर्य। उसके पहले, सुन लो बेटा, लड़की से बात नहीं करनी। औरत की परछाईं तक नहीं पड़नी चाहिए सच्चे ब्रह्मचारी पर।

कुंती : संदूक़ में डाल के रखोगे नौजवान बेटे को? धरती के नीचे गुफा खोद दो इसे। तहख़ाना। जैसा ख़ानक़ाह वाले पीर ने खोद रखा है। कमरे के नीचे अँधेरा कमरा।

कुलश्रेष्ठ : तहख़ाने में रहता है मज़ार वाला मौलवी?

कुंती : मैं क्या जानूँ? अफ़वाह है लोगों में।

लालकृष्ण : इसीलिए, इसीलिए, यहाँ नहीं रखा मैंने इकलौते बेटे को। तुम्हारी ऊलजलूल बातों से दूर रखने के लिए, मैंने इसे आश्रम भेजा। दो सौ मील पर। शास्त्रों के मुताबिक तुम मुझे पुत्र का पालन नहीं करने दोगी। तुम औरतें कभी मेरी समझ में नहीं आईं। दिल से तुम ब्राह्मणी नहीं हो। मुसलमान हो। म्लेच्छ हो। राहु केतु स्वामी हैं तेरे लग्न के।

कुलश्रेष्ठ : पिताश्री, कैसी बातें कह रहे हैं आप माताश्री को? प्रभु, क्षमा करना मेरे पिताश्री को।

कुंती : पच्चीस बरस तक इसे आश्रम की क़ैद में रखोगे तो यह भी नहीं समझ पाएगा कभी हम औरतों को।

लालकृष्ण : अक़्ल ठिकाने है तेरी? आश्रम को क़ैद बता रही है।

कुंती : एक बेटा। वो भी मुझ से छीन लिया। अकेली घर में, दिन रात। वो सरपंच का भतीजा, जोगिंद्र सिंह, मेरे कुलश्रेष्ठ से सिर्फ दो महीने बड़ा है। ब्याह भी धर दिया उसका। अगले महीने का।

कुलश्रेष्ठ : जोगिंद्र की शादी हो रही है?

लालकृष्ण : तो मैं अनपढ़ किसान बना के रखूँ अपने बेटे को? क्या चाहती है तू? डांगर बना रहे यह, मिट्टी से लथपथ? वेद शास्त्र पढ़कर ज्ञान प्राप्त न करे? रौशनी प्राप्त न करे? अँधेरे में भटके सारी उम्र? तेरी तरह?

कुंती : भगवान जाने, ज्ञान क्या होता है? रौशनी क्या होती है? मैं तो आस लगाए बैठी थी, अब के छुट्टी आया तो वापस आश्रम नहीं जाने दूँगी। दुकान खोल ले यहाँ। शादी करूँगी जल्दी। पोते-पोतियों का मुँह देखूँ बरस दो बरस में।

लालकृष्ण : हे राम भगवान! क्या क्या ख़्वाब देख रही है यह ज़नानी। मेरे बेटे को कलियुग का पापी बनाकर रखना चाहती है। अरी आर्य जाति की दुश्मन, मेरे बेटे की परवरिश में दख़ल मत दे। वरना, याद रखना, मैं घर छोड़कर चला जाऊँगा।

कुंती : चले जाओ। नई बात है कोई? तुम इस घर में घुसते ही कितना हो? गाँव-गाँव टेवे पत्री लिए घूमते हो। ब्याह शादी, श्राद्ध, मौत, कथा, आरती। हर वक़्त जजमानों के घरों के आगे खड़े रहते हो। भिखारियों की तरह।

लालकृष्ण : यह समझ है तुझे मेरे ब्राह्मण धर्म की? सुन औरंगजेब की जनी, मैं तंग आ गया हूँ तुझसे। बोलना बंद कर। वरना मैं गृहस्थ त्याग दूँगा। बाणप्रस्थ अख़तियार कर लूँगा। हिमालय चला जाऊँगा। गंगा माता के चरणों में।

कुंती : करो जो मरज़ी। मेरा बेटा लौटा दो मुझे। हम से तो मुसलमान भले। आसानी से तलाक़ तो मिल जाता है। आ बेटा, कुछ खा पी ले। इनको बने रहने दे ब्रह्मचारी ब्राह्मण। **(जाती है)**

लालकृष्ण : इसीलिए कहा है तुझे। ज्योतिष शास्त्र का पंडित बन। अगर मैंने कुंती की असली जन्म पत्री देखी होती, तो कभी शादी न करता।

कुलश्रेष्ठ : दादाश्री भी तो ज्योतिषी थे। उन्होंने माताश्री और आपके ग्रह नहीं मिलाए थे?

लालकृष्ण : मिलाए क्यों नहीं।

कुलश्रेष्ठ : तो फिर? मैं तो जब भी छुट्टियाँ काटने यहाँ आता हूँ, देखता हूँ, आप दोनों महाभारत छेड़े रखते हैं।

लालकृष्ण : भोले थे मेरे पिता जी। धोखा खा गए।

कुलश्रेष्ठ : धोखा कैसा?

लालकृष्ण : मक्कार था तेरा नाना। वृश्चक राशी थी। ज़हर भरा बिच्छू। झूठी कुंडली बना ली इसकी। देखा, मैं होनहार कथाकार हूँ। कमाई अच्छी होगी। फँसा लिया मुझे और मेरे बाप को।

कुलश्रेष्ठ : मैं देख परख के शादी करूँगा। पक्का ज्योतिषी बनकर। जन्म कुंडलियों को हर पहलू से जाँचूँगा।

लालकृष्ण : मगर, बेटा, पच्चीस बरस से पहले नही।

कुलश्रेष्ठ : यह तो मैंने क़स्म खा रखी है। पूरा जीवन पुरातन ग्रंथों की शिक्षा के मुताबिक़ बसर करूँगा। आचार्य जी ने सब ब्रह्मचारियों को पावन अग्नि के सामने सौगंध उठवाई थी।

लालकृष्ण : राम भगवान तुम्हारा प्रण पूरा करें।

कुलश्रेष्ठ : पिताश्री, हमें छुट्टियों का काम बहुत मिला है। आप मेरी मदद करेंगे?

लालकृष्ण : ज़रूर करूँगा, मेरे लाल। कैसा काम मिला है?

कुलश्रेष्ठ : कुछ शास्त्रों के कई हिस्से ज़बानी याद करने हैं।

लालकृष्ण : जैसे?

कुलश्रेष्ठ : मनुस्मृति के तीन अध्याय। गरूड़ पुराण।

लालकृष्ण : बहुत अच्छे।

कुलश्रेष्ठ : पाँच निबंध लिखने हैं। हिंदू धर्म पर।

लालकृष्ण : कौन-कौन से?

कुलश्रेष्ठ : सच्चा आर्य कौन होता है? ब्राह्मण और शूद्र में फर्क़। आर्य नस्ल की रक्षा यानि आर्य ख़ून को पाक कैसे रखा जाए?

लालकृष्ण : बहुत बढ़िया विषय हैं।

कुलश्रेष्ठ : एक और है—सारी दुनिया को आर्य कैसे बनाया जाए?

लालकृष्ण : गिरीश योगी जी का आश्रम हर ज़िले में होना चाहिए। आर्य धर्म का कल्याण इसी में है।

कुलश्रेष्ठ : एक बात बताइए, पिता जी।

लालकृष्ण : पूछो, सुपुत्र।

कुलश्रेष्ठ : हँसी मज़ाक़ में कुछ लड़के कहा करते हैं कि उनके माता-पिता ने उन्हें आश्रम में इसलिए दाख़िल नहीं किया था कि वो वेद शास्त्र

पढ़ें।

लालकृष्ण : और किस लिए?

कुलश्रेष्ठ : कहा करते हैं, आश्रम में मुफ्त शिक्षा मिलती है। कोई फीस नहीं। खाना फ्री। अनाथालय हो जैसे। क्या आपने भी मुझे इसी लिए तो नहीं इतनी दूर भेजा?

कुंती : **(ऊँची बोलती, रसोई से)** बिलकुल इसीलिए भेजा था। ताकि ख़ुद धेला न ख़र्च करना पड़े।

लालकृष्ण : ग़लत है यह। ब्राह्मण के बेटे के लिए आज के नास्तिक युग में इस आश्रम से बढ़िया विद्या कहीं नहीं मिल सकती। मुफ्त में है तो क्या हुआ? दान लेने में ब्राह्मण को क्या शर्म?

कुलश्रेष्ठ : पिताश्री, हमें आचार्य जी ने दिल्ली दर्शन के लिए भी भेजा था।

लालकृष्ण : यमुना जी में स्नान किया?

कुलश्रेष्ठ : मैंने तो किया था। कुछ लड़के बहाना मार गए। पानी बहुत गंदा था। कुछ नहाने वाले ब्रह्मचारी बाद में बीमार भी पड़ गए।

लालकृष्ण : पांडवों का क़िला देखा था? पुराना क़िला?

कुलश्रेष्ठ : हाँ। चिड़ियाघर के पास। मगर जो हिस्सा अब तक खड़ा है वो तो शेरशाह सूरी ने बनवाया था। मुसलमान बादशाह ने।

लालकृष्ण : हमलावरों ने सदियों से यही किया है। हमारे मंदिरों को गिरा कर उन पर मस्जिदें बनवा दीं।

कुलश्रेष्ठ : जैसे अयोध्या में किया था, बाबर ने?

लालकृष्ण : एक हो तो कहें? बनारस, मथुरा, हस्तिनापुर, सभी जगह ऐसा किया। औरंगज़ेब ने ख़ासकर।

कुलश्रेष्ठ : हमारे इतिहास के आचार्य जी ने बताया कि कुतब मीनार भी असल में हिंदू राजमहल था। जिस पर चढ़कर, आर्य महिलाएँ यमुना जी के दर्शन किया करती थी।

(नाथूराम दाख़िल होता है। निक्कर पहने है)

नाथूराम : प्राणाम, पिताश्री।

लालकृष्ण : आओ नाथूराम जी। भगवान तुम्हें आर्य जाति के कल्याण करने का पुण्य बख़्शे।

कुलश्रेष्ठ : **(पाँव छूकर)** नमस्ते, जीजाश्री।

कुंती : **(दूर से)** नाथूराम, जनको नहीं आई?

नाथूराम : नहीं, माताश्री। मैं सीधा शाखा से चला आ रहा हूँ। बाइसिकल पर।

कुंती : उसको साथ क्यों नहीं लाए? कुलश्रेष्ठ से मिल जाती।

नाथूराम : बीमार माताश्री की देखभाल भी तो करनी है। और पिताश्री के लिए खाना कौन बनाएगा?

कुलश्रेष्ठ : छुट्टियों के कुछ दिन मैं बहनश्री के साथ काटना चाहता हूँ।

लालकृष्ण : कुलश्रेष्ठ तुम उधर जाओ, ऊपर चबारे पर। हमें कुछ परदे की बात करनी है।

कुलश्रेष्ठ : मुझे भी सुन लेने दीजिए।

लालकृष्ण : नहीं। ये बातें बालकों के कानों के वास्ते नहीं।

कुलश्रेष्ठ : अच्छा, जीजाश्री, मैं और माताश्री, नाश्ता लगाते हैं आपके लिए। **(जाता है)**

नाथूराम : पिताश्री, वो फैसला तो हो गया। परसों ही। आपको पता चल गया होगा।

लालकृष्ण : कौन सा?

नाथूराम : ब्रह्मपुरा के राजपूत तैयार हो गए हैं। ब्राह्मण कन्या को ढूंढ़कर गाँव लाएँगे। अगर उसे मुसलमान भी बना लिया हो, तो उसकी शुद्धि करेंगे।

लालकृष्ण : उस गुंडे म्लेच्छ का क्या करोगे? वामिक़ कुम्हार का?

नाथूराम : गाँव के बीच, मंदिर के सामने, पंचायत घर के पीपल से लटकाएँगे।

लालकृष्ण : बहुत अच्छा। अगर लड़की ने ज़िद की, उसे भी ख़त्म करो। ब्राह्मण है तो क्या हुआ?

नाथूराम : जैसा हम संचालक चाहेंगे, वैसा ही होगा। राष्ट्रीय स्वयं सेवक संघ के दूसरे लीडर भी गाँव में लगातार आते रहेंगे। होशियारपुर से, जालंधर से, और दूसरे शहरों से। ब्रह्मपुरा में भी शाखा खोल दी है अपनी।

लालकृष्ण : यह शुभ कार्य हमारे गाँव में भी करो, नाथूराम। इसीलिए बुलाया है मेंने तुम्हें।

नाथूराम : ज़रूर करेंगे। अब तो हमने फैसला किया है, हर बड़े गाँव में हमारी शाखा होनी चाहिए।

लालकृष्ण : तुम ख़ुद क्यों नहीं चलाते यहाँ की शाखा? बेशक इसी पड़ोस वाली हवेली में शुरू कर दो। इतना बड़ा खुला मैदान है। मालिक कनाडा में रहता है।

नाथूराम : मैं ख़ुद तो यहाँ आपके पास रह नहीं सकता।

लालकृष्ण : दुकान की वजह से? कैसी चल रही है?

नाथूराम : दुकान ही तो डूबी जा रही है। उधर घर में माँ पड़ी है खाट पर, लक़वा की मारी।

लालकृष्ण : दुकान को क्या हुआ?

नाथूराम : पास में मोड़ पर एक सरदार ने दुकान खोल ली है। दिलजीत सिंह ने।

लालकृष्ण : मनिहारी की?

नाथूराम : मनिहारी की, और गंदे नावलों की। कैसट भी बेचता है। क़स्बे की सारी लड़कियाँ उसके हाँ जाने लगीं। वो है भी पक्का बदमाश। शराब पीता है। टी वी पर पंजाबी नाच गाने लगा रखता है। हँसता खेलता है औरतों से। जमघट लगा रहता है छोकरियों का। मेरी दुकान से सुरख़ी पौडर कौन ख़रीदेगी? जो हर वक़्त धर्म कर्म की बात करता है? आर्य नस्ल को शुद्ध रखने का यत्न करता है?

लालकृष्ण : **(दूर से)** नाश्ता तैयार है। आइये, जीजाश्री।

लालकृष्ण : इतनी जल्दी?

(कुंती आती है)

कुंती : मुझे नाश्ता बनाना ही नहीं पड़ा।

लालकृष्ण : क्यों?

कुंती : भूल गए? आज कन्या पूजन का दिन है। पड़ोस के हिंदू घरों से ढेर सारी पूरियाँ और हलवा आ गया।

लालकृष्ण : यह तो अच्छा हुआ। ब्राह्मण होने के भी हज़ार लाभ हैं।

नाथूराम : इसीलिए तो पिता जी मुझे कहते हैं।—दुकान में मनिहारी का सौदा रखना बंद कर दो। एक क़स्बे में इतनी दुकानें नहीं चल सकतीं।

कुंती : और कौन सा माल रखोगे?

नाथूराम : पिताजी कहते हैं, ज्योतिष का धंधा शुरू करो। तांत्रिक विद्या वो मुझे सिखला देंगे।

कुंती : लो, कर लो बात। तुम भी अनपढ़ों का धंधा शुरू करने लगे? इनकी तरह?

नाथूराम : जनको तो मानती नहीं। पिता जी ने मनाने की कोशिश बहुत की। पर कमाई का तरीका और है क्या?

कुंती : पढ़ गई होती तो नौकरी करती। किसी स्कूल में उसतानी लग जाती। फिर यह भी नहीं कि बाल बच्चे रोते हों पीछे-पीछे। नौ बरस हो गए शादी को। कोख हरी नहीं हुई। दुखी है मेरी बेटी।

लालकृष्ण : क्या फ़िज़ूल के क़िस्से ले बैठी? नाथूराम, यूँ करो तुम। हमारे गाँव आ जाओ। दुर्गा मंदिर पर हर मंगलवार मेला लगता है।

जवान लड़कियाँ आती हैं दूर दूर के गाँव से। मनिहारी यहाँ ख़ूब बिकेगी। दुकान भी है एक ख़ाली। मंदिर के बग़ल में।

नाथूराम : ऐसा हो जाए तो और क्या चाहिए। शाखा भी बढ़िया चला लूँगा मैं यहाँ।

कुंती : जनको यहाँ रहेगी? मेरे पास?

नाथूराम : जनको का यहाँ रहना तो मुश्किल है। सास-ससुर की सेवा करे, शाम चुरासी रहकर।

कुलश्रेष्ठ : **(दूर से)** पिताश्री, आपकी बात ख़त्म हो गई हो तो ब्रह्मचारी को बाहर आने की आज्ञा दीजिए।

कुंती : आजा न। तू वहाँ अकेला क्या जलेबी तल रहा है?

(कुलश्रेष्ठ बाहर आता है)

लालकृष्ण : तुम आज शाम को ही ले आओ सामान। मैं नाश्ता करके मुहूर्त निकालता हूँ। दुकान का भी और शाखा का भी।

कुलश्रेष्ठ : जीजाश्री यहाँ हट्टी खोलेंगे अब?

लालकृष्ण : नाथूराम, आओ। पहले मुहूर्त निकालें। शाखा तो बेशक कल ही चालू कर दो। कुलश्रेष्ठ होगा तुम्हारा पहला स्वयं सेवक।

(दोनों अंदर जाते हैं)

कुलश्रेष्ठ : मैं? जीजा की शाखा में? लेकिन मैंने तो मनुस्मृति याद करनी है। **(दूसरी तरफ देखकर)** माताश्री, वो किसका सामान पड़ा है? किराए पर चढ़ गया क्या यह मकान?

कुंती : कुम्हार का चाक?

कुलश्रेष्ठ : घड़े कूज़े? मिट्टी का ढेर?

कुंती : यह कौन रख गया यहाँ रातों रात? आओ, अपने बापू को बताओ। **(अंदर जाती है)**

(रौशन आरा बाहर निकलती है। दोनों एक-दूसरे के नज़दीक आते हैं। एक-दूसरे को बड़ी दिलचस्पी से देख रहे हैं)

लालकृष्ण : कुलश्रेष्ठ! उधर से जंतरी उठा कर ला।··कुलश्रेष्ठ!! क्या कर रहा है वहाँ··अंदर आ।··कुलश्रेष्ठ!!!

कुलश्रेष्ठ : अभी आया। रुको ज़रा!

(रौशन आरा और कुलश्रेष्ठ आँखों में आँखें डाले खड़े हैं)

(अँधेरा)

तीसरा मंज़र

गवैये

पंडित और मसालची, दोनों सूझै नांहीं।
औरन को करें चाँदनी, आप अँधेरे माहीं।।

(अकबर अली चाक पर बरतन बना रहा है। मुहम्मद अली आता है)

मुहम्मद अली : तो यहाँ छिपे बैठे हो? भाई बिरादरी छोड़कर? घर-घाट छोड़कर।

अकबर : चौधरी साहिब, आप? आइये, बैठिये। ख़ुशआमदीद।

मुहम्मद अली : हमें ख़ुशआमदीद अब तुम क्यों कहोगे? हम तुम्हारे क्या लगते हैं?

अकबर : ऐसी क्या बात हो गई, मुहम्मद अली साहिब? आप हमारे सब कुछ हैं। हम आपस में बेगाने कब से हो गए?

मुहम्मद अली : बेगाने न होते तो क्या तुम और रौशन आरा इस तरह भाग कर आ जाते बसती से? चोरों की तरह? और क्या तुम्हारा बेटा इस तरह मज़हब व मिल्लत छोड़ देता? हिंदू लौंडिया की ख़ातिर?

अकबर : आपको किसने कहा, वामिक़ ने मज़हब बदल लिया?

मुहम्मद अली : अगर वो अभी तक दीन पर पक्का है तो उसे ख़ौफ़ किसका था? हमारे गाँव को छोड़कर क्यों भागा? तुम क्यों भागे? चोर है तेरे दिल के अंदर। और तेरे बेटे के दिल के अंदर।

अकबर : सरपंच साहिब, इतमीनान रखिए। हमें अपने गाँव से कोई डर नहीं। हमारे दिलों में कोई चोर नहीं।

मुहम्मद अली : ब्रह्मपुरा वालों से इतना ख़तरा है तुम्हें?

अकबर : हाँ। उन्हीं की ज़ात बिरादरी से ख़तरा है। आपने सुना ही होगा, उनकी पंचायत ने क्या फैसला किया है, वामिक़ और सीमा को लेकर।

मुहम्मद अली : झूठ क्यों बोले जा रहे हो मेरे से, दो कौड़ी के कुम्हार?

अकबर : मैंने कौन सा झूठ बोला, जनाब?

मुहम्मद अली : सिर्फ हिंदुओं से ख़तरा होता, तो क्या तुम मुसलमानों का गाँव छोड़कर इस हिंदू अकसरियत वाले गाँव में आते? वाह। चूहा साँप के बिल में खुद ही चला आ रहा है।

अकबर : भाम के हिंदू अम्न पसंद है। ग़रीब नवाज़ है। यहाँ के सरपंच ने सलाह दी हमें। कुछ माह बाद रौशन आरा और मैं लौट आएँगे बसती ग़ाज़ी ख़ाँ।

मुहम्मद अली : मोहन सिंह की बात मान गए तुम? जो हर वक़्त बात तो यकजहती की करता है मगर अंदर से कट्टर हिंदू है। हम मुसलमानों का दुश्मन है। उसके धोके में मत आओ। चलो, उठाओ सामान। मैं रौशन आरा को लेने आया हूँ।

(रौशन आरा आती है। हाथ में किताबें हैं)

अकबर : क्यों? रौशन आरा क्यों जाए आपके साथ, अकेली?

रौशनी : सलाम, चौधरी साहिब।

मुहम्मद अली : व अलैकम सलाम। चलो, रौशन आरा। मेरी मोटर साइकल बाहर खड़ी है, आटे की मशीन के पास। तुम्हें मेरे साथ चलना होगा। वापस बसती ग़ाज़ी ख़ाँ। हमारी मजलिस ने मस्जिद में बैठकर यही हुक्म सुनाया है तुम्हें। मुझे ज़िम्मेदारी सौंपी कि मैं तुम्हें लेकर आऊँ, पेशतर इसके कि तुम्हारा बाप तुम्हें हिंदुओं को बेच दे। और वो तुम्हें काफ़िर बना लें। जैसे तुम्हारा भाई वामिक़ काफ़िर बना लिया गया।

रौशनी : यह क्या बेसिर पैर की बोले जा रहे हैं आप? मैं नहीं जाऊँगी अब्बू को छोड़कर। और मेरा भाई दीन ईमान पर क़ायम है। और क़ायम रहेगा। निकलो हमारे घर से। चले आए बड़े इसलाम के मुहाफिज़।

मुहम्मद अली : अभी दो दिन हुए नहीं बदचलनों की सुहबत करते हुए। अभी से ज़बान बेलगाम हो गई? एक मुहज़्ज़ब मुसलमान से कैसे बात की जाती है, मुझे सिखानी पड़ेगी क्या? सुना तुमने, अकबर अली?

अकबर : रौशनी बेटा, तू अंदर चल। ज़बान मत लड़ा चौधरी साहिब के साथ। मैं खुद ही निबट लूँगा।

मुहम्मद अली : तुम्हारे जैसे कायरों ने क़ौम की मिट्टी पलीद कर रखी है। दुम दबाकर भाग खड़े हुए, गीदड़ों से डर कर। बेटा भी, बाप भी और बेटी भी। रगों में पाक ख़ून होता, तो डटे रहते मैदाने जंग में।

क्या बिगाड़ लेंगे हमारा ब्रह्मपुरा वाले तिलकधारी? हम तुम्हारे साथ हैं। बेशक हमारी पूरी मजलिस शहीद हो जाती, हम वामिक़ को हिंदू नहीं बनने देते। उस पुजारी की लौंडिया को कलमा पढ़ाते और नक़्क़ारे की चोट पर निकाह पढ़ाते अपनी मस्जिद में।

अकबर : आप ज़रा ठंडे दिमाग़ से मेरी अर्ज़ तो सुनें।—रौशनी, मास्टर मोहन सिंह को बुला। कहना, सरपंच मुहम्मद अली जी तशरीफ़ लाए हैं।

रौशनी : मास्टर जी तो अपने ट्यूबवैल पर गए हैं। मैं उन्हीं के घर से आ रही हूँ, किताबें लेकर।

मुहम्मद अली : मुझे उस मक्कार बुड्ढे से कुछ नहीं लेना देना। मुँह में मुसलमानों और हरिजनों की भलाई की बकबक। असल में उनकी हक़तलफ़ी करके अक़लियतों की जड़ें खोदना। बात करनी है तो मेरे से सीधी करो।

रौशनी : हमें आप से कोई बात नहीं करनी। आप तशरीफ ले जाइये।

मुहम्मद अली : तुम्हें नहीं करनी तो न सही। मुझे तो करनी है। इसी लिए आया हूँ। सुनो, अकबर। हमें बता दो, कहाँ भेजा है वामिक़ को और उस छिनाल को।

रौशनी : हम नहीं बताएँगे।

मुहम्मद अली : मैं तेरे से बात नहीं कर रहा। थूथनी बंद रख। वैसे, वो दिन दूर नहीं जब मैं तेरे से सीधी बात कर सकूँगा और तुम्हें तमीज़ सिखा सकूँगा। हाँ तो, कुम्हार मियाँ, कहाँ भेजा है वामिक़ को?

अकबर : मुआफ कीजिए, चौधरी साहिब, मैं नहीं बताऊँगा।

मुहम्मद अली : मत बता। इतना मुश्किल भी नहीं हमारे लिए। दो बंदे भेजेंगे इधर उधर। चंदा हम ने इकट्ठा कर लिया है दोनों की तलाश के लिए। मलेरकोटला गया होगा, मामूं के पास। या सुलतानपुर लोधी बहन के पास। अगर उसने मज़हब बदल लिया है, तो हम जैसे-तैसे, दोनों को बसती ग़ाज़ीख़ाँ लाएँगे। सब के सामने, गरदनें उड़ा देंगे।

अकबर : बराए मेहरबानी, चौधरी साहिब। रहम करो बच्चों पर। आपको ग़लतफहमी हुई है। कोई गुनाह नहीं किया मेरे बेटे ने।

मुहम्मद अली : बसती की तरफ से तुम्हें आख़िरी इत्तलाह। रौशन आरा को अगर तुमने हिंदुओं के हवाले किया, किसी काफ़िर से उसका ब्याह किया, तो तेरी ख़ैर नहीं।

अकबर : मैं क्यों लगा उसका ब्याह करने बिरादरी के बाहर?

रौशनी : बिरादरी को कहना, ख़्वाहमख़्वाह अपना ख़ून मत जलाएँ। मुसलमान हो या हिंदू। कुछ साल मुझे दूलहा दरकार नहीं।

मुहम्मद अली : क्यों? यह जवानी! बेईंतहा हुस्न! किस मिट्टी में दबाकर रखना चाहती हो?

रौशनी : अब्बू, मैं आगे पढ़ूँगी। उसतानी बनने का कोर्स करूँगी। मास्टर जी ने मुझे कुछ किताबें भी निकाल कर दे दी अपने कुतबख़ाने से।

अकबर : स्कूल कॉलेज कोई नज़दीक है नहीं। घड़े कूज़े बेचकर दो वक़्त की रोटी जुड़ती नहीं। जान के लाले पड़े हैं पूरे कुनबे को। और तू है कि पढ़ने के ख़्वाब देख रही है।

मुहम्मद अली : **(ख़त जेब से निकालकर)** अरे, यह तो मैं भूल ही गया था। मुआफ़ करना। हमें खोलना पड़ा। सोचा, शायद वामिक़ का हो और उसका पता लिखा हो अंदर।

अकबर : ख़त कैसा है?

रौशनी : मेरा नतीजा आ गया। फ़स्ट डिवियन! अब्बू! मैं पास हो गई! अब्बू, मैं पास हो गई!

अकबर : ख़ुदा का शुक्र है। एक अच्छी ख़बर सुनने को मिली। इतने दिनों बाद।

रौशनी : अब तो मैं आगे ज़रूर पढ़ूँगी। इसी तरह डाक के ज़रिए टीचर बनने का कोर्स करूँगी। रुकिए, चौधरी साहिब। मुँह मीठा करके जाइए।

अकबर : चाय बना, बेटी। कस्तूरी से दूध माँग लाओ।

मुहम्मद अली : पास होने की मुबारकाबद।

रौशनी : शुक्रिया।

मुहम्मद अली : चाय रहने दो। बेहतर होगा अगर अभी मेरे साथ चले चलो। पूरी बसती जश्न मनाएगी तुम्हारे मिल्लत में लौट आने का।

रौशनी : नहीं। मैं यहीं रहूँगी।

मुहम्मद अली : ख़ैर, इतनी जल्दी भी क्या है? और सोच लो। अकबर अली, कुछ दिनों के बाद मैं फिर आऊँगा। जब तक हमारी मजलिस वामिक़ को ढूँढ़ चुकी होगी और··रौशन आरा को हमारी हवेली भेज दे। तेरा बोझ हल्का हो जाएगा। हम इसके लिए दूलहा भी तय कर चुके हैं। इसमें न तेरे दख़ल की ज़रूरत है, न तेरी बेटी के।

अकबर : कौन है वो दूलहा? मैं भी तो सुनूँ।

मुहम्मद अली : तुम्हारे सामने खड़ा है। **(रौशनी को)** कबूल है न?

रौशनी : तुम? तीन बच्चों के बाप?

मुहम्मद अली : शादीशुदा हूँ तो क्या हुआ? चार बीवियों की इजाज़त तो शरअ भी देती है। तीस एकड़ का फार्म है। ज़िंदगी भर ऐश उड़ाओगी। सोच लो, रौशनी। ठंडे दिल से। मैं दोस्ती करूँ, तो जान कुर्बान कर देता हूँ। दुश्मनी करूँ, तो जान ले सकता हूँ। आओ, तुम्हें काफ़रों के शिकंजे से छुड़ा ले चलूँ। मेरी बन जा। कहदे, हाँ। पकड़ा दे हाथ। **(रौशनी आँखों से आग बरसा रही है)**

(अँधेरा)

चौथा मंज़र

गवैये

झुकी कमर एक बुढ़े से हम ने जो पूछा—
बड़े मियां, मिट्टी में क्या ढूँढ़ रहे?
बोला, हीरे दो अनमोल दिए थे मालिक ने
पास थे जब क़ीमत न जानी
अब जो क़ब्र क़रीब आई है
ढूँढ़ रहा हूँ हुस्न व जवानी।

(कुलश्रेष्ठ मनुस्मृति को रट रहा है। दूसरी तरफ रौशन आरा मिट्टी साफ करके गूंध रही है।)

कुलश्रेष्ठ : ओम ब्रह्मचर्य नमः।···"नरेषु ब्रह्मणाः स्मृताः" इन्सानों में ब्राह्मण सबसे श्रेष्ठ है।" **(क़रीब जाकर)** आप श्री बसती ग़ाज़ी खाँ से आए हैं?

रौशनी : मुझे बुलाया?

कुलश्रेष्ठ : आप श्री पड़ोस के गाँव से आए हो?

रौशनी : क्यों? तू जासूस लगा है? थाने रपट करेगा हमारी?

कुलश्रेष्ठ : नहीं, नहीं। मैं तो यूँ ही··साथ आपके पिताश्री हैं?

रौशनी : पिताश्री? वो क्या हुआ?

कुलश्रेष्ठ : तेरे बापू जी हैं साथ?

रौशनी : नहीं। मेरी माँ का मर्द है।

कुलश्रेष्ठ : हीहीही! वो भी तो पिता होता है।

रौशनी : ज़रूरी नहीं।

कुलश्रेष्ठ : तो यह कुंभकार आपके पिताश्री नहीं?

रौशनी : कुंभकार?··तुम्हारी तो ज़बान ही बड़ी दाँत तोड़ है। तू इन्सानों

की बोली नहीं बोल सकता?

कुलश्रेष्ठ : कुम्हार बुलाना अच्छा थोड़ी लगे। इसलिए मैंने आपके पिता को कुंभकार बोला।

रौशनी : किसको नहीं अच्छा लगता?

कुलश्रेष्ठ : दुनियां को।

रौशनी : दुनियां को सिर पे उठाएगा? जब तेरे लफ़्जों का मतलब न समझे कोई।

कुलश्रेष्ठ : घड़े बनावें आप। संस्कृत में घड़े को कुंभ कहते हैं। सो आप कुंभकार हुए।

रौशनी : कुम्हार नहीं कह सकता सीधा?

कुलश्रेष्ठ : मिट्टी कूट रही हो?

रौशनी : और क्या मैं हलवा पका रही हूँ? आँखें हैं कि बटन? देख नहीं सकते?

कुलश्रेष्ठ : अब आप हमेशा के वास्ते यहाँ बसोगे?

रौशनी : नजूमी तो मैं हूँ नहीं।

कुलश्रेष्ठ : नजूमी? क्या अर्थ इसका?

रौशनी : ज्योतिषी नहीं मैं।

कुलश्रेष्ठ : फिर भी··मेरा मतलब, अपनी बसती से घर का सारा सामान ले आए?

रौशनी : तू राशन कार्ड बनाएगा हमारा? चला है तफ़्तीश करने।

कुलश्रेष्ठ : दिन रात यहाँ रहोगी?

रौशनी : नहीं। रातें मैं आमों के बाग़ में काटूँगी।

कुलश्रेष्ठ : वो क्यों?

रौशनी : भूतों के साथ नाचूँगी।

कुलश्रेष्ठ : आप लोग किसी बात का सीधा ज़वाब नहीं दे रहे।

रौशनी : लोग कौन? मैं तो अकेली हूँ यहाँ।

कुलश्रेष्ठ : बहुवचन सर्वनाम का प्रयोग मैंने इसलिए किया··

रौशनी : मग़ज़ मत चाट मेरा। बात करनी है तो आम बंदों की बोली बोल।

कुलश्रेष्ठ : **(किताब से)**··ब्रह्मचर्य परमो धर्मः। परंतु कुंभकारस्य बाला अतीव सुंदरी।

रौशनी : यह तो अक़्ल की बात कही तूने।

कुलश्रेष्ठ : संस्कृत जानती हो तुम?

रौशनी : ब्राह्मणों के छोरे हो। नापाक मत होना। दूर रहो मुझ से।

कुलश्रेष्ठ : कितनी जमात पढ़ी हो?

रौशनी : तेरे लिए काफ़ी हैं। नसवार लेगा तू मेरी जमातों की?

कुलश्रेष्ठ : तुम भी चाक चला लेती हो?

रौशनी : हाँ। आ बैठ चाक पर। दो चक्करों में चौमुखिया चिराग़ बना दूँगी तुझ मिट्टी के लौंदे का।

कुलश्रेष्ठ : बहुत मश्क़ चाहिए चाक चलाने के लिए?

रौशनी : तू अपनी मश्क़ में लगा रह। बड़बड़ करने। ईमानदारी का धंधा सीखकर तू करेला लेगा?

कुलश्रेष्ठ : क्यों? हमारा ब्राह्मणों का धंधा क्या ईमानदारी का नहीं? तुम याद करके देखो यह मनुस्मृति के श्लोक। सिर चकरा जाएगा, चाक पर धरे कूज़े की तरह।

रौशनी : अपने पास ही रख तू यह बुड़बुड़ बुड़बुड़। लोगों को ठगने के छल कपट तू ही सीख।

कुलश्रेष्ठ : ब्रह्म भाषा की बेहुरमती कर रही हो?

(पीछे लालकृष्ण आकर सुनता है। गुस्से से लाल)

रौशनी : बंदा वो जो अपने दस नाखुनों की कमाई खाए।

कुलश्रेष्ठ : ब्राह्मण क्या मेहनत नहीं करते?

रौशनी : मुर्दों के उतरे कपड़े पहनते हैं। रक़में बटोरते हैं। इंतज़ार करें, कब जजमान मरे और हम श्राद्ध खाएँ। बुरा चाहें लोगों का।

कुलश्रेष्ठ : ब्याह शादी भी तो करावें हम। नामकरन करावें।

रौशनी : कमाए कोई। खाओ तुम मुफ़्तख़ोर।

कुलश्रेष्ठ : मिट्टी से खेलना जानती हो। अगर मनुस्मृति से पाला पड़े खोपड़ी भन्ना जाए।

रौशनी : आ, देख मिट्टी से खेल कर। चला चाक। अम्मा याद आ जाएगी।

कुलश्रेष्ठ : **(रुककर, किताब से)** कुंभकारस्य पुत्री अति सुंदरी बुद्धिमती च।

लालकृष्ण : **(गर्जकर)** कुलश्रेष्ठ! यह मनुस्मृति का श्लोक है?

कुलश्रेष्ठ : पिताश्री।

रौशनी : भाग जा, बहादुर। धोती में पेशाब तो नहीं निकल गया?

(अंदर जाती है)

लालकृष्ण : बुरी सुहबत कब से शुरू कर दी?

कुलश्रेष्ठ : कैसी बुरी सुहबत?

लालकृष्ण : तुम क्या जानो इस लड़की की बाबत? भली है या बुरी?

कुलश्रेष्ठ : आप जानते हो? बुरी है क्या?

लालकृष्ण : मैं क्यों जानूँगा?

कुलश्रेष्ठ : मैंने सोचा शायद आपने इस से बातचीत की हो।

लालकृष्ण : ज़ात बदज़ात तो देख लेता।

कुलश्रेष्ठ : देखने में तो ख़ूब है।

लालकृष्ण : मूर्ख, तेरी पढ़ाई तबाह हो जाएगी। ब्रह्मचर्य भंग हो जाएगा।

कुलश्रेष्ठ : एक मिनट तो बात की है उस से। पिताश्री इतना नाजुक होता है ब्रह्मचर्य?

लालकृष्ण : हैं कौन ये? किधर से आ धमके?

कुलश्रेष्ठ : कुम्हार है। बसती ग़ाज़ी ख़ाँ से आए हैं।

लालकृष्ण : बसती ग़ाज़ी ख़ाँ से? मुसलमान? मेरे घर के पास?···अच्छा, अब समझा मैं।

कुलश्रेष्ठ : आपकी पहचान है इनसे?

लालकृष्ण : तुझे इनके बारे में किसने बताया?

कुलश्रेष्ठ : सरपंच के भतीजे जोगिंद्र सिंह ने।

लालकृष्ण : पक्के तौर पर यहाँ रहेंगे अब ये?

कुलश्रेष्ठ : आप पूछ लो। बुलाऊँ लड़की को?

लालकृष्ण : बहुत ख़ून उछल रहा है तेरा छोकरी से मिलने के लिए? तबाह होके रहेगा तू। मेरे ख़ानदान को तबाह करेगा। चल अंदर। दोबारा इसकी तरफ आँख नहीं उठानी।

कुलश्रेष्ठ : मैंने जानकर नहीं उठाई। अपने आप आँखें उस पर ठहर गईं।

लालकृष्ण : चुप कर, ओए, गधे की औलाद। अनजाने में डूब जाएगा तू। अच्छा, करता हूँ इसका बंदोबस्त। भगाता हूँ शैतानों को यहाँ से। मगर तू दोबारा इससे बात नहीं करेगा। वरना मैं चमड़ी उधेड़ दूँगा।

(कुंती आती है)

कुलश्रेष्ठ : **(रोता हुआ)** ब्रह्मचर्य का पूरा श्लोक याद है मुझे। सुन लजिए : "यद्यद्धि करुते किंचत्तत्तत्कामस्य चेष्टितम्।" अर्थात् "बंदा जो कुछ भी करता है उसके पीछे कामवासना होती है।"

लालकृष्ण : कामवासना? यही समझ आया तुझे? यह पढ़ाया तुझे आश्रम में?

कुंती : क्यों डांट रहे हो मेरे लाल को? क्या जुर्म किया है इसने?

लालकृष्ण : लड़कियों से बातें करने लगा है!!!

कुंती : कुम्हारों की बेटी से? तो क्या हुआ? मुसीबत के मारे है बेचारे। कस्तूर कौर ने बताया मुझे। सरपंच ख़ुद लाया जाकर।

लालकृष्ण : मोहन सिंह की शरारत है यह? अभी करता हूँ इस रोग का इलाज। नीची क़ौम को पड़ोस से उखाड़ कर दम लूँगा।

कुलश्रेष्ठ : पिताश्री, अगर कुम्हार की ज़ात नीची होती है, हम इनके बनाए घड़े में से पानी क्यों पीते हैं?

(नाथूराम आता है)

कुंती : मैं करती हूँ लड़की से बात। आप मोहन सिंह से झगड़ा मत शुरू करो।

नाथूराम : दुकान का सामान तो पहुँच गया। शाम तक सजा लूँगा।

कुलश्रेष्ठ : चलिए मैं मदद करता हूँ आपकी।

नाथूराम : आओ।

कुंती : खाना खा लो पहले। जनको एक दिन के लिए तो आ जाती तुम्हारे साथ।

नाथूराम : उसको फुर्सत कहाँ?

कुंती : क्यों, क्या हुआ?

नाथूराम : उलटे काम सीख रही है नए नए।

कुलश्रेष्ठ : कौन से काम?

लालकृष्ण : क्या किया जनको ने?

नाथूराम : कुछ बिगड़ी हुई लड़कियों के साथ मिलकर अश्लील गाने गा रही है। वो बदचलन सरदार नाचने गाने का प्रोगराम करने जा रहा हे। यह मूर्ख उस में हिस्सा लेना चाहती है।

लालकृष्ण : तुमने मना नहीं किया?

नाथूराम : बहुत फटकारा मैंने। मगर सुनती कहाँ है? दिलजीत सिंह ने ऐसी फुसला रखी हैं ज़नानियाँ।

कुंती : गाने में हर्ज ही क्या है? अगर दूसरी लड़कियाँ साथ हैं। इतनी मिठास है हमारी जनको के गले में।

लालकृष्ण : तुम चुप रहो। बच्चों के चाल चलन का ध्यान भी है कुछ तुम्हें? कुलश्रेष्ठ, कल तुम जाओ। जनको से कहना, पिताजी ने मना किया है। गंदे गीत बिलकुल नहीं गाए। और हाँ, तुम भी हफ्ता दस दिन वहीं रहो, शाम चुरासी। जब तक मैं इन म्लेच्छों को नहीं उठाता।

नाथूराम : हाँ, पिताश्री। सब की सलाह है, हमें यहाँ की शाखा का उद्घाटन किसी बड़े नेता से करवाना चाहिए। दिल्ली को लिख दिया है हमने। पूना को भी।

लालकृष्ण : यह तो अच्छा सोचा तुम लोगों ने। बड़ा जलसा होगा, तो इलाके भर में ख़बर फैल जाएगी। क़ौम में नया जोश व ख़रोश पैदा होगा।

नाथूराम : दुश्मन को कान हो जाएँगे।

लालकृष्ण : मैं मोहन सिंह से दो-दो हाथ कर लूँ। इन बदज़ातों से पड़ोस ख़ाली करवाऊँ। आओ।

(तीनों जाते हैं)

कुंती : बेटी!··सुनो, लड़की।

(रौशन आरा बाहर आती है)

रौशनी : आदाब, बड़ी बी। मुझे बुलाया?

कुंती : बेटी, मुझे पता चल गया है तुम कौन लोग हो। और किस कज़िया में फँस गए हो। एक बात मानोगी।

रौशनी : कहिए।

कुंती : हमारे पंडित जी ज़रा गर्म तबीयत के हैं। गुस्सा मत करना। मैं इनको ठंडा करने की कोशिश करूँगी। तुम लोग रहो यहाँ शौक़ से। मगर एक मेहरबानी करना।

रौशनी : कौन सी?

कुंती : कुलश्रेष्ठ से बात मत करना। बेटे का लालन पालन बहुत मुश्किल होता है। मेरा तो है भी एक। हज़ार तावीज़ टोटके बरते तो यह एक मेरी झोली में डाला पीर नूर जमाल ने। देखना, मेरा बच्चा बिगड़ न जाए। जवानी दीवानी होती है।

रौशनी : राज़ी ख़ुशी रहे तेरा एक। डरो मत, बड़ी बी। मैं और मेरा अब्बा तेरे इकलौते कुलश्रेष्ठ को अपने चाक पर नहीं लगे बिठाने। ब्राह्मण पूत को कुम्हार नहीं लगे बनाने।

(अँधेरा)

पाँचवाँ मंज़र

गवैये

एक ब्राह्मण बिल्ली अपनी, निसदिन पास बिठाता था।
दीपक धरके सिर बिल्ली के, चारो वेद पढ़ाता था।।
पंडित समझे, बिल्ली बदली, अब न चूहे खाएगी।
धर्म कर्म की पक्की बिल्ली, सीधी स्वर्ग सिधायेगी।।
वो निकला जो चूहा बिल से, बिल्ली भूली पूजा पाठ।
झपटी बिल्ली, पकड़ा चूहा, खाए चबाए, शाही ठाठ।।
फ़ितरत जो कुदरत ने बख़्शी, बदल न सकते मुल्ला पंडित।
नफ़रत के तूफानों में भी, रौशन रहती सदा मुहब्बत।।

लालकृष्ण : चाबी देने से पहले हम से तो पूछा होता?

मोहन सिंह : क्यों पूछा होता? पंडित लालकृष्ण, तुम अपनी हद से बाहर हो रहे हो। मकान किसी का, उसका रखवाला कोई। और चाबी के हक़दार तुम बन रहे हो?

लालकृष्ण : मुझे उनका पता दो। मैं लिखता हूँ ख़त सरिंद्र सिंह को, कनाडा। जब तक उसका जवाब आए, इनको हटाओ यहाँ से।

नाथूराम : चाहो तो अपनी हवेली रख लो।

मोहन सिंह : कोई ज़रूरत नहीं है सुरिंद्र सिंह को ख़त लिखने की। मैं छः महीने उसके पास रह कर आया हूँ। मुझे उसने बार-बार ताकीद की थी—किसी को बसाओ यहाँ। देखभाल रहे हवेली की।—इसमें तुम्हारे दख़ल की ज़रूरत नहीं।

अकबर अली : सरपंच साहिब, अगर पंडित जी को हमारा यहाँ ठहरना इतना ही नागवार है, हमें कहीं जगह दे दीजिए। हम झोंपड़ी बना लेंगे।

नाथूराम : ठीक है। हम दिलवा देंगे जगह। हरिजन बसती के करीब।

दरगाह के बग़ल में।

मोहन सिंह : नाथूराम, तुम इस मुआमले में दख़ल मत दो। तुम हमारे गाँव के दामाद हो। अपनी इज़्ज़त अपने पास रखो। यह हमारा आपसी झगड़ा है। हम निबट लेंगे। जाओ, बैठो दुकान पर।

कुलश्रेष्ठ : पिताश्री, इन लोगों को उजाड़ क्यों रहे हैं आप? इनका क़सूर क्या है?

रौशनी : एक बार तो हम पहले ही उजड़ के आए हैं।

लालकृष्ण : तू यहाँ खड़ा क्या कर रहा है? तुझे तो कहा था, मनुस्मृति याद कर, मंदिर में बैठकर।

अकबर अली : बेटी, तू भी जा। मर्दों की बातों में दख़ल देने का तेरा कोई हक़ नहीं।

मोहन सिंह : नहीं, रौशन आरा। यहीं रहो तुम। इस मसले को समझने का पूरा हक़ है तुम्हारा। कब तक हम लोग बच्चों से सच्चाई छिपाए रखेंगे? कब तक उन्हें बेइन्साफ़ी के आगे बुज़दिल बनाए रखेंगे? अकबर अली, रौशनी, जुल्म से मुँह छिपाते हुए कहाँ-कहाँ से उजड़ते फिरोगे तुम? मैं तुम्हें लाया हूँ बसती ग़ाज़ीख़ाँ से। मेरी ज़िम्मेदारी है कि तुम पर आँच न आने दूँ। घबराओ मत। पंचायत की अकसरीयत मेरे साथ है। मालिक मकान की इजाज़त मेरे पास है। अगर फिर भी किसी पड़ोसी के पेट में दर्द हो रहा है, ख़ामख़ाह का, तो हुआ करे। तुम डटे रहो यहाँ तसल्ली से।

लालकृष्ण : सुना, नाथूराम? यह गाँव का रखवाला बना फिरता है। समाज का रहनुमा बना फिरता है। देश का बेड़ा ग़र्क़ किया है तो इस जैसे नास्तिकों ने। नीची ज़ातों को हमारे सिर पर चढ़ा रखा है।

नाथूराम : तुम्हें पता है न, इसके लौंडे ने क्या किया हमारी ज़ात की बेटी के साथ? ब्रह्मपुरा के हिंदुओं से पूछ, क्या फ़ैसला किया है उन्होंने अकबर अली के कुनबे को लेकर?

मोहन सिंह : कोई अजीब बात नहीं की अकबर अली के बेटे और गंगा राम की बेटी ने। तुम्हारे जैसे तंगदिल सदियों से ज़ातपात की ज़हर फैलाते आए हैं। मज़हब की आग लगाते आए हैं। मगर औरत मर्द की कुदरती कशिश को कभी कोई मुतअस्सबी दबा नहीं पाया। तारीख़ गवाह है। कितनी क़ौमें आईं इस सरज़मीन पर। कितनी क़ौमें उजड़ती रहीं। बसती रहीं। ख़ून एक-दूसरे से मिलते रहे। अक़्ल करो कुछ। ग़रीबों को जीने दो। अपनी नफ़रत को दायरे में रखो। कुछ नहीं बिगाड़ रहा अकबर अली तुम्हारा।

बेचारे को रोज़ी रोटी कमाने दो।

लालकृष्ण : तारीख़ का हवाला देते हो? यह समझ है तुम्हें हमारी तारीख़ की?

मोहन सिंह : सारी उम्र मेंने तारीख़ पढ़ी है। और पढ़ाई है। अब मेरी बेटी प्रमिला जामिया मिलिया यूनिवर्सिटी में तारीख़ पर रिसर्च कर रही है। पढ़ा रही है। ख़ूब समझता हूँ मैं तारीख़ हिंदोस्तां की। तारीख़ इस जहाँ की।

नाथूराम : आर्य जाति के दुश्मनों की लिखी तारीख़ हम भी ख़ूब समझते हैं। महमूद ग़ज़नवी के कारनामे, मुसलमान सुलतानों के ज़ुल्म, हम ब्राह्मणों पर, तुम्हारी नज़र में कुछ नहीं? असल में तुम्हारे जैसे ग़द्दारों ने ही इस मुल्क में औरंगज़ेबों का साथ दिया। जो सदियों से हमारे मंदिर गिराते रहे हैं। उन पर मस्जिदें तामीर करवाते रहे हैं। धन दौलत का लोभ देकर, आर्य लोगों को भ्रष्ट करते रहे हैं। याद रखो, तारीख़ के वो काले सफ़े दोबारा नहीं लिखे जाएँगे। जाग उठा है भारत का हिंदू। वैदिक धर्म की जीत होगी। म्लेच्छों का नाश होगा। आर्यावर्त की सच्ची तारीख़ अब हम लिखवाएँगे। जल्द आ रही है हमारी सरकार। केसरी ध्वज लहराएगा हर सिमत।

मोहन सिंह : सच्ची तारीख़? नहीं, नाथूराम आर्य। सच को पहचानना बहुत मुश्किल है। एक फिरक़े का चश्मा पहनकर, तुम कभी सच तक नहीं पहुँच सकते। सत्य की तलाश कभी ख़त्म नहीं होती। मैंने बहुत तजरबे किए हैं सत्य से। एक नतीजे पर तो मैं यक़ीनन पहुँच चुका हूँ। तुम्हारे जैसे तंगदिल कभी सच से इन्साफ नहीं कर सकते। फिरक़ा परस्ती ने अंधा कर रखा है तुम्हें। जब तक तुम ज़ात पात की, नस्ल की, मज़हब की, अँधेरी गुफा में क़ैद हो, तुम न खुद सुख से जी सकोगे, न औरों को जीने दोगे।

लालकृष्ण : नाथूराम, बहुत हो चुकी बक बक। यह आदमी मास्टर रहा है। कई स्कूलों से निकाला गया। इसका कोई दीन ईमान नहीं। इसके लिए गधा घोड़ा बराबर है। यह तो भंगियों तक के घर चाय पी आया है। सिक्ख इसको अपना नहीं मानते। हिंदुओं ने हमेशा इसका नक़ाब उतारने की कोशिश की है। अब इसने इन लोगों को हमारी बग़ल में ला बिठाया है। बहस करने का कोई फायदा नहीं। हमें दूसरे तरीक़े सोचने होंगे। अपने बच्चों को इनकी सुहबत से बचाना होगा। कुलश्रेष्ठ, अगर यह कुम्हार अपनी बेटी को यहाँ से नहीं हटाता, तुम बाँधो अपना बोरिया

बिस्तर। जाओ वापस आश्रम। ख़बरदार जो इस लड़की की तरफ़ देखा। जैसा भाई, वैसी बहन होगी। बदइख़लाक़।

मोहन सिंह : पंडित, बदतमीज़ी पर मत उतरो। किसी की बहू बेटी को गंदी गाली देना, मैं बर्दाश्त नहीं कर सकता। मैं जानता हूँ तेरा दामाद क्या करने पहुँचा है हमारे गाँव में। अगर यह हमारे लड़कों को लाठी गोली चलाना सिखाएगा, चुप हम भी नहीं बैठ सकते। तमाम ज़िंदगी मैं अम्नपसंद रहा हूँ। लेकिन इतना भी बुढ़ा नहीं गया हूँ मैं। सच्च के साथ एक और तजरबा बाक़ी है मेरा। तलवार की भी ज़रूरत पड़ती है सच की हिफ़ाज़ित के लिए। बहुत नेक बख़्त इन्सान हुए हैं जिनको ज़हर फैलाने वालों के ख़िलाफ तलवार उठानी पड़ी थी। तारीख़ पढ़ो। मैं अभी इतना कमज़ोर नहीं हुआ कि एक मज़लूम और उसकी बेटी को शैतानों से न बचा सकूँ। सुन, पंडित। तू भी सुन, ओए नफ़रत प्रचारक। मैंने गाँव को आगाह कर दिया है। भाम के अक्सर लोग मेरे साथ हैं। अकबर अली और रौशनी की पुश्त पर हैं। ख़ासकर गाँव के ग़ैरकाश्तकार। लोहार, बढ़ई, मेमार और हमारे हरिजन भाई। ख़बरदार जो अकबर को परेशान किया। रौशन आरा अब भाम की बेटी है। बदज़बानी मत करना। और हाँ। तुम खोलो शाखा। करो तुम अपने धर्म कर्म की बात। तुम्हारा हक़ है। तुम्हारा क़ानूनी हक़ है। हम तुम्हें नहीं रोकते। मगर याद रखना। हम सब की नज़र है तुम पर। घुमाओ तुम, ख़ूब घुमाओ तुम, अपनी मज़हबी छड़ी। लेकिन देखना, तुम्हारी छड़ी किसी मज़लूम की नाक न छुए। भाम को हम ब्रह्मपुरा नहीं बनने देंगे। बसती ग़ाज़ीखाँ नहीं बनने देंगे। संभल जाओ। वरना पछताओगे।

गवैये

फ़ितरत जो कुदरत ने बख़्शी,
बदल न सकते मुल्ला पंडित।
नफ़रत के तूफ़ानों में भी,
रौशन रहती सदा मुहब्बत।।

(दर्मियानी वक़्फ़ा)

छठा मंज़र

गवैये

दिल हो तो धरती माँ जैसा, प्यार दे सबको एक बराबर।
भले बुरे सब माँ के जाये, फूल और काँटा एक बराबर।
मिट्टी में जो बीज पनपता, धरती के लिए एक बराबर।
कोख न हिंदू, कोख न मुसलिम, जीवन बख़्शे एक बराबर।

जनको : नहीं, माँ। अब उस घर में मेरा रहना नामुमकिन है। नौ साल ज़िल्लत उठाई है मैंने। एक एक दिन जैसे नरक की आग में झुलसती रही हूँ। मगर अब नहीं। अब इस चांडाल से छुटकारा लेकर रहूँगी।

कुंती : लेकिन अब ऐसी क्या बात हो गई? नौ साल भी तो काटे हैं किसी तरह। कल रात तुम्हारे पास था। क्या क़िस्सा हो गया जो तुमने घर छोड़ने का फ़ैसला कर लिया?

जनको : पीठ देख मेरी। बाजू देख।

कुंती : अरी, ये तो काले दाग़ पड़े हैं सारे बदन पर। सूजन है चारों तरफ।

जनको : डंडे से पीटा। अंधाधुंध। आधी रात तक।

कुंती : क्यों? तुमने क्या पाप कर दिया?

जनको : बाहर पड़ी सुनती रही अधमुई सास। एक बार नहीं रोका क़साई को।

कुंती : ससुर कहाँ था तेरा? उसने नहीं समझाया?

जनको : ससुर है लुच्चा। बेटे से भी बदतर। कथा करने गया था होशियारपुर। शहर में। सीता हरण की और राम के रोने की।

कुंती : पर नाथूराम ने तुम्हें पीटा क्यों? कोई बड़ी ग़लती हो गई तुमसे?

जनको : अभी तक तो कोई ग़लती नहीं की थी। लेकिन अब मैंने क़सम

खा ली है। अब ग़लती ज़रूर करूँगी। पिटना तो है ही। मुफ्त में क्यों पिटूँ? ग़लती करके पिटूँगी।

कुंती : गाने बजाने की बता रहा था। कि तुम पड़ोस की लड़कियों के साथ मिलकर गीत गा रही हो।

जनको : यही तो रोना है। हर साल शाम चुरासी में संगीत सभा होती है। नज़ाकत अली और सलामत अली दो बड़े गवैये हो गुज़रे हैं हमारे कसबे के। इस बार हमारे सामने वाला दिलजीत सिंह इंतज़ाम कर रहा है। मैं भजन गाया करती हूँ। उसने बहुत बार सुना है मुझे। ज़िद करने लगा, मैं उसके साथ मिलकर गाऊँ। दूसरी औरतें भी पीछे पड़ गईं मेरे। मैंने सबको अपने घर बुला लिया। मैं और दिलजीत सिंह बाहलो और माहिया गा रहे थे। ऊपर से यह पहुँच गया। जल भुन गया दिलजीत सिंह को देखकर। भगा दिया सबको। और रात को मुझे डंडे से बेतहाशा पीटा। बोला, मुसलमानों की याद में गाना बजाना हो रहा है। वो भी एक बदमाश सिक्ख करा रहा है। और तू बदकार उनकी लीडर बनी हुई है। ब्राह्मणों की मर्यादा भूल गई तू? कंजरी बनकर नाच गा रही है?

कुंती : हम हिंदू क्या नाचते गाते नहीं? कृष्ण लीला क्या है? भगवान गोपियों संग रक़्स करते हैं।

जनको : नौ साल से इसका जुल्म बरदाश्त कर रही हूँ। हँसना नहीं। गाना नहीं। ताली बजाना नहीं। औरंगज़ेब है पक्का। घर को मस्जिद बना रखा है।

कुंती : रोटी खाने आएगा अभी। मैं पूछूँगी।

जनको : नहीं, माँ। तुम मत कहना उसे कुछ। उलटा मुझे और तंग करेगा कि शिकायत लगाने पहुँच गई मेरे पीछे-पीछे।

कुंती : मैं तेरे पिता जी से कहूँ? समझाए तरीक़े से?

जनको : न। पिताजी को अब बताने का कोई फायदा नहीं। अगर इतना भला चाहते पिता जी मेरा तो मुझे पढ़ाया होता। सोलहवां साल नहीं चढ़ा था जब मुझे इस बेदर्दी के साथ बाँध दिया। इतना शौक़ था मुझे पढ़ने क़ा। मास्टर मोहन सिंह ने भी कहा—"जनको होशियार है। टीचर बन सकती है। अपने पाँव पर खड़ी होने दो।"—लेकिन मेरे दक़ियानूसी बाप पर मनुस्मृति का भूत सवार था। "लड़की को पति के हुक्म के अंदर रहना चाहिए।" ऐसा अंदेशा लगा था इन्हें मेरे चाल चलन का। अब मैं न इधर

की रही न उधर की। पढ़ी लिखी होती तो मैं कब का छोड़ चुकी होती इस नामर्द को।

कुंती : जनको, ये बातें सोचनी आसान हैं। मगर इन पर अमल करना मुश्किल है।

जनको : क्या मुश्किल है? हज़ारों लड़कियाँ आजकल नौकरी करती हैं। और अकेली रहती हैं। मैं किस से कम हूँ?

कुंती : अकेली ज़नानी का देहात में बसना मुश्किल है। बच्चा हो जाता किसी तरह एक। उसके सहारे ज़िंदगी काट लेती तुम।

जनको : मैं अकेली जन सकती हूँ बच्चा? तुम भी जला रही हो मुझे, निगोड़ी सास की तरह? बिस्तरे मरग पर पड़ी है। फिर भी हर वक़्त ताअने देती है—"बाँझ निकली। पोता पोती होता कोई तो मेरी टहल सेवा करता।"

कुंती : दोबारा गई थी किसी डॉक्टर के पास?

जनको : मेरे में कोई नुक़्स नहीं है। हज़ार बार बता चुकी हूँ तुझे। और जिसको जाना चाहिए डॉक्टर के पास, वो जाता नहीं। हार मान कर बैठ गई हूँ, किस्मत की मारी। लेकिन अब यह रोज़ का पिटना मैं बर्दाश्त नहीं कर सकती। मैं अब इसको दिल से नफ़रत करती हूँ। अब मैं इसका कोई हुक्म नहीं चलने दूँगी।

कुंती : मैं तुम्हें यहाँ रख लेती। मगर अब तो यह भी मुमकिन नहीं। दुकान खोल ली यहाँ। शाखा खोलने की कोशिश में हैं दोनों, दामाद और ससुर।

जनको : रहे यहाँ। मैं शामचुरासी रहूँगी। अगले जुम्मा गाने का प्रोगराम है। मैं ज़रूर गाऊँगी। यह बिगाड़ ले जो मेरा बिगाड़ सकता है। हद से हद, घर से निकलने को कहेगा। मैं घर छोड़ जाऊँगी।

कुंती : मगर घर छोड़कर तू जाएगी कहाँ?

जनको : कहीं भी। जिधर मेरे पाँव उठ गए।

कुंती : जनको बेटा, ज़रा सब्र से काम ले। अपने ससुर से बात कर। वो ज़रूर मदद करेगा। इतना बड़ा विद्वान है। रामायण की कथा करता है दिन रात। वेद शास्त्र पढ़ता पढ़ाता है।

जनको : अरी माँ, तुम भोली हो। तुम नहीं जानती मेरे ससुर चांडाल को। **(रोती है)** मैं डूब मरूँ किसी तरह तो बेहतर है।

कुंती : जनको! बेटा, चुपकर। रोने से क्या फायदा?

जनको : एक राज़ बताऊँ तुम्हें?

कुंती : राज़? कौन सा?

जनको : इतने सालों से दिल में दफनाए रखा है। तुम यक़ीन नहीं करोगी।

कुंती : बताओ तो।

जनको : मुझे तो कहते हुए शर्म आए।

कुंती : फिर भी?

जनको : मेरा ससुर जानता है कि उसका बेटा बच्चा नहीं पैदा कर सकता।

कुंती : तो इलाज क्यों नहीं कराया?

जनको : उसे यह भी मालूम है कि इसकी बीमारी लाइलाज है।

कुंती : तो फिर तुझे क्यों क़ैद करके रखा है देव दानवों ने?

जनको : सच्ची बात तो यह है···वो मुझे ख़ुद··· कई बार कोशिश कर चुका है। साफ-साफ कह चुका है—"मैं तुम्हारी कोख से बेटा पैदा कर सकता हूँ। मान जाओ मेरा कहा।"

कुंती : जूता नहीं दिखाया उस कुत्ते को तूने?

जनको : तुम क्या जानो, इतने साल मैंने कैसे बचा के रखा है अपने आपको। तांत्रिक है। जादू टोने चलावे। चुपचाप रहता है। मगर दिल से घुन्ना है। हर वक़्त पाक पवित्र होने का लबादा पहने रहता है। मगर यूँ ही मुझे अकेली देखा घर में, ऐसी ऐसी बेहूदा हरकतें करता है।

कुंती : अब जो यह यहाँ रहता है रात को, उसका हौसला और भी बढ़ गया होगा?

जनको : यही तो मुसीबत है। करूँ तो क्या करूँ?

कुंती : अच्छा, सुन। अब तो बात तेरे पिता को बतानी पड़ेगी। मैं तुम्हें इस भेड़िए से ज़रूर बचाऊँगी।

जनको : (रोती हुई) उस बुड्ढे से तो बचा लोगी तुम मुझे। मगर अपने आप से मैं कैसे बच पाऊँगी?

कुंती : क्या कहा? समझी नहीं मैं।

जनको : मैं अपने आप से डर गई हूँ। शायद मैं अपने बदन पर क़ाबू न रख पाऊँ।

कुंती : कैसे?

जनको : इतने साल मैंने सब्र कर रखा। पूजा पाठ से, ब्रत और भूख से, कथा कीर्तन से, दिल की ख़्वाहिशों को दबाए रखा। अब दिलजीत सिंह ने आग लगा दी है मुझे। अब मेरा ज़ब्त रख पाना मुश्किल है।

कुंती : दिलजीत सिंह ने कहा कुछ?

जनको : वो बेचारा क्या कहेगा। परियों जैसी बीवी है। बेटा है एक। गोल मटोल। कृष्ण जैसा। दिलजीत तो भाभी भाभी कह के पूजा

करता है मेरी।

कुंती : फिर ख़तरा काहे का?

जनको : ख़तरा है मुझे अपने आप से। दिलजीत के साथ गाना गाते वक़्त मेरा रोम रोम सिहर उठता है। आग सी लग जाती है सारे बदन में। और जब वो चला जाता है, सूने बिस्तरे पर पड़ी, ख़ाली गोद की सताई, मैं अपने आपको रोक नहीं पाती। उस रात अगर वो बुड्ढा भी मेरी खाट पर आ जाए, तो मेरा नहीं ख़्याल, मैं इन्कार कर पाऊँगी।··· अब बता, कोई इलाज है मेरे रोग का तेरे पास? ··· किसी का बच्चा ही अगर मैं गोद ले सकती? यतीमख़ाने से? ज़िंदगी तो कट जाती किसी हीले।

कुंती : अच्छा, सुन बेटा। अभी तक तो मैंने तुझे यह तरीका बताया नहीं था। मगर ऐसी हालत है अगर तेरी, तो इलाज है मेरे पास। भगवान ज़रूर सुनेगा हमारी।

जनको : कौन सा इलाज?

कुंती : कल जाओ तुम शामचुरासी वापस। कुलश्रेष्ठ को साथ ले जाओ। उसके पिता चाहते हैं, वो इन कुम्हारों की लड़की से दूर रहे। गाने के प्रोगराम के बाद तुम यहाँ आ जाओ।

जनको : तेरे इस नाथूराम के नज़दीक जाने का मेरा बिलकुल जी नहीं करता। माँ, मुझे इस से बचा के रख।

कुंती : भूल जा नाथू को और इसके बदमाश बाप को। मैं तुम्हें ले जाऊँगी बड़े पीर के पास। बच बचाकर हम उसके तहख़ाने जाएँगी। उसकी मिन्नत करेंगी। शाह नूर जमाल तुम पर मेहरबानी करे। तेरी कोख भरे। चलेगी मेरे साथ?

जनको : मैं तो चल पड़ूँगी। मेरा क्या बिगड़ता है? हुआ बच्चा तो क़िस्मत खुल जाएगी। न भी हुआ तो अब से बदतर हालत होने से रही। लेकिन अगर पिताजी को बता दिया किसी ने?

कुंती : तुम ख़ुद मत बताना किसी को। ज़नानियाँ सभी जाती हैं दरगाह पर। हिंदू हों या मुसलमान। मर्दों को इस से क्या लेना देना है?

जनको : ज़ैसा तू चाहे।

कुंती : अगर शाह नूर जमाल मेरी कोख भर सकता है, तो मेरी बेटी पर भी ज़रूर रहम की नज़र करेगा।

जनको : तेरे मुँह में गर्म गर्म जलेबी! जुम्मा के बाद आई मैं यहाँ। बेशक उसी शाम ले चलना मुझे बड़े पीर के तहख़ाने।

(अँधेरा)

सातवाँ मंज़र

गवैये

माटी कहे कुम्हार सों, तू क्या रौंदे मोहे।
इक दिन ऐसा आएगा, मैं रौंदूँगी तोहे।।

कुलश्रेष्ठ : तो क्या औरंगज़ेब आलमगीर ने हिंदुओं को जबरन मुसलमान नहीं बनाया? क्या वो हर रोज़ खाना खाने से पहले, सवा मन जनेऊ नहीं उतारता था?

रौशनी : **(हँसती हुई)** यह क्या पागलों वाले क़िस्से दोहरा रहा है तू? किस ने बताई तुम्हें ऐसी बेहूदा बातें।

कुलश्रेष्ठ : हमारे आचार्य जी ने हमें बताया था। पिता जी भी यह कहते हैं। जीजा जी भी यही कहते हैं। औरंगज़ेब ज़ालिम था। उसने हमारे मंदिर तुड़वाए। उन पर मस्जिदें बनवाई। ग़लत है क्या?

रौशनी : सरासर ग़लत है। सौ फ़ी सदी ग़लत है।

कुलश्रेष्ठ : तुम कैसे कह सकती हो?

रौशनी : मैं कह सकती हूँ क्योंकि मैंने सही किताबें पढ़ी हैं। जिन किताबों का मक़सद एक फ़िरक़े को दूसरे फ़िरक़े से लड़वाना नहीं है। वो किताबें जिनमें औरंगज़ेब के बीसियों मंदिरों को जागीरें देने का हवाला है। ब्राह्मणों को दान देने का ज़िक्र है। मास्टर जी से पूछ। कितनी बड़ी जागीर बख़्शी थी औरंगज़ेब ने उनके गुरु रामराय को। गुरु तेग़बहादुर के भाई को। देहरादून जाकर आज भी देख लो वो करोड़ों की जागीर।

कुलश्रेष्ठ : सिक्खों पर भी तो जुल्म ढाये थे मुग़लों ने। मराठों पर भी।

रौशनी : सुन, कुलश्रेष्ठ। बहस करने से कोई फायदा नहीं। तुम्हें सच जानना है तो किताबें ख़ुद पढ़ लो। सही किताबें, जो किसी एक

फ़िरक़े के तंग नज़रिए से न लिखी गई हों।

कुलश्रेष्ठ : किताबें भी सही और ग़लत हो सकती हैं?

रौशनी : क्यों नहीं? किताबें अगर ग़लत हों तो क़हर ढा सकती हैं। हिटलर ने ग़लत किताब लिखी। और बेचारे साठ लाख यहूदियों को बेरहमी से क़त्ल कर दिया गया।

कुलश्रेष्ठ : किसने किया?

रौशनी : जर्मनी के लोगों ने। जो अपने आपको सच्चा आर्य नस्ल होने का दावा करते थे। तुम्हारे आश्रम में ऐसी किताबें नहीं हैं क्या जो तुम्हें दुनिया की तारीख के बारे में बता सकें?

कुलश्रेष्ठ : नहीं। हमारे आश्रम में तो सिर्फ वेद शास्त्र हैं जो कभी गलत नहीं हो सकते।

रौशनी : क्यों? शास्त्र गलत क्यों नहीं हो सकते? यह तुम्हारी मनुस्मृति जिसे तुम रोज़ तोते की तरह रटते हो। आज इसके हर लफ्ज़ को सच्चा मानकर उस पर अमल करो तो जेल जाओगे।

कुलश्रेष्ठ : क्या बात करती हो, रौशनी? शुगल में भी शास्त्रों को ग़लत नहीं कहना चाहिए। पाप लगता है। नरक में जाता है इन्सान।

रौशनी : कुलश्रेष्ठ, रहम आता है मुझे ऐसी अक़्ल पर। बुद्धू, इतने साल बरबाद कर दिए तूने। कौड़ी की अक़्ल नहीं तुझे। ज्योतिषी बन। ठग्गी करना पूरी उम्र।

कुलश्रेष्ठ : हँसी मज़ाक़ छोड़। मिसाल दे मुझे। मनुस्मृति मुझे जेल कैसे पहुँचा सकती है?

रौशनी : क्या उसमें लिखा है, ब्राह्मण शूद्र से ऊँचा होता है?

कुलश्रेष्ठ : हाँ। वर्ण आश्रम धर्म के बारे में लिखा है—शूद्र का धर्म है ब्राह्मण की सेवा करना : "विप्रसेवैव शूद्रस्य विशिष्टं कर्मकीर्त्यते"।

रौशनी : इसको सच मानकर, जा तू किसी भंगी को भंगी कह के देख। चमार को चमार बुलाकर नफ़रत का इज़हार कर। उनमें हिम्मत होगी तो तुम्हें कचहरी चढ़ा देंगे। जज को सज़ा सुनानी पड़ेगी।

कुलश्रेष्ठ : सच कह रही हो?

रौशनी : और क्या?

कुलश्रेष्ठ : हमारे आचार्य जी तो बताते हैं, शास्त्र सदा सच्चे होते हैं।

रौशनी : अरे, अक़्ल के अंधे, दुनिया में कोई ऐसी किताब नहीं जिस में सब कुछ ऐसा हो जो हमेशा सच्चा रहे। मनुस्मृति ही को ले लो। यह क़ानून की किताब है। पुराने ज़माने के क़ानूनों का बहुत बढ़िया मजमूआ है। लेकिन आज समाज बदल चुका है। आज

हमारा संविधान बदल चुका है। इसलिए मनुस्मृति का बहुत सा हिस्सा बेकार हो चुका है। इसे कुतबख़ाने में पड़ा रहने दे। अपने छोटे से, नन्हे से, दिमाग़ पर फिज़ूल बोझ मत रख।

कुलश्रेष्ठ : क्या गीता में भी कुछ हिस्से ग़लत है?

रौशनी : क्यों नहीं? ज़ात पात का जिक्र उसमें भी तो है। जो हमारे आईन के ख़िलाफ है।

कुश्रेष्ठ : तुमने पढ़ रखी है हमारी गीता?

रौशनी : हाँ।

कुलश्रेष्ठ : मुसलमान होते हुए भी तुमने गीता पढ़ ली?

रौशनी : भई, तू लड़का है कि गधा? किताबें हिंदू या मुसलमान कब से हो गई? इल्म की भी ज़ात होती है क्या? पता नहीं कैसे इतना बड़ा हो गया तू। तुझ से तो हमारे स्कूल के पाँचवीं जमात के बच्चे ज्यादा रौशन दिमाग़ हैं। आश्रम में नहीं। मुझे लगता है तुम्हारे बाप ने तुम्हें पागलख़ाने दाख़िल करा रखा है।

कुलश्रेष्ठ : क़ुरान शरीफ़ में भी कुछ ग़लत बातें हैं?

रौशनी : ऊँचा मत बोल। किसी कट्टर मुसलमान ने सुन लिया तो तेरी मेरी ख़ैर नहीं। तुम्हें पता है न, उस बंगाली क़िस्सा गो के ख़िलाफ क्या फतवा दे रखा है तंग दिल मुल्लाओं ने?

कुलश्रेष्ठ : देखा! अपनी बारी आई तो गुस्सा खा गई। डर गई।

रौशनी : मुझे कोई गुस्सा नहीं है। मगर कट्टर लोग कोई भी हों, समाज के दुश्मन हैं। इन्सानियत के दुश्मन हैं। आपसी प्यार के क़ातिल हैं। ऐसे लोगों ने ही हमारी तारीख़ को तोड़-मरोड़ कर पेश करने का ठेका ले रखा है। जो कभी औरंगज़ेब के बारे में झूठ फैलाते हैं, कभी महात्मा गांधी के बारे में। मुद्दा उनका एक ही है। दूसरे फिरक़े के बारे में अपनी नफ़रत का इज़हार करना।

(मास्टर मोहन सिंह आता है)

मोहन सिंह : रौशनी बेटी, ठीक हो?

रोशनी : आदाब, ताऊ जी। आइए, बैठिए।

मोहन सिंह : अच्छा, छोटा पंडित भी है? छुट्टियाँ ख़त्म नहीं हुई तेरी? वापस नहीं गया गिरीश योगी के आश्रम?

कुलश्रेष्ठ : अभी तो बाकी हैं दो तीन हफ्ते।

मोहन सिंह : देखा नहीं तुम्हें कुछ दिन।

कुलश्रेष्ठ : मैं बहन जी के पास गया था।

मोहन सिंह : जनकों के पास? शामचुरासी?

कुलश्रेष्ठ : हाँ, जी।

मोहन सिंह : सुना, भई, इस बार संगीत का जलसा ख़ूब जमा?

रौशनी : जो उस्ताद नज़ाकत अली और उस्ताद सलामत अली की याद में हर साल मनअक़द किया जाता है?

मोहन सिंह : हाँ, वही। इस बार मैं नहीं पहुँच सका। पंचायत के झमेले ख़त्म नहीं होते।

कुलश्रेष्ठ : बहन जनको ने भी हिस्सा लिया था। लोकगीत गाए। बड़ी तारीफ की लोगों ने उसकी।

मोहन सिंह : यह पकड़ो, रौशनी।

कुलश्रेष्ठ : किताब है? मास्टर जी, मुझे भी अच्छी-अच्छी किताबें दीजिए। मैं भी रौशनी की तरह ज़हीन और आलम बन सकूँ।

मोहन सिंह : ज़रूर पढ़ किताबें। ज़िंदगी भर किताबों के सिवा और मैंने इकट्ठा ही क्या किया है? लेकिन अब पढ़ने वाला ही कोई नहीं। चाहो तो पूरी की पूरी तुम संभाल लो। तुम और रौशनी। अपनी पूरी लायब्रेरी मैं गाँव को दे देता हूँ। अगर तुम ज़िम्मेदारी लो कि लायब्रेरी की निगरानी कर सकते हो।

रौशनी : मैं तो खुशकिस्मत समझूँगी अपने को अगर किताबें पढ़ सकूँ और दूसरों की पढ़ने में मदद कर सकूँ। **(किताब को देखकर)** मास्टर जी, यह तो सिलेबस है। डाक के ज़रिए कोर्स करने का।

मोहन सिंह : हाँ। साथ में दाख़िला फार्म भी है।

रौशनी : बीस तारीख़ तक भेजना है। मगर फ़ीस बहुत है। इस साल तो हम शायद ही जुटा पाएँ। भाई जान को दे दिए सारे पैसे अब्बू ने। सफर का ख़र्च।

मोहन सिंह : फीस की फिक्र मत कर तू। फीस तेरी ताई कस्तूर कौर देगी। काफी रक़म दे रखी है उसे कनाडा वाले बच्चों ने। और उसके पास ख़र्च करने का भी कोई बहाना नहीं।

कुलश्रेष्ठ : मास्टर जी, क्या औरंगज़ेब सचमुच हिंदुओं का दुश्मन नहीं था?

मोहन सिंह : औरंगजेब किसी एक फ़िरक़े का दुश्मन नहीं था। राजपूत उसकी फौज में बड़े-बड़े मनसबदार थे। सिपेह सालार थे। सूबेदार थे। लेकिन अगर कोई उसके ताज व तख़्त को ख़तरा पैदा करता था, औरंगज़ेब उसका जानी दुश्मन था। सियासतदां का एक ही मक़सद होता है, अपनी गद्दी को बचाए रखना। सियासतदां चाहे आज का हो, चाहे मुग़लों के ज़माने का।

रौशनी : औरंगज़ेब ने बाप को क़ैद में रखा। भाइयों को क़त्ल किया। वो

तो हिंदू नहीं थे।

मोहन सिंह : क्योंकि अगर भाइयों का बस चलता तो वो औरंगज़ेब को क़त्ल कर देते।

रौशनी : बीजापुर और गोलकुंडा की रियासतें मुसलमान थीं। फिर भी छब्बीस साल तक औरंगज़ेब उन्हें तबाह करने में जुटा रहा।

मोहन सिंह : ऐसी बहुत सी कहानियाँ मुग़लों के बारे में पंजाब में चला रखी हैं लोगों ने।

कुलश्रेष्ठ : असलियत क्या है फिर?

मोहन सिंह : असलियत यह है कि जब भी सिक्ख गुरुओं ने सियासत में दख़ल दिया, मुग़लों ने बुरा मनाया। और उन्हें सज़ा देने के लिए फौजें भेजीं। ख़ैर। किताबों में लिखा है सब कुछ बशर्ते कि तुम ईमानदार तारीख़दानों की किताबें पढ़ो। **(उठता है)**

(अकबर अली आता है)

अकबर : बैठिए, सरपंच साहिब। उठ क्यों गए?

मोहन सिंह : मैं तो रौशनी का ख़त देने आया था।

अकबर : वामिक़ का ख़त आया है?

रौशनी : नहीं, अब्बू। यह तो मेरे आगे पढ़ाई करने का दाख़िला फार्म बग़ैरा है।

मोहन सिंह : ख़ूब पढ़ो तुम आगे, बेटा। आओ, पंडित। तुझे किताब चाहिए कोई तो चुन ले।

कुलश्रेष्ठ : चलिए। **(दोनों जाते हैं)**

अकबर : यह लड़का यहाँ क्या कर रहा था?

रौशनी : कुछ नहीं। यूं ही बात करने आ गया अपने आप।

अकबर : बेटा, यह तू अच्छा नहीं कर रही।

रौशनी : मैंने क्या उसे खुद बुलाया था? क्या करती? बेइज़्ज़ती करके, निकाल देती?

अकबर : नाथूराम ने और इसके बाप ने लोगों को घर-घर जाकर भड़काया है हमारे ख़िलाफ। ख़ासकर मंदिर के नज़दीक के दुकानदारों को। रौशनी, तू इस लड़के को यहाँ आने से मना कर दे। वरना हमारे लिए नतीजा अच्छा नहीं होगा। एक दिल करता है, वापस बसती ग़ाज़ीखाँ चले जाएँ। कुछ भी हो, वो लोग अपनी बिरादरी के हैं। कुछ ऐसी वैसी हो जाए। रात को जनूनी कोई तुम्हें और मुझे क़त्ल करने पहुँच जाए, भाग कर कहाँ जाएँगे हम? बुड्ढ़े मास्टर के बस का नहीं हमें क़ातिलों से बचाना।

रौशनी : ख़ानक़ाह पर तो रहते हैं कुछ लोग अपनी बिरादरी के। वो नहीं मदद करेंगे?

अकबर : अरे, वो ख़ुदग़र्ज़ ढोंगी हैं। पैसे बटोर रहे हैं लोगों को उल्लू बनाकर। ग़रीब की मदद वो क्यों लगे करने अपनी जानें जोखों में डालकर?

(मुहम्मद अली आता है)

रौशनी : कहिए, क्या बात है?

अकबर : चौधरी साहिब! आइये। पानी ला, बेटी।

मुहम्मद अली : ख़ूब दिल लगा लिया तुम लोगों ने नए घर में? नए गाँव में?

अकबर : ख़ैरियत तो है सब बस्ती में?

मुहम्मद अली : नहीं। तुम्हारे लिए ख़ैरियत नहीं।

रौशनी : क्या हुआ? वामिक़ भाई तो राज़ी ख़ुशी है?

मुहम्मद अली : यह तो तुम्हें पता होगा।

अकबर : हमें कोई ख़बर नहीं मिली जब से गए हैं।

मुहम्मद अली : तो सुन लो। हमारे जासूस पता कर आए हैं। मलेरकोटले से वो कहीं आगे भाग गए हैं।

रौशनी : शुक्र है ख़ुदा का।

मुहम्मद अली : वामिक़ ने इसलाम तो नहीं छोड़ा मगर निकाह शरअ के मुताबिक नहीं किया। लड़की अभी तक हिंदू है। कचहरी में शादी की है।

रौशनी : इससे क्या फ़र्क़ पड़ता है? अगर मियाँ बीवी राज़ी हैं।

मुहम्मद अली : तुम्हें तो फ़र्क़ नहीं पड़ता लेकिन हमें फ़र्क़ पड़ता है। हम पीछा नहीं छोड़ेंगे। आगे गए हैं बंदे हमारे। अगर लड़की को वामिक़ अपने मज़हब में नहीं ला सका तो सज़ा ज़रूर मिलेगी।

अकबर : उधर ब्रह्मपुरा वाले अलग जान के दुश्मन बने हैं मेरे बेटे के।

मुहम्मद अली : मैं दोबारा आगाह करने आया हूँ तुम्हें। बिरादरी सख़्त नाराज़ है तेरे बेटे से।

अकबर : आप तो साथ दो हमारा। यहाँ भी हों, जीने दो मेरे बच्चों को।

मुहम्मद अली : एक शर्त पर बिरादरी को यक़ीन दिला सकता हूँ तुम्हारी नेकनीयती का—कि तुम बेटे की जान बचाने के बदले में, रौशन आरा की शादी किसी हिंदू लड़के से नहीं करोगे। मानोगे शर्त?

रौशनी : कौन सी शर्त?

मुहम्मद अली : तुम मेरे साथ निकाह पढ़वा लो। वामिक मेरा रिश्तेदार बन जाएगा। किसी की हिम्मत नहीं पड़ेगी उसकी तरफ उंगली उठाने की। यहाँ तक कि ब्रह्मपुरा वाले भी ख़ौफ़ खाएँगे। वो जानते हैं

कि मैं क्या कर सकता हूँ अपनी बेगम और उसके भाई के लिए। बोलो, मन्ज़ूर है शर्त?

अकबर : क्यों, बेटी? कह दो, हाँ। शादी तो करनी ही है तुमने एक दिन। चौधरी साहिब रहम कर रहे हैं हम ग़रीबों पर। मददगार बन रहे हैं।

रौशनी : अब्बा जान, आपको कोई हक़ नहीं कि आप मेरी ज़िंदगी का ऐसा सौदा करें, किसी से। अगर आपने ज़्यादा मजबूर किया मुझे, तो अभी घर छोड़कर चली जाती हूँ। मास्टर जी के यहाँ रह लूँगी कुछ दिन। और फिर जो रास्ता मेरे भाई ने चुना है वो मेरे लिए भी खुला है।

मुहम्मद अली : च्योंटी के पर निकल रहे हैं। अकबर अली, अभी से काट फेंक इसके पर। वरना पछताओगे।

अकबर : ज़िद मत कर, बेटी। चैन से बुढ़ापा काटने दे मुझे।

रौशनी : अगर ऐसा है, तो, अब्बू, तुम जाओ वापस अपनी बस्ती को।

अकबर : तू? तू अकेली यहाँ क्या करेगी?

रौशनी : जो मरे दिल में आएगी, करूँगी। मगर भेड़ बकरी बनकर, इस आदमी के साथ नहीं जाऊँगी। मर जाऊँगी, लेकिन जबरन मुझे कोई, ज़िंदगी भर के लिए, गुलाम नही बना सकता। इतनी अक़्ल और ताक़त तो बख़्श दी है मुझे किताबों ने।

(अँधेरा)

आठवाँ मंज़र

गवैये

अव्वल अल्लाह नूर उपाया, कुदरत के सब बंदे।
एक नूर से सब जग उपजिया, कौन भले कौन मंदे।।

(जनको एक तरफ उलटी कर रही है। कुलश्रेष्ठ पैंट क़मीज़ पहने अख़बार पढ़ रहा है। कुंती अंदर से आती है)

कुंती : उलटी आ रही है, जनको?

जनको : हाँ, रात से जी कच्चा कच्चा हो रहा है।

कुंती : शाहनूर जमाल, तेरा लाख-लाख शुक्र है। जनको, आज मंगल है। वैष्णो देवी के मंदिर ज़रूर जाना। मैंने मन्नत मना रखी है। माता का अखाड़ा रखवाएँगे। कुलश्रेष्ठ, तुम जाना मंदिर बहन के साथ। बाल भी कटवा लाना। कितने बढ़ गए।

कुलश्रेष्ठ : नूर जमाल के मज़ार पर न जाऊँ, जनको के साथ?

कुंती : क्या बक रहा है? वो क्यों जाएगी मुसलमान की क़ब्र पर?

कुलश्रेष्ठ : छोड़, माँ। मुझ से झूठ बोलने की क्या ज़रूरत है? रोज़ सुबह चार बजे उठता हूँ। सैर करने जाता हूँ। बेशक तुम दोनों कितने भी चेहरे ढक कर चलो, चोरी चोरी, क्या मैं अपनी माँ और बहन को नहीं पहचान सकता?

कुंती : क्यों बकवास किए जा रहा है? आँगन में बैठकर? धीमा नहीं बोल सकता? कोई सुन ले तो आफत करे हमारी। चतुर्वेदी ब्राह्मण होकर हम मुसलमानों को ख़ानक़ाह जाएँगी? जनको, तू समझा इसे।

कुलश्रेष्ठ : पाखंड तो मत करो। जाती हो तो जाओ। मुझे कोई फ़र्क़ नहीं पड़ता।

जनको : कुलश्रेष्ठ, मेरे राजा भैया, मैं अपना इलाज करवा रही हूँ बड़े पीर से। बराए मेहरबानी यह राज़ अपने जीजा जी पर मत खोलना।

कुलश्रेष्ठ : मैं क्यों चला बताने? तुम्हारी ज़िंदगी है। जैसे मर्ज़ी जियो। मैं कौन होता हूँ दख़ल देने वाला?

कुंती : **(आँसू पोंछकर)** मेरा अच्छा, बेटा। इज़्ज़त बचा के रखना हमारी। अपने पिताजी से भी यह बात छिपा के रखना। ख़ामख़ाह लाल पीले होंगे।

कुलश्रेष्ठ : नहीं बताता। जाओ अपना काम करो।

कुंती : औरतों के बहुत राज़ होते हैं जो मर्दों को जानने की ज़रूरत नहीं। चल जनको, यह इंतज़ार कर रहे हैं मंदिर में। आरती का वक़्त निकला जा रहा है। **(मुड़कर)** कुलश्रेष्ठ, आज जलेबी लाना।

जनको : पछौरी हलवाई से।

कुलश्रेष्ठ : गर्म गर्म?

कुंती : कड़ाही से उतरती हुई।

(दोनों जाती हैं। दूसरी तरफ रौशन आरा आकर मिट्टी गूंधती है, पीटती है, साफ करती है। कुलश्रेष्ठ उसे ध्यान से देखता है। फिर उठकर पास जाता है।)

कुलश्रेष्ठ : क्यों मिट्टी उछाल रही हो? पड़ोसियों को बैठने नहीं दोगी?

रौशनी : पड़ोसी ने ज़रूरी मेरे सिर पर बैठना है? इतना बड़ा सेहन है। उधर बैठ।

कुलश्रेष्ठ : कुम्हारी आख़िर कुम्हारी होती है। मिट्टी में मिट्टी बनी, सारा दिन।

रौशनी : तू क्या है?

कुलश्रेष्ठ : शुद्ध प्राचीन आर्य जाति का चतुर्वेदी ब्राह्मण। पंडित कुलश्रेष्ठ चतुर्वेदी।

रौशनी : तुम काहे के बने हो? मिट्टी के पुतले, घमंड मत कर। एक दिन, बच्चू, तू भी मिट्टी में मिलेगा। कुम्हारी की तरह।

कुलश्रेष्ठ : मिट्टी से बना होना एक बात है। मिट्टी से रोटी कमाना दूसरी बात है।

रौशनी : पंडित कहलावे तू? आलम फ़ाज़िल समझे तू अपने आपको? ज़र्रा भर इल्म नहीं तेरे पल्ले।

कुलश्रेष्ठ : उस्तानी जी, वो कैसे? समझाओ ज़रा।

रौशनी : जो मिट्टी को बुरा कहे उस जैसा बेवकूफ़ तो चौमुखिया चिराग़ लेकर ढूंढ़ने निकलो, नहीं मिलेगा।

कुलश्रेष्ठ : क्या पेशा चुना तुमने! मिट्टी खोदना, मिट्टी ढोना, मिट्टी कूटना, मिट्टी गूंधना, मिट्टी को चाक पर घुमाना।

रौशनी : अच्छा, ब्राह्मण बेटा, क़सम खाओ। मैं मिट्टी से जुड़ी कोई चीज़ नहीं खाऊँगा।—भूखा मर जाएगा दो दिन में।

कुलश्रेष्ठ : नहीं मरता।

रौशनी : रोटी खानी बंद कर दे। क्योंकि किसान अनाज मिट्टी में उगाता है। मिट्टी में मिट्टी होकर।

कुलश्रेष्ठ : कई ब्रह्मचारी हैं जो सिर्फ फल खाकर गुज़ारा करते हैं।

रौशनी : तू भी कर ले। मगर शर्त एक है। फलों के दरख़्त की जड़ें आसमान में हों। मिट्टी की बनी धरती के अंदर न हों।

कुलश्रेष्ठ : गऊ माता का दूध पी लूँगा।

रौशनी : ज़रूर पियो। मगर अपनी माता को कहना, मिट्टी में पैदा हुई घास मत खाओ।

कुलश्रेष्ठ : तेरा दिमाग़ है कि क्या? कंप्यूटर की तरह चलता है। मगर कितने अफ़सोस की बात है। तुम्हारा ख़ून ख़राब है!

रौशनी : कैसे ख़राब है? बुद्धू बामन छोरे से तू यक लख़्त डॉक्टर कैसे बन गया? मेरा ख़ून जाँचने लगा?

कुलश्रेष्ठ : तुम शूद्र हो। कुम्हार हो। मुसलमान हो। जब कि हम हैं ऊँची नस्ल के। शुद्ध आर्य जाति का ख़ून दौड़ रहा है मेरी रगों में।

रौशनी : अच्छा? वाक़ई?··तुम्हारी उम्र दस हज़ार बरस है क्या?

कुलश्रेष्ठ : नहीं तो। क्या मतलब है तुम्हारा?

रौशनी : आज जो ख़ून तेरी रगों में भागा दौड़ी कर रहा है, वो दस हज़ार साल पहले, तेरी दादी की दादी की दादी की दादी की रगों में भी होगा?

कुलश्रेष्ठ : ज़रूर होगा। जिसकी हम आज संतान हैं।

रौशनी : ख़ूब! क्या तुमने इन हज़ार दादियों की शादियाँ ख़ुद कराई थीं? पाक आर्य ख़ून वाले मर्दों से?

कुलश्रेष्ठ : नहीं तो।

रौशनी : क्या तुमने इन हज़ारों दादियों की पूरी निगरानी रखी थी कि वो किसी ग़ैर आर्य मर्द के साथ अपना लहू न मिलने दें?

कुलश्रेष्ठ : क्या पागलों वाली जिरह कर रही हो, रौशन आरा? मैं इतनी औरतों की हर वक़्त निगरानी कैसे कर सकता हूँ? औरतें भी जो मेरे से हज़ारों बरस पहले पैदा हुईं और मिट्टी में मिल गईं।

रौशनी : मेरे मूर्ख पंडित, अपना ख़ून शुद्ध आर्य ख़ून होने की डींग मत

हाँक। कौन जाने किस-किस क़बीले का लहू मिलकर हम तक पहुँचा है, पुश्त दर पुश्त। गधे, नस्ल एक ज़ात की नहीं होती। नस्ल इलाक़े की होती है।

कुलश्रेष्ठ : वो कैसे? समझाओ ज़रा।

रौशनी : कश्मीरी लोग देखे हैं तुमने?

कुलश्रेष्ठ : बहुत से।

रौशनी : कपड़े अलग-अलग न पहने हों, तो बता सकते हो, कश्मीरी पंडित कौन है, मुसलमान कौन है?

कुलश्रेष्ठ : **(सोचकर)** शायद सच कह रही हो तुम। एक जैसे दिखते हैं दोनों।

रौशनी : बंगाली देखो। सब मज़हबों के, सब ज़ातों के। शक्लें सब की एक जैसी। गोरखा देखो। ज़ात के मुताबिक तुम किसी को अलग नहीं कर सकते।

कुलश्रेष्ठ : सही फ़रमा रही हैं आप, उस्तानी जी।

रौशनी : सदियों के बाद, एक इलाक़े की सब ज़ातों का ख़ून एक हो जाता है। यह माँ मिट्टी का सदका है। औरतों की फितरत का करिश्मा है। बुद्धू, मिट्टी की ज़ात नहीं होती। कोख का मज़हब नहीं होता। जो बीज पड़ा, उगा दिया। बढ़ा दिया।

कुलश्रेष्ठ : एक बात कहूँ, रौशनी, अगर गुस्सा न करो तो।

रौशनी : ज़रूर करूँगी गुस्सा। मगर तुम बात कहो तो।

कुलश्रेष्ठ : तुम इतना कुछ जानती हो। इतनी बहस करती हो। मुझे सोचकर तेरे होने वाले ख़सम पर तर्स आता है। बेचारा सारी उम्र तेरा बच्चा बना रहेगा।

रौशनी : मेरे होने वाले ख़ाविंद की तू फ़िक्र मत कर। तू ख़ुद तो बच्चे से बढ़कर जवान होने की कोशिश कर।

कुलश्रेष्ठ : ज़रूर करूँगा, माता श्री! **(पाँव हाथ लगाता है, लेटकर)**

(अँधेरा)

नवाँ मंज़र

गवैये

पोथी पढ़ पढ़ जग मुआ, पंडित हुआ न कोय।
ढाई अच्छर प्रेम के, पढ़े सो पंडित होय।।

लालकृष्ण : कुलश्रेष्ठ! बंधा नहीं तेरा सामान अभी तक? मोटर का वक़्त हुआ जाता है।

नाथूराम : तीन दिन से यही हो रहा है शाखा में।

लालकृष्ण : कोई लड़का नहीं आया?

नाथूराम : एक भी नहीं। मैं अकेला इंतज़ार करके मैदान से लौट आता हूँ।

लालकृष्ण : शाखा तो फेल हुई समझो।

नाथूराम : ऐसा ही दिखे।

लालकृष्ण : अब क्या करें? सोचा कुछ?

नाथूराम : देहात में शाखा चलाना बहुत मुश्किल है। जो लड़के स्कूल जाते हैं, उनको फुर्सत नहीं।

लालकृष्ण : स्कूल भी तो दो मील पर है।

नाथूराम : इसी लिए तो। उन्हें वरज़िश की ज़रूरत नहीं महसूस होती।

लालकृष्ण : यही हाल उन लड़कों का होगा जो स्कूल छोड़कर खेती करते हैं।

नाथूराम : बिलकुल। उनको न तो आर्य जाति की रक्षा की फिक्र है न गऊ ब्राह्मण की।

लालकृष्ण : मोहन सिंह की बदमाशी है सब। उसने हमारी शाखा फेल कराई है।

नाथूराम : घर-घर जाकर प्रचार करता है हमारे ख़िलाफ़।

लालकृष्ण : **(ऊँची आवाज़)** कुलश्रेष्ठ।

नाथूराम : यही हाल दुकान का समझो।

लालकृष्ण : मंगलवार को तो काफ़ी रौनक़ होती है मंदिर पर।

नाथूराम : लेकिन बाक़ी छः दिन तो हाथ पर हाथ धरे बैठना पड़ता है। ख़ासकर जुम्मा को। एक भी औरत मंदिर के नज़दीक नहीं आती। जबकि म्लेच्छों की ख़ानक़ाह पर तांता लगा रहता है।

लालकृष्ण : एक काम करो।

नाथूराम : क्या?

लालकृष्ण : यह दुकान छोड़ दो। ख़ानक़ाह के पास भी दुकान ख़ाली है।

नाथूराम : मगर, पिताश्री, क्या यह दग़ा नहीं अपने धर्म के साथ?

लालकृष्ण : कैसे?

नाथूराम : मस्जिद मज़ार की कमाई खाना? मंदिर छोड़कर?

लालकृष्ण : यह तो बल्कि बेहतर है। दुश्मन के ज़रिए रक़म कमाना। पेट तो पालना है तुमने? पैसा जहाँ से आए, आने दो। पैसे का कोई मज़हब नहीं होता, नाथूराम आर्य जी।

नाथूराम : जैसी आपकी आज्ञा, पिताश्री।

लालकृष्ण : कुलश्रेष्ठ!! आश्रम वापस नहीं जाना है क्या? जल्दी करो।

नाथूराम : वरना दिल्ली वाली गाड़ी छूट जाएगी।

लालकृष्ण : योगी जी का आश्रम है भी स्टेशन से बीस पच्चीस मील दूर।

(कुंती और जनको प्रसाद देती है)

कुंती : लो, जी, देवी माता का प्रसाद। बधाई हो, जी।

लालकृष्ण : किस बात की?

कुंती : माता की मेहरबानी हुई। नाना बनने वाले हो।

नाथूराम : सच?

जनको : लेडी डॉक्टर के पास गई थी मैं। वो कहती, खुशियाँ मनाओ।

लालकृष्ण : शुक्र है भगवान का। मेरा मंत्र जाप सफल हुआ।

कुंती : देवी ने मेरी बेटी की कोख हरी कर दी। इतने बरसों बाद।

नाथूराम : इस बार मैं नागपुर गया, टरेनिंग कैंप में, तो त्रिपुति मंदिर ज़रूर जाऊँगा।

कुंती : इतनी अच्छी ख़बर सुनाई है। कंजूसी छोड़ो। जलेबी मंगवाओ।

जनको : गर्म गर्म··

लालकृष्ण : कुलश्रेष्ठ! **(कुलश्रेष्ठ आता है)**

नाथूराम : सामान?

लालकृष्ण : तुमने तो कपड़े तक नहीं बदले?

जनको : पतलून शर्ट पहन कर जाएगा?

नाथूराम : सिर भी नहीं मुंड़ाया?

कुलश्रेष्ठ : मैं आश्रम नहीं जाऊँगा।

लालकृष्ण : क्या कहा?

नाथूराम : पागल हो गया क्या?

कुंती : मेरे पास रहेगा?

जनको : पढ़ेगा नहीं आगे?

लालकृष्ण : ठीक से सुना नहीं मैंने। क्या बोला तू?

कुलश्रेष्ठ : मैंने पक्का फैसला कर लिया। मैं गिरीश योगी के आश्रम लौटकर नहीं जाऊँगा।

लालकृष्ण : क्यों?

नाथूराम : वजह क्या है?

लालकृष्ण : शास्त्रों की शिक्षा अधूरी छोड़ेगा?

कुलश्रेष्ठ : पुराने ज़माने की गई गुज़री पोथियाँ किस काम की?

लालकृष्ण : कमाई धंधे का तरीक़ा करना है कोई कि नहीं?

नाथूराम : हवा खाकर जिएगा?

कुलश्रेष्ठ : मैं पुजारी नहीं बनूँगा। भिखारी नहीं बनूँगा। ठग्ग नहीं बनूँगा।

लालकृष्ण : ठग्ग? ज्योतिषी ठग्ग होते हैं क्या?

कुलश्रेष्ठ : जयोतिषी और तांत्रिक किसी ठग्ग से कम नहीं। बहुत सोचा मैंने। मैं कोई हाथों का काम सीखूँगा। ईमानदारी की रोटी कमाऊँगा।

कुंती : बेटा, पुजारीपन भी तो ईमानदारी का पेशा है।

जनको : ज्ञान ध्यान का इस्तेमाल करके लोगों के दुःख दूर करना सवाब है। भलाई का काम है।

लालकृष्ण : श्राद्ध करके, यज्ञ पूजा करके, आत्मा को मुक्ति दिलाना, तेरी निगाह में, बेईमानी कब से हो गया?

कुलश्रेष्ठ : इन छुट्टियों में मेरे साथ कुछ वाक़ियात हुए। मैंने आश्रम की क़ैद से निकलकर, दुनिया को नई नज़र से देखा। आपके तंग नज़रिए को छोड़कर, तअस्सव को छोड़कर, ज़ात पात को छोड़कर, इर्द गिर्द देखा। नई किताबें पढ़ीं। नए लोगों से बातचीत की। बहस की। मुआफ करना, पिताजी, मुझे आपके क़िस्से कहानियों में कोई यक़ीन नहीं रहा। आपके स्वर्ग और नरक, चौरासी लाख जून, आवागमन और मोक्ष, सब बकवास लगते हैं। उन झूठे क़िस्से कहानियों से लोगों को डराकर, फुसलाकर, रोज़ी रोटी कमाना, बेईमानी है। आप वाला धोखाधड़ी का धंधा मैं क़तई नहीं अपनाऊँगा। आश्रम वापस नहीं जाऊँगा।

लालकृष्ण : नास्तिक बन गया तू? चारवाक बन गया?

नाथूराम : हिंदू धर्म छोड़ रहा है?

लालकृष्ण : म्लेच्छ बन गया?

(दूसरी तरफ मोहन सिंह आता है)

मोहन सिंह : रौशन आरा!

रौशनी : **(चाक पर बरतन बना रही है)** आइए, मास्टर जी।

अकबर : **(मिट्टी कूट रहा है)** बैठिए, सरपंच साहिब।

मोहन सिंह : कुलश्रेष्ठ तो नहीं यहाँ?

रौशनी : अपने घर होगा।

अकबर : आज तो यहाँ नहीं आया।

मोहन सिंह : यह किताब ढूँढ़ रहा था। मिल गई।

रौशनी : उधर पकड़ा दीजिए।

मोहन सिंह : कुलश्रेष्ठ, पकड़ो किताब। बेशक साथ ले जाओ आश्रम को। तुम कहते थे न, अपने तारीख़ के उस्ताद को पढ़ाएगा।

कुलश्रेष्ठ : औरंगज़ेब पर?

मोहन सिंह : हाँ! "औरंगज़ेब : नया ज़ाविया नज़र।"

कुलश्रेष्ठ : इसमें उन हुक्म नामों की नक़लें हैं जिनके मुताबिक़ बादशाह ने हिंदू मंदिरों को जागीरें बख़्शीं थी?

मोहन सिंह : सब है। फ़ारसी के अहकाम और उनका हिंदुस्तानी में तर्जुमा।

कुलश्रेष्ठ : शुक्रिया। मैं यहीं पढ़ूँगा।

मोहन सिंह : आश्रम नहीं जा रहा?

कुलश्रेष्ठ : नहीं।

मोहन सिंह : मैं भागा आया कि तुम्हारी बस चलने वाली होगी।

लालकृष्ण : तुमने बिगाड़ा है मेरा बेटा। म्लेच्छ, तूने नास्तिक बनाया है इसे। चारवाक दर्शन पढ़ाकर।

नाथूराम : पिताश्री, सही कहा आपने। हम हिंदुओं का असली दुश्मन यही है।

मोहन सिंह : मैंने ऐसा क्या जुर्म किया, भई? नाराज़ क्यों हो रहे हो? सच्चाई जानना पाप है क्या?

लालकृष्ण : तुमने मेरी कुल तबाह कर दी। नीच, अश्लील, किताबें पढ़ा पढ़ाकर, तुमने मेरा बेटा चाँडाल बना लिया। अपने जैसा। तुमने और तुम्हारे इन बदचलन कुम्हारों ने। उस बदज़ात छोकरी ने। मेरा इकलौता बेटा नास्तिक बना दिया।

अकबर : हमने ऐसा कुछ नहीं किया।

रौशनी : हमारा इस में क्या क़सूर?

अकबर : नाराज़ मत होइए, पंडित जी। हम तो ख़ुद ग़रीब हैं। मुसीबत के मारे। हम आपके बेटे को क्यों लगे उलटे सबक़ सिखाने?

रौशनी : दूध पीता बच्चा है क्या कुलश्रेष्ठ? जो हमारे से बात करके, अपने मज़हब से मुनकर हो जाएगा? ख़ुद नहीं सोच सकता वो?

मोहन सिंह : हमने इसे रोका है क्या? जा, कुलश्रेष्ठ। अपनी पढ़ाई जारी रख।

कुलश्रेष्ठ : मैं मरज़ी का मालिक हूँ। जो भी फ़ैसला लिया है, अपनी ज़िंदगी के बारे में, सोच समझ कर लिया है।

मोहन सिंह : तो भई, तेरा बाप मुझ पर इलज़ाम क्यों लगा रहा है?

नाथूराम : पिताश्री, यही बुड्ढा है हमारा असली दुश्मन। आर्य जाति का शत्रु। इसी ने इन कुम्हारों को, हक़ीरों को, हमारे सिर पर बिठाया है। मेरा दिल कहता है, गोली मार दूँ इस पाखंडी को। बेशक फ़ाँसी पर लटक जाऊँ। आने वाले युग में मुझे भारत माता का सच्चा सेवक माना जाएगा।

कुलश्रेष्ठ : शहीदी के सपने छोड़, जीजा। क्यों नफ़रत ने अँधा कर रखा है तुझे? हिटलर की तरह, तू भी दूसरी ज़ातों को क़त्ल करने के ख़्वाब देखता रहता है हर वक़्त। छोड़ पागलपन। तेरे जैसे हिटलर बहुत हो चुके। आर्य और म्लेच्छ के नाम पर बहुत बार क़त्ल व ग़ारत मचा चुके हैं तेरे जैसे। मगर तुम ज़हरीले साँप आख़िर में हार खाओगे। यह दुनिया चलती रहेगी। क़ौमों का, लोगों का, आपसी प्यार, आपसी मेलजोल, हमेशा ज़िंदा रहेगा।

लालकृष्ण : करेगा क्या फिर तू? धर्म कर्म छोड़कर? अभी तक मुफ़्त की खाई है। बाप की कमाई पर ऐश उड़ाई है। ख़ुद कमाना पड़ा तो दो दिन में अक़्ल ठिकाने आ जाएगी।

नाथूराम : बिरादरी छोड़ी, तो कोई मुँह नहीं लगाएगा तुझे। लड़की नहीं देगा कोई।

लालकृष्ण : कुम्हार बनेगा, इस लौंडिया के पीछे लग कर?

कुलश्रेष्ठ : कुम्हार बनने में भी क्या बुराई है?

मोहन सिंह : कुम्हार इन्सान नहीं होते क्या? हरिजन आदमी नहीं होते क्या?

लालकृष्ण : तो जा, बन कर दिखा कुम्हार। ब्राह्मण कुल में पैदा हुए हो। ऊँची जात में पैदा हुए। इसी लिए मज़ाक़ कर रहे हो। बेटा, नीच जात में पैदा हुआ होता, ज़िंदगी भर की हिक़ारत बरदाश्त की होती, ऊँची ज़ातों की, तो इतनी जल्दी मुँह खोलकर कुम्हार बनने को न कहता।

नाथूराम : ब्राह्मण से शूद्र बनना खेल है कोई?

लालकृष्ण : है जुर्रत? चलाएगा चाक उस कुम्हारी के साथ बैठकर?

(कुलश्रेष्ठ सोच रहा है)

लालकृष्ण : कहना आसान है, बेटा। जान बूझकर कुएँ में गिरना, मिट्टी में मिलना, इतना आसान नहीं। छोड़ बचपन। भूल जा इस छोकरी को। लड़कपन में हर लड़की लड़का इस कशिश का शिकार हो जाता है। इस जैसी हज़ारों ब्राह्मण कन्याएँ तेरे क़दम चूमेंगी—अगर एक बार तू आश्रम से मुख्य आचार्य बन कर निकला।

नाथूराम : ब्राह्मण लड़कियाँ इस कुम्हारी से तो सौ गुना सुंदर होती हैं। शुद्ध आर्य ख़ून।

लालकृष्ण : चल, मैं चलता हूँ तेरे साथ। मैं भी कुछ दिन आश्रम में रह लूँगा। पुण्य प्राप्त होगा।

कुलश्रेष्ठ : रौशन आरा, मुझे मिट्टी के बरतन बनाने सिखाओगी? चाक चलाना सिखाओगी? **(वक़्फ़ा)**

रौशनी : नतीजा समझते हो इस फ़ैसले का?

कुलश्रेष्ठ : अच्छी तरह। तुम बताओ, मुझे अपना शागिर्द बनाओगी?

नाथूराम : कुलश्रेष्ठ से कालू कुम्हार?

कुलश्रेष्ठ : पंडित कालू कुम्हार।

नाथूराम : पंडित सिर्फ़ ब्राह्मण हो सकता है।

कुलश्रेष्ठ : क्यों? कुम्हार क्यों नहीं हो सकता पंडित? पंडित का मतलब होता है विद्वान, आलिम फ़ाज़िल।

लालकृष्ण : कुम्हार कब से विद्वान बन गए?

कुलश्रेष्ठ : ये लोग आलिम हैं। इल्म सिखा सकते हैं।

रौशनी : हमने तुम्हें ऐसा क्या सिखा दिया?

कुलश्रेष्ठ : बहुत कुछ। रौशन आरा, तुमने मुझे नई तालीम दी है। इन्सान को, सब मज़हबों को, बराबर समझने की बीनाई बख़्शी है। मैं सदियों पुरानी गली सड़ी रिवायतों की दलदल में धंसा पड़ा था। तुमने, और मास्टर जी, आप की जदीद किताबों ने, मुझे, इस दलदल से बाहर निकाला है। शुक्रिया। बहुत बहुत मेहरबानी। मैं मूर्ख। तोते की तरह अल्फ़ाज रटता रहा : "तमसो मा ज्यतिर्गमयः।" मगर उनका मतलब ज़िहन में नहीं उतार सका। "भगवान, मुझे अँधेरे से प्रकाश तक ले जाओ।" मेरे बाप के अँधे भगवान ने मुझे प्रकाश नहीं दिखाया। रौशन आरा, यह रौशनी तुमने अता फ़रमाई है मुझे। बोलो, बनाओगी मुझे कुम्हार?

(मुहम्मद अली आता है)

मुहम्मद अली : रौशन आरा, क्या फ़ैसला किया है तुम ने?

अकबर : आप? अच्छा हुआ आप आ गए। चल, बेटा, लौट चलें बसती ग़ाज़ीख़ाँ। चौधरी साहिब के साथ।

मुहम्मद अली : मेरी मोटर साइकल खड़ी है। आटे की मशीन के पास। चलो, बनो मेरी बेगम। इसी जुम्मा को निकाह पढ़ा जाएगा।

अकबर : वामिक़ ने ग़लती की। ज़ात पात के झगड़ों में फँस गया। ज़िंदगी भर पछताएगा। तू ऐसी गलती मत करना।

कुलश्रेष्ठ : कहो, रौशन आरा, बनाओगी मुझे कुम्हार? है हिम्मत?

रौशनी : हाँ। अभी आओ। बैठो चाक पर मेरे साथ। **(कुलश्रेष्ठ अपने कुनबे को एक नज़र देखकर सोच रहा है)** मेरे में है जुर्रत। अगर तेरे में जुर्रत है।

कुलश्रेष्ठ : चल, सिखा मुझे, चाक चलाना। **(दोनों चाक पर बैठते हैं)**

कुंती : मत कर, बेटा। यह काम मतकर।

जनको : इतनी बड़ी ग़लती मत कर, कुलश्रेष्ठ।

लालकृष्ण : जा, कपूत। दफ़ा हो मेरी नज़रों से। अगर मुझे पता होता, तू बड़ा होकर शूद्रों वाले काम करेगा, मैं पैदा होते ही तेरा गला घोंट देता।

कुंती : बददुआ क्यों दे रहे हो मेरे बेटे को?

लालकृष्ण : तेरा बेटा होगा। आज से यह मेरा बेटा नहीं। मेरे लिए यह मर गया।

नाथूराम : कालू कुम्हार, मेरे लिए भी तू आज से मर गया।

जनको : अक़्ल ठिकाने है तेरी? क्या लफ़्ज़ बोल रहा है मेरे भैया के बारे में? क्या जुर्म किया है इसने? मुसलमान भी तो इन्सान है हमारे जैसे।

मोहन सिंह : शाबाश, बेटा। यह है सच्चा मज़हब।

अकबर : यही है दीन। यही है इलाही फ़रमान। आपस में मिलकर रहना। ख़ुदा की मिल्लत।

मुहम्मद अली : दोनों क़ौमों को तबाह करेंगे इन जैसे बदचलन लौंडे लौंडियाँ।

कुंती : मैं अपने बेटे को नहीं छोड़ सकती। कुछ भी करे यह। मैं इसके साथ रहूँगी।

जनको : मैं भी अपने भाई को नहीं छोड़ सकती। यह कुम्हार बने या मुन्हार।

लालकृष्ण : याद रखना, पापी। नरक में जाओगे। तुमने एक आर्य पिता का

दिल दुखाया है। तेरा महा पाप कभी मुआफ़ नहीं होगा। हमारे शास्त्र यही कहते हैं।

कुलश्रेष्ठ : शास्त्र? मगर तुम तो अनपढ़ हो। जाहिल हो। तुमने अपने शास्त्रों का सही हिस्सा पढ़ा नहीं। समझा नहीं।

लालकृष्ण : कौन सा हिस्सा?

कुलश्रेष्ठ : हिरण्यकशिपु और प्रह्लाद भगत का किस्सा पढ़ा है अपनी पोथियों में?

लालकृष्ण : मैं हिरण्यकशिपु कैसे हो गया? और तू प्रह्लाद भगत किधर से बन गया?

कुलश्रेष्ठ : तुम पक्के हिरण्यकशिपु हो। अपने नाम का जाप करवाना चाहते हो। मेरा धर्म! मेरी ज़ात। मेरी पोथियाँ! उनके बग़ैर तुम्हें कुछ नज़र नहीं आता। दूसरे लोगों के तो कोई हकूक़ हैं ही नहीं! औरों को इबादत का हक़ नहीं। ज़िंदा रहने का हक़ नहीं। सिर्फ तू अकेला, सिर्फ तेरी ज़ात बिरादरी, नाचे नंगा नाच इस सरसब्ज़ ज़मीन पर। कितनी नफ़रत ठुँसी पड़ी है तेरे अंदर। दूसरी ज़ातों की हर चीज़ से नफ़रत। तू इन्सान नहीं। नफ़रत का मुजस्समा है। ज़हर फुपकारता अजगर। भारत माता के मंदिर पर क़ाबिज़ शेश नाग। जो कुर्बानी माँगता है। बेटी की पूरी ज़िंदगी हलाल करना। बेटे का तमाम जीवन ज़बह करना। कोई बच्चा तेरे से अलग सोचे मत। पढ़े मत। पहने मत। खाए मत। केसा बच्चा ख़ोर देव दानव है तू। नरसिंह बनकर तुझ हिरण्यकशिपु को क़त्ल करना गुनाह नहीं। सवाब है। पाप नहीं। महा पुण्य है। आज समझा मैं इस हिंदू किस्से का सही मतलब। आज बना मैं ब्रह्मज्ञानी। आज बना मैं सच्चा पंडित। —रौशन आरा, चला चक्का।

लालकृष्ण : शूद्र!!!

नाथूराम : म्लेच्छ!!!

लालकृष्ण : कालू कुम्हार!!!

रौशनी : सलीक़े से बोलिए, साहिब।

दोनों : 'पंडित' कालू कुम्हार।

मोहन सिंह : आदाब, 'पंडित' जी।

अकबर : इलाही, सुखी रखना मेरे बच्चों को!

रौशनी : ईश्वर, हर बशर को ऐसा पंडित बना दे।

कुलश्रेष्ठ : अल्लाह, ऐसी रौशनी हर दिल व दिमाग़ को अता कर।

(सारे मिलकर गाते हैं)

फ़ितरत जो कुदरत ने बख़्शी,
बदल न सकते मुल्ला पंडित।
नफ़रत के तूफ़ानों में भी,
रौशन रहती सदा मुहब्बत।

(परदा)

(ख़त्म शुद)

(पहला प्रालेख : नवंबर, 1988)

□□□